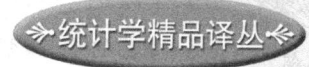

统计模型
理论和实践（原书第2版）

Statistical Models Theory and Practice

(Revised Edition)

（美）David A. Freedman 著
加州大学伯克利分校

吴喜之 译

本书是一本优秀的统计模型教材,着重讲解线性模型的应用问题,包括广义最小二乘和两步最小二乘模型,以及二分变量的 probit 及 logit 模型的应用. 本书还包括关于研究设计、二分变量回归及矩阵代数的背景知识. 此外,本书附有大量的练习,并且其中多数练习题在书后都有答案,便于读者学习、巩固和提高.

本书适合作为统计专业高年级本科生和低年级研究生线性模型课程的教材,同时也适合作为相关领域研究人员的参考书.

Statistical Models: *Theory and Practice*, *Revised Edition* (ISBN 978-0-521-74385-3) by David A. Freedman, first published by Cambridge University Press 2009.

All rights reserved.

This simplified Chinese edition for the People's Republic of China is published by arrangement with the Press Syndicate of the University of Cambridge, Cambridge, United Kingdom.

© Cambridge University Press & China Machine Press in 2010.

本书由机械工业出版社和剑桥大学出版社合作出版. 本书任何部分之文字及图片,未经出版者书面许可,不得用任何方式抄袭、节录或翻印.

封底无防伪标均为盗版
版权所有,侵权必究

北京市版权局著作权合同登记　图字:01-2010-3477 号。

图书在版编目(CIP)数据

统计模型:理论和实践(原书第 2 版)/(美)弗里曼(Freedman, D. A.)著;吴喜之译.
—北京:机械工业出版社,2010.6(2023.1 重印)

(统计学精品译丛)

书名原文:Statistical Models:Theory and Practice, Revised Edition
ISBN 978-7-111-30989-5

Ⅰ. 统… Ⅱ. ①弗… ②吴… Ⅲ. 统计模型-研究 Ⅳ. C81

中国版本图书馆 CIP 数据核字(2010)第 111139 号

机械工业出版社(北京市西城区百万庄大街 22 号　邮政编码　100037)
责任编辑:王春华
北京捷迅佳彩印刷有限公司印刷
2023 年 1 月第 1 版第 11 次印刷
186mm×240mm・18.25 印张
标准书号:ISBN 978-7-111-30989-5
定价:69.00 元

客服电话:(010)88361066　68326294

译者序

读这本书是一种享受. 加州大学伯克利分校统计系郁彬教授在 2008 年向我推荐这本书时, 我一开始期望的是一本数学味很强的标准回归分析教材. 后来, 完全出乎意外, 这本书竟然是我多年来企图寻找却又不可得的涉及回归分析甚至统计领域核心问题的一本以不寻常的清楚明白方式写的传奇式的读物. 一眼就可以看出该书是出自大家的手笔. 在应用统计于科学、医学和社会科学等领域方面, 几十年来, 本书作者 David Freedman 都一直被誉为统计界的良心. 该书是他在研究生命最旺盛的时期写的, 代表了当代应用回归教科书的最高水平. 作者不仅在伯克利, 而且在世界许多高校都使用该教材讲过回归. 多年的应用经验和教学实践使得该书内容丰富, 语言平易近人, 易教易学. 该书的实际例子和练习题是精心挑选的, 对掌握该书的内容不可或缺.

通常的回归或统计模型教材, 无论标以理论或是应用的标签, 往往对模型附加了很多假定, 但又从来不解释如果这些假定不满足, 则会发生什么问题或灾难. 这本书不但不回避这些一般教师避之唯恐不及的关于模型的设置和假定等敏感问题, 而且专门对各个领域最著名的、最有影响的文章的模型设置及各种假定进行认真的剖析. 读这本书对于教师、学生, 特别是实际工作者皆是一种心灵的震撼. 我相信, 任何有心人读了这本书之后, 都会在未来涉及回归的课题上倍加小心, 避免发生各种根本意想不到的错误. 这本书会使许多人受益不浅, 功德无量.

我对这本书的翻译是在 2009 年 David Freedman 去世之后, 当时还不知道他在去世前已经定稿了修订版. 因此, 我先翻译了初版, 后来又翻译了这一版. 我恐怕是本书最忠实的中国读者之一. 我希望那些在中国大学教本科生或者研究生回归模型课程的教师, 能够以本书作为教材或者主要参考书, 使得学生能够直接受益于国际一流统计大师的经验与智慧.

吴喜之

2010 年 4 月

引　言

　　这是一本生动的教科书，解释了在阅读社会科学和医疗卫生领域的经验文章时所必须知道的知识点，以及建立自己的统计模型所需要使用的方法．作者 David A. Freedman 解释了关联和回归的基本思想，并且带领你理解当前连接这些思想和因果关系的模型．

　　该书聚焦于对线性模型，包括广义最小二乘和两步最小二乘模型，以及二分变量的 probit 及 logit 模型的应用．自助法是为了估计偏倚和计算标准误差而发展的方法．对于统计推断的原理予以特别关注．此外，还包括了关于研究设计、二分变量回归及矩阵代数的背景知识，以及包含计算机样例程序的计算机实验．该书有大量的练习，其中多数都有答案．

　　本书的目标读者包括统计专业高年级本科生和低年级研究生，以及社会科学和医疗卫生领域的学生和专业人员．该书的讨论以及许多练习是围绕着发表过的研究所组织的．Freedman 对于这些文章及各种其他例子中的统计方法做了详尽的评价．他描述了建模的原理以及陷阱．这些论述为读者展示了如何思考一些重要的问题，包括统计模型和实际现象之间的联系（或缺乏联系）．

本书的特点

- 在教学、研究及咨询方面有丰富经验的著名作者给出的权威指导．
- 适合与应用统计打交道的所有人．
- 直接而简洁的风格．
- 对主要在社会科学和卫生科学中的真实应用提出的统计问题做了认真分析．
- 可以作为教材或者自学的参考书．
- 在伯克利经过了多年课堂教学的检验．
- 包含回归和矩阵代数的背景材料．
- 含有大量的练习．
- 为教师提供额外材料，包括数据集及实验课题的 MATLAB 代码（发电子邮件至 solutions@cambridge.org 索取）．

关于作者

　　David A. Freedman（1938—2008）是加州大学伯克利分校的统计学教授．他是杰出的数理统计学家，其研究范围包括鞅不等式分析、Markov 过程、de Finetti 定理、贝叶斯估计的相合性、抽样、自助法，以及关于因果推断方法的模型检验和评估的方法．

　　Freedman 发表了范围广泛的关于统计在社会科学中的应用和误用的研究，涉及流行病学、人口统计学、公共政策及法律．他强调对标准方法背后的假定进行揭示和核对，以及当这些假定不成立时理解这些方法会如何表现，比如，当拟合来自随机化实验的数据时，回归模型会如何表现．正如本书所表明的那样，他有把认真打磨的统计论述与引人注目的经验应用和例证整合起来的非凡天赋.

  Freedman 是美国艺术与科学院院士. 在 2003 年,他获得了美国国家科学院授予的 John J. Carty 科学进步奖,以表彰他"对统计的理论及实践做出的意义深远的贡献".

第 2 版序

有些书是正确的，有些书是清楚的，有些书是有用的，有些书是给人以享受的．即使是上面的两个优点，也很少有书全部具备，而这本书具有全部上面 4 项优点．本书明晰、公正而且具有深刻见解，读起来令人愉快．幸运的是，David Freedman 在 2008 年末去世之前完成了这个新的版本．我们为他的逝世深感痛惜，并非常钦佩他在最后的日子里带给这本书及许多其他计划的活力和振奋．

这本书清楚地介绍了应用统计中最常用的 6 种工具，这里没有难懂的行话及夸张之言．它解剖实际应用：该书的四分之一篇幅重印了依赖于统计模型的社会和生命科学的文章．它清楚地阐明了使这些工具正常运作所必需的假定，并且确定了这些假定的作用．这种清楚的表达使得学生及实际工作者可以较容易地看到：这些方法在什么情况下会是可靠的；在什么情况下有可能失败，并且有多么糟糕；在什么情况下另一种方法可能行得通；在什么情况下，无论用何种被人试图推销的工具，都不可能做出推断．

很多这个层次的教科书比"方法大全"好不到哪里，展示几十种工具，缺乏说明及见解，像一本菜谱，是一种数目仅仅是数目的方式．"如果左边是连续的，利用线性模型，用最小二乘法来拟合．如果左边是离散的，利用 logit 或 probit 模型，用最大似然法来拟合．"以这种方式来教统计，诱使学生相信得到的参数估计、标准误差及显著性检验是有意义的，甚至可能揭开复杂的因果关系．他们教导学生把科学推断看成纯粹的运算法则．代入数字，就是科学了．这既低估了实体知识，也低估了统计知识．

选择一个适当的统计方法实际上需要认真思考数据收集的方法及其所度量的对象．数据并不"仅仅是数目"．在背后的假定是错误的情况下使用统计方法，既能产生金子，也能产生渣滓，但多半是渣滓．

本书通过展示有重大影响的研究所使用的好的和有问题的统计工具来给出上面的信息．这些研究包括：关于麦卡锡（McCarthy）时代的政治不容忍性的研究，就学于天主教学校对完成中学学业和进入大学的影响，生育力和教育之间的关系，政府机构在重组社会资产中的角色．其他例子来源于医学和流行病学，包括 John Snow 的关于霍乱病因的经典之作，这是简单统计工具加上实质性的知识及脚踏实地的工作而获得成功的闪闪发光的例子．这些实际应用给予理论以活力并给练习以动力．

高年级本科生和低年级研究生均能读懂本书．高年级研究生和成熟的研究工作者还会得到新的收获．我们三个人从阅读和教授这本书的过程中确实学到了不少东西．

仅仅读这本书并不能完全覆盖 Freedman 在这个领域的所有可以找到的研究．他的许多研究文章收集在《Statistical Models and Causal Inference：A Dialogue with the Social Sciences》(Cambridge University Press，2009) 之中，它是本书有用的补充．该文集对本书提到的某些应用进行了更深入的探讨，比如霍乱病因以及激素替代疗法的健康效果等．此外，还涵盖从调整不足的普查到量化地震的风险等应用．有些文章涉及本书提到的一些理论问题．比如，实验中的随机分配不足以说明回归是正当的：没有更进一步的假定，处理效果的多元回归估计是有偏的．该文集还包括了统计的哲学基础和本书没有的一些方法，比如生存分析．

本书展示了重要应用和背后的理论，但没有丧失掉清晰易懂的特点．Freedman 以其智慧和明白的表述说明了统计分析如何能够揭示知识以及如何能够行骗．这本书与众不同，它是一个宝藏：它是一本入门的书，具有做出可靠统计推断所要求的某些智慧．它是 Freedman 传奇的一个重要部分．

David Collier，Jasjeet Singh Sekhon，Philip B. Stark
加州大学伯克利分校

前　　言

　　这本书主要是为统计学专业的高年级本科生和低年级研究生准备的．社会科学和医疗卫生领域的学生和专业人员也会对本书感兴趣．虽然我把它写得像一本教科书，但是它其实自成体系．本书着重讲解线性模型的应用问题，包括广义最小二乘和两步最小二乘模型，以及二分变量的 probit 及 logit 模型．自助法是作为估计偏倚和计算标准误差的方法来讲解的．

　　恰当地说，要想开始阅读利用统计模型的经验性文章，本书的内容是必须知道的．全书所强调的是在模型和实际现象之间的联系或缺乏联系．多数讨论是围绕着已发表的研究成果进行的，为了易于参考，关键的文章附在书后．一些读者可能发现我以怀疑的态度作为本书讨论的基调．若您也在这部分读者之中，那么我会做出一个不同寻常的建议，即在您读完本书之前，请保持这种怀疑态度．（一般来说，作者都要求读者暂时相信书中的结论，但本书不做如此要求．）

　　第 1 章对比了观测研究和实验研究，并引进了回归方法，这种方法有助于理清观测研究中的繁杂关系．本书中，有一章用来解释回归线，而另一章快速地复习了矩阵代数（在伯克利，半数主修统计的学生需要学习这些章节），知道这些内容，学生们会轻松很多．另外一个重要的附加课程是坚实的概率论和统计基础知识．

　　方法是通过实践来发展的．在伯克利，我们有实验室上机环节，在那里，学生利用计算机来分析数据．书后面有 13 个这样的实验（lab），一些我们给出了要点，此外，还附上了几个计算机程序样例．若想获取数据以及程序代码，教师可发邮件至 solutions@cambridge.org 索取．

　　好教材应该有好的练习，书中有大量的课后练习．这些练习题中有些是关于数学的，有些是假想的，它们是对一些引理和传统方法中的反例的模拟练习．另一方面，许多练习题都是基于实际研究．这里有数据的概括和分析，还有特别的一点：你如何下手？多数练习题的答案附在本书后．除了做练习和实验外，伯克利的学生在学期中还要完成一些课题的研究报告．

　　作为教材，一方面要确定选择什么来讨论，而另一方面要确定选择什么来忽略．无论一本书有多厚，都无法覆盖所有感兴趣的内容．我的目标是解释实际工作者如何从关联中推断出因果关系，而自助法则用来替代通常使用的渐近方法．检查该领域的逻辑性是至关重要的，而且需要时间．如果我们忽视了一种广受欢迎的方法，或许这种检查可以对比做出修正．

　　本书的内容足够用于本科生 15～20 周或研究生 10～15 周的课程和讨论．对大学期的本科生课程，我讲授第 1～7 章，并同时介绍 9.1～9.4 节．这通常需要 13 周．如果时间允许，我还会讲自助法（第 8 章）和第 9 章的例子．在 10 周的小学期，我将跳过学生的演示和第 8～9 章，以及第 7 章中二分变量的 probit 模型．

　　在学期的最后两周，学生展示他们的课程，或者在答疑时间和我讨论这些课题．我常常在最后一次课中总结一下．对于研究生课程，我增加了附加的案例分析和方法讨论．

　　本版的内容在安排上与前版稍有不同，这样使得教学更容易．我已经以某些其他方式对内容讲解做出了改进，（希望）没有引进新的困难．本版增加了许多新的例子和练习．

致谢

多年来，基于本书内容，我在伯克利，也在斯坦福和雅典教授过研究生和本科生课程．这些课上的学生给予了我很大的帮助和支持．我还要感谢 Dick Berk、M'aire N'ıBhrolch'ain、Taylor Boas、Derek Briggs、David Collier、Persi Diaconis、Thad Dunning、Mike Finkelstein、Paul Humphreys、Jon McAuliffe、Doug Rivers、Mike Roberts、Don Ylvisaker、Peng Zhao 及多位匿名的评审人的非常有益的意见．Ross Lyons 和 Roger Purves 是本书的合作者．David Tranah 是位出色的编辑．

目 录

译者序
引言
第 2 版序
前言

第 1 章 观测研究和实验 ... 1
1.1 引言 ... 1
1.2 HIP 试验 ... 2
1.3 关于霍乱的研究 ... 4
1.4 Yule 关于贫困原因的研究 ... 6
1.5 札记 ... 9

第 2 章 回归线 ... 12
2.1 引言 ... 12
2.2 回归线 ... 12
2.3 胡克定律 ... 14
2.4 复杂性 ... 15
2.5 比较简单回归和多元回归 ... 17
2.6 札记 ... 19

第 3 章 矩阵代数 ... 20
3.1 引言 ... 20
3.2 行列式及逆 ... 21
3.3 随机向量 ... 24
3.4 正定矩阵 ... 25
3.5 正态分布 ... 27
3.6 关于矩阵代数的书 ... 28

第 4 章 多元回归 ... 29
4.1 引言 ... 29
4.2 标准误差 ... 32
4.3 多元回归中被解释的方差 ... 35
4.4 如果假定不满足,OLS 将会如何 ... 37
4.5 供讨论的问题 ... 37
4.6 札记 ... 41

第 5 章 多元回归:特别主题 ... 42
5.1 引言 ... 42
5.2 OLS 是 BLUE ... 42
5.3 广义最小二乘 ... 43
5.4 GLS 的例子 ... 44
5.5 如果假定不满足,GLS 将会如何 ... 46
5.6 正态理论 ... 46
5.7 F 检验 ... 49
5.8 数据窥视 ... 51
5.9 供讨论的问题 ... 52
5.10 札记 ... 54

第 6 章 路径模型 ... 56
6.1 分层 ... 56
6.2 再看胡克定律 ... 59
6.3 麦卡锡时代的政治回归 ... 60
6.4 用回归对因果关系做推断 ... 62
6.5 路径图的响应方案 ... 64
6.6 哑变量 ... 70
6.7 供讨论的问题 ... 71
6.8 札记 ... 75

第 7 章 最大似然 ... 78
7.1 引言 ... 78
7.2 probit 模型 ... 82
7.3 logit 模型 ... 86
7.4 天主教学校的效应 ... 88
7.5 供讨论的问题 ... 96
7.6 札记 ... 101

第 8 章 自助法 ... 105
8.1 引言 ... 105
8.2 为能源需求模型做自助法 ... 112
8.3 札记 ... 117

第 9 章 联立方程 ... 119
9.1 引言 ... 119
9.2 工具变量 ... 122
9.3 估计黄油模型 ... 124
9.4 什么是两步 ... 125

9.5	社会科学例子：教育和生育 …………… 126	10.3	响应方案 …………………………… 146
9.6	协变量 …………………………………… 129	10.4	评估第 7～9 章的模型 …………… 147
9.7	线性概率模型 …………………………… 130	10.5	总结 ………………………………… 147
9.8	关于 IVLS 更多的讨论 ………………… 132	参考文献 ……………………………………… 148
9.9	供讨论的问题 …………………………… 134	部分练习答案 ………………………………… 163
9.10	札记 ……………………………………… 139	计算机实验 …………………………………… 204
第 10 章	统计建模中的问题 ………………… 141	附录　MATLAB 代码样本 ………………… 216
10.1	引言 ……………………………………… 141	参考论文 ……………………………………… 220
10.2	批评的文献 ……………………………… 143		

第1章 观测研究和实验

1.1 引言

本书考虑回归模型及其一些变体,包括路径模型、联立方程模型、logit 和 probit 模型等.回归模型能用于不同的目的:

(i) 概括数据.

(ii) 预测未来.

(iii) 预测干预的结果.

第三点涉及因果推断,是最有意思和最难以捉摸的.这将是我们的重点.作为背景知识,这一节覆盖研究设计的一些基本原理.

因果推断是由观测研究(observational study)、自然试验(natural experiment)和随机化控制试验(randomized controlled experiment)组成的.利用观测(非试验)数据来做因果推断的关键问题在于混杂(confounding).有时通过划分研究的总体(称为分层(stratification)或者交叉制表(cross-tabulation))来处理这个问题,有时采用建模方法来处理这个问题.这些策略各有其优缺点,需要探索.

在医学和社会科学中,基于随机化控制试验的因果推断是最可靠的,这时,研究者可通过掷硬币随机安排对象到处理组(treatment group)或控制组(control group).除了随机误差之外,掷硬币平衡了处理之外的全部有关因素.因此,在处理组和控制组之间的差别就完全源于处理了.这就是为什么因果关系容易由试验数据得到.然而,试验往往是昂贵的,甚至由于伦理或实际原因而不可能实现.于是统计学家转向观测研究.

在观测研究中,对象把自己安排到不同的组中.研究人员仅仅观测发生了什么.例如,吸烟效应的研究必须是观测性的.然而,这里仍然使用处理-控制这一术语.研究人员通过比较属于处理组(也称为暴露组(exposed group))的吸烟者及属于控制组的非吸烟者来确定吸烟的效应.这些行话有些令人迷惑,因为"控制"这个词有两个意思:

(i) 控制是没有得到处理的对象.

(ii) 控制试验是研究人员决定谁将在处理组的研究.

和非吸烟者比较,吸烟者健康状况很糟糕.心脏病、肺癌等疾病在吸烟者中要更加常见.在吸烟和疾病之间有很强的关联(association).如果吸烟造成疾病,这就解释了这个关联,即吸烟者死亡率高是因为吸烟有害.一般来说,关联是因果关系的情况证据(circumstance evidence).然而,证明是不完全的.可能会有某种隐藏的混杂因素,使得人们又吸烟又得病.如果是这样,没有必要停止研究:这不会改变隐藏的因素.关联和因果关系不同.

> 混杂意味着处理组和控制组之间的区别,是区别(而不是处理)影响着被研究的响应变量.

混杂因素一般来说是第三个变量,它和暴露相关联,并且影响着疾病的风险.

Joseph Berkson 和 R. A. Fisher 等统计学家不相信对香烟不利的证据,而且提出可能存在混杂变量. 流行病学家（包括英格兰的 Richard Doll 和 Bradford Hill 及美国的 Wynder、Graham、Hammond、Horn 和 Kahn）做了认真的观测研究来表明这些另类的解释并不可信. 综合起来，这些研究强有力地证明了吸烟导致了心脏病和肺癌等疾病. 如果你放弃吸烟，你将更长寿.

流行病学研究经常对一些比较小的而且更加一致的群体分别做比较，假定在这些群体之中，对象如进行了随机化一样地分配到处理组或控制组. 例如，如果吸烟者不成比例地大部分是男性，那么，一个粗糙的关于吸烟者和不吸烟者的死亡率的比较可能被误导，因为男性比女性更可能得心脏疾病和癌症. 因此性别是一个混杂因素. 为了控制（又一次使用"控制"这个词）这个混杂因素，流行病学家比较男性吸烟者和男性不吸烟者，也在女性中做类似比较.

年龄是另一个混杂因素. 岁数较大的人有不同的吸烟习惯，而且患心脏病和癌症的风险更大. 因此在吸烟者和不吸烟者之间做比较时，应该依性别和年龄分别进行：比如，55～59 岁的男性吸烟者应该和同样年龄段的男性不吸烟者比较. 这是对性别和年龄的控制. 如果空气污染造成肺癌，而且吸烟者生活在更加污染的环境，空气污染则可能是一个混杂因素. 为了控制这个混杂因素，流行病学家在城市、郊区和乡下分别做比较. 最终，试图以混杂因素来解释吸烟对于健康的影响就变得非常不可能了.

自然，当我们以这种方式控制越来越多的变量时，研究的群体变得越来越小，使得机会本身发挥越来越大的影响. 这是用交叉制表方法来对付混杂因素的一个问题，也是使用统计模型的一个原因. 此外，大多数观测研究会不如对吸烟的研究那样令人信服. 下面的（稍微有些人工味的）例子说明了这个问题.

例 1 在跨国比较中，在一个国家，人均电话线路数量和它的乳腺癌死亡率有很强的相关性. 这并不是因为打电话造成癌症. 富国有更多的电话和较高的癌症病例. 对这种过多癌症风险的可能解释是，在富裕国家中，妇女有较少的子女. 怀孕——特别是较早的第一次怀孕——是起保护作用的. 在饮食和其他与生活方式有关的因素上，国与国之间的区别也可能起某些作用.

随机化控制试验使得混杂问题减到最小. 这也是从随机化控制试验得到的因果推断比从观测研究得到的结果更加有说服力的原因. 根据观测来做因果研究必须关心混杂. 处理组和控制组是什么？它们有什么区别（不是处理的区别）？做什么调整来对付这些区别？这些调整是否有意义？

这一章其余部分将讨论案例：乳房造影的 HIP 试验，Snow 对于霍乱的研究，贫穷的原因.

1.2 HIP 试验

乳腺癌是加拿大和美国女性中最常见的恶性肿瘤之一. 如果该肿瘤发现得足够早——在它扩散之前发现，成功治愈的机会要大得多. "乳房造影"（mammography）意味着用 X 光对女性扫描以探测乳腺癌. 乳房造影能否及时探测到乳腺癌呢？首次大规模随机化控制试验为纽约的 HIP (Health Insurance Plan)，接着是瑞典的两县研究（Two-County study）. 还有 6 个其他的试验.某些结果是负面的(扫描没有帮助),但多数是正面的.但是到20世纪80年代后期,乳房造影已经被广泛接受.

HIP试验是在20世纪60年代早期完成的.HIP是一个群体医学实践,它在那时有约70万成员.试验的对象为62 000名年龄在40～64岁的妇女,均为HIP成员,她们随机地被分到处理组或控制组."处理"由4次年度扫描的邀请组成,每次包括一次临床检查和乳房造影.控制组持续接受通常的健康护理.前5年的跟踪结果展示在表1之中.在处理组,有大约2/3的妇女接受邀请进行扫描,而有1/3拒绝.这里展示了死亡率(每1000名妇女)以便于比较不同样本量的组.

表1 HIP数据.组大小(四舍五入),5年跟踪死亡数目,每千名妇女死亡率

		组大小	乳腺癌		所有其他原因	
			数目	死亡率	数目	死亡率
处理组						
	扫描的	20 200	23	1.1	428	21
	拒绝的	10 800	16	1.5	409	38
	总数	31 000	39	1.3	837	27
控制组		31 000	63	2.0	879	28

哪些比率表明了处理的功效?在接受扫描和拒绝扫描的人之间做比较看来是自然的.然而,即使它出现在一个实验中,这也是一个观测比较.研究人员决定哪些对象将被邀请扫描,但是,由对象本人来决定是否接受扫描的邀请.较富裕和接受过较好教育的对象更有可能参加.而且乳腺癌(不像多数其他疾病)更容易袭击较富裕的人.社会地位因此成为与结果以及是否接受扫描的决定都有关联的一个混杂因素.

需要提请注意的是,表的最后一列由其他原因(非乳腺癌)造成的死亡率,在接受和拒绝扫描的人之间有很大的差别.拒绝者比接收者有几乎2倍的风险.由于扫描本身对这个风险不起作用,在接受和拒绝扫描者之间一定还有其他差别来说明由其他原因造成的死亡率的差异.

一个主要差别在于社会地位.较富有的妇女愿意扫描.富有女性不那么容易被其他疾病所攻击,但更易得乳腺癌.因此,对接受和拒绝扫描者所进行的比较是有偏的,而这个偏倚是不利于扫描的.

对那些接受扫描和拒绝扫描的人的乳腺癌死亡率的比较是按所接受的处理所做的分析(analysis by treatment received).正如我们所看到的,这个分析是严重有偏的.这个试验比较是在整个处理组(所有那些被邀请扫描的成员,无论是否接受)和整个控制组之间进行的.这是意向处理分析(intention-to-treat analysis).

意向处理分析是被推荐的分析.

作为一个进行得非常好的研究,HIP做了意向处理分析.研究人员比较了整个处理组和控制组之间的乳腺癌死亡率,并且表明扫描有益.

邀请的效应在绝对数目上是小的:63−39=24个生命被挽救(表1).因为来自乳腺癌的绝对风险小,所以没有什么干预能对绝对数目有大的影响.另一方面,在相对意义上,从

乳腺癌的 5 年死亡率得到比例 39/63＝62%. 后来持续了 18 年的跟踪调查，挽救生命在这期间是持续的. 两县研究是在瑞典实施的一个大规模的随机化控制试验，它证实了 HIP 的结果. 在芬兰、苏格兰和瑞典进行的其他研究也得出同样结论. 这就是乳腺造影被如此广泛接受的原因.

1.3 关于霍乱的研究

自然试验是观测研究，这里处理组或控制组的随机化好像是大自然安排的. 1855 年，在 Koch 和 Pasteur 奠定现代微生物学约 20 年之前，John Snow 利用一个自然实验表明霍乱是一个水源性传染疾病. 那时，疾病的细菌理论仅仅是许多理论之一. 瘴气（腐烂的气味，特别是来自腐败有机体的气味）常常被认为是流行病的原因. 体液（黑胆汁、黄胆汁、血液和粘液）的不平衡是疾病的较老式解释. 土地里的毒素是稍后成为时尚的另一种解释.

Snow 是伦敦的一个内科医生. 根据观测疾病的过程，他得出霍乱是由一种小的有机生物造成的，它通过水或者食物进入人体，在人体内繁殖，并使得身体排出该生物的复制品的水液. 然后这些排泄物污染了食物或重新进入水源，于是该生物继续感染其他牺牲者. Snow 解释了在感染和发病之间的时间间隔（若干小时或若干天）为感染因素在牺牲者体内繁殖的时间. 这种繁殖是生命的特征：无生命的毒素不会重新复制它们自己. （当然，毒素可能需要某些时间来为害：时间间隔不是强制性证据.）

Snow 发展了一系列论据来支持他的细菌理论. 比如，霍乱沿着人类贸易路线传播. 还有，当一艘船来到霍乱流行的港口，水手们仅仅在接触了该港口的居民后才会得这种病. 如果霍乱是传染病，那么这些事实很容易被解释，但很难用瘴气理论来解释.

1848 年，霍乱在伦敦流行. Snow 识别了这个疾病的第一个"标志"病例：

"一个刚刚从该疾病流行的汉堡乘 Elbe 号汽轮来的名叫 John Harnold 的海员."

[p.3]

他还识别了第二个病例：一个名叫 Blenkinsopp 的海员，他在 Harnold 死后占用了其房间并且通过和床上用品接触而感染. 其次，Snow 还发现邻近的公寓建筑中，其中一幢霍乱流行，而另一幢没有. 其中，被感染的建筑物使用被下水道污水污染了的水源，而另一个使用相对纯净的水源. 这再次表明，如果霍乱是传染病而不是瘴气造成的，这些事实很容易被理解.

1854 年 8 月和 9 月，这种疾病再一次爆发. Snow 做了一个"现场地图"，显示了受害者的位置. 发病位置聚集在 Broad 街水泵附近. （Broad 街在伦敦的 Soho，那时，公共水泵用作饮用水源.）作为对照，在这个区域有一定数量的公共机构很少（甚至没有）人死亡，其中一处是酿酒厂. 工人们宁愿喝淡色啤酒而不愿喝水，如果谁想喝水，在企业内有自己的水泵. 另一个几乎没有霍乱的机构是一个贫民收容所，它也有自己的水泵. （贫民收容所一例将在 1.4 节再次讨论.）

在伦敦其他地区的人们也感染了该病. 在大多数情况下，Snow 能表明他们喝的水来自 Broad 街的水泵. 比如，一位在 Hampstead 的女士如此喜欢这里的水的味道，以至于她找搬运工把 Broad 街水泵的水运到她家.

至此，已经有了令人信服的轶事证据表明霍乱是一种通过接触或水源传染的疾病. Snow

还使用了统计的思想. 那时在伦敦有一些供水公司, 其中有些从污染严重的泰晤士河流域取水, 而另一些的水则相对来说没有被污染.

Snow 做了"生态学"的研究, 把在伦敦各个地区的霍乱死亡率和水的质量相关联. 一般来说, 水被污染的地区死亡率较高. Chelsea 供水公司则是例外. 这家公司也取污染了的水, 但是使用一些较现代的方法来净化——用沉淀池, 并认真过滤. 因此, 它所服务的地区霍乱死亡率较低.

在 1852 年, Lambeth 供水公司把它的取水管往上游迁移以得到较纯净的水. Southwark & Vauxhall 公司没有移动他们在污染严重的泰晤士河的取水管. Snow 进行生态分析, 比较了在 1853—1854 年及更早的流行病时期这两家公司的服务区域. 现在让他以自己的话来叙述.

"虽然上面表[生态分析]中显示的事实提供了有深刻影响的强有力的证据, 说明该疾病存在时, 饮用含有城市污水的水助长了霍乱的扩散, 但问题并不能到此为止; Lambeth 公司和 Southwark & Vauxhall 公司在伦敦相当大部分地区混杂供水的这一状况使得这个课题得以细查, 以产生对结果的无可争议的证明. 在上面表格所列举的由两家公司供水的区域中, 混杂供应是最详尽的一类了. 每家公司的水管遍布所有街道, 进入几乎所有院子和小巷. 有些房子由一家公司供水, 而另一些由另一家公司供水, 这完全依赖于在供水公司全力竞争时房主或住户所作的决定. 在许多情况下, 单独一所房子两边的供水公司可能都不同. 每家公司都既为富人也为穷人供水, 既为大房子也为小房子供水. 接受不同公司供水的人在条件或职业上均没有区别. 现在, 很明显, 在部分提供改良了的水的区域, 霍乱的减少全凭了这种供水, 被如此供水的房子享受减少该疾病的益处, 而那些被提供来自 Battersea Fields 的 [污染了的] 水的房子就要承受像完全不存在改良水供应那样的死亡率. 由于这些房子里的东西和接受这两家公司所提供的水的人, 或者他们周围的物理条件, 都没有什么不同, 显然, 在检验水的供应对霍乱进程的影响上, 没有试验能够被设计得比这个更加彻底了, 现成的情况就摆在观察家的眼前."

"该试验的规模也是最大的. 这里有不少于 30 万人, 这包括两种性别、各种年龄和职业, 以及每种等级和身份, 从名门世家到极度贫困者, 他们没有选择地 (大多数情况下他们并不知情) 被分组, 其中一组接受含有伦敦城市污水的水, 水中含有可能来自霍乱病人的物质, 而另一组则接受没有这些不纯物质的水."

"为了把这个宏大的试验变成论据, 所需要的就是弄清楚发生霍乱的每个房子的水源供应." [pp. 74—75]

Snow 的数据显示在表 2 中. 分母数据为每家供水公司服务的房子数目, 可在议会记录中得到. 然而, 分子数据则需要进行逐户调查以确定每一个霍乱死亡者居住地址的水源供应. (当时称为 "bill of mortality" 的死亡证书显示了地址, 但没有说明每个死亡者的水源.) 由 Southwark & Vauxhall 公司供水的死亡率大约 9 倍于 Lambeth 公司的. Snow 解释说, 这个数据可以被当成随机化控制试验的结果来分析: 两家供水公司的顾客之间除了水之外没有不同. 数据分析很简单, 就是死亡率的比较. 是该研究的设计和效应的规模导致了结论.

表 2 按水源的霍乱死亡率,每千座房屋死亡率,伦敦,1854 年的流行病,Snow 的表 IX

	房屋数目	霍乱死亡数	每千座房屋死亡率
Southwark & Vauxhall 公司	40 046	1 263	315
Lambeth 公司	26 107	98	37
伦敦其余地方	256 423	1 422	59

1.4 Yule 关于贫困原因的研究

Legendre(1805)和 Gauss(1809)发展了回归方法以拟合关于天体轨道的数据. 有关的变量根据牛顿力学是已知的,联系它们的方程的函数形式也是已知的. 度量可以是高精度的. 在度量和方程中误差的性质也大都知道. 此外,有大量的机会来比较预测和现实. 一个世纪之后,研究人员把回归应用于社会科学数据,其中上述这些条件即使对粗糙的近似也并不成立,其后果是需要探索的(第 4~9 章).

Yule(1899)研究贫困的原因. 当时,英格兰的贫民[⊖]或者在称为贫民收容所的严酷的维多利亚式的机构内得到救济,或者在外面依赖于地方当局的政策救济. 政策的选择是否影响贫民的数目? 为研究这个问题,Yule 提出一个回归方程,

$$\Delta \text{Paup} = a + b \times \Delta \text{Out} + c \times \Delta \text{Old} + d \times \Delta \text{Pop} + \text{error}. \tag{1}$$

这个方程中,Δ 为随时间变化的百分比;Paup 为贫民数目;Out 为在外面救济比率 N/D,其中 $N=$ 在贫民收容所外接受救济的数目,$D=$ 在贫民收容所内接受救济的数目;Old 为 65 岁以上人口;Pop 为人口总数. 数据来自于 1871、1881、1891 年的英格兰人口普查. 这里有两个 Δ,一个是为 1871—1881,一个是为 1881—1891.(误差项后面将会讨论.)

救济政策分别在每个"区会"(union)中确定.(区会为救济贫民的教区联合组织,由几个教区组成.)那时,有约 600 个区会,而 Yule 把它们分为 4 类:乡下的、混合的、市内的、都市的. 一共有 $4 \times 2 = 8$ 个方程,每个相应于一类区会和一个时间段. Yule 用最小二乘法把他的方程拟合到数据,即确定 a, b, c, d,使得误差平方和

$$\sum (\Delta \text{Paup} - a - b \times \Delta \text{Out} - c \times \Delta \text{Old} - d \times \Delta \text{Pop})^2$$

最小. 这是对所有已给类型的区会在已给时间段上求和,这里(实际上)假定了这些系数对所有那些地理和时间组合都是常数.

例如,考虑都市区会. 拟合方程到 1871—1881 年的数据,Yule 得到

$$\Delta \text{Paup} = 13.19 + 0.755 \Delta \text{Out} - 0.022 \Delta \text{Old} - 0.322 \Delta \text{Pop} + 误差. \tag{2}$$

对于 1881—1991 年的数据,他的方程为

$$\Delta \text{Paup} = 1.36 + 0.324 \Delta \text{Out} + 1.37 \Delta \text{Old} - 0.369 \Delta \text{Pop} + 误差. \tag{3}$$

ΔOut 的系数相对较大,而且是正的. Yule 得出外面救济造成了贫困的结论.

⊖ 这里的贫民(pauper)是指当时在英国靠救济度日的人,他们或者到环境很差的贫民收容所得到救济,或者住在家里(即在收容所外面)得到救济. 在 1834 年修正的济贫法把英国救济系统统一,并且把教区(perish)联合成区会来负责贫民收容所,又叫做工场(workhouse). 按照该法律,禁止能工作的人在家里接受救济,如果要想救济,必须去工场. 而工场的条件故意弄得很恶劣以不鼓励贫民对救济的依赖. 19 世纪末,工场条件得到改善. 到 20 世纪初,社会福利服务和社会保险系统完全取代了工场. ——译者注.

让我们看一下细节. 表 3 有关于贫困的 1881 年对 1871 年的比例、外面救济的比例、老年人口和总人口. 如果我们把表中每个数据减去 100, 第 1 列给出回归方程（2）中的 ΔPaup, 第 2、3、4 列给出了其他变量. 对于 Kensington（表中第一个区会），

$$\Delta\text{Out} = 5 - 100 = -95, \quad \Delta\text{Old} = 104 - 100 = 4, \quad \Delta\text{Pop} = 136 - 100 = 36.$$

因此, 根据（2）所得到的 ΔPaup 的预测值为

$$13.19 + 0.755 \times (-95) - 0.022 \times 4 - 0.322 \times 36 = -70.$$

实际的 ΔPaup 值为 -73. 因此误差为 -3. 如前所述, 系数是 Yule 为了使均方误差减至最小而选择的.（第 4 章将说明如何实行.）

表 3 贫困、在外面救济比率、老年人口、总人口. 1881 年与 1871 年数据之比乘以 100. 伦敦市的区会. Yule (1899, 表 XIX)

	Paup	Out	Old	Pop		Paup	Out	Old	Pop
Kensinton	27	5	104	136	Bethnal Green	46	19	102	106
Paddington	47	12	115	111	Whitechapel	35	6	93	93
Fulham	31	21	85	174	St. George's East	37	6	98	98
Chelsea	64	21	81	124	Stepney	34	10	87	101
St. George's	46	18	113	96	Mile End	43	15	102	113
Westminster	52	27	105	91	Poplar	37	20	102	135
Marylebone	81	36	100	97	St. Saviour's	52	22	100	111
St. John, Hampstead	61	39	103	141	St. Olave's	57	32	102	110
St. Pancras	61	35	101	107	Lambeth	57	38	99	122
Islington	59	35	101	132	Wandsworth	23	18	91	168
Hackney	33	22	91	150	Camberwell	30	14	83	168
St. Giles'	76	30	103	85	Greenwich	55	37	94	131
Strand	64	27	97	81	Lewisham	41	24	100	142
Holborn	79	33	95	93	Woolwich	76	20	119	110
City	79	64	113	68	Croydon	38	29	101	142
Shoreditch	52	21	108	100	West Ham	38	49	86	203

再回头看方程（2）. 系数 0.755 的因果解释是这样的: 其他量都不变, 如果 ΔOut 增加一个百分点, 即行政区支持更多的在贫民收容所之外的人, 那么 ΔPaup 将上升 0.755 个百分点. 这是一个定量推断 (quantitative inference). 在外救济造成了受救济的贫民数目的增长, 这是一个定性推断 (qualitative inference). 把 ΔPop 和 ΔOld 引入到方程是为了控制可能的混杂因素, 贯彻"其他量都不变"的想法. 对于 Yule 的论证, ΔOut 的系数为显著正数是重要的. 回归把定量和定性的方面编织在一起.

Quetelet（1835）想要利用统计方法来揭示"社会物理学", 即人类行为的规律. Yule 利用回归来对贫困的社会物理进行推断. 但是这并不是很容易就能做到的. 混杂是一个问题. 按照 Yule 时代处于前列的福利经济学家 Pigou 的说法, 管理较有效的区正在建造贫民收容所并正在减少贫困. 管理的有效性于是成为一个既影响假设中的原因又影响其效应的混杂因素. 经济状况可能是另一个混杂因素. Yule 有时把人口改变率描述为经济增长的替代. 然而, 一般

来说,他很少关注经济状况. 其解释为:

"为了试验这个想法,花了大量时间和精力,但是结果证明是不满意的,最终该度量被完全放弃了."[p.253]

Yule 的方程形式有些任意,对于不同的时间和地点,系数并不一致:比较方程 (2) 和 (3) 可以看出,它们随着时间不同而不同. 地点造成的不同在 Yule 文章的表 C 中报告了. 这种不一致可能并不是致命的. 然而,除非这些系数除了数据之外本身有存在的理由,否则它们怎么能预测可能改变数据的干预所造成的后果呢? 对参数和估计予以区别是很基本的,我们在第 4~9 章将多次讨论这个问题.

还有其他的问题. 充其量, Yule 建立了关联. 以协变量为条件,在 ΔPaup 和 ΔOut 之间有正的关联. 这个关联是因果关系吗? 如果是,这个因果关系的箭头是指向哪个方向的? 比如,针对贫民数目的短期增加,一个教区可能选择不去建设贫民收容所,这样,贫困造成了外部救济. 类似地,一个区域的贫民数目可能被邻近区域的救济政策所影响. 这样的问题并不能由数据分析来解决. 相反,答案是事先假定的. 和 Snow 关于霍乱的研究、HIP 试验或吸烟的流行病学相比, Yule 所做的实际上更有问题.

Yule 意识到这个问题. 虽然他忙于对受救济贫民中的变化原因做分配:哪些归因于外部救济比率,哪些归因于其他变量,哪些归因于随机误差,但有一个老练的脚注(第 25 个)把所有的因果关系全收回了:"严格地说,'归因于'意味着'关联于'."

除了没有包含星号来表示统计显著性的因果图之外, Yule 的研究非常现代. 图 1 把他带到了今天. 从 ΔOut 到 ΔPaup 的箭头说明 ΔOut 包含在解释 ΔPaup 的回归方程之中. "统计显著"由一个星号表示,而三个星号表示高度显著. 其想法是:统计显著的系数是不同于零的,因此 ΔOut 对 ΔPaup 有因果影响. 作为对照,不显著系数被认为是零:比如, ΔOld 对 ΔPaup 没有因果影响. 我们在第 6 章还会讨论这些问题.

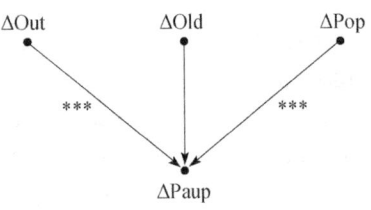

图 1　Yule 的模型. 都市区会. 1871—1881

Yule 本来可以利用回归来概括他的数据:对于已给的时间和某一类区会,对某种解释变量的值,被救济贫民的变化会是多少等等. 换言之,在给定 ΔOut、ΔOld、ΔPop 时,他可以利用他的方程来近似 ΔPaup 的平均值. 这假定了问题是线性的. 关于预测,要有另一个假定:系统在时间变化时是稳定的. 预测已经比描述更复杂了. 另一方面,如果我们做一系列预测,并且用数据做检验,则可能表明该系统足够稳定而使得回归有意义.

因果推断是不同的,因为系统中的一个改变是计划了的,是一个干预. 描述统计告诉你关于你碰巧有的这个数据. 因果模型断言,如果你故意改变一些数目,它将告诉你其他某些数目将会发生什么. 这是一个值得研究的断言. 有些东西在变化中必须保持不变. 这是什么? 为什么它必须是常数? 第 4 章和第 5 章将解释如何拟合如 (2) 和 (3) 那样的回归方程. 第 6 章讨论来自现代社会科学的一些例子,并且研究在变化之中的常数性假定,以证明用统计方法做因果推断的合理性. 响应方案(response schedule)将用来把常数性假定形式化.

练习组 A

1. 在 HIP（表 1）试验中，有哪些证据表明处理对由其他原因造成的死亡没有影响？
2. 有人想要用接受扫描的妇女与控制组的比较来分析 HIP 数据．这个想法合适吗？
3. Snow 对 1853—1854 年的流行病研究（表 2）是随机化控制试验还是一个自然试验？为什么 Lambeth 公司在 1852 年移动其取水地点很要紧？简单解释．
4. Yule 的研究是随机化控制试验还是观测研究？
5. 在方程（2）中，假定 ΔOut 的系数是 -0.755．Yule 将会得到什么结论？如果该系数是 $+0.005$ 呢？

练习 6～8 为下一章做准备．如果对内容不熟悉，你可以读一下 Freedman-Pisani-Purves (2007) 的第 16～18 章，或者其他课本中的类似内容．记住

$$\text{方差} = (\text{标准误差})^2.$$

6. 假定 $X_1, X_2, \cdots, X_n$ 为独立随机变量，有共同的期望 μ 和方差 σ^2．令 $S_n = X_1 + X_2 + \cdots + X_n$．求 S_n 的期望和方差．再求 S_n/n 的期望和方差．
7. 假定 $X_1, X_2, \cdots, X_n$ 为独立随机变量，有共同的分布：$P(X_i = 1) = p$ 及 $P(X_i = 0) = 1 - p$，这里 $0 < p < 1$．令 $S_n = X_1 + X_2 + \cdots + X_n$．求 S_n 的期望和方差．再求 S_n/n 的期望和方差．
8. 大数定律是什么？
9. Keefe et al (2001) 概括他们的数据如下：

> "35 位风湿性关节炎患者记 30 天日记．参加者报告说有了精神上的体验，比如经常有和上帝结合的意愿．参加者对他们利用宗教应对方法来控制疼痛的能力评分为优，在那些日子里，他们很少会感觉到关节疼．"

该研究是否表明宗教应对方法在控制疼痛方面是有效的呢？如果不是，如何解释这个数据？

10. 按照许多教科书，关联不是因果关系．你多大程度上同意这个观点？简单讨论．

1.5 札记

实验设计（experimental design）本身就是一个主题．比如，许多实验把对象分成相对齐次的区组．在每个区组中，一些组被随机选为处理组，其余的为控制组．致盲（blinding）是另一个重要的主题．自然，实验可能出轨．关于这种情况的例子，参见由 Sundt (1987) 等人评论的 EC/IC Bypass Study Group (1985)．评论说，这个大规模多中心手术试验的管理和报告都失败了，这是许多可能通过手术康复的患者在试验之外动了手术，并且没有被统计到这份报告之中的结果．

流行病学（epidemiology）是研究医学统计的．更正式的说法为，流行病学是"在特定的人群中关于和健康相关的状态或事件的分布及影响因素的研究，以及这个研究在控制健康问题上的应用"．参见 Last (2001, p. 62) 及 Gordis (2004, p. 3)．

吸烟对健康的影响． 参见 Cornfield et al (1959)，International Agency for Research on Cancer (1986)．从 Freedman (1999) 可看到简单的概括．已经有了一些关于停止吸烟的实验，但它们最多也是不确定的．类似地，能够做动物实验，但是从一个物种到另一个物种的外

推是困难的. 关于吸烟假设的批判评论包括了 Berkson (1955) 和 Fisher (1959). 后者的论点几乎有悖常理 (人无完人).

电话和乳腺癌. 包括了 165 个县, 相关系数为 0.74. 乳腺癌死亡率 (标准化的年龄) 来自 http://www-dep.iarc.fr/globocan/globocan.html 上的人口数据, 电话线数目 (还有其他的) 来自于 http://www.cia.gov/cia/publications/factbook.

HIP. 最好的原始资料为 Shapiro et al (1988). 实际的随机化机制包含了列表抽样. 表 1 中的差别在 18 年的追踪中一直持续着, 而且变得越来越显著, 这一点可以从取前 7 年而不是前 5 年的案例事件看出. 扫描停止于 4 或 5 年后, 而还需要一到两年效应才会显示出来, 因此 7 年可能是最好的可用时间段.

意向处理 (intention-to-treat) 度量分配的效应, 而不是扫描的效应. 扫描效应被人员转移所弱化, 因为仅有 2/3 的妇女来扫描. 当移动是单方面的, 即从处理组到控制组, 而没有相反的变动时, 很容易纠正这个弱化. 扫描减少了乳腺癌死亡率的效应 2 倍于不扫描的. 这个估计由两县研究所证实. 参见 Freedman et al (2004) 的回顾文章, 弱化的纠正在那里的第 72 页讨论, 另外参看 Freedman (2006b).

处理组中接受扫描的对象在非乳腺癌造成的死亡率上非常低 (表1). 为什么? 一是, 接受者较富有并且受过较好的教育, 死亡率随着收入和教育水平的提高而下降. 此外, 一般来说接受者可能会更好地照顾自己. 参看 Freedman-Pisani-Purves (2007) 的 2.2 节及 Petitti (1994).

最近, 关于乳房造影的价值的问题又被提起, 但是来自扫描试验的证据是非常坚实的. 关于这方面的回顾, 参看 Smith (2003) 和 Freedman et al (2004).

Snow 关于霍乱的研究. 在 19 世纪末, 微生物学变得非常活跃. 在 1878 年, Pasteur 发表了 *La théorie des germes et ses applications à la médecine et à la chirurgie*[⊖]. 大约同样的时候, Pasteur 和 Koch 分离出了炭疽杆菌并发展了接种疫苗的技术. 接下去是结核杆菌. 在 1883 年, 在埃及和印度流行霍乱, 而 Koch 分离出霍乱弧菌 (先前 Filippo Pacini 在 1854 年的工作已经被人遗忘).

在 1892 年, 汉堡又暴发了流行病. 该城市的父老求助于当时德国卫生运动的首席人物 Max von Pettenkofer. 他不相信 Snow 的理论, 相反, 他坚持霍乱是由土地中的毒素造成的. 汉堡是屠宰工业的中心: 为了减少土地的污染, von Pettenkofer 把动物残骸挖出来拖走. 流行病一直持续到市民对 von Pettenkofer 失去信心, 并在绝望中求助于 Koch.

关于这段历史的参考文献包括 Rosenberg (1962)、Howard-Jones (1975)、Evans (1987) 和 Winkelstein (1995). 现在, 霍乱弧菌的分子生物学已经被相当好地理解了. 最近的回归文献有 Colwell (1996) 和 Raufman (1998). 对此的概要, 请参看 Alberts et al (1994, pp. 484, 738). 关于 Snow 工作的有价值的细节, 参看 Vinten-Johansen et al (2003). 还可以参看 http://www.ph.ucla.edu/epi/snow.html.

在流行病学的历史上, 有许多类似于 Snow 在霍乱上所做工作的例子. 比如, Semmelweis (1860) 发现了产褥热的原因. Loudon (2000) 写的一本有趣的书描述了这段历史, 虽然

⊖ 细菌理论及其在医学和外科学的应用. ——译者注.

Semmelweis 大概能被更文雅地对待. 另一个例子是在 1914 年左右, Goldberger 表明了糙皮病是饮食缺陷所造成的结果. Terris (1964) 重新发表了许多 Goldberger 的文章, 还可参见 Carpenter (1981). 脚气病研究的历史确实值得阅读 (Carpenter, 2000).

Quetlet. 几句话可以显示出他的工作风格.

"把我的工作冠以社会物理学的标题没有别的目的, 只是因为它以一个一致的秩序收集影响人类的现象, 这类似于物理科学把属于物质世界的现象放到一起……在一个给定的社会状态, 在某些原因的影响下, 产生了一些有规则的效应, 它们事实上围绕一个平均点震荡, 不会经历任何可以察觉到的改变……

"这个研究……有太多的吸引人的地方, 它在太多的方面和科学的每一个领域相联系, 而且所有都是哲学中最有意思的问题, 该研究长期不会有热心的观察者来把它进行下去并且使它有科学的外观." (Quetelet 1842, pp. vii, 103.)

Yule. (1) 和 (2) 中的"误差"在理论中扮演了不同的角色. 在 (1) 中, 它为随机误差, 是统计模型无法观测的部分. 在 (2) 中, 它为残差, 能够作为模型拟合的结果而被计算出来. 方程 (3) 类似于 (2). 细节在第 4 章介绍. 关于这段历史具有同情心的记录, 参看 Stigler (1986) 和 Desrosières (1993). Meehl (1954) 提供了一些有名的通过回归进行预测的成功例子. 在若干不同的背景下, 制造一些真正的"事先"预测是预测有效性的最好证明: 预测未来比拟合过去的回归方程要难得多 (Ehrenberg and Bound 1993).

John Stuart Mill. 在试验和观测之间的对照及混杂的思想可追溯到 Mill (1843). (在其第 7 版, 参看 Book III, 第 VII 章和第 X 章, 特别是 423 和 503 页.)

试验和观测研究的对比. 水果和蔬菜的流行病是试验和观测数据相矛盾的有名例子. 简单地说, 观测数据表明, 那些吃了富含维生素的食物的人癌症发病率低, "因此"维生素防止癌症. 实验表明, 食物添加维生素既不能减少也不能增加患癌症的风险.

用观测数据研究的问题是, 那些每天吃 (比方) 5 份水果和蔬菜的人在许多方面都不同于其余的人. 用纯粹统计方法来确定所有这些区别是很难的 (Freedman-Pisani-Purves, 2007, p. 26 和 p. A6 的注 23). 研究文章包括 Clarke and Armitage (2002)、Virtamo et al (2003)、Lawlor et al (2004) 和 Cook et al (2007). Hercberg et al (2004) 对男性而不是女性得到一个正面的效应.

激素取代疗法 (HRT) 是另一个例子 (Petitti 1998, 2002). 观测研究显示, HRT 防止了更年期后女性患心脏病. 实验表明 HRT 没有好处. 那些选择了 HRT 的妇女和其他女性有区别, 在一些方面, 这些区别在观测研究中被忽略了. 第 7 章还将讨论 HRT.

Ioannidis (2005) 表明利用各种干预来做实验比较, 观测研究很少有可能给出可重复的结果. 还可参看 Kunz and Oxman (1998).

轶事证据 (anecdotal evidence) 基于个例, 没有对不同的群体做系统比较, 把它作为因果推断的基础是薄弱的. 如果研究中没有控制组, 特别在效应很小或很难度量的情况下, 有理由对其产生强烈的怀疑. 当效应非常引人注目时, 比如用青霉素治疗伤口感染的情况, 这些统计告诫可以放到一边. 关于青霉素, 参看 Goldsmith (1946)、Fleming (1947)、Hare (1970) 和 Walsh (2003). 对效应较大的情况, Smith and Pell (2004) 有一个很好的、非常幽默的关于因果推断的讨论.

第 2 章 回 归 线

2.1 引言

这一章是关于回归线（regression line）的。回归线本身（对统计学家）很重要，而且它将在第 4 章讨论多元回归时有所帮助。第一个例子显示 1078 个父亲和他们儿子身高的散点图（图 1）。每一对父子成为图上的一个点，父亲的身高在 x 轴上，其儿子的身高在 y 轴上。左边的竖直带（在烟囱形状之内）显示了父亲身高是 64 英寸（四舍五入到英寸）的家庭，右边的竖直带显示了父亲身高是 72 英寸的家庭。还可以画出许多其他的竖直带。在给定父亲身高时，回归线可以对其儿子的平均身高做出近似。这条线通过所有竖直带的中心。回归线较 SD 线（虚线）更平坦，"SD" 是后面要介绍的"标准差"（standard deviation）的缩写。

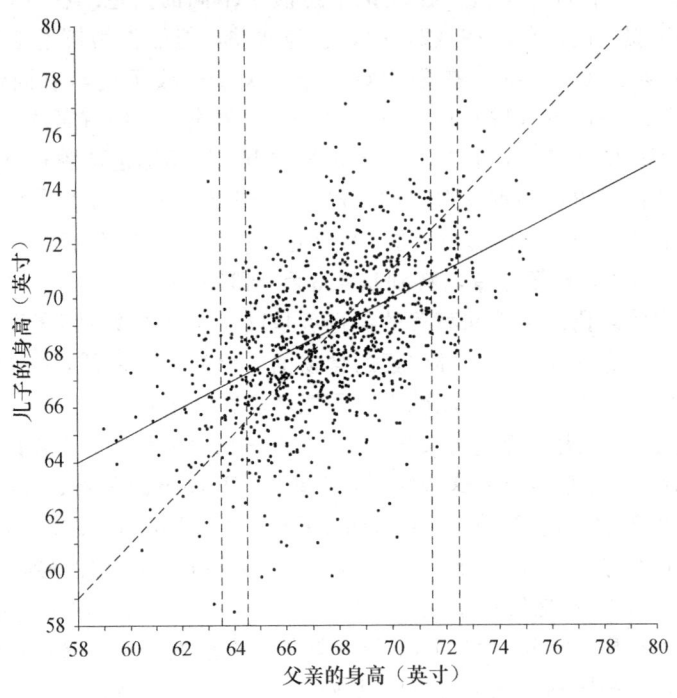

图 1 父亲和儿子的身高。Pearson and Lee（1903）

2.2 回归线

假如有 n 个对象，用 $i = 1, \cdots, n$ 来标记，还有两个数据变量（data variable）x 和 y。一个数据变量对每个研究对象存储了一个值。这样，x_i 是对象 i 的 x 值，y_i 是对象 i 的 y 值。在图 1 中，一个"对象"是一个家庭：x_i 是家庭 i 的父亲身高，y_i 是家庭 i 的儿子身高。对于 Yule（1.4 节），一个"对象"可能是一个都市区会，对于区会 i，$x_i = \Delta \text{Out}$，$y_i = \Delta \text{Paup}$。

回归线是由 5 个概括统计量计算的：（ⅰ）x 的平均，（ⅱ）x 的 SD，（ⅲ）y 的平均，（ⅳ）y 的 SD，（ⅴ）x 和 y 之间的相关系数。计算可以如下进行，其中简写 var 代表方差（variance），关于 $\bar{y}$ 和 var(y) 的公式这里省略。

$$\bar{x} = \frac{1}{n}\sum_{i=1}^{n} x_i, \quad \text{var } x = \frac{1}{n}\sum_{i=1}^{n}(x_i - \bar{x})^2, \tag{1}$$

$$x \text{ 的 SD 为 } s_x = \sqrt{\text{var } x}, \tag{2}$$

$$\text{标准单位的 } x_i \text{ 为 } z_i = \frac{x_i - \bar{x}}{s_x}, \tag{3}$$

相关系数为

$$r = \frac{1}{n}\sum_{i=1}^{n}\left(\frac{x_i - \bar{x}}{s_x} \cdot \frac{y_i - \bar{y}}{s_y}\right). \tag{4}$$

按照惯例，假定 $s_x \neq 0$，$s_y \neq 0$。必然有，$-1 \leqslant r \leqslant 1$；参见后面练习 B16。在 x 和 y 之间的相关系数常常写成 $r(x, y)$。定义符号函数 sign(r)：当 $r > 0$ 时，sign(r) = +1；当 $r < 0$ 时，sign(r) = -1。下面的 (5) 和 (6) 表明，回归线比 SD 线要平坦些。

y 在 x 上的回归线通过平均点 $(\bar{x}, \bar{y})$。斜率为 rs_y/s_x。截距为 $\bar{y}$ — 斜率 $\cdot \bar{x}$. (5)

SD 线也通过平均点。斜率为 sign(r)s_y/s_x。截距为 $\bar{y}$ — 斜率 $\cdot \bar{x}$. (6)

y 在 x 上的回归线，也称为由 x 预测 y 的回归线，它是平均图（graph of averages）的线性近似，平均图显示对每个 x 的 y 的平均值（图 2）。

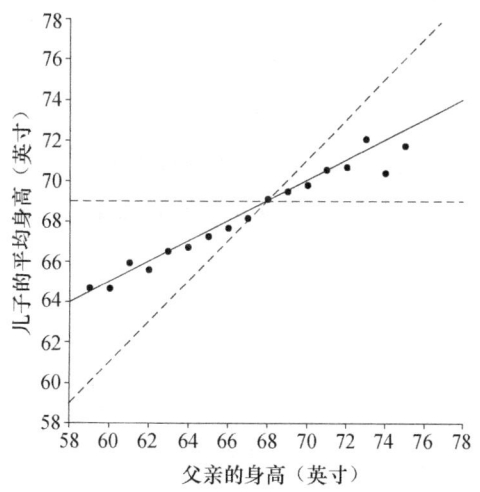

图 2 平均图。点表示对应于父亲身高的每个值，儿子身高的平均值。回归线（实线）是沿着这些点的：它比 SD 线（虚线）更平坦

相关是一个关键的概念。图 3 显示了三个散点图的相关系数。所有的图都有相同数量的点（$n=50$）、同样的均值（$\bar{x}=\bar{y}=50$）和同样的 SD（$s_x=s_y=15$）。但这些图的形状却完全不同。相关系数 r 和描述了形状。（如果变量不是成对的——成对即每个对象有两个数——那么不可能计算相关系数或者回归线。）

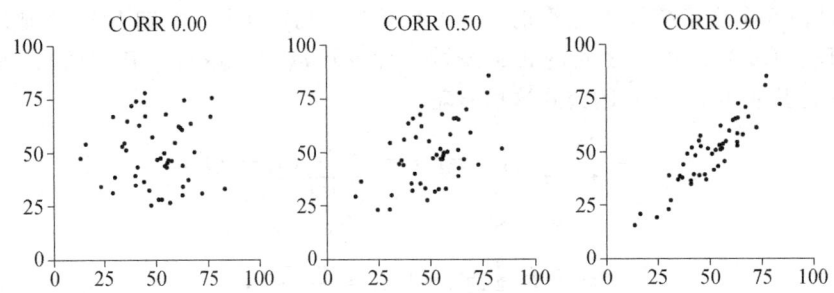

图 3 三个散点图. 相关系数度量散点图在一条线周围的拥挤程度. 如果符号是正的, 该线向上倾斜. 如果符号是负的, 该线向下倾斜 (这里没有显示)

如果利用直线 $y=a+bx$ 由 x 预测 y, 那么关于对象 i 的误差或者残差 (residual) 为 $e_i = y_i - a - bx_i$, 而 MSE 为

$$\frac{1}{n}\sum_{i=1}^{n} e_i^2.$$

RMS 误差是 MSE 的平方根. 对于回归线, 后面也将会看到, MSE 等于 $(1-r^2)\text{var } y$. MSE 是均方误差 (mean square error) 的缩写, RMS 是根均方 (root mean square) 的缩写.

一个属于 C.-F. Gauss 的定理. 在所有直线中, 回归线有最小的 MSE.

一个更加一般的定理将在第 3 章提供. 如果对 2.1~2.2 节的内容不熟悉, 可以读一下 Freedman-Pisani-Purves (2007) 的第 8~12 章.

2.3 胡克定律

一个弹簧的长度在没有负载时为 a. 当一个重物挂在弹簧的端点时, 弹簧将被拉到一个新的长度. 按照胡克定律 (Hooke's law), 弹簧被拉长的长度和重物的质量成比例. 如果把质量 x_i 的重物挂在弹簧上, 则长度为

$$Y_i = a + bx_i + \varepsilon_i, \quad i = 1, \cdots, n. \tag{7}$$

方程 (7) 是一个回归模型 (regression model). 在这个方程中, a 和 b 是依赖于该弹簧的常数, 称为参数 (parameter), 它们的值未知, 需要根据数据来估计. ε_i 为独立同分布的, 均值为 0, 方差为 σ^2, 称为随机误差 (random error) 或者扰动 (disturbance). 方差 σ^2 是另一个参数. 第 i 次选择重量 x_i, 在该重量下, 弹簧长度响应为 Y_i. 你不会观测到 a, b 或 ε_i.

表 1 显示了在加州大学伯克利分校一堂物理课上关于胡克定律的实验结果. 其第一行显示了载荷的重量, 第二行为测量的长度. ("弹簧"是挂在一个大教室天花板上的一个长的钢琴弦.)

表 1 关于胡克定律的实验

重量 (kg)	0	2	4	6	8	10
长度 (cm)	439.00	439.12	439.21	439.31	439.40	439.50

利用最小二乘方法来估计参数 a 和 b. 换句话说, 我们拟合回归线. 截距为

$$\hat{a} \doteq 439.01 \text{cm}.$$

在一个参数上加帽子表示是它的一个估计：a 的估计为 439.01cm. 斜率为

$$\hat{b} \doteq 0.05 \text{cm/kg}.$$

b 的估计为 0.05cm/kg. （加了点的等号"$\doteq$"意味着"约等于"，这里数量结果是四舍五入后的.）

有两个结论.（ⅰ）在弹簧上加一重物使它变长.（ⅱ）每一千克重量使它伸长约 0.05cm. 第一个是（相当明显的）定性分析，而第二个是定量的. 第 6 章将再次讨论定性和定量推断之间的区别.

练习组 A

1. 在 Pearson-Lee 数据中，父亲的平均身高为 67.7 英寸，其 SD 为 2.74 英寸. 儿子的平均身高为 68.7 英寸，其 SD 为 2.81 英寸. 相关系数为 0.501.
   (a) 判断下面论述的对错并解释：因为儿子平均比父亲高过一英寸，如果父亲是 72 英寸高，那么有百分之五十的机会儿子高于 73 英寸.
   (b) 找到儿子高度对父亲高度的回归线及其 RMS 误差.

2. 你能够通过度量没有重量时的弹簧长度来根据方程（7）确定 a 吗？度量一次呢？度量 10 次呢？简单解释.

3. 利用表 1 中的数据，为由重量预测长度的回归线求出 MSE 和 RMS 误差. 哪一个统计量更能判断数据离回归线有多远？提示：注意量纲，或者点图，或者二者.

4. 对于下面哪个图，相关系数是一个好的描述统计量？为什么？

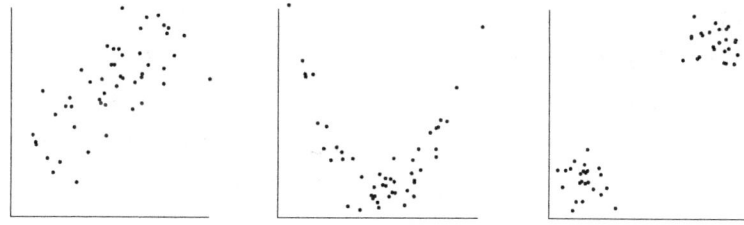

2.4 复杂性

比较方程（7）和（8）：

$$Y_i = a + bx_i + \varepsilon_i, \tag{7}$$

$$Y_i = \hat{a} + \hat{b} x_i + e_i, \tag{8}$$

看上去一样吗？再看看. 在回归模型（7）中，我们无法观测参数 a, b 或扰动 ε_i. 在拟合的模型（8）中，估计量 $\hat{a}$, $\hat{b}$ 是可观测的，残差 e_i 也是. 对于大样本，$\hat{a} \doteq a$, $\hat{b} \doteq b$, 因而 $e_i \doteq \varepsilon_i$. 但是

$$\doteq \ne =$$

（8）中的 e_i 称为残差，而不是扰动项或随机误差项. e_i 经常被称为"误差"（error），尽管这

可能会导致混淆. 术语"残差"更清楚些.

估计量不是参数,残差不是随机误差.

在 (7) 中,由于 ε_i 是随机变量,Y_i 也是随机的. 随机变量如何与数据相联系呢?答案涉及观测值 (observed value) 的概念,这将用例子说明. 均值和方差的概念如何从数据延伸到随机变量,也将用例子通过联系这两个概念之间的某些线索来说明. 先看均值. 考虑一列表 $\{1,2,3,4,5,6\}$,按照公式 (1),它有均值 3.5 及方差 35/12. 至此,有了一个很小的数据集. 下面将看随机变量.

掷一个骰子 n 次. (一个骰子有 6 面,每个面都等可能出现,一面为 1 点,还有一面为 2 点,如此下去,直到 6 点.) 令 $U_i(i=1,\cdots,n)$ 为第 i 次掷骰子时的点数,它为 (更确切地是在模型中设立的) 独立同分布的随机变量,就像随机从列表 $\{1,2,3,4,5,6\}$ 选择数目一样. 每个随机变量有均值 (期望,也称为期望值) 3.5 和方差 35/12. 这里均值和方差已经应用到随机变量上了,即掷一个骰子所得到的点数.

样本均值和样本方差为

$$\overline{U}=\frac{1}{n}\sum_{i=1}^{n}U_i, \quad \mathrm{var}\{U_1,\cdots,U_n\}=\frac{1}{n}\sum_{i=1}^{n}(U_i-\overline{U})^2. \tag{9}$$

(9) 中的样本均值和方差本身就是随机变量. 原则上,它们不同于作为固定数目的 $E(U_i)$ 及 $\mathrm{var}(U_i)$,它们分别是 U_i 的期望和方差. 当 n 很大时,

$$\overline{U}\doteq E(U_i)=3.5, \quad \mathrm{var}\{U_1,\cdots,U_n\}\doteq \mathrm{var}(U_i)=35/12. \tag{10}$$

这就表明了如何从重复观测中估计一个随机变量的期望和方差.

- 随机变量有均值,数据集也有.
- 随机变量有方差,数据集也有.

至今讨论有些抽象. 现在,某人实际上掷了 $n=100$ 次骰子. 这产生了一些数据. 总点数为 371. 平均每掷一次为 $371/100=3.71$. 这不是 $\overline{U}$,而是 $\overline{U}$ 的观测值. 毕竟 $\overline{U}$ 有一个概率分布,而 3.71 是其取值之一. 类似地,胡克定律 (表 1) 中的弹簧的测量长度并不是随机变量. 按照回归模型,它是定义在 (7) 中的随机变量 Y_i 的观测值.

在回归模型中,数据通常是随机变量的观测值.

再重新看 (8). 如果 (7) 成立,(8) 中的 $\hat{a},\hat{b},e_i$ 能够看成观测的随机变量或者观测值,依上下文而定. 有时,观测值称为实现 (realization). 这样,439.01cm 是随机变量 $\hat{a}$ 的一个实现.

还有一点需要掌握. 方差常常用来度量散布. 然而,如下面一个例子所表明的,方差通常有错误的单位和错误的大小,因此要取平方根来得到 SD.

例 1 美国年龄 18~24 岁的男性的平均体重为 170 磅. 这一群人的典型重量是 170 磅左右,但将不会是刚好 170 磅. 典型的关于平均值的偏差为 _____. 体重的方差为 900 平方磅:错误的单位,错误的大小. 不要用方差来填空. 标准差 (SD) 为 $\sqrt{\text{方差}}=30$ 磅. 关于平均体重的典型偏差大约为 30 磅.

例 2 掷 100 次骰子. 令 $S = X_1 + \cdots + X_{100}$ 为总点数. 这是个随机变量, 有 $E(S) = 100 \times 3.5 = 350$. 你将会得到大约 350 点, 大约加或减_____. S 的方差为 $100 \times 35/12 \doteq 292$. (正如前面所说, 35/12 是列表 $\{1,2,3,4,5,6\}$ 的方差.) 不要用 292 填空. 为了利用方差, 求平方根. 标准误差 (SE) 为 $\sqrt{292} \doteq 17$. 用 17 来填空. (SE 应用于随机变量, 而 SD 用于数据.)

点数将在 350 左右, 但将会偏离 350 约 17 左右. 点数不大可能偏离其期望值 2 倍或 3 倍的 SE. 对于随机变量, 标准误差是方差的平方根. (一个随机变量的标准误差常常称为标准差, 可能会引起混淆.)

2.5 比较简单回归和多元回归

一个简单 (simple) 回归方程右边有一个截距和一个解释变量及斜率系数. 一个多元 (multiple) 回归方程右边有若干解释变量, 每个都有其自己的斜率系数. 为研究多元回归, 需要用到矩阵代数, 这将在第 3 章介绍.

练习组 B

1. 在方程 (1) 中, 方差是应用于数据还是应用于随机变量? 在 (4) 中的相关系数呢?
2. 在表 1 下面, 你将找到数目 439.01. 这是一个参数还是一个估计值? 0.05 呢?
3. 假定我们没有表 1 的最后一行. 基于该表的头 5 行的数据找出长度对重量的回归线.
4. 在例 1 中, 900 平方磅是随机变量的方差还是数据的方差? 做简单讨论.
5. 在例 2 中, 35/12 是随机变量的方差还是数据的方差? 还是两者都是? 做简单讨论.
6. 掷 180 次骰子. 找到骰子幺点的期望值及方差. 幺点的数目将大约为_____, 大约加或减_____. (一个骰子有 6 面, 每个面都等可能出现, 有 1 点的为 "幺点".)
7. 掷 250 次骰子. 得到幺点的次数比例将约为_____, 大约加或减_____.
8. 从一个装有 4 个数字 "1", "2", "2", "5" 的盒子中放回地抽取 100 次. 抽取的结果是 17 个 "1", 54 个 "2", 29 个 "5". 选择填空.

    (a) 关于_____, 观测值比期望值高 0.8 个 SE. (提醒: SE=标准误差.)

    (b) 关于_____, 观测值比期望值高 1.33 个 SE.

    选项 (有两个将剩下):

    "1" 的数目　　"2" 的数目　　"5" 的数目　　所取数目之和

如果你不熟悉练习 6~8 中涉及的内容, 可参看 Freedman-Pisani-Purves (2007) 的第 16~18 章或者其他教科书的类似内容.

9. 方程 (7) 为_____. 选项:

    模型　　参数　　随机变量

10. 在方程 (7) 中, a 为_____. 选项 (正确的可能不止一个):

    可观测的　　不可观测的　　一个参数　　一个随机变量

    对 b, ε_i, Y_i 重复上面填空.

11. 按照方程 (7), 表 1 中的 439.00 为_____. 选项:

    一个参数　　一个随机变量　　一个随机变量的观测值

12. 假定 $x_1,\cdots,x_n$ 为实数. 令 $\overline{x}=(x_1+\cdots+x_n)/n$. 令 c 为一个实数.

   (a) 表明 $\sum_{i=1}^n(x_i-\overline{x})=0$.

   (b) 表明 $\sum_{i=1}^n(x_i-c)^2=\left[\sum_{i=1}^n(x_i-\overline{x})^2\right]+n(\overline{x}-c)^2$.
   提示: $(x_i-c)=(x_i-\overline{x})+(\overline{x}-c)$.

   (c) 表明 $\sum_{i=1}^n(x_i-c)^2$ 作为 c 的一个函数, 在 $c=\overline{x}$ 时有一个唯一的极小值.

   (d) 表明 $\sum_{i=1}^n x_i^2=\left[\sum_{i=1}^n(x_i-\overline{x})^2\right]+n\overline{x}^2$.

13. 一位统计学家有个样本, 而且计算了到数目 q 的偏差平方和. 当 q 为 _____ 时, 偏差平方和最小. 填空 (不多于25个词) 并解释.

14. 假定 $x_1,\cdots,x_n$ 及 $y_1,\cdots,y_n$ 有均值 $\overline{x},\overline{y}$, 标准差为 $s_x>0,s_y>0$, 相关系数为 r. 令
$$\mathrm{cov}(x,y)=\frac{1}{n}\sum_{i=1}^n(x_i-\overline{x})(y_i-\overline{y}).$$

   ("cov" 是协方差 (covariance) 的缩写.) 表明:

   (a) $\mathrm{cov}(x,y)=rs_xs_y$.

   (b) 由 x 预测 y 的回归线的斜率为
$$\mathrm{cov}(x,y)/\mathrm{var}(x).$$

   (c) $\mathrm{var}(x)=\mathrm{cov}(x,x)$.

   (d) $\mathrm{cov}(x,y)=\overline{xy}-\overline{x}\,\overline{y}$.

   (e) $\mathrm{var}(x)=\overline{x^2}-\overline{x}^2$.

15. 假定 $x_1,\cdots,x_n$ 及 $y_1,\cdots,y_n$ 为实数, $s_x>0,s_y>0$. 令 x^*,y^* 分别为标准单位的 x,y. 表明 $r(x,y)=r(x^*,y^*)$.

16. 假定 $x_1,\cdots,x_n$ 及 $y_1,\cdots,y_n$ 为实数, $\overline{x}=\overline{y}=0$, $s_x=s_y=1$. 表明 $\frac{1}{n}\sum_{i=1}^n(x_i+y_i)^2=2(1+r)$ 及 $\frac{1}{n}\sum_{i=1}^n(x_i-y_i)^2=2(1-r)$, 这里 $r=r(x,y)$. 表明
$$-1\leqslant r\leqslant 1.$$

17. 掷一个骰子两次. 令 X_i 为第 i 次掷时所得的点数 ($i=1,2$).

   (a) 求 $P(X_1=3\mid X_1+X_2=8)$, 即在已给总点数为 8 时, 第一次掷得 3 的条件概率 (conditional probability).

   (b) 求 $P(X_1+X_2=7\mid X_1=3)$.

   (c) 求 $E(X_1\mid X_1+X_2=6)$, 即在已给 $X_1+X_2=6$ 时, X_1 的条件期望 (conditional expectation).

18. (难题) 假定 $x_1,\cdots,x_n$ 为实数. 假定 n 为奇数而且所有 x_i 不同. 这时, 有一个唯一的中位数 (median) μ, 也就是把这些 x 按递增次序排列时位于中间的那个数. 令 c 为一个实数. 表明:

c 的函数 $f(c)=\sum_{i=1}^{n}|x_i-c|$ 在 $c=\mu$ 时达到最小值. **提示**. 你不能用微积分做这道题, 因为 f 是不可微的. 但你可以表明 $f(c)$ 为: (i) 连续的, (ii) 对于 $c>\mu$, 当 c 递增时是严格递增的, 即 $\mu<c_1<c_2$ 意味着 $f(c_1)<f(c_2)$, (iii) 对于 $c<\mu$, 当 c 递增时是严格递减的. 当 c 和所有 x 不同时, 容易理解 (ii) 和 (iii). 你也可以假定 x_i 是随着 i 递增的. 如果你沿着这条思路走得足够远, 你会发现 f 在这些 x 之间是线性的, 在这些 x 处有角. 此外, f 是下凸的, 即 $f[(x+y)/2] \leqslant [f(x)+f(y)]/2$.

评论. 如果 $-f$ 是下凸的, 那么 f 称为上凸的.

2.6 札记

在 (6) 中, 如果 $r=0$, 你能够取 SD 线的斜率为 s_y/s_x, 或者 $-s_y/s_x$. 然而, 在其他应用中, sign(0) 通常定义为 0.

胡克定律 (7) 在重量相对小的时候是好的近似. 当重量较大时, 可能需要一个二次项. 当接近"弹性极限"时, 情况就变得更加复杂了. 实验的细节简化了. 关于数据来源, 参见 Freedman-Pisani-Purves (2007) 第 A11 和 A14 页.

更多关于随机变量的材料, 包括物理骰子和骰子的数学模型之间的联系, 参看

http://www.stat.berkeley.edu/users/census/rv.pdf

第 3 章 矩阵代数

3.1 引言

矩阵代数是多元回归（第 4 章）的关键，因此这里只介绍一些基本内容。第 4 节讨论正定矩阵（positive definite matrix），并在第 5 节简要介绍正态分布。矩阵是数字的一个矩形排列。（本书仅考虑实数矩阵。）例如，M 为一个 3×2 矩阵，有 3 行 2 列，而 b 是一个 2×1 的列向量（column vector）：

$$M = \begin{bmatrix} 3 & -1 \\ 2 & -1 \\ -1 & 4 \end{bmatrix}, \quad b = \begin{bmatrix} 3 \\ -3 \end{bmatrix}.$$

M 的第 ij 个元素记为 M_{ij}，例如 $M_{32}=4$，类似地，$b_2=-3$。矩阵可以（逐元素）乘以一个数量。同阶矩阵可以相加（也是逐元素）。比如

$$2\times \begin{bmatrix} 3 & -1 \\ 2 & -1 \\ -1 & 4 \end{bmatrix} = \begin{bmatrix} 6 & -2 \\ 4 & -2 \\ -2 & 8 \end{bmatrix},$$

$$\begin{bmatrix} 3 & -1 \\ 2 & -1 \\ -1 & 4 \end{bmatrix} + \begin{bmatrix} 3 & 2 \\ 4 & -1 \\ -1 & 1 \end{bmatrix} = \begin{bmatrix} 6 & 1 \\ 6 & -2 \\ -2 & 5 \end{bmatrix}.$$

一个 $m\times n$ 的矩阵 A 可以被一个 $n\times p$ 的矩阵 B 乘。乘积为一个 $m\times p$ 矩阵，其第 ik 个元素为 $\sum_j A_{ij}B_{jk}$。例如

$$Mb = \begin{bmatrix} 3\times 3+(-1)\times(-3) \\ 2\times 3+(-1)\times(-3) \\ (-1)\times 3+4\times(-3) \end{bmatrix} = \begin{bmatrix} 12 \\ 9 \\ -15 \end{bmatrix}.$$

矩阵乘法**不可交换**。这乍看上去有些难以捉摸，但你会习惯的。练习 1~2（下面）将给出一点解释。

矩阵 $0_{m\times n}$ 为一个 $m\times n$ 的矩阵，其所有元素都为 0。例如

$$0_{2\times 3} = \begin{bmatrix} 0 & 0 & 0 \\ 0 & 0 & 0 \end{bmatrix}.$$

一个 $m\times m$ 的单位矩阵写成 I_m 或 $I_{m\times m}$。这个矩阵在对角线上都是 1，而对角线外都是 0：

$$I_{3\times 3} = \begin{bmatrix} 1 & 0 & 0 \\ 0 & 1 & 0 \\ 0 & 0 & 1 \end{bmatrix}.$$

如果 A 是 $m\times n$，那么 $I_{m\times m}\times A=A=A\times I_{n\times n}$。

一个 $m\times n$ 矩阵 A 能够被"转置，"结果是一个 $n\times m$ 矩阵，用 A' 或 A^T 表示，例如，

$$\begin{pmatrix} 3 & -1 \\ 2 & -1 \\ -1 & 4 \end{pmatrix}^{\mathrm{T}} = \begin{pmatrix} 3 & 2 & -1 \\ -1 & -1 & 4 \end{pmatrix}.$$

如果 $A' = A$，则 A 是对称的 (symmetric)。

如果 u 和 v 是 $n \times 1$ 的列向量，内积 (inner product) 或点积 (dot product) 为 $u \cdot v = u' \times v$. 如果这是 0，那么 u 和 v 是正交的 (orthogonal)：记为 $u \perp v$. u 的模 (norm) 或长度 (length) 为 $\|u\|$，这里 $\|u\|^2 = u \cdot u$. 人们常将模或长度写成 $|u|$ 而不是 $\|u\|$. 内积 $u \cdot v$ 等于 u 的长度乘上 v 的长度再乘以两个向量的夹角余弦. 如果 $u \perp v$，则夹角为 $90°$，而 $\cos(90°) = 0$.

对于正方矩阵，迹 (trace) 为对角线元素的和：
$$\operatorname{trace} \begin{pmatrix} 1 & 2 \\ 5 & 3 \end{pmatrix} = 4.$$

练习组 A

1. 假定 A 为 $m \times n$，B 为 $n \times p$. 对于 i 和 j，$1 \leqslant i \leqslant m$，$1 \leqslant j \leqslant p$，令 r_i 为 A 的第 i 行，令 c_j 为 B 的第 j 列. r_i 的大小（即维数）是多少？c_j 呢？$r_i \times c_j$ 是如何和 $A \times B$ 的第 ij 个元素相关联的？

2. 假定 A 为 $m \times n$，而 u，v 为 $n \times 1$，α 为一个数量. 表明 $Au \in R^m$，$A(\alpha u) = \alpha Au$，$A(u+v) = Au + Av$. 一般来说，A 是一个从 R^n 到 R^m 的线性映射，这里 R^n 为 n 维欧式空间. (例如，R^1 是直线，R^2 是平面.)

3. 如果 A 为 $m \times n$ 矩阵，核对：$A + 0_{m \times n} = 0_{m \times n} + A = A$.

对练习 4 和 5，令
$$M = \begin{pmatrix} 3 & -1 \\ 2 & -1 \\ 1 & -4 \end{pmatrix}.$$

4. 表明 $I_{3 \times 3} M = M = M I_{2 \times 2}$.

5. 计算 $M'M$ 及 MM'. 分别求 $M'M$ 及 MM' 的迹.

6. 计算下面定义的 u 和 v 的长度. 这两个向量正交吗？计算外积 (outer product) $u \times v'$. 该外积的迹是多少？
$$u = \begin{pmatrix} 1 \\ 2 \\ -1 \end{pmatrix}, \quad v = \begin{pmatrix} 1 \\ 2 \\ 4 \end{pmatrix}.$$

3.2 行列式及逆

为了得到回归的估计值及其标准误差，需要矩阵求逆. 一种求逆方法是通过行列式 (determinant). 正方矩阵的行列式是通过归纳法计算的：
$$\det(4) = 4, \quad \det \begin{pmatrix} 1 & 2 \\ 5 & 3 \end{pmatrix} = (1 \times 3) - (2 \times 5) = -7,$$

$$\det \begin{bmatrix} 1 & 2 & 3 \\ 2 & 3 & 1 \\ 0 & 1 & 1 \end{bmatrix} = 1 \times \det \begin{bmatrix} 3 & 1 \\ 1 & 1 \end{bmatrix} - 2 \times \det \begin{bmatrix} 2 & 3 \\ 1 & 1 \end{bmatrix} + 0 \times \det \begin{bmatrix} 2 & 3 \\ 3 & 1 \end{bmatrix}$$

$$= 1 \times (3-1) - 2 \times (2-3) + 0 \times (2-9) = 4.$$

这里,我们沿着第一列往下,把经过目前位置的行和列去掉来得到更小的矩阵. 这些行列式都有一个额外的符号,它们交替地为 + 和 −. 有额外符号的行列式称为代数余子式(cofactor). 比如,对于一个 4×4 矩阵,额外的符号为

$$\begin{bmatrix} + & - & + & - \\ - & + & - & + \\ + & - & + & - \\ - & + & - & + \end{bmatrix}.$$

一个矩阵的行列式为 $\sum_{i=1}^{n} a_{i1} c_{i1}$,这里 a_{ij} 为矩阵的第 ij 个元素,而 c_{ij} 为代数余子式.(注意:行列式既有自己的符号,也有上面表明的额外的符号.)实际上,你能够用任何行或列,而不一定非用第一列来计算行列式. 由于符号问题,人们常用 $|A|$ 而不是 $\det A$ 来表示 A 的行列式.

令 $v_1, v_2, \cdots, v_k$ 为 $n \times 1$ 向量. 如果 $c_1 v_1 + c_2 v_2 + \cdots + c_k v_k = 0_{n \times 1}$ 意味着 $c_1 = \cdots = c_k = 0$,那么这些向量是线性独立的[⊖](linearly independent). 一个矩阵的秩(rank)是矩阵中线性独立列的个数(或者独立行的个数,它们一定相同). 如果 $n > p$,$n \times p$ 矩阵 X 的秩为 p,那么称它满秩(full rank);否则,X 不满秩(rank deficient). 一个 $n \times n$ 矩阵 A 满秩,当且仅当 $\det A \neq 0$. 那么,该矩阵有一个逆 A^{-1}:

$$A \times A^{-1} = A^{-1} \times A = I_{n \times n}.$$

这样的矩阵是可逆的(invertible)或者非奇异的(non-singular). 逆是唯一的,这可由存在性证明. 相反,如果 A 是可逆的,那么 $\det(A) \neq 0$ 而且 A 的秩为 n.

逆能够如下计算:

$$A^{-1} = \text{adj}(A)/\det(A),$$

这里 $\text{adj}(A)$ 为代数余子式矩阵的转置.(这是经典的伴随(矩阵)(classical adjoint).)例如

$$\text{adj} \begin{bmatrix} 1 & 2 \\ 5 & 3 \end{bmatrix} = \begin{bmatrix} 3 & -2 \\ -5 & 1 \end{bmatrix},$$

$$\text{adj} \begin{bmatrix} 1 & 2 & 3 \\ 2 & 3 & 1 \\ 0 & 1 & 1 \end{bmatrix} = \begin{bmatrix} a & b & c \\ d & e & f \\ g & h & i \end{bmatrix},$$

这里

$$a = \det \begin{bmatrix} 3 & 1 \\ 1 & 1 \end{bmatrix}, \quad b = -\det \begin{bmatrix} 2 & 3 \\ 1 & 1 \end{bmatrix}, \quad c = \det \begin{bmatrix} 2 & 3 \\ 3 & 1 \end{bmatrix} \cdots$$

⊖ 也称为线性无关. ——译者注.

练习组 B

对于下面练习 1~7，令

$$A = \begin{pmatrix} 1 & 2 \\ 5 & 3 \end{pmatrix}, \quad B = \begin{pmatrix} 1 & 2 & 3 \\ 2 & 3 & 1 \\ 0 & 1 & 1 \end{pmatrix}, \quad C = \begin{pmatrix} 1 & 2 \\ 2 & 4 \\ 3 & 6 \end{pmatrix}.$$

1. 求 adj(B). 这里利用定义来计算，以后用计算机来做这类事情.
2. 表明 $A \times \text{adj } A = \text{adj } A \times A = \det(A) \times I_n$. 对 B 再做一遍. 在每种情况，n 是多少?
3. 求 A 的秩和迹. 对 B 再做一遍.
4. 求 C 的秩.
5. 如果可能，求 C 的迹和行列式. 如果不行，为什么?
6. 如果可能，求 A^2. 如果不行，为什么? (提示：$A^2 = A \times A$.)
7. 如果可能，求 C^2. 如果不行，为什么?
8. 如果 M 是 $m \times n$, N 是 $m \times n$, 表明 $(M+N)' = M' + N'$.
9. 假定 M 是 $m \times n$, N 是 $n \times p$.
   (a) 证明 $(MN)' = N'M'$.
   (b) 假定 $m = n = p$, 而且 M, N 两个都是可逆的. 证明：$(MN)^{-1} = N^{-1}M^{-1}$ 及 $(M')^{-1} = (M^{-1})'$.
10. 假定 X 是 $n \times p (p \leq n)$ 矩阵. 如果 X 的秩为 p, 表明 $X'X$ 的秩为 p, 并证明其逆命题也成立. 提示：假定 X 的秩为 p, 而且 c 为 $p \times 1$ 向量，那么 $X'Xc = 0_{p \times 1} \Rightarrow c'X'Xc = 0 \Rightarrow \|Xc\|^2 = 0 \Rightarrow Xc = 0_{n \times 1}$.

    注意. 矩阵 $X'X$ 为 $p \times p$ 矩阵. $X'X$ 的秩为 p 当且仅当它是可逆的. 符号 "$\Rightarrow$" 代表 "意味着."
11. 如果 A 是 $m \times n$ 矩阵，B 是 $n \times m$ 矩阵，表明 trace(AB) = trace(BA). 提示：AB 的第 ii 个元素为 $\sum_j A_{ij}B_{ji}$, 而 BA 的第 jj 个元素为 $\sum_i B_{ji}A_{ij}$.
12. 如果 u 和 v 是 $n \times 1$, 表明 $\|u+v\|^2 = \|u\|^2 + \|v\|^2 + 2u \cdot v$.
13. 如果 u 和 v 是 $n \times 1$, 表明 $\|u+v\|^2 = \|u\|^2 + \|v\|^2$ 当且仅当 $u \perp v$. (这是 n 维的勾股定理[⊖].)
14. 假定 X 是 $n \times p$ 矩阵，并且矩阵秩 $p < n$. 假定 Y 是 $n \times 1$. 令 $\hat{\beta} = (X'X)^{-1}X'Y$ 以及 $e = Y - X\hat{\beta}$.
    (a) 表明 $X'X$ 为 $p \times p$, 而 $X'Y$ 为 $p \times 1$.
    (b) 表明 $X'X$ 为对称的. 提示：见练习 9(a).
    (c) 表明 $X'X$ 为可逆的. 提示：见练习 10.
    (d) 表明 $(X'X)^{-1}$ 为 $p \times p$, 因而 $\hat{\beta} = (X'X)^{-1}X'Y$ 为 $p \times 1$.
    (e) 表明 $(X'X)^{-1}$ 为对称的. 提示：见练习 9(b).
    (f) 表明 $X\hat{\beta}$ 及 $e = Y - X\hat{\beta}$ 为 $n \times 1$.

⊖ 西方称 Pythagoras 定理. ——译者注

(g) 表明 $X'X\hat{\beta}=X'Y$, 并因此 $X'e=0_{p\times 1}$.

(h) 表明 $e\perp X\hat{\beta}$, 因而 $\|Y\|^2=\|X\hat{\beta}\|^2+\|e\|^2$.

(i) 如果 γ 为 $p\times 1$, 表明 $\|Y-X\gamma\|^2=\|Y-X\hat{\beta}\|^2+\|X(\hat{\beta}-\gamma)\|^2$. 提示: $Y-X\gamma=Y-X\hat{\beta}+X(\hat{\beta}-\gamma)$.

(j) 表明 $\|Y-X\gamma\|^2$ 在 $\gamma=\hat{\beta}$ 时达到最小值.

(k) 如果 $\tilde{\beta}$ 为 $p\times 1$, 而且 $Y-X\tilde{\beta}\perp X$, 表明 $\tilde{\beta}=\hat{\beta}$. 符号: $v\perp X$ 意味着 v 与 X 的每一列正交. 提示: $X'(Y-X\tilde{\beta})$ 是什么?

(l) XX' 是可逆的吗? 提示: 根据 $p<n$ 的假定. 你能够找到一个 $n\times 1$ 向量 $c\neq 0_{n\times 1}$ 使得 $c'X=0_{1\times p}$ 吗?

(m) 是否 $(X'X)^{-1}=X^{-1}(X')^{-1}$?

注意. $\hat{\beta}$ 称为 "OLS 估计", 这里 OLS 为 "普通最小二乘" (ordinary least squares) 的缩写. 这个练习发展了大量关于 OLS 估计量的定理. 简述其几何意义: $X'e=0_{p\times 1}$ 意味着 e 正交或垂直于 X 的每一列. 因此 $\hat{Y}=X\hat{\beta}$ 为 Y 到 X 列上的投影, 而且是在列空间中最接近 Y 的一点. (j) 部分是多元回归的 Gauss 定理.

15. 在练习 14 中, 假定 $p=1$, 这样, X 为一个列向量. 表明 $\hat{\beta}=X\cdot Y/\|X\|^2$.

16. 在练习 14 中, 假定 $p=1$ 而且 X 为一列 "1". 表明 $\hat{\beta}$ 为 Y 的均值. 这和练习 2B12 (c), 即第 2 章练习组 B 练习 12 的 (c) 部分, 有什么关系?

17. 这个练习解释了在练习 14 中计算 $\hat{\beta}$ 的一个逐步过程. 虽然有提示, 但还有些事情要做. 令 M 为 X 的前 $p-1$ 列, 因此 M 为 $n\times(p-1)$. 令 N 为 X 的最后一列, 因此 N 为 $n\times 1$.

(ⅰ) 令 $\hat{\gamma}_1=(M'M)^{-1}M'Y$ 及 $f=Y-M\hat{\gamma}_1$.

(ⅱ) 令 $\hat{\gamma}_2=(M'M)^{-1}M'N$ 及 $g=N-M\hat{\gamma}_2$.

(ⅲ) 令 $\hat{\gamma}_3=f\cdot g/\|g\|^2$ 及 $e=f-g\hat{\gamma}_3$.

表明 $e\perp X$. (提示: 先核对 $f\perp M$ 及 $g\perp M$.) 最后表明
$$\hat{\beta}=\begin{bmatrix}\hat{\gamma}_1-\hat{\gamma}_2\hat{\gamma}_3\\ \hat{\gamma}_3\end{bmatrix}.$$

注意. 这个过程概括为: (ⅰ) 在 M 上对 Y 回归, (ⅱ) 在 M 上对 N 回归, (ⅲ) 在第二组残差上对第一组残差回归.

18. 假定 u, v 为 $n\times 1$, 没有一个是全为 0 的. $u\times v$ 的秩是多少?

3.3 随机向量

令 $U=\begin{bmatrix}U_1\\ U_2\\ U_3\end{bmatrix}$ 为 3×1 的随机变量列向量. 那么 $E(U)=\begin{bmatrix}E(U_1)\\ E(U_2)\\ E(U_3)\end{bmatrix}$ 为 3×1 的数值列向量. 另一方面, $\operatorname{cov}(U)$ 为 3×3 实数矩阵:

$$\operatorname{cov}(U)=E\left\{\begin{bmatrix}U_1-E(U_1)\\ U_2-E(U_2)\\ U_3-E(U_3)\end{bmatrix}\begin{pmatrix}U_1-E(U_1) & U_2-E(U_2) & U_3-E(U_3)\end{pmatrix}\right\}.$$

因此，cov 不仅仅作用于数据，而且作用于随机向量（"cov" 为协方差（covariance）的缩写）．同样定义可用于任意大小的向量．

人们有时对随机变量做相关：比如，在 U_1 和 U_2 之间的相关为 $\mathrm{cov}(U_1, U_2)/\sqrt{\mathrm{var}(U_1)\mathrm{var}(U_2)}$．

练习组 C

1. 表明 $\mathrm{cov}(U)$ 的第 1，1 个元素等于 $\mathrm{var}(U_1)$，而其第 2，3 个元素等于 $\mathrm{cov}(U_2, U_3)$．
2. 表明 $\mathrm{cov}(U)$ 是对称的．
3. 如果 A 是固定的（即非随机的）$n \times 3$ 矩阵，而 B 是固定的 $1 \times m$ 矩阵，表明
$$E(AUB) = AE(U)B.$$
4. 表明 $\mathrm{cov}(AU) = A\mathrm{cov}(U)A'$．
5. 如果 c 是固定的 3×1 向量，表明 $\mathrm{var}(c'U) = c'\mathrm{cov}(U)c$ 及 $\mathrm{cov}(U+c) = \mathrm{cov}(U)$．

   评论．如果 V 是一个 $n \times 1$ 随机向量，C 是一个固定的 $m \times n$ 矩阵，而且 D 是一个固定的 $m \times 1$ 向量，那么 $\mathrm{cov}(CV+D) = C\mathrm{cov}(V)C'$．
6. 在 $\bar{U} = (U_1+U_2+U_3)/3$ 和 $E(U)$ 之间的区别是什么？
7. 假定 ξ 及 ζ 为两个 7×1 的随机向量．如果 $\xi'\zeta = 0$，ξ 和 ζ 独立吗？那么逆命题呢：如果 ξ 和 ζ 独立，$\xi'\zeta = 0$ 吗？
8. 假定 ξ 及 ζ 为两个随机变量，满足 $E(\xi) = E(\zeta) = 0$．表明 $\mathrm{var}(\xi) = E(\xi^2)$ 以及 $\mathrm{cov}(\xi, \zeta) = E(\xi\zeta)$．

   注意．更一般地，$\mathrm{var}(\xi) = E(\xi^2) - [E(\xi)]^2$ 及 $\mathrm{cov}(\xi, \zeta) = E(\xi\zeta) - E(\xi)E(\zeta)$．
9. 假定 ξ 为 $n \times 1$ 随机向量，$E(\xi) = 0$．表明 $\mathrm{cov}(\xi) = E(\xi\xi')$．

   注意．一般地，$\mathrm{cov}(\xi) = E(\xi\xi') - E(\xi)E(\xi')$ 及 $E(\xi') = [E(\xi)]'$．
10. 假定对于 $i=1,\cdots,n$，ξ_i，ζ_i 为随机变量．作为一对随机变量，它们关于 i 是独立同分布的．令 $\bar{\xi} = \dfrac{1}{n}\sum_{i=1}^{n}\xi_i$，对 ζ 也类似．判断下面论述的对错，并给出解释：

    (a) $\mathrm{cov}(\xi_i, \zeta_i)$ 对每个 i 都相同．

    (b) $\mathrm{cov}(\xi_i, \zeta_i) = \dfrac{1}{n}\sum_{i=1}^{n}(\xi_i - \bar{\xi})(\zeta_i - \bar{\zeta})$．
11. 随机变量 X 在直线上有密度 f，σ 和 μ 是实数．$\sigma X + \mu$ 的密度是什么？X^2 的密度呢？回忆：如果 X 有密度 f，那么 $P(X<x) = \int_{-\infty}^{x} f(u)\mathrm{d}u$．

3.4 正定矩阵

这一节的内容将在讨论广义最小二乘时（5.3 节）会用到．证明的细节将不会涉及．一个 $n \times n$ 的正交矩阵（orthogonal matrix，或 unitary）R 有 $R'R = I_{n \times n}$．一定有 $RR' = I_{n \times n}$．在几何上，R 是个旋转，它保持夹角和距离不变，R 还能保持某些方向．一个对角（diagonal）矩阵 D 是个方阵，其主对角线外的元素均为零：例如 D_{11} 和 D_{22} 可能为非零，但 $D_{12} = D_{21} = 0$．一个 $n \times n$ 矩阵 G 称为非负定的（non-negative definite），如果满足

（ⅰ）G 为对称的，而且

(ii) 对任何 n 维向量 x, $x'Gx \geq 0$.

矩阵 G 称为正定的 (positive definite), 如果对任何 n 维向量 x, 除了 $x=0_{n\times 1}$ 之外, 都有 $x'Gx \geq 0$. (非负定矩阵也称为半正定的 (positive semi-definite).)

定理 1 矩阵 G 为非负定的当且仅当有一个对角线矩阵 D, 它的对角线元素非负, 并且存在一个正交矩阵 R, 使得 $G=RDR'$. 矩阵 G 为正定的当且仅当 D 的所有对角线元素都是正的.

R 的列为 G 的特征向量 (eigenvector), 而 D 的对角线元素为特征值 (eigenvalue). 例如, 如果 c 为 R 的第一列, 而且 $\lambda=D_{11}$, 那么 $Gc=c\lambda$. (这是因为 $GR=RD$.) 由定理 1 可得, 一个非负定的 G 有一个非负定的平方根, $G^{1/2}=RD^{1/2}R'$, 这里 D 的平方根是逐元素取平方根. 一个正定的 G 有一个正定的逆 $G^{-1}=RD^{-1}R'$. (看下面练习.) 如果 G 为非负定的而不是正定的, 即对某个 $x\neq 0$, $x'Gx=0$, 那么 G 是不可逆的. 定理 1 是 "谱定理" (spectral theorem) 的一个初等形式.

📖 练习组 D

1. 下面哪个矩阵是正定的? 非负定的?
$$\begin{bmatrix} 2 & 0 \\ 0 & 1 \end{bmatrix} \quad \begin{bmatrix} 2 & 0 \\ 0 & 0 \end{bmatrix} \quad \begin{bmatrix} 0 & 1 \\ 1 & 0 \end{bmatrix} \quad \begin{bmatrix} 0 & 0 \\ 1 & 0 \end{bmatrix}$$
提示: 计算出
$$[u,v]\begin{bmatrix} a & b \\ c & d \end{bmatrix}\begin{bmatrix} u \\ v \end{bmatrix} = [u,v]\begin{bmatrix} a & b \\ c & d \end{bmatrix}\begin{bmatrix} u \\ v \end{bmatrix}.$$

2. 假定 X 为 $n\times p$ 矩阵, 秩为 $p\leq n$.
   (a) 表明 $X'X$ 为 $p\times p$ 正定的. 提示: 如果 c 为 $p\times 1$, 那么 $c'X'Xc$ 是多少?
   (b) 表明 XX' 为 $n\times n$ 非负定的.

对于练习 3~6, 假定 R 为 $n\times n$ 正交矩阵, D 为 $n\times n$ 对角矩阵, 对所有的 i, $D_{ii}>0$. 令 $G=RDR'$. 不用定理 1, 直接做练习.

3. 表明对任意 $n\times 1$ 向量 x, $\|Rx\|=\|x\|$.
4. 表明 D 和 G 为正定的.
5. 令 $\sqrt{D}$ 为 $n\times n$ 矩阵, 其第 ij 个元素为 $\sqrt{D_{ij}}$. 表明 $\sqrt{D}\sqrt{D}=D$. 另外证明 $R\sqrt{D}R'R\sqrt{D}R'=G$.
6. 令 D^{-1} 的非对角线元素均为 0, 其第 ii 个元素为 D_{ii}^{-1}. 表明 $D^{-1}D=I_{n\times n}$ 及 $RD^{-1}R'G=I_{n\times n}$.
7. 假定 G 为正定的. 表明:
   (a) G 是可逆的, 而且 G^{-1} 是正定的.
   (b) G 有正定的平方根 $G^{1/2}$.
   (c) G^{-1} 有正定的平方根 $G^{-1/2}$.
8. 令 U 为 3×1 随机向量. 表明: $\text{cov}(U)$ 为非负定的, 而且除非有一个 3×1 固定的 (即非随机的) 向量 c, 使得以概率 1 有 $c'U=c'E(U)$, 则 $\text{cov}(U)$ 是正定的. 提示: 你能够从 $\text{cov}(U)$ 计算 $\text{var}(c'U)$ 吗? 如果这个提示不够, 试试 $E(U)=0_{3\times 1}$ 的情况. **评论**. 如果以概率 1 有 $c'U=c'E(U)$, 则 $U-E(U)$ 聚集在一个固定的超平面上.

3.5 正态分布

这是一个快速的回顾，将不会给出证明. 如果一个随机变量 X 有均值 μ 和方差 σ^2 的正态分布，那么说它是 $N(\mu, \sigma^2)$. X 的密度为

$$\frac{1}{\sigma\sqrt{2\pi}}\exp\left[-\frac{1}{2}\frac{(x-\mu)^2}{\sigma^2}\right], (这里符号 \exp(t) = e^t).$$

如果 X 为 $N(\mu, \sigma^2)$，那么 $(X-\mu)/\sigma$ 为 $N(0, 1)$，即 $(X-\mu)/\sigma$ 为标准正态的 (standard normal). 标准正态密度为

$$\phi(x) = \frac{1}{\sqrt{2\pi}}\exp\left(-\frac{1}{2}x^2\right).$$

如果随机变量 $X_1, \cdots, X_n$ 的所有线性组合都有正态分布，则它们为联合正态的 (jointly normal). 如果 X_1, X_2 是独立正态变量，则它们是联合正态的，这是因为对于任意实数 a_1 和 a_2, $a_1X_1+a_2X_2$ 是正态分布. 后面一两个例子将涉及联合正态变量，下面的定理对后面的学习很有帮助. (如果你想要构造正态变量，看下面练习 1 的方法.)

定理 2 联合正态随机变量的分布是由均值向量 α 和协方差矩阵 G 确定的，后者必须是非负定的. 如果 G 是正定的，那么随机变量在 x 的密度为

$$\left(\frac{1}{\sqrt{2\pi}}\right)^n\frac{1}{\sqrt{\det G}}\exp\left[-\frac{1}{2}(x-\alpha)'G^{-1}(x-\alpha)\right].$$

对任何一对随机变量 X_1, X_2, 无论正态与否，如果 X_1 和 X_2 独立，那么 $\text{cov}(X_1, X_2)=0$. 虽然可能设计出反例，但其逆命题一般不对. 对于正态随机变量，逆命题是对的: 如果 X_1, X_2 为联合正态，而且 $\text{cov}(X_1, X_2)=0$, 那么 X_1 和 X_2 独立.

中心极限定理. 对于大的样本，和 (或均值) 的概率分布将接近正态分布. 更正式地，假定 $X_1, X_2, \cdots$ 为独立同分布的，有 $E(X_i)=\mu$ 及 $\text{var}(X_i)=\sigma^2$. 那么 $S_n=X_1+X_2+\cdots+X_n$ 有期望值 $n\mu$ 及方差 $n\sigma^2$. 为标准化，减去期望值并除以标准误差 (方差的平方根):

$$Z_n = \frac{S_n-n\mu}{\sigma\sqrt{n}}.$$

中心极限定理说，如果 n 很大，Z_n 的分布接近标准正态. 例如:

$$P\{|S_n-n\mu|<\sigma\sqrt{n}\} = P\{|Z_n|<1\} \to \frac{1}{\sqrt{2\pi}}\int_{-1}^{1}\exp\left(-\frac{1}{2}x^2\right)dx \doteq 0.6827.$$

该定理有许多推广. 例如，具有不同分布的独立变量的和，只要和中的每一项仅是总和的一小部分，则近似于正态分布. 还有对随机向量的中心极限定理. Feller (1971) 对此有认真的论述与证明，其他概率课本也一样.

术语. (ⅰ) 对称性是正定矩阵定义中固有的. (ⅱ) 正交矩阵有正交的行，而且每一行的长度为 1. 这些行称为 "标准正交化的" (orthonormal). 类似的结论可用于列. (ⅲ) "多元正态" 为联合正态的同义词. (ⅳ) 虽然会产生混淆，"联合正态" 有时被简化为 "正态". (ⅴ) "渐近地" 意味着样本量变得很大，即在和中的项数目变得很大.

📖 练习组 E

1. 假定 G 为 $n \times n$ 非负定的，α 为 $n \times 1$.
   (a) 求一个均值为 0，协方差 $\text{cov}(U) = G$ 的正态随机变量的 $n \times 1$ 向量 U. 提示：令 V 为独立 $N(0, 1)$ 变量的 $n \times 1$ 向量，然后令 $U = G^{1/2} V$.
   (b) 你如何修正构造过程使得 $E(U) = \alpha$?

2. 假定 R 为一个正交的 $n \times n$ 矩阵. 如果 U 为 IID $N(0, \sigma^2)$ 变量的一个 $n \times 1$ 向量，表明 RU 为 IID $N(0, \sigma^2)$ 变量的一个 $n \times 1$ 向量. 提示：$E(RU)$ 是什么？$\text{cov}(RU)$ 呢？（"IID" 为 "独立同分布" 的缩写.）

3. 假定 ξ 和 ζ 为两个随机变量，如果 $E(\xi\zeta) = E(\xi)E(\zeta)$，$\xi$ 和 ζ 是独立的吗？那么逆命题：如果 ξ 和 ζ 是独立的，是否 $E(\xi\zeta) = E(\xi)E(\zeta)$？

4. 如果 U 和 V 为随机变量，表明 $\text{cov}(U, V) = \text{cov}(V, U)$ 及 $\text{var}(U+V) = \text{var}(U) + \text{var}(V) + 2\text{cov}(U, V)$. 提示：$[(U-\alpha)+(V-\beta)]^2$ 是什么？

5. 假定 ξ 和 ζ 为联合正态变量，$E(\xi) = \alpha$，$\text{var}(\xi) = \sigma^2$，$E(\zeta) = \beta$，$\text{var}(\zeta) = \tau^2$，$\text{cov}(\xi, \zeta) = \rho\sigma\tau$. 求 $\xi + \zeta$ 的均值和方差. $\xi + \zeta$ 是正态的吗？

   评论. 练习 6~8 是为下一章做准备的. 练习 6 被（例如）Freedman-Pisani-Purves（2007）的第 18 章所涵盖，练习 7 和 8 被其第 20~21 章所涵盖.

6. 抛一枚硬币 1000 次. 利用中心极限定理来近似得到 475~525 次（包括端点）正面的机会.

7. 一个盒子有红色和蓝色的弹子. 红色的比例 p 未知. 随机地抽取 250 个弹子，每次取完都放回，结果有 102 个是红色的. 估计 p. 再对你的估计给出一个标准误差.

8. 令 $\hat{p}$ 为练习 7 中的估计值.
   (a) $\hat{p}$ 和 p 之间的差别大约有多大？
   (b) 你能够找到 p 的近似的 95% 置信区间吗？

9. "误差函数" Ψ 定义如下：
   $$\Psi(x) = \frac{2}{\sqrt{\pi}} \int_0^x \exp(-u^2) \, du.$$
   表明 Ψ 是 $|W|$ 的分布函数，这里 W 为 $N(0, \sigma^2)$. 求出 σ^2. 如果 Z 为 $N(0, 1)$，如何从 Ψ 计算 $P(Z < x)$？

10. 如果 U, V 为 IID $N(0, 1)$，表明 $(U+V)/\sqrt{2}$，$(U-V)/\sqrt{2}$ 为 IID $N(0, 1)$.

3.6 关于矩阵代数的书

Blyth TS, Robertson EF (2002). *Basic Linear Algebra*. 2nd ed. Springer. 清楚，数学味的.

Strang G (2005). *Linear Algebra and Its Applications*. 4th ed. Brooks Cole. 爱它或者恨它.

Mayer CD (2001). *Matrix Analysis and Applied Linear Algebra*. SIAM. 比较通常类型的教科书.

Lax PD (2007). *Linear Algebra and Its Applications*. 2nd ed. Wiley. 研究生水平的教材.

第4章 多元回归

4.1 引言

这一章建立回归模型并且导出关于最小二乘估计量的主要结果. 模型为
$$Y = X\beta + \varepsilon. \tag{1}$$
Y 是可观测随机变量的 $n \times 1$ 向量，是因（dependent）变量或响应（response）变量，是"被解释的"或"被建模的". 依惯例，记 Y_i 为 Y 的第 i 个分量.

X 是一个可观测随机变量的 $n \times p$ 矩阵，称为设计矩阵（design matrix）. 我们假定 $n > p$，而且设计矩阵是满秩的（full rank），即 X 的秩为 p.（换句话说，X 的列是线性独立的.）其次，β 为一个 $p \times 1$ 参数向量. 通常，参数是未知的，需要从数据估计. 右边最后一项是 ε，为 $n \times 1$ 随机向量. 这是随机误差（random error）或扰动（disturbance）项. 一般地，ε 不是观测的. 记 ε 的第 i 个分量为 ε_i.

在应用中，对每个观测单位 i，都有一个 Y_i. 类似地，对每个观测单位 i，都有 X 的一行，并且对每个数据变量都有一列. 虽然 X 的任何一列统计上几乎很少独立于任何其他列，但这些变量还是被称为解释（explanatory）或独立（independent）变量. 除非在设计好的实验中，否则各列正交的情况也很少.

X 的列常常称为协变量（covariate）或控制变量（control variable），特别是当它们放到方程中来控制混杂的时候. "协变量"有更加特殊的意义，这将在第 9 章讨论. 有时，Y 称为"左边"变量. X 的列因而称为"右边"变量. 如果方程（如 (1.1) 或 (2.7)）有一个截距，那么矩阵中相应的一列是一个"变量"，这一列所有元素都是 1.

记 X 的第 i 行为 X_i. 矩阵方程 (1) 可分成 n 个通常的方程，每个观测单位有一个对应的方程. 对于第 i 个单位，方程为
$$Y_i = X_i\beta + \varepsilon_i. \tag{2}$$
为了估计 β，需要某些数据以及把数据联系到模型的假定. 一个基本假定是
$$Y \text{ 上的数据是 } X\beta + \varepsilon \text{ 的观测值}. \tag{3}$$
我们已经观测了 X 和 Y 的一些值，它们本身已不是随机变量. 我们不知道 β，也不能观测 ε. 这些都仍然在概念的水平上. 下一个假定为：
$$\varepsilon_i \text{ 是独立同分布的,有均值 } 0 \text{ 和方差 } \sigma^2. \tag{4}$$
这里，均值和方差是应用于随机变量的而不是数据，$E(\varepsilon_i) = 0$，$\text{var}(\varepsilon_i) = \sigma^2$ 是参数. 现在是另一个假定：
$$\text{如果 } X \text{ 是随机的,假定 } \varepsilon \text{ 独立于 } X, \text{用符号表示为 } \varepsilon \perp\!\!\!\perp X. \tag{5}$$
（注意 $\perp\!\!\!\perp \neq \perp$.）因为 ε 是不可观测的，所以假定 (3)、(4)、(5) 不易核对. 相比之下，X 的秩则很容易确定.

如果矩阵 X 中的某些元素 X_{ij} 是随机变量而非常数，则 X 是"随机的". 这是另外一个复杂情况. 人们常常说以 X 为条件. 那么 X 是固定的，期望、方差和协方差都是以 X 为条

件的.

我们将利用 OLS 估计量来估计 β，正如在练习 3B14（第 3 章练习组 B 第 14 题的缩写）那样：
$$\hat{\beta} = (X'X)^{-1}X'Y. \tag{6}$$
这个 $\hat{\beta}$ 为一个 $p \times 1$ 向量. 令
$$e = Y - X\hat{\beta}. \tag{7}$$
这是一个 $n \times 1$ "残差" 或 "误差" 向量. 练习 3B14 提出了 "最小二乘" 名字的来源：使得平方和最小. 该练习包含了足够的提示来证明下面的定理.

定理 1
(ⅰ) $e \perp X$.
(ⅱ) 作为 $p \times 1$ 向量 γ 的一个函数，$\|Y - X\gamma\|^2$ 在 $\gamma = \hat{\beta}$ 时达到最小.

定理 2   OLS 是条件无偏的，即 $E(\hat{\beta}|X) = \beta$.

证明   由 (6)，$\hat{\beta} = (X'X)^{-1}X'Y$. 根据模型 (1)，$Y = X\beta + \varepsilon$，因此
$$\begin{aligned}\hat{\beta} &= (X'X)^{-1}X'(X\beta + \varepsilon) \\ &= (X'X)^{-1}X'X\beta + (X'X)^{-1}X'\varepsilon \\ &= \beta + (X'X)^{-1}X'\varepsilon.\end{aligned}$$
对于最后一步，$(X'X)^{-1}X'X = (X'X)^{-1}(X'X) = I_{p \times p}$ 及 $I_{p \times p}\beta = \beta$. 这样，
$$\hat{\beta} = \beta + \eta, \quad \text{这里 } \eta = (X'X)^{-1}X'\varepsilon. \tag{8}$$
现在 $E(\eta|X) = E((X'X)^{-1}X'\varepsilon|X) = (X'X)^{-1}X'E(\varepsilon|X)$. 我们已经以 X 为条件了，因此，X 是固定的（非随机的）了. 对仅仅依赖于 X 的矩阵做同样处理. 它们就可以从期望中提取出来了（练习 3C3）. 至今已经表明的是
$$E(\hat{\beta}|X) = \beta + (X'X)^{-1}X'E(\varepsilon|X). \tag{9}$$
下面，根据假定 (5)，$X \perp\!\!\!\perp \varepsilon$：以 X 为条件不会改变 ε 的分布. 但是，根据假定 (4)，$E(\varepsilon) = 0_{n \times 1}$. 这样 $E(\hat{\beta}|X) = \beta$. 证毕.

例 1   胡克定律 (2.3 节). 查看方程 (2.7). 参数 β 为 2×1：
$$\beta = \begin{bmatrix} a \\ b \end{bmatrix}.$$
设计矩阵 X 为 6×2. 为了适应截距 a，X 的第一列都是 1. 第二列为表 2.1 中的重量列. 因而，以矩阵形式，模型为 $Y = X\beta + \varepsilon$，这里
$$Y = \begin{bmatrix} Y_1 \\ Y_2 \\ Y_3 \\ Y_4 \\ Y_5 \\ Y_6 \end{bmatrix}, X = \begin{bmatrix} 1 & 0 \\ 1 & 2 \\ 1 & 4 \\ 1 & 6 \\ 1 & 8 \\ 1 & 10 \end{bmatrix}, \varepsilon = \begin{bmatrix} \varepsilon_1 \\ \varepsilon_2 \\ \varepsilon_3 \\ \varepsilon_4 \\ \varepsilon_5 \\ \varepsilon_6 \end{bmatrix}.$$

多元回归

让我们核对第一行. 因为 $X_1 = (1\ \ 0)$, 矩阵方程的第一行表明 $Y_1 = X_1\beta + \varepsilon_1 = a + 0b + \varepsilon_1 = a + \varepsilon_1$. 这就是 $i=1$ 时的方程 (2.7). 对其他列类似.

要想从（6）计算 $\hat\beta$, 需要 Y 的数据. 这样, 表 2.1 中的 "长度" 列就派上了用场. 模型说, 在各种载荷下弹簧的长度是 $Y = X\beta + \varepsilon$ 的观测值. 这些观测值是

$$\begin{pmatrix} 439.00 \\ 439.12 \\ 439.21 \\ 439.31 \\ 439.40 \\ 439.50 \end{pmatrix}.$$

现在, 我们能够根据（6）计算 OLS 估计值.

$$\begin{aligned}
\hat\beta &= (X'X)^{-1} X'Y \\
&= \left[\begin{pmatrix} 1 & 1 & 1 & 1 & 1 & 1 \\ 0 & 2 & 4 & 6 & 8 & 10 \end{pmatrix} \begin{pmatrix} 1 & 0 \\ 1 & 2 \\ 1 & 4 \\ 1 & 6 \\ 1 & 8 \\ 1 & 10 \end{pmatrix} \right]^{-1} \begin{pmatrix} 1 & 1 & 1 & 1 & 1 & 1 \\ 0 & 2 & 4 & 6 & 8 & 10 \end{pmatrix} \begin{pmatrix} 439.00 \\ 439.12 \\ 439.21 \\ 439.31 \\ 439.40 \\ 439.50 \end{pmatrix} \\
&= \begin{pmatrix} 439.01\mathrm{cm} \\ 0.05\mathrm{cm/kg} \end{pmatrix}.
\end{aligned}$$

练习组 A

1. 在第一节的回归模型中, 下面有一个总是正确的, 而另一个通常是错误的. 请识别, 并说明理由.
   （ⅰ）$\varepsilon \perp X$ （ⅱ）$\varepsilon \perp\!\!\!\perp X$

2. 在第一节的回归模型中, 下面有一个总是正确的, 而另一个通常是错误的. 请识别, 并说明理由.
   （ⅰ）$e \perp X$ （ⅱ）$e \perp\!\!\!\perp X$

3. $e \perp X$ 是否有助于证实假定（5）?

4. 假定 X 的第一列全都是 1, 这样回归方程就有一个截距.
   (a) 表明 $\sum_i e_i = 0$.
   (b) $\sum_i e_i = 0$ 是否有助于证实假定（4）?
   (c) $\sum_i \varepsilon_i = 0$ 呢? 或者 $\sum_i \varepsilon_i$ 大约等于 $\sigma\sqrt{n}$?

5. 表明（ⅰ）$E(\varepsilon'\varepsilon | X) = n\sigma^2$ 及（ⅱ）$\mathrm{cov}(\varepsilon | X) = E(\varepsilon\varepsilon' | X) = \sigma^2 I_{n\times n}$.

6. 表 2.1 的第 2 列如何与胡克定律的回归模型相联系? [交叉参考: 表 2.1].

7. Yule 关于贫困的回归模型（1.1）能够被转换成矩阵形式：$Y = X\beta + \varepsilon$. 我们假定（3）-(4)-(5). 对于都市区会和时期 1871—1881 年：

(a) X 和 Y 是什么？（提示：看表 1.3.）

(b) X_{41} 的观测值是什么？X_{42} 呢？Y_4 呢？

(c) 在 $(X'X)^{-1}X'Y$ 中的什么地方发现估计的 ΔOut 的系数？

注意. 这些日子，我们用计算机来算 $(X'X)^{-1}X'Y$. Yule 用两个计算尺及 Brunsviga 手摇计算器，它能够进行加、减、乘、除.

4.2 标准误差

一旦计算了回归的估计，就需要看它们有多精确. 如果模型是对的，这就很容易. 标准误差就是做这个的. 第一步是得到 $\hat{\beta}$ 的协方差矩阵. 下面是一个预备结果.

$$\operatorname{cov}(\hat{\beta}|X) = (X'X)^{-1}X'\operatorname{cov}(\varepsilon|X)X(X'X)^{-1}. \tag{10}$$

为证明（10），从（8）开始：

$$\hat{\beta} = \beta + (X'X)^{-1}X'\varepsilon.$$

作为条件，X 是固定的，因此仅包含 X 的矩阵也是一样. 如果你记住 $X'X$ 是对称的，而且 $(AB)' = B'A'$，练习 3C4～5 将完成对（10）的论证.

定理 3 $\operatorname{cov}(\hat{\beta}|X) = \sigma^2(X'X)^{-1}$.

证明 由（10）和练习 A5 立即完成证明.

通常，σ^2 是未知的，必须从数据来估计. 如果知道 ε_i，本可以用

$$\frac{1}{n}\sum_{i=1}^{n}\varepsilon_i^2$$

来估计 σ^2. 但是 ε 是不知道的. 下一个可能作为估计的是

$$\frac{1}{n}\sum_{i=1}^{n}e_i^2.$$

这个稍微有些小. 因为 $\hat{\beta}$ 的选择就是使得 e_i^2 的和尽可能地小，所以 e_i 一般要比 ε_i 小. 通常的弥补办法是除以**自由度**（degrees of freedom）$n-p$ 而不是 n：

$$\hat{\sigma}^2 = \frac{1}{n-p}\sum_{i=1}^{n}e_i^2. \tag{11}$$

现在 $\hat{\sigma}^2$ 是条件无偏的（下面定理 4）. 方程（11）是我们需要 $n > p$ 而不仅仅是 $n \geqslant p$ 的理由. 如果 $n = p$，估计量 $\hat{\sigma}^2$ 没有定义：你将得到 0/0. 看下面练习 B12.

$\hat{\sigma}^2$ 的无偏性证明有些复杂，因此稍微推后一些，先看较主要的问题. 我们能够用 OLS 来估计模型（1）中的参数向量 β：$\hat{\beta} = (X'X)^{-1}X'Y$. 以 X 为条件，这个估计是无偏的，协方差矩阵为 $\sigma^2(X'X)^{-1}$. 除了 σ^2 未知之外，一切都还好. 只要把 $\hat{\sigma}^2$ 代入即可，它几乎是均方残差，它的平方和是被自由度 $n-p$ 而不是 n 除的. 汇总起来，

$$\widehat{\operatorname{cov}}(\hat{\beta}|X) = \hat{\sigma}^2(X'X)^{-1}. \tag{12}$$

方差是在对角线上的. 方差大小和单位都是不合适的：取方差的平方根来得到标准误差.（非

对角线元素有什么用?你需要对角线之外的元素来计算诸如 $\hat{\beta}_2-\hat{\beta}_3$ 的标准误差.看下面练习 B14.还可以看定理 5.1 及后面的讨论.)

回到数学.在触及定理 4 之前,我们讨论"帽子矩阵"
$$H = X(X'X)^{-1}X' \tag{13}$$
及"预测"或"拟合"值
$$\hat{Y} = X\hat{\beta}. \tag{14}$$
术语"预测值"会有误导,因为这些是从真实值计算出来的.没有什么被预测."拟合值"要好些.

帽子矩阵是 $n\times n$,因为 X 是 $n\times p$,$X'X$ 是 $p\times p$,$(X'X)^{-1}$ 是 $p\times p$,X' 是 $p\times n$.另一方面,$\hat{Y}$ 是 $n\times 1$.拟合值与帽子矩阵是由下面方程联系的:
$$\hat{Y} = X(X'X)^{-1}X'Y = HY. \tag{15}$$
(这个方程可能解释"帽子矩阵"的名字,它给 Y 戴了帽子.)用 I 简写 $I_{n\times n}$,核对下面事实:

(ⅰ) $e = (I-H)Y$.
(ⅱ) H 为对称的,$I-H$ 也是.
(ⅲ) H 为幂等的 $(H^2=H)$,$I-H$ 也是.
(ⅳ) X 在 H 下为不变的,即 $HX=X$.
(ⅴ) $e=Y-HY\perp X$.

这样,H 把 Y 投影到 X 的列空间 $\operatorname{cols} X$ 上.详细一点,$HY=\hat{Y}=X\hat{\beta}\in\operatorname{cols} X$,而且根据(ⅴ),$Y-HY=e$ 正交于 $\operatorname{cols} X$.下面

(ⅵ) $(I-H)X=0$.
(ⅶ) $(I-H)H=H(I-H)=0$.提示:利用事实(ⅲ).

定理 4 $E(\hat{\sigma}^2|X)=\sigma^2$.

证明 我们断言
$$e = (I-H)\varepsilon. \tag{16}$$
实际上,由上面关于帽子矩阵的事实(ⅰ)和(ⅵ),
$$e = (I-H)Y = (I-H)(X\beta+\varepsilon) = (I-H)\varepsilon. \tag{17}$$
我们用 $\tilde{H}$ 表示 $I_{n\times n}-H$,并且断言
$$\|e\|^2 = \varepsilon'\tilde{H}\varepsilon. \tag{18}$$
实际上,根据关于帽子矩阵的事实(ⅱ)和(ⅲ),$\tilde{H}$ 是对称和幂等的,因此 $\|e\|^2=e'e=\varepsilon'\tilde{H}^2\varepsilon=\varepsilon'\tilde{H}\varepsilon$,这就证明了(18).核对
$$\begin{aligned}E(\varepsilon'\tilde{H}\varepsilon|X) &= E\Big(\sum_{i=1}^n\sum_{j=1}^n\varepsilon_i\tilde{H}_{ij}\varepsilon_j\Big|X\Big)\\&=\sum_{i=1}^n\sum_{j=1}^n E(\varepsilon_i\tilde{H}_{ij}\varepsilon_j|X)=\sum_{i=1}^n\sum_{j=1}^n\tilde{H}_{ij}E(\varepsilon_i\varepsilon_j|X).\end{aligned} \tag{19}$$
矩阵 $\tilde{H}$ 是固定的,因为我们以 X 为条件,因此 $\tilde{H}_{ij}$ 能从期望中提出来.

下一步就是简化 (19) 右边的双和号. 由于 $\varepsilon \perp X$, 以 X 为条件不改变 ε 的分布. 如果 $i \neq j$, 由于 ε_i 和 ε_j 是独立的, $E(\varepsilon_i)=0$, 因此 $E(\varepsilon_i\varepsilon_j|X)=0$. 另一方面, $E(\varepsilon_i\varepsilon_i|X)=\sigma^2$. (19) 的右边因此是 $\sigma^2\mathrm{trace}(\widetilde{H})$. 这样,

$$E(\varepsilon'\widetilde{H}\varepsilon|X) = \sigma^2 \sum_{i=1}^{n} \widetilde{H}_{ii} = \sigma^2 \mathrm{trace}(\widetilde{H}). \tag{20}$$

根据 (18) 和 (20),

$$E(\|e\|^2|X) = \sigma^2 \mathrm{trace}(\widetilde{H}).$$

现在, 必须计算迹. 回忆, $H=X(X'X)^{-1}X'$ 及 $\widetilde{H}=I_{n\times n}-H$. 由练习 3B11,

$$\mathrm{trace}(H) = \mathrm{trace}\left[(X'X)^{-1}X'X\right] = \mathrm{trace}(I_{p\times p}) = p.$$

那么, $\mathrm{trace}(\widetilde{H})=\mathrm{trace}(I_{n\times n}-H)=\mathrm{trace}(I_{n\times n})-\mathrm{trace}(H)=n-p$. 现在

$$E(\|e\|^2|X) = \sigma^2(n-p). \tag{21}$$

综合起来,

$$E(\hat{\sigma}^2|X) = \frac{1}{n-p} E(\|e\|^2|X) = \frac{1}{n-p} \sigma^2(n-p) = \sigma^2,$$

这就完成了定理 4 的证明.

我们不需要做的假定

定理 1~4 表明, 在某些条件下, OLS 是估计模型的好方法, 还可以看下面定理 5.1. 有大量我们**不需要做**的假定. 例如:

- X 的列并不必须互相正交.
- 随机误差并不必须是正态分布的.

练习组 B

前 5 个练习涉及回归模型 (1)~(5), X_i 表示设计矩阵 X 的第 i 行.

1. 对还是错: $E(Y_i|X)=X_i\beta$.

2. 对还是错: 那些 Y_i 的样本均值为 $\overline{Y}=n^{-1}\sum_{i=1}^{n} Y_i$. $\overline{Y}$ 是随机变量吗?

3. 对还是错: $\mathrm{var}(Y_i|X)=\sigma^2$.

4. 对还是错: 那些 Y_i 的样本方差为 $n^{-1}\sum_{i=1}^{n}(Y_i-\overline{Y})^2$. (如果你宁愿用 $n-1$ 来除, 也行.) 它是随机变量吗?

5. 以 X 为条件, 表明随机向量 $(\hat{\beta}-\beta, e)$ 的联合分布对所有 β 值都一样. 提示: 把 $(\hat{\beta}-\beta, e)$ 用 X 和 ε 表示.

6. 你能够把标准误差放到 Yule 方程 (1.2) 的估计的系数上吗? 简单解释. 提示: 看练习 A7.

7. 在 2.3 节, 估计了胡克定律的截距和斜率. 你能够把标准误差放到这些估计上吗? 简单解释.

8. 有两个方程：
$$(\text{i})\,Y = X\beta + \varepsilon \qquad (\text{ii})\,Y = X\hat{\beta} + e$$
哪一个是回归模型？哪一个方程有参数？哪一个有估计值？哪一个方程有随机误差？哪一个有残差？

9. 在通常的回归模型中，利用 OLS 估计量 $\hat{\beta}$ 及方差的无偏估计量 $\hat{\sigma}^2$. 下面哪些叙述是对的？为什么？
- (i) $\text{cov}(\beta) = \sigma^2 (X'X)^{-1}$.
- (ii) $\text{cov}(\hat{\beta}) = \sigma^2 (X'X)^{-1}$.
- (iii) $\text{cov}(\hat{\beta}|X) = \sigma^2 (X'X)^{-1}$.
- (iv) $\text{cov}(\hat{\beta}|X) = \hat{\sigma}^2 (X'X)^{-1}$.
- (v) $\widehat{\text{cov}}(\hat{\beta}|X) = \hat{\sigma}^2 (X'X)^{-1}$.

10. 对还是错，并解释.
- (a) 如果拟合一个回归方程到数据，残差的和为 0.
- (b) 如果方程有一个截距，残差的和为 0.

11. 对还是错，并解释.
- (a) 在回归模型中，$E(\hat{Y}|X) = X\hat{\beta}$.
- (b) 在回归模型中，$E(\hat{Y}|X) = X\beta$.
- (c) 在回归模型中，$E(Y|X) = X\beta$.

12. 如果 X 为 $n \times n$ 且有秩 n，表明 $X(X'X)^{-1}X' = I_{n \times n}$，因此 $\hat{Y} = Y$. 提示：X 是可逆的吗？

13. 假定回归模型 (1) 中有一个截距，因而 X 的第一列全为 1. 令 $\overline{Y}$ 为 Y 的均值. 令 $\overline{X}$ 为 X 的逐列均值. 表明 $\overline{Y} = \overline{X}\hat{\beta}$.

14. 令 $\hat{\beta}$ 为 (1) 中的 OLS 估计，那里设计矩阵 X 满秩 $p < n$. 假定条件 (4) 和 (5) 成立.
- (a) 找出 $\text{var}(\hat{\beta}_1 - \hat{\beta}_2 | X)$，这里 $\hat{\beta}_i$ 是 $\hat{\beta}$ 的第 i 个分量.
- (b) 假定 c 是 $p \times 1$ 的. 表明 $E(c'\hat{\beta}|X) = c'\beta$ 及 $\text{var}(c'\hat{\beta}|X) = \sigma^2 c'(X'X)^{-1}c$.

15. (难题) 假定 $Y_i = a + bX_i + \varepsilon_i$，$i = 1, \cdots, n$；$\varepsilon_i$ 为 IID，有均值 0 和方差 σ^2 并独立于 X_i. (提醒：IID 表示"独立同分布的".) 方程 (2.5) 用了 5 个概括统计量来表示 $\hat{a}, \hat{b}$：两个均值，两个 SD 和 r. 从这一章的方程 (6) 导出关于 $\hat{a}, \hat{b}$ 的公式. 还表明，以 X 为条件，
$$\text{SE}\,\hat{a} = \frac{\sigma}{\sqrt{n}}\sqrt{1 + \frac{\overline{X}^2}{\text{var}(X)}},\ \text{SE}\,\hat{b} = \frac{\sigma}{s_X \sqrt{n}},$$
这里
$$\overline{X} = \frac{1}{n}\sum_{i=1}^{n} X_i,\ \text{var}(X) = \frac{1}{n}\sum_{i=1}^{n}(X_i - \overline{X})^2,\ s_X^2 = \text{var}(X).$$
提示：设计矩阵 M 将是 $n \times 2$. 第一列是什么？第二列呢？求 $M'M$. 表明 $\det(M'M) = n^2 \text{var}(X)$. 求 $(M'M)^{-1}$ 和 $M'Y$.

4.3 多元回归中被解释的方差

在拟合回归模型之后，得到方程 $Y = X\hat{\beta} + e$. 所有的量都是可观测的. 假定方程有截距，

那么 X 中有一列皆为 1. 稍后将表明
$$\mathrm{var}(Y) = \mathrm{var}(X\hat{\beta}) + \mathrm{var}(e). \tag{22}$$
为了定义 $\mathrm{var}(Y)$, 把 Y 看成一个数据变量:
$$\mathrm{var}(Y) = \frac{1}{n}\sum_{i=1}^{n}(Y_i - \overline{Y})^2. \tag{23}$$
方程 (22) 右边的方差以类似方式定义: $\mathrm{var}(X\hat{\beta})$ 称为"被解释的方差"(explained variance), 而 $\mathrm{var}(e)$ 称为"未被解释的"(unexplained) 或"残差"(residual) 方差. 被回归"解释的"方差的比例为
$$R^2 = \mathrm{var}(X\hat{\beta})/\mathrm{var}(Y). \tag{24}$$

方程 (22) 的证明用到一些代数. 令 u 为全是 1 的一个 $n\times 1$ 列向量, 相应于回归方程的截距. 回忆 $Y = X\hat{\beta} + e$. 因为总有 $e \perp X$, 所以 $\bar{e} = 0$. 现在
$$Y - \overline{Y}u = X\hat{\beta} - \overline{Y}u + e. \tag{25}$$
因为 $e \perp X$ 及 $e \perp u$, 方程 (25) 意味着
$$\|Y - \overline{Y}u\|^2 = \|X\hat{\beta} - \overline{Y}u\|^2 + \|e\|^2. \tag{26}$$
因为 $\bar{e} = 0$,
$$\overline{Y} = \overline{X\hat{\beta}} = \overline{X}\hat{\beta}; \tag{27}$$
看练习 B13. 现在, 根据 (23), $\|Y - \overline{Y}u\|^2 = n\,\mathrm{var}(Y)$; 根据 (27), $\|X\hat{\beta} - \overline{Y}u\|^2 = n\,\mathrm{var}(X\hat{\beta})$; 因为 $\bar{e} = 0$, $\|e\|^2 = n\,\mathrm{var}(e)$. 由这些事实及 (26), 有
$$n\,\mathrm{var}(Y) = n\,\mathrm{var}(X\hat{\beta}) + n\,\mathrm{var}(e). \tag{28}$$
把 (28) 两边除以 n 就得到所需要的方程 (22).

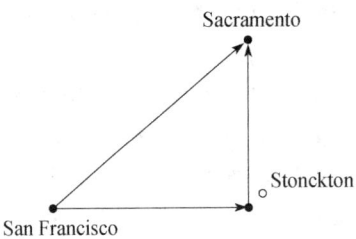

数学很好, 但是概念有些古怪. (许多人谈论被解释方差, 但可能没有充分考虑过它.) 首先, 作为一个描述统计量, 方差是错误的大小, 有错误的单位. 其次, 好吧, 让我们看一个例子. 对于一个飞行的乌鸦, Sacramento 大约距离 San Francisco 有 78 英里. 或者乌鸦可以向东飞行 60 英里, 再向北飞行 50 英里, 在转弯处差不多经过 Stockton. 如果我们把这 60 和 50 看成精确的, 由勾股定理可知直角三角形的斜边为
$$60^2 + 50^2 = 3600 + 2500 = 6100 \text{ 平方英里}.$$
如在"被解释的方差"中那样"被解释", 该几何问题能够怪诞地被概括为: 在 San Francisco 和 Sacramento 之间的面积, 即平方距离, 为 6100 平方英里, 其中 3600 被东边方向所解释.

这完全可以类推. 向东方向投影代表 (ⅰ) 把 Y 和 X 正交地投影到全是 1 的向量 u 上, (ⅱ) 把剩下的 Y 投影到剩下的 X 列空间. 直角三角形的斜边为 $Y - \overline{Y}u$, 其长度平方为 $\|Y -$

$\overline{Y}u\|^2 = n\,\text{var}(Y)$. 水平边为 $X\hat{\beta} - \overline{Y}u$, 有 $\|X\hat{\beta} - \overline{Y}u\|^2 = n\,\text{var}(X\hat{\beta})$. 竖直边为 e, 有 $\|e\|^2 = n\,\text{var}(e)$. 被解释方差的定理可归结为乌鸦在三角形飞行的勾股定理. 用向东方向来解释 San-Francisco 和 Sacramento 之间的面积是荒唐的, 被解释方差不见得更好.

虽然"被解释方差"是古怪的术语, 但 R^2 却是常用的统计量. 较高的 R^2 表示数据和方程间的较好拟合: 残差相对于 Y 的 SD 来说较小. 反过来, 较低的 R^2 意味着不好的拟合. 在诸如政治科学和社会学等领域 $R^2 < 1/10$ 是常见的. 这可能意味着大的随机效应、度量上的困难等. 或者, 可能有许多会引起混杂问题的重要因素被方程忽略了.

关联或是因果关系?

R^2 度量拟合好坏, 而不是验证背后的因果模型. 例如, 在 1950—1999 年间, 美元的年度购买力和肺癌年度死亡率之间的相关系数为 -0.95. 因此 $R^2 = (-0.95)^2 = 0.9$, 这比普通因果关系的回归研究所得到的要大得多. 如果把肺癌年度死亡率在美元的年度购买力上回归, 数据会非常接近回归线.

然而, 通货膨胀并不造成也不防止肺癌. 美元购买力从 1950 到 1999 年持续下滑. 肺癌死亡率一般在增加 (在 1990 年达到峰值). 这些事实产生了高的 R^2. 肺癌死亡率的增加是因为在前半个世纪吸烟的增加. 而美元价值的缩水是因为……好了, 我们不在这里谈论它.

练习组 C

1. (难题) 对于一个有截距的回归方程, 表明 R^2 是 $\hat{Y}$ 和 Y 之间相关系数的平方.

4.4 如果假定不满足, OLS 将会如何

如果 $E(\varepsilon|X) \neq 0_{n\times 1}$, 根据方程 (9), 在 OLS 估计量中的偏倚为 $(X'X)^{-1}X'E(\varepsilon|X)$. 如果 $E(\varepsilon|X) = 0_{n\times 1}$, 但是 $\text{cov}(\varepsilon|X) \neq \sigma^2 I_{n\times n}$, OLS 将是无偏的. 但是定理 3 失效: 看方程 (10) 和下面的 5.3 节. 那么 $\hat{\sigma}^2(X'X)^{-1}$ 可能是 $\text{cov}(\hat{\beta}|X)$ 的一个误导的估计量.

如果在 OLS 背后的假定是错误的, 估计量可能是严重有偏的. 即使估计量是无偏的, 从数据计算的标准误差也可能错得很厉害. 因为这些是基于 SE 的, 所以显著性水平会不值得信赖 (下面 5.6 节).

4.5 供讨论的问题

这里的一些问题覆盖前面几章的内容.

1. 在 OLS 回归模型中——
   (a) 来自不同对象的残差是独立的吗? 随机误差呢?
   (b) 残差是独立于解释变量的吗? 随机误差呢?
   (c) 残差向量是正交于设计矩阵的列空间吗? 随机误差向量呢?
   简单解释.

2. 在 OLS 回归中, 残差总是有均值 0 吗? 简单讨论.

3. 对还是错，并给出解释。在以 X 为条件下，如果回归方程中的扰动项关于不同对象互相相关，那么——
   (a) OLS 估计可能是有偏的.
   (b) 估计的标准误差可能是有偏的.
4. 一个 OLS 回归模型由方程（2）定义，对 ε 假定（4）和（5）. Y_i 独立吗？同分布吗？简单讨论.
5. 你在用 OLS 拟合一个回归方程. 对还是错，请解释：
   (a) 如果从方程中排除一个变量，但是这个被排除的变量正交于方程中的其他变量，你不会使得其余变量的被估计系数有偏.
   (b) 如果从方程中排除一个变量，而且这个被排除的变量不正交于方程中的其他变量，你的估计是有偏的.
   (c) 如果你把一个额外的变量加到方程，只要误差项独立于解释变量，你就不会使系数估计有偏.
   (d) 如果你把一个额外的变量加到方程，若误差项依赖于这个额外变量，你可能会使系数的估计有偏.
6. 对还是错，并给出解释：只要设计矩阵满秩，计算机就能够求出 OLS 估计量 $\hat{\beta}$. 如果是这样，那些假定有什么用？简单讨论.
7. R^2 是不是度量回归模型拟合数据的程度？或者它度量模型的有效性吗？简单讨论.
8. 假定对于 $i=1,\cdots,100$，$Y_i = au_i + bv_i + \varepsilon_i$. ε_i 为 IID，有均值 0 和方差 1. 那些 u 和 v 是固定非随机的. 这两个数据变量有均值 0 和方差 1；它们之间的相关系数为 r. 如果 $r=\pm 1$，表明设计矩阵的秩为 1；否则，令 $\hat{a}$，$\hat{b}$ 为 OLS 估计量. 求 $\hat{a}$，$\hat{b}$，$\hat{a} - \hat{b}$ 的方差. 如果 $r = 0.99$，会发生什么？对于应用，共线性意味着什么？例如，由于共线性，关于 a 和 b 的何种推断会变得容易些或困难些？

   评论. 共线性（collinearity）有时意味着 $r = \pm 1$，更经常地，它意味着 $r \approx \pm 1$. 一个同义词为多重共线性（multicollinearity）. $r = \pm 1$ 的情况最好称为严格共线性（exact collinearity）. 看本书后面的实验 7.
9. 对还是错，并讨论.
   (a) 共线性导致 OLS 估计的偏倚.
   (b) 共线性导致对 OLS 估计的标准误差估计的偏倚.
   (c) 对某些估计，共线性导致大的标准误差.
10. 假定 $(X_i, W_i, \varepsilon_i)$ 对于 $i = 1, \cdots, n$ 为 IID 的三元组，这里 n 较大，$E(X_i) = E(W_i) = E(\varepsilon_i) = 0$，而且 ε_i 独立于 (X_i, W_i). 幸亏 X_i 和 W_i 有正的方差，它们并不是完全相关的. 响应变量 Y_i 真实地为
    $$Y_i = aX_i + bW_i + \varepsilon_i.$$
    我们能够利用从 Y_i 到 X_i 及 W_i 的回归重新获得 a 和 b，最多差随机误差. 不需要截距，为什么？如果 X_i 和 W_i 完全相关（如随机变量），会发生什么？
11. （继续问题 10.）Tom 选择 Y_i 到 X_i 上的回归，忽略 W_i. 他将用 X_i 的系数来估计 a.

(a) 如果 X_i 和 W_i 独立，Tom 会遇到什么？

(b) 如果 X_i 和 W_i 不独立，Tom 会遇到什么？

提示：看练习 3B15.

12. 假定 $(X_i, \delta_i, \varepsilon_i)$ 对于 $i=1,\cdots,n$ 为 IID 的三元组，这里 n 较大，其中 $X_i, \delta_i, \varepsilon_i$ 互相独立. 而且 $E(X_i)=E(\delta_i)=E(\varepsilon_i)=0$，而 $E(X_i^2)=E(\delta_i^2)=1$ 及 $E(\varepsilon_i^2)=\sigma^2>0$. 响应变量 Y_i 真实地为
$$Y_i = aX_i + \varepsilon_i.$$
我们能够利用 Y_i 到 X_i 的回归重新获得 a，最多差随机误差. 不需要截距，为什么？

13. （继续问题 12.）令 c, d, e 为实数，并令 $W_i = cX_i + d\delta_i + e\varepsilon_i$. Dick 选择 Y_i 到 X_i 和 W_i 上的回归，还是不要截距. Dick 将利用回归中 X_i 的系数来估计 a. 如果 $e=0$，只要 $d\neq 0$，Dick 还是得到了 a，最多差随机误差. 为什么？$d=0$ 有什么不对？

14. （继续问题 12 和 13.）假定 $e\neq 0$. Dick 则有问题了. 为了更清楚地看这个问题，假定 n 很大. 令 $Q=(X\ W)$ 为设计矩阵，即第一列为 X_i，第二列为 W_i. 表明
$$Q'Q/n = \begin{bmatrix} E(X_i^2) & E(X_iW_i) \\ E(X_iW_i) & E(W_i^2) \end{bmatrix}, \quad Q'Y/n = \begin{bmatrix} E(X_iY_i) \\ E(W_iY_i) \end{bmatrix}.$$

(a) 假定 $a=c=d=e=1$. 在其回归中，Dick 将估计 X_i 的系数是多少？

(b) 假定 $a=c=d=1$ 及 $e=-1$. 在其回归中，Dick 将估计 X_i 的系数是多少？

(c) 一本关于回归的教科书建议，只要有怀疑，就放更多而不是更少的解释变量到方程中. 你如何想？

15. 一个包含 N 个对象的总体，数据变量为 x 和 y. 原则上，一个简单的回归方程能够被 OLS 拟合到这个总体数据：$y_i = a + bx_i + u_i$，这里 $\sum_{i=1}^{N} u_i = \sum_{i=1}^{N} x_i u_i = 0$. 虽然 Harry 不能得到完全总体的数据，他能够有放回地随机抽取一个大小为 $n<N$ 的样本：n 为中等大小，但是相对于 N 则较小. 对于样本中的 i，他将通过 y_i 到 x_i 的回归来估计 a 和 b. 回归方程中将有截距.

(a) 这个 OLS 估计是有偏还是无偏的？为什么？（提示：真实的关系是线性的吗？）

(b) 他应该相信计算机打印出来的标准误差吗？简单讨论.

16. 在 1950—1999 年期间，美国人口数量和肺癌死亡率之间的相关系数为 0.92. 是不是人口密度造成肺癌？简单讨论.

17. （难题）假定 $X_1, \cdots, X_n$ 为独立随机变量. 它们有一个共同的均值 $E(X_i)=\alpha$. 它们有一个共同的方差 $\text{var}(X_i)=\sigma^2$. 令 r_{ij} 为在 X_i 和 $X_j (i\neq j)$ 之间的相关系数. 令
$$r = \frac{1}{n(n-1)} \sum_{1\leqslant i\neq j\leqslant n} r_{ij}$$
为平均相关. 令 $S_n = X_1 + \cdots + X_n$.

(a) 表明 $\text{var}(S_n) = n\sigma^2 + n(n-1)\sigma^2 r$.

(b) 表明 $\text{var}\left(\dfrac{S_n}{n}\right) = \dfrac{1}{n}\sigma^2 + \dfrac{n-1}{n}\sigma^2 r$.

对 (a) 的提示：

$$\left[\sum_{i=1}^{n}(X_i-\alpha)\right]^2 = \sum_{i=1}^{n}(X_i-\alpha)^2 + \sum_{1\leqslant i\neq j\leqslant n}(X_i-\alpha)(X_j-\alpha).$$

注意. (i) 有 $n(n-1)$ 对下标 (i,j) 满足 $1\leqslant i\neq j\leqslant n$. (ii) 比如，如果 $n=100$, $r=0.05$, 则 $\mathrm{var}(S_n/n)$ 将比 σ^2/n 大得多. 小的相关很难发现，因此关于独立性的随意假定会非常有误导.

18. 令 Δ 代表从 1871 到 1881 年的百分比之差，令 i 的范围覆盖 32 个都市区会. Yule 的模型（1.4 节）用 $\Delta \mathrm{Out}_i$, $\Delta \mathrm{Old}_i$ 和 $\Delta \mathrm{Pop}_i$ 解释了 $\Delta \mathrm{Paup}_i$.
    (a) 下面选项（ⅰ）是回归模型还是拟合的方程？（ⅱ）呢？
    (b) 在（ⅰ）中，b 是参数还是一个估计？（ⅱ）中的 0.755 呢？
    (c) 在（ⅰ）中，ε_i 是可观测残差还是不可观测误差项？（ⅱ）中的 e_i 呢？
    (ⅰ) $\Delta \mathrm{Paup}_i = a + b\times\Delta \mathrm{Out}_i + c\times\Delta \mathrm{Old}_i + d\times\Delta \mathrm{Pop}_i + \varepsilon_i$,
    ε_i 为 IID, 有均值 0 和方差 σ^2, 独立于解释变量.
    (ⅱ) $\Delta \mathrm{Paup}_i = 13.19 + 0.755\times\Delta \mathrm{Out}_i - 0.022\times\Delta \mathrm{Old}_i - 0.322\times\Delta \mathrm{Pop}_i + e_i$,
    e_i 有均值 0, 而且 e 正交于解释变量.

19. 一个盒子有 N 个标有数目的票，N 为已知，盒子里数目的均值 μ 为一个未知参数，盒子里数目的方差 σ^2 为另一个未知参数. 有放回地随机抽取 n 张票：X_1 为第一次抽取的数，X_2 第二次抽取的数，$\cdots$, X_n 第 n 次抽取的数. 利用下面选项填空：_____ 是一个关于 _____ 的无偏估计量.
    (ⅰ) n (ⅱ) σ^2 (ⅲ) $E(X_1)$ (ⅳ) $\dfrac{X_1+X_2+\cdots+X_n}{n}$ (ⅴ) 上面选项都不是

20. (继续问题 19.) 令
$$\overline{X} = \frac{X_1+X_2+\cdots+X_n}{n}.$$
对还是错：
    (a) X_i 为 IID.
    (b) 对所有 i, $E(X_i)=\mu$.
    (c) 对所有 i, $E(X_i)=\overline{X}$.
    (d) 对所有 i, $\mathrm{var}(X_i)=\sigma^2$.
    (e) $\dfrac{(X_1-\overline{X})^2+(X_2-\overline{X})^2+\cdots+(X_n-\overline{X})^2}{n}=\sigma^2$.
    (f) 当 n 大时，$\dfrac{(X_1-\overline{X})^2+(X_2-\overline{X})^2+\cdots+(X_n-\overline{X})^2}{n}\doteq\sigma^2$.

21. Labrie et al (2004) 报告了一项随机控制实验，看是否常规检测前列腺癌降低了该病的死亡率. 实验对象为 46 486 个 45~80 岁在 Quebec 登记的男性选民. 研究人员随机选择 2/3 的对象，并邀请他们做年度检查，其他 1/3 作为控制组. 在这个随机化实验进行 11 年后，观察到 7348 个接受检查的人中 10 个死于前列腺癌. 同一时期，在 14 231 个没被检查的人中，观察到 74 个死于前列腺癌. 因此前列腺癌的死亡率的比率为
$$\frac{10/7348}{74/14231} = 0.26,$$

即检查降低死亡率74%. 这个分析令人信服吗? 回答是或者不是, 并简单解释.
22. 在 HIP 实验中 (第1章), 在实验组中拒绝扫描的女性一般有较低的患乳腺癌风险. 此论断的证据是什么?

4.6 札记

条件期望和非条件期望的比较. OLS 估计包括了一个逆 $(X'X)^{-1}$. 如果所有的项都可积, 那么 OLS 是无条件无偏的. 除可积性外, 条件无偏是更强和更有用的性质. 在许多通常的模型中, 当 n 大时, $X'X$ 相对地是不变的. 这样, 在条件和非条件的推断之间就没有什么不同.

相合性和渐近正态性. 在通常的模型 (1)~(5) 中考虑 OLS 估计量 $\hat{\beta}$. 一组确保 β 的相容性和渐近正态的正则条件为: p 是固定的, n 很大, X 的元素为一致地 $o(\sqrt{n})$, 而且 $X'X = nV + o(n)$, 这里 V 是一个正定的 $p \times p$ 矩阵. 再者, 在这组条件下, F 统计量在零假设成立时为渐近 $\chi^2_{p_0}/p_0$ (5.6~5.7 节). 对于更多的讨论, 参见 http://www.stat.berkeley.edu/users/census/Ftest.pdf.

被解释的方差. 有一点在第3节被省略了. 如果 Q 正交投影到常数向量, 我们应该表明 QY 到 QX 的投影为 $X\hat{\beta} - \bar{Y}$. 本来, $QY = Y - \bar{Y}$, $QX = X - \bar{X}$. 现在, $Y - \bar{Y} = X\hat{\beta} - \bar{Y} + e = (X - \bar{X})\hat{\beta} + e = (QX)\hat{\beta} + e$, 因为 $\bar{Y} = \bar{X}\hat{\beta}$. 很显然, $e \perp QX$. 仅此作答.

供讨论的问题. 问题 7 和 16 是关于对 R^2 的解释. 问题 8~9 是关于共线性: 总的要点是 β 的某些线性组合很容易估计, 而某些, 如 $c'\beta$, 这里 $Xc \doteq 0$, 则非常难. (共线性还会使得结果对于删除变量和数据输入错误更加敏感.) 问题 10~15 针对回归模型的假定. 问题 11 给出了当 W 和 X 相关时删除变量偏倚 (omitted-variables bias) 的一个例子. 在问题 14, 如果 W 和 δ 相关, 那么包含 W 则产生内生偏倚 (endogeneity bias) (也称为同时偏倚 (simultaneity bias).) 问题 15 是一个很好的检验案例: 在一个简单的模型中, 回归假定成立吗? 另外参看第5章问题 6 的讨论以及 http://www.stat.berkeley.edu/users/census/badols.pdf.

问题 3 和 17 表明, 独立性是从内部证据对估计精度做估计的关键. (同方差——常数方差的假定——可能不那么重要.) 当然, 如果相依模式已知, 则能够进行调整. 一般来说, 这种模式很难知道; 假定是很容易做出的. 问题 18~20 回顾了参数和估计之间的区别; 问题 21~22 回顾了第1章实验设计的内容.

数据来源. 在第3节和讨论问题 16, 肺癌死亡率是男性的, 年龄被标准化到 1970 年美国人口, 数据来自 American Cancer Society. 美元购买力基于消费者价格指数 (Consumer Price Index): *Statistical Abstract of the United States*, 2000, 表 767. 总人口来自 *Statistical Abstract of the United States*, 1994, 2000, 表 2; 1994 版用于 1950—1959 年间.

伪相关. Hendry (1980, 图 8) 在用 1964—1975 年度累计降水来预测通货膨胀时, 报告了 R^2 为 0.998: 两个变量都持续增长. (方程是二次的, 以调整自相关.) Yule (1926) 报告 1886—1911 期间英格兰死亡率和在英格兰教会中结婚比例之间的 R^2 为 0.9: 两个变量都下降. Hans Melberg 提供了引文.

第 5 章 多元回归：特别主题

5.1 引言

这一章涵盖更特殊的一些内容，以 OLS 的最优性质开始．其次将是广义最小二乘，该方法在第 6 章涉及，并更认真地应用于第 8～9 章．然后是正态理论，主要是 t，χ^2 和 F．最后，用一个例子显示在显著性水平上数据窥视的影响．

5.2 OLS 是 BLUE

OLS 回归模型为

$$Y = X\beta + \varepsilon, \tag{1}$$

这里 Y 为 $n\times 1$ 可观测随机变量的向量，X 为 $n\times p$ 可观测随机变量的矩阵，有秩 $p<n$，ε 是一个 $n\times 1$ 的不可观测随机变量的向量，为 IID，均值为 0，方差为 σ^2，独立于 X．在这一节，我们要放弃 ε 独立性的假定，并且做出较弱的，也就是较少约束的一组假定：

$$E(\varepsilon|X) = 0_{n\times 1}, \operatorname{cov}(\varepsilon|X) = \sigma^2 I_{n\times n}. \tag{2}$$

第 4 章的定理 1～4 仍然成立（下面练习 A2）．

这个较弱的假定将在比较 GLS（广义最小二乘）和 OLS 上更方便．这是下一节的主题．这里，我们表明，当 X 不随机时，在线性无偏方法中，OLS 是最优的．这样，能够更直接地叙述条件 (2)：

$$E(\varepsilon)=0_{n\times 1}, \ \operatorname{cov}(\varepsilon)=\sigma^2 I_{n\times n}. \tag{3}$$

定理 1（Gauss-Markov） 假定 X 是固定的（即非随机的）．假定 (1) 和 (3)．OLS 估计量是 BLUE．

BLUE 为最好线性无偏估计量（best linear unbiased estimator）的缩写，即它有最小的方差．令 $\gamma = c'\beta$，这里 c 是 $p\times 1$：参数 γ 是 β 的线性组合，比如 β_1 或 $\beta_2-\beta_3$．对于 γ 的 OLS 估计量为 $\hat{\gamma}=c'\hat{\beta}=c'(X'X)^{-1}X'Y$．按照 (3)，这是无偏的，而且 $\operatorname{var}(\hat{\gamma})=\sigma^2 c'(X'X)^{-1}c$．参考下面练习 A1．令 $\tilde{\gamma}$ 为另一个 γ 的线性无偏估计量．那么，$\operatorname{var}(\tilde{\gamma})\geqslant \operatorname{var}(\hat{\gamma})$，而且 $\operatorname{var}(\tilde{\gamma})=\operatorname{var}(\hat{\gamma})$ 导致 $\tilde{\gamma}=\hat{\gamma}$．这就是定理所说的．

证明 详细的证明超出了本书范围，但这里给出一个梗概．回忆 X 是固定的．因为根据假设 $\tilde{\gamma}$ 是 Y 的一个线性函数，则有一个 $n\times 1$ 向量 d，使得 $\tilde{\gamma}=d'Y=d'X\beta+d'\varepsilon$．然后，根据 (3)，$E(\tilde{\gamma})=d'X\beta$．因为 $\tilde{\gamma}$ 是无偏的，对所有的 β，$d'X\beta=c'\beta$．因此，

$$d'X = c'. \tag{4}$$

令 $q=d-X(X'X)^{-1}c$，它是一个 $n\times 1$ 向量．因此

$$q' = d' - c'(X'X)^{-1}X'. \tag{5}$$

（为什么 q 值得考虑？因为 $\tilde{\gamma}-\hat{\gamma}=q'Y$．）用 X 右乘 (5)，由 (4) 得，

$$q'X = d'X - c'(X'X)^{-1}X'X$$
$$= d'X - c' = 0_{1\times p}. \tag{6}$$

根据 (5)，$d' = q' + c'(X'X)^{-1}X'$. 根据练习 3C4，

$$\begin{aligned}\operatorname{var}(\tilde{\gamma}) &= \operatorname{var}(d'\varepsilon)\\ &= \sigma^2 d'd\\ &= \sigma^2[q' + c'(X'X)^{-1}X'][q + X(X'X)^{-1}c]\\ &= \sigma^2[q'q + c'(X'X)^{-1}c]\\ &= \sigma^2 q'q + \operatorname{var}(\hat{\gamma}).\end{aligned}$$

由于 $q'X = 0_{1\times p}$，并且根据 (6)，$X'q = 0_{p\times 1}$，因此交叉项为零：$q'X(X'X)^{-1}c = c'(X'X)^{-1}X'q = 0$. 最后，$q'q = \sum_i q_i^2 \geqslant 0$. 除非 $q = 0_{n\times 1}$，即 $\tilde{\gamma} = \hat{\gamma}$，否则，该不等式是严格的. 定理证毕.

练习组 A

1. 令 $\hat{\beta}$ 为 (1) 的 OLS 估计量，设计矩阵 X 有满秩 $p < n$. 假定 (2).
   (a) 表明 $E(Y|X) = X\beta, \operatorname{cov}(Y|X) = \sigma^2 I_{n\times n}$. 验证 $E(\hat{\beta}|X) = \beta$ 以及 $\operatorname{cov}(\hat{\beta}|X) = \sigma^2(X'X)^{-1}$.
   (b) 假定 c 是 $p \times 1$. 表明 $E(c'\hat{\beta}|X) = c'\beta$ 及 $\operatorname{var}(c'\hat{\beta}|X) = \sigma^2 c'(X'X)^{-1}c$.
   提示：看定理 4.2 和 4.3 的证明. 较大的提示：看方程 (4.8~4.10).

2. 如果我们把条件 (4.4~4.5) 换成上面条件 (2)，验证定理 4.1~4.4 仍然成立.

5.3 广义最小二乘

现在保持方程 $Y = X\beta + \varepsilon$，但把假定 (2) 改成

$$E(\varepsilon|X) = 0_{n\times 1}, \operatorname{cov}(\varepsilon|X) = G, \tag{7}$$

这里 G 是正定 $n \times n$ 矩阵：这是 GLS 回归模型. (X 假定为 $n \times p$, 秩 $p < n$.) 这样可以根据 (4.6) 定义 OLS 估计量 $\hat{\beta}_{\text{OLS}}$，而且根据 (4.9)，在给定 X 时，它是无偏的. 然而，定理 4.3 中关于 $\operatorname{cov}(\hat{\beta}_{\text{OLS}}|X)$ 的公式则不再成立，作为替代，有

$$\operatorname{cov}(\hat{\beta}_{\text{OLS}}|X) = (X'X)^{-1}X'GX(X'X)^{-1}. \tag{8}$$

参看 (4.10) 及下面练习 B2. 再者，$\hat{\beta}_{\text{OLS}}$ 不再是 BLUE. 有些人把这看成致命的缺陷.

如果知道 G，修正的办法是对方程 (1) 做变换. 左乘 $G^{-1/2}$，得到

$$\left(G^{-1/2}Y\right) = \left(G^{-1/2}X\right)\beta + \left(G^{-1/2}\varepsilon\right). \tag{9}$$

(为什么 $G^{-1/2}$ 有意义？看练习 3D7.) 变换了的模型有 $G^{-1/2}Y$ 作为响应向量，$G^{-1/2}X$ 作为设计矩阵，$G^{-1/2}\varepsilon$ 作为扰动向量. 参数向量还是 β. 根据练习 3C3 和 3C4，条件 (2) 对于变换后的模型成立 ($\sigma^2 = 1$). 这就是变换和引进 (2) 的主要理由.

应用 OLS 到 (9) 可得 β 的 GLS 估计量：

$$\hat{\beta}_{\text{GLS}} = \left[\left(G^{-1/2}X\right)'\left(G^{-1/2}X\right)\right]^{-1}\left(G^{-1/2}X\right)'G^{-1/2}Y.$$

因为 $(AB)' = B'A'$ 及 $G^{-1/2}G^{-1/2} = G^{-1}$，

$$\hat{\beta}_{\text{GLS}} = \left(X'G^{-1}X\right)^{-1}X'G^{-1}Y. \tag{10}$$

下面的练习 B1 表明 (10) 右边的 $X'G^{-1}X$ 是可逆的；而且 X 是 $n \times p$，因此 X' 是 $p \times n$，而 G 和 G^{-1} 为 $n \times n$. 这样，$X'G^{-1}X$ 是 $p \times p$，而且 $\hat{\beta}_{\text{GLS}}$ 是 $p \times 1$. 由定理 4.2，

$$\text{给定 } X, \text{GLS 估计量是条件无偏的}. \tag{11}$$

由定理 4.3 和一点点矩阵代数，

$$\text{cov}(\hat{\beta}_{\text{GLS}} | X) = (X'G^{-1}X)^{-1}. \tag{12}$$

公式里没有 σ^2：σ^2 是在 G 里面. 在 X 固定的情况下，由定理 1，GLS 估计量是 BLUE.

在应用中，G 通常未知，必须从数据估计.（下一节会有些例子表明如何做.）必须对 G 加以约束. 没有约束，则有太多的协方差要估计，但没有足够的数据. 估计量 $\hat{G}$ 替代 (10) 的 G，给出可行的 (feasible) GLS 或者 Aitken 估计量 $\hat{\beta}_{\text{FGLS}}$：

$$\hat{\beta}_{\text{FGLS}} = (X'\hat{G}^{-1}X)^{-1}X'\hat{G}^{-1}Y. \tag{13}$$

在 (12) 中用 $\hat{G}$ 替代 G 可得到协方差：

$$\widehat{\text{cov}}(\hat{\beta}_{\text{FGLS}} | X) = (X'\hat{G}^{-1}X)^{-1}. \tag{14}$$

有时"代入"(plug-in) 协方差估计量 $\widehat{\text{cov}}$ 是一个好的近似，但有时，如果有大量的协方差要估计而没有足够的数据来很好地实行，那么它不是好的近似（第 8 章）. 再者，可行的 GLS 通常是非线性的. 因此，$\hat{\beta}_{\text{FGLS}}$ 往往多少是有点偏的. 记住，

$$\hat{\beta}_{\text{FGLS}} \neq \hat{\beta}_{\text{GLS}}.$$

练习组 B

1. 如果 $n \times p$ 矩阵有秩 $p < n$ 而且 G 为 $n \times n$ 正定的，表明 $G^{-1/2}X$ 有秩 p；还表明 $X'G^{-1}X$ 是 $p \times p$ 正定的，因此是可逆的. 提示：看练习 3D7.

2. 令 $\hat{\beta}_{\text{OLS}}$ 为 (1) 中的 OLS 估计量，这里设计矩阵 X 有满秩 $p < n$. 假定 (7)，即我们用 GLS 模型. 表明 $E(Y|X) = X\beta$ 及 $\text{cov}(Y|X) = G$. 验证
$$E(\hat{\beta}_{\text{OLS}} | X) = \beta \text{ 及 } \text{cov}(\hat{\beta}_{\text{OLS}} | X) = (X'X)^{-1}X'GX(X'X)^{-1}.$$

3. 令 $\hat{\beta}_{\text{GLS}}$ 为 (1) 中的 GLS 估计量，这里设计矩阵 X 有满秩 $p < n$. 假定 (7). 不失细节地表明 $E(\hat{\beta}_{\text{GLS}} | X) = \beta$ 及 $\text{cov}(\hat{\beta}_{\text{GLS}} | X) = (X'GX)^{-1}$.

5.4 GLS 的例子

考虑 GLS 模型 (1)，保持对误差的假定 (7). 第一个例子是在 GLS 和 FGLS 的边界上.

例 1 假定 Γ 为一个已知的正定 $n \times n$ 矩阵，而且 $G = \lambda\Gamma$，这里 $\lambda > 0$ 是一个未知参数. 由于 λ 在方程 (9) 和 (10) 中消去了，因此，GLS 估计量是 $\hat{\beta}_{\text{GLS}} = (X'\Gamma^{-1}X)^{-1}X'\Gamma^{-1}Y$. 这是"加权的"最小二乘. 由于 Γ 是固定的，GLS 估计量在给定 X 时是线性的及无偏的；条件协方差为 $\lambda(X'\Gamma^{-1}X)^{-1}$. 更直接地，可以通过 $\Gamma^{-1/2}Y$ 到 $\Gamma^{-1/2}X$ 的 OLS 回归来计算 $\hat{\beta}_{\text{GLS}}$，λ 能够作为均方残差来估计；用 $n - p$ 来正则化. OLS 是 $\Gamma = I_{n \times n}$ 时的特例.

例 2 假定 n 是偶数，K 是正定的 2×2 矩阵，而且

多元回归：特别主题　　　　　　　　　　　　　　　　　　　　　45

$$G = \begin{pmatrix} K & 0_{2\times 2} & \cdots & 0_{2\times 2} \\ 0_{2\times 2} & K & \cdots & 0_{2\times 2} \\ \vdots & \vdots & \ddots & \vdots \\ 0_{2\times 2} & 0_{2\times 2} & \cdots & K \end{pmatrix}.$$

该 $n \times n$ 矩阵 G 有 K 重复在主对角线上。这里 K 未知，要从数据估计。第 8 章有一个具有这类矩阵的案例。

先和数据打交道，用 OLS 估计 β。这给出了 $\hat{\beta}^{(0)}$ 及残差向量 $e = Y - X\hat{\beta}^{(0)}$。利用残差乘积的均值来估计 K：

$$\hat{K}_{11} = \frac{2}{n}\sum_{j=1}^{n/2} e_{2j-1}^2, \quad \hat{K}_{22} = \frac{2}{n}\sum_{j=1}^{n/2} e_{2j}^2, \quad \hat{K}_{12} = \hat{K}_{21} = \frac{2}{n}\sum_{j=1}^{n/2} e_{2j-1} e_{2j}.$$

（也可以除以 $n-2$。）用 $\hat{K}$ 代替公式中的 G，再把 $\hat{G}$ 代入（10）来得到 $\hat{\beta}^{(1)}$，它是一个可行的 GLS 估计量，称为一步（one-step）GLS。现在 $\hat{\beta}$ 依赖于 $\hat{K}$。这是可行 GLS，不是实际的 GLS。

该估计过程可以迭代地重复：在 $\hat{\beta}^{(1)}$ 之外得到残差，利用它们再重新估计 K，利用新的 $\hat{K}$ 来估计新的 $\hat{G}$。现在再做可行的 GLS。瞧：$\hat{\beta}^{(2)}$ 是两步 GLS 估计量。人们通常继续做下去，直到估计值稳定下来。这种方法称为"迭代再加权"（iteratively reweighted）最小二乘。

小心。即使是真实的 GLS，也可能不能用通常的渐近性质。这是因为条件（2）不是中心极限定理的充分条件，而（7）甚至更弱。可行 GLS 又增加了一层复杂性（第 8 章）。

约束条件。在前一节中，为了根据数据估计 G，必须加约束条件。这是因为 G 有 n 个沿着对角线的方差以及 $n(n-1)/2$ 个非对角线的协方差，这些参数的数量太大了，不能只从 n 个数据点来估计。例 1 中的约束条件是什么？基本上，G 必须是 Γ 的一个数量乘积，这样，关于 G 就只需要考虑一个参数了，即 λ。再者，λ 的估计值甚至不进入 $\hat{\beta}$ 的公式。

那么，关于例 2 呢？这里 $G_{11}, G_{33}, \cdots$ 都被限制为相等：共同值称为 K_{11}。类似地，G_{22}，$G_{44}, \cdots$ 都限制为相等：共同值称为 K_{22}。而所有 $G_{12}, G_{34}, \cdots$ 都相等：共同值称为 K_{12}。根据对称性，$G_{21} = G_{43} = \cdots = K_{21} = K_{12}$。剩下的 G_{ij} 都限制为 0。结果，有三个参数要估计：K_{11}，K_{22} 和 K_{12}。（通常有更多的参数。）约束条件帮助解释了 $\hat{K}$ 的形式。比如，$\varepsilon_1, \varepsilon_3, \cdots$ 都有共同的方差 K_{11}。对 K_{11} 的"理想"估计量为 $\varepsilon_1^2, \varepsilon_3^2, \cdots$ 的平均。那些 ε 是不可观测的，因此用残差。

术语。考虑仅假定 $E(\varepsilon|X) = 0_{n\times 1}$ 时的模型（1）。还假定在给定 X 时，Y_i 是不相关的，即 $\text{cov}(\varepsilon|X)$ 是对角线矩阵。在这种情况下，同方差性（homoscedasticity）意味着 $\text{var}(Y_i|X)$ 对所有 i 都相同，因此假定（2）成立，虽然 σ^2 可能依赖于 X。异方差性（heteroscedasticity）意味着 $\text{var}(Y_i|X)$ 并不是对所有 i 都相同，因此假定（2）不成立。于是人们回到（7）和 GLS。

📖 练习组 C

1. 假定 U_i 对 $i = 1, \cdots, m$ 为 IID，有均值 α 和方差 σ^2。假定 V_i 对 $i = 1, \cdots, n$ 为 IID，有均值 α 和方差 τ^2。均值相同但方差及样本量不同。假定这些 U 和 V 独立。如果 σ^2 和 τ^2 是已知的，怎样估计 α？如果 σ^2 和 τ^2 是未知的呢？提示：对 $j = 1, \cdots, m$，定义 $\varepsilon_j = U_j - \alpha$，对 $j =$

$m+1,\cdots,m+n$,定义 $\varepsilon_j = V_{j-m} - \alpha$,把问题放入 GLS 的框架.

2. 假定 $Y = X\beta + \varepsilon$. 设计矩阵 X 为 $n \times p$,秩为 $p < n$,而且 $\varepsilon \perp\!\!\!\perp X$. ε_i 为独立的,有 $E(\varepsilon_i) = 0$. 然而 $\text{var}(\varepsilon_i) = \lambda c_i$. c_i 为已知正常数.

   (a) 如果 λ 已知,而且 c_i 都相等,表明 β 的 GLS 估计量是使得下式最小的 $p \times 1$ 向量 γ:
   $$\sum_i (Y_i - X_i\gamma)^2.$$

   (b) 如果 λ 已知,而且 c_i 不都相等,表明 β 的 GLS 估计量是使得下式最小的 $p \times 1$ 向量 γ:
   $$\sum_i (Y_i - X_i\gamma)^2 / \text{var}(Y_i | X).$$

   提示:在这个应用中,矩阵方程 (9) 的第 i 行是什么?如何估计 (9)?

   (c) 如果 λ 未知,表明 β 的 GLS 估计量为使得下式最小的 $p \times 1$ 向量 γ:
   $$\sum_i (Y_i - X_i\gamma)^2 / c_i.$$

3. (难题) 对于每个个体 $i = 1, 2, \cdots, 800$,都有关于变量 Y 的三个观测值. 还有一个解释变量 Z,它是数量. Maria 认为,每个对象 i 有一个 "固定效应" a_i,所有的 800 个对象有一个共同参数 b. 她的模型可以叙述如下:
$$Y_{ij} = a_i + Z_{ij}b + \varepsilon_{ij}, \quad i = 1, 2, \cdots, 800, \quad j = 1, 2, 3.$$
她愿意假定 ε_{ij} 是独立的并且有均值 0. 她还相信这些 ε 独立于 Z,并且 $\text{var}(\varepsilon_{ij})$ 对 $j = 1, 2, 3$ 都相同. 但是她怕 $\text{var}(\varepsilon_{ij}) = \sigma_i^2$ 依赖于对象 i. 你能把这个问题放入 GLS 的框架中吗?用什么来作为 (1) 中的响应向量 Y?设计矩阵呢?(这将会变得麻烦.) 按照她的模型,(7) 中的 G 是什么?你将如何估计她的模型?

5.5 如果假定不满足,GLS 将会如何

如果 $E(\varepsilon | X) \neq 0_{n \times 1}$,方程 (10) 表明 GLS 估计量中的偏倚为 $(X'G^{-1}X)^{-1} X'G^{-1} E(\varepsilon | X)$. 如果 $E(\varepsilon | X) = 0_{n \times 1}$,而 $\text{cov}(\varepsilon | X) \neq G$,那么 GLS 将是无偏的,但 (12) 不成立. 如果 G 是由数据估计的,但数据不满足估计方法背后的假定,那么 (13) 可能是 $\text{cov}(\hat{\beta}_{\text{FGLS}} | X)$ 的一个误导估计量.

5.6 正态理论

本节和下一节将回顾 OLS 模型 (1) 的传统理论,它是以 X 为条件的,X 为 $n \times p$ 满秩矩阵,秩为 $p < n$,并限制 ε_i 为独立的并有 $N(0, \sigma^2)$ 分布. 主要结果是 t 检验和 F 检验. 正如通常那样,$e = Y - X\hat{\beta}$ 为残差向量. 固定 $k = 1, \cdots, p$. 向量 β 的第 k 个分量记为 β_k. 为了检验零假设 $\beta_k = 0$ 对备择假设 $\beta_k \neq 0$,我们用 t 统计量:
$$t = \hat{\beta}_k / \widehat{\text{SE}}, \tag{15}$$

这里 $\widehat{\text{SE}}$ 等于 $\hat{\sigma}$ 乘上 $(X'X)^{-1}$ 的第 kk 个元素的平方根. 当 $|t|$ 大的时候,比如 $|t| > 2$,我们拒绝零假设. 为了在一个固定的水平做检验,临界值(在某个程度上)依赖于 $n - p$. 当 $n - p$ 大时,人们称 t 检验为 "z 检验":在零假设下,t 接近于 $N(0, 1)$. 如果术语不熟悉,看下面定义.

定义 例如，$U \sim N(0,1)$ 意味着随机变量 U 有均值为 0、方差为 1 的正态分布. 同样，$U \sim W$ 意味着 U 和 W 有同样的分布. 假定 $U_1, U_2, \cdots$ 为 IID $N(0,1)$. 我们记 $\sum_{i=1}^{d} U_i^2$ 的分布为 χ_d^2，并称 χ_d^2 服从具有 d 个自由度的**卡方分布**. 再者，

$$\frac{U_{d+1}}{\sqrt{d^{-1} \sum_{i=1}^{d} U_i^2}}$$

服从具有 d 个自由度的 t **分布**.

定理 2 如果误差是独立的 $N(0, \sigma^2)$ 分布，OLS 估计量 $\hat{\beta}$ 有一个正态分布，均值为 β，协方差矩阵为 $\sigma^2 (X'X)^{-1}$. 而且，$e \perp \hat{\beta}$，$\|e\|^2 \sim \sigma^2 \chi_d^2$，其中 $d = n - p$.

推论 在零假设下，t 有 $U/\sqrt{V/d}$ 那样的分布，这里 $U \perp V$，$U \sim N(0,1)$，$V \sim \chi_d^2$，$d = n - p$. 换句话说，如果零假设成立，t 统计量服从 t 分布，有 $n - p$ 个自由度.

定理 2 证明梗概. 在最特别的情况，X 除了前 p 行的主对角线元素之外都为 0，这里 $X_{ii} = 1$. 例如，如果 $n = 5$，$p = 2$，

$$X = \begin{bmatrix} 1 & 0 \\ 0 & 1 \\ 0 & 0 \\ 0 & 0 \\ 0 & 0 \end{bmatrix}.$$

在这种特殊情况下，定理和推论很明显，因为对于 $i \leq p$，$Y_i = \beta_i + \varepsilon_i$，对于 $i > p$，$Y_i = \varepsilon_i$. 因此，$\hat{\beta}$ 由 Y 的前 p 个元素组成，$\text{cov}(\hat{\beta}) = \sigma^2 I_{p \times p} = \sigma^2 (X'X)^{-1}$，并且 e 是由 p 个 0 叠在 Y 的最后 $n - p$ 个元素上组成.

一般情况超出了本书讨论范围，但这里给出论证的概要. 关键是找到一个 $p \times p$ 上三角矩阵 M，它使得 XM 的列正交. 为了构造 M，把第 j 列回归到前 $j - 1$ 列上（Gram-Schmidt 方法）. 源自这个回归的残差向量就是第 j 列正交于前面列的部分. 因为 X 有秩 p，第一列不可能为 0，第 j 列也不可能是前面第 $1, \cdots, j - 1$ 列的线性组合. 因此那些正交向量能够规范化为单位向量. 用一点矩阵代数能够表明，这一组正交向量可写成 XM，这里对于所有的 i，$M_{ii} \neq 0$，而对于所有的 $i > j$，$M_{ij} = 0$，即 M 是上三角的，并且 M 是可逆的.

令 S 为上面讨论的具体的 $n \times p$ 矩阵，其上面 p 行为 $p \times p$ 单位矩阵，而下面 $n - p$ 行都是 0. 则有一个 $n \times n$ 正交矩阵 R，使得 $RXM = S$. 为得到 R，取 $p \times n$ 矩阵 $(XM)'$，它的行是正交的，加上 $n - p$ 行到 $(XM)'$，一次一行，使得结果的矩阵是正交的. 更详细些，令 Q 为 $(n-p) \times n$ 矩阵，包含附加的行，这样，R 是把 Q 放到 $(XM)'$ 下面的"分块矩阵"：

$$R = \begin{bmatrix} (XM)' \\ Q \end{bmatrix}.$$

R 的行被构造成正交的. 因此

$$Q[(XM)']' = QXM = 0_{(n-p) \times p}.$$

XM 的列是正交的，因此 $(XM)' XM = I_{p \times p}$. 如所要求的，现在有

$$RXM = \begin{bmatrix} (XM)' \\ Q \end{bmatrix} XM = \begin{bmatrix} (XM)'XM \\ QXM \end{bmatrix} = \begin{bmatrix} I_{p \times p} \\ 0_{(n-p) \times p} \end{bmatrix} = S.$$

考虑变换了的回归模型 $(RY) = (RXM)\gamma + \delta$，这里 $\gamma = M^{-1}\beta$，$\delta = R\varepsilon$. 那些 δ_i 为 IID $N(0, \sigma^2)$；参看练习 3E2. 令 $\hat{\gamma}$ 为变换后模型的 OLS 估计，令 $f = RY - (RXM)\hat{\gamma}$ 为残差. 定理的特殊情况应用于变换的模型.

你能够验证 $\hat{\beta} = M\hat{\gamma}$. 因此 $\hat{\beta}$ 为所要求的多元正态的（3.5节）. $\hat{\beta}$ 的协方差矩阵能从定理 4.3 得到. 但是，这里有一个直接的论证：$\mathrm{cov}(\hat{\beta}) = M \mathrm{cov}(\hat{\gamma}) M' = \sigma^2 MM'$. 我们断言 $MM' = (X'X)^{-1}$. 事实上，$RXM = S$，因此 $XM = R'S$. 那么，$M'X'XM = S'RR'S = S'S = I_{p \times p}$. 左乘 M'^{-1}，右乘 M^{-1}，以得到 $X'X = M'^{-1}M^{-1} = (MM')^{-1}$. 对这个方程求逆，得到所要的 $(X'X)^{-1} = MM'$.

对于残差，$e = R^{-1}f$，这里 f 是变换后模型的残差向量. 但是 $R^{-1} = R'$ 为正交的，因此 $\|e\|^2 = \|f\|^2 \sim \sigma^2 \chi^2_{n-p}$；参见练习 3D3. 独立性是最后的问题. 在我们主要的特殊情况下，$f \perp \hat{\gamma}$. 于是 $R^{-1}f \perp M\hat{\gamma}$，即 $e \perp \hat{\beta}$. 这就完成了定理 2 的证明概要.

假定放弃正态性假定，仅仅要求 ε_i 独立同分布，有均值 0 和有穷方差 σ^2. 如果 n 比 p 大很多，而且设计矩阵不是太奇特，那么，感谢中心极限定理，$\hat{\beta}$ 将接近正态. 再者，$\|e\|^2/(n-p) \doteq \sigma^2$. 双边 t 检验的观测的显著性水平（observed significant level），即 P 值，将基本上是 $\pm \hat{\beta}_k / \widehat{\mathrm{SE}}$ 之外正态曲线下的面积. 然而，没有正态性假定，很难谈论 $\sqrt{n}\{[\|e\|^2/(n-p)] - \sigma^2\}$ 的渐近大小；这依赖于 $E(\varepsilon_i^4)$.

统计显著

如果 $P < 10\%$，则 $\hat{\beta}_k$ 在 10% 的水平统计显著，或称为勉强显著（barely significant）. 如果 $P < 5\%$，则 $\hat{\beta}_k$ 在 5% 的水平统计显著，或称为统计显著（statistically significant）. 如果 $P < 1\%$，则 $\hat{\beta}_k$ 在 1% 的水平统计显著，或称为高度显著（highly significant）. 当 $n-p$ 很大时，对于双边 t 检验相应的临界值为 1.64，1.96，2.58. 如果 $\hat{\beta}_j$ 和 $\hat{\beta}_k$ 两个都统计显著，那么称相应的解释变量对 Y 有独立的效应（independent effect）：和统计独立无关.

统计显著性仅仅稍好于技术行话. 然而，多年来该行话得到非常不该得到的巨大的情绪上的力量. 更多的讨论参看 Freedman-Pisani-Purves(2007，第 29 章).

练习组 D

1. 有一个 OLS 模型，$p=1$，X 为一列 1. 求 $\hat{\beta}$ 和 $\hat{\sigma}^2$，用 Y 和 n 来表示. 如果误差是 IID $N(0, \sigma^2)$ 分布，求 $\hat{\beta} - \beta$，$\hat{\sigma}^2$，$\sqrt{n}(\hat{\beta} - \beta)/\hat{\sigma}$ 的分布. 提示：看练习 3B16.

2. Lei 是一个社会学的博士生. 她有一个回归方程 $Y_i = a + bX_i + Z_i\gamma + \varepsilon_i$. 这里，$X_i$ 是一个数量，而 Z_i 为 1×5 的控制变量的向量，γ 是 5×1 的参数向量. 她的理论是 $b \neq 0$. 她愿意假定 ε_i 为 IID $N(0, \sigma^2)$，独立于 X 和 Z. 用 OLS 拟合该方程到数据，$i = 1, \cdots, 57$，她得到 $\hat{b} = 3.79$，$\widehat{\mathrm{SE}} = 1.88$. 下面论述是对还是错，并解释.

   (a) 检验零假设 $b=0$ 时，有 $t \doteq 2.02$.（提醒：带点的等号意味着"约等于"）
   (b) $\hat{b}$ 是统计显著.

(c) $\hat{b}$ 是高度显著.
(d) $b \neq 0$ 的概率大约是 95%.
(e) $b \neq 0$ 的概率大约是 5%.
(f) 如果模型正确而且 $b=0$,则有大约 5% 的机会得到 $|\hat{b}/\widehat{\mathrm{SE}}|>2$.
(g) 如果模型正确而且 $b=0$,则有大约 95% 的机会得到 $|\hat{b}/\widehat{\mathrm{SE}}|<2$.
(h) 对 $b \neq 0$,Lei 能有约 95% 的信心.
(i) 检验表明模型是对的.
(j) 检验假定模型是对的.
(k) 如果模型是对的,检验给出某些 $b \neq 0$ 的证据.

3. 一位科学哲学家写道

"假定我们抛一个公平的硬币 10 000 次,前 5 000 次在红色光下面进行,而后 5 000 次在绿色光下面进行. 光线的颜色并不影响硬币. 然而,我们将期待'在红光和绿光下刚好有同样多的正面出现'的统计零假设很可能不对. 总是有随机起伏使得该统计零假设为假."

该零假设设立得对吗? 简单解释.

4. 一位考古学家拟合一个回归模型,以 $P<0.005$ 拒绝了 $\beta_2=0$ 的零假设. 对还是错,并给出解释:
(a) β_2 一定很大.
(b) $\hat{\beta}_2$ 一定很大.

5.7 F 检验

现在考虑 OLS 模型 (1). 设计矩阵 X 满秩,秩为 $p<n$. ε_i 为独立 $N(0, \sigma^2)$,而且有 $\varepsilon \perp\!\!\!\perp X$. 以 X 为条件. 假定 $p_0 \geq 1$, $p_0 \leq p$. 要检验零假设:最后 p_0 个 β_i 等于 0,即对于 $i=p-p_0+1, \cdots, p$, $\beta_i=0$. 备择假设为:$i=p-p_0+1, \cdots, p$ 中至少有一个 i 使得 $\beta_i \neq 0$. 通常的检验统计量称为 F,以对 R. A. Fisher 爵士表示尊敬. 为定义 F,需要拟合一个(包括 X 所有列的)全模型和一个较小的模型.

(A) 首先,拟合一个全模型. 令 $\hat{\beta}$ 为 OLS 估计,e 为残差向量.
(B) 其次,拟合一个较小的模型,它满足零假设:对 $i=p-p_0+1, \cdots, p$, $\beta_i=0$. 令 $\hat{\beta}^{(s)}$ 为较小模型的 OLS 估计.

事实上,小模型刚好放弃了 X 的最后 p_0 列,因此 $\hat{\beta}^{(s)}$ 为 $(p-p_0) \times 1$ 向量. 或者考虑 $\hat{\beta}^{(s)}$ 为最后 p_0 个元素为 0 的 $p \times 1$ 向量. 检验统计量为

$$F = \frac{(\|X\hat{\beta}\|^2 - \|X\hat{\beta}^{(s)}\|^2)/p_0}{\|e\|^2/(n-p)}. \tag{16}$$

例 3 考虑回归模型

$$Y_i = a + bu_i + cv_i + dw_i + fz_i + \varepsilon_i, \quad i=1, \cdots, 72.$$

(系数从 d 跳到 f,因为 e 用作大模型的残差向量.) 这里 u, v, w, z 仅仅是数据,设计矩阵

满秩. ε_i 为 IID $N(0, \sigma^2)$. 共有 72 个数据点, β 有 5 个成分:

$$\beta = \begin{pmatrix} a \\ b \\ c \\ d \\ f \end{pmatrix}.$$

因此 $n=72$, $p=5$. 想要检验零假设: $d=f=0$. 这样, $p_0=2$, $p-p_0=3$. 零假设没有管前三个参数, 但强迫最后两个为 0. 小模型刚好从方程中删去了 w 和 z, 剩下 $Y_i = a+bu_i+cv_i+\varepsilon_i, i=1,\cdots,72$.

换一种描述方式, 大模型的设计矩阵有 5 列. 第一列是关于截距的, 全是 1. 还有为 u, v, w, z 的列. 小模型的设计矩阵仅有 3 列. 第一列全是 1. 还有关于 u 和 v 的列. 小模型抛弃了关于 w 和 z 的列. 这是因为零假设 $d=f=0$. 零假设不允许还有为 w 和 z 的列进入方程. 用较小的设计矩阵计算 $X\hat{\beta}^{(s)}$, 或者, 如果你愿意, 也可用原来的设计矩阵计算, 用两个 0 把 $\hat{\beta}^{(s)}$ 加长.

定理 3 如果误差为独立 $N(0, \sigma)$, 在零假设下,
$$\|X\hat{\beta}\|^2 - \|X\hat{\beta}^{(s)}\|^2 \sim U, \quad \|e\|^2 \sim V, \quad F \sim \frac{U/p_0}{V/(n-p)},$$
这里 $U \perp\!\!\!\perp V$, $U \sim \sigma^2 \chi^2_{p_0}$, $V \sim \sigma^2 \chi^2_{n-p}$.

对符号的提醒: p_0 是限制为 0 的参数个数, 而 $\hat{\beta}^{(s)}$ 为对其他参数的估计. 在零假设下的 F 分布为 Fisher F 分布, 有 p_0 个分子中的自由度和 $n-p$ 个分母中的自由度. σ^2 削掉了. 当 F 大时, 比如 $F>4$, 拒绝零假设. 对于在固定水平的检验, 临界值依赖于分子和父母中的自由度.

这个定理像定理 2 那样证明, 细节超出本书的讨论范围. 直观上, 如果零假设是对的, 分子和分母都估计 σ^2, 因此 F 应该约等于 1. 该定理适用于任意 p_0 个 β; 利用最后 p_0 个则简化记号. 如果 p_0 和 p 是固定的, 而 n 变得很大, 而且设计矩阵较规矩, 正态性假定就不那么重要. 如果 p_0, p 和 $n-p$ 很小, 正态性可能是个问题. 关于 t 检验和 F 检验的认真(研究生水平)处理和有关的理论可以参看 Lehmann(1991ab). 还可参看本书后实验 5 后面的评论.

应用中的"那种" F 检验

在杂志文章中, 典型的回归方程有一个截距和若干解释变量. 回归输出将通常包含 F 检验, 有 $p-1$ 个分子中的自由度和 $n-p$ 个分母中的自由度. 并不叙述零假设. 忽略的零假设为除了截距之外, 所有的系数都为零.

如果 F 为显著的, 常常被认为是验证了模型. 错了. F 检验把模型看成是给定的. 显著仅仅意味着这一点: 如果模型是对的, 而且系数是 0, 则不大可能得到这样大的 F 统计量. 局部来说, 有三个可能. (i) 不可能的事件发生. (ii) 模型是对的而且某些系数不为 0. (iii) 或者模型是错误的. 怎么样?

多元回归：特别主题

📖 练习组 E

1. 假定 $U_i = \alpha + \delta_i, i = 1, \cdots, n. \delta_i$ 是独立 $N(0, \sigma^2)$. 参数 α, σ^2 未知. 你将如何检验零假设 $\alpha = 0$ 对备择假设 $\alpha \neq 0$.

2. 假定 U_i 独立 $N(\alpha, \sigma^2), i = 1, \cdots, n$. 参数 α, σ^2 未知. 你将如何检验零假设 $\alpha = 0$ 对备择假设 $\alpha \neq 0$.

3. 练习 1 中，如果 δ_i 为 IID，有均值 0，但不是正态分布的，将会发生什么？如果 n 很小呢？很大呢？

4. 在 Yule 模型 (1.1) 中，你将如何检验零假设 $c = d = 0$ 对备择假设 $c \neq 0$ 或 $d \neq 0$？要讲清楚．比如，你能够用都市区会，1871—1881 时段．需要对方程中误差做什么假定？（看书后实验 6）

5. 有另外一种方式确定 F 统计量的分子．令 $e^{(s)}$ 为来自小模型的残差向量．表明
$$\|X\hat{\beta}\|^2 - \|X\hat{\beta}^{(s)}\|^2 = \|e^{(s)}\|^2 - \|e\|^2.$$
提示：$\|X\hat{\beta}^{(s)}\|^2 + \|e^{(s)}\|^2$ 是什么？

6. （难题）Georgia 利用 OLS 拟合一个有截距的回归方程，并且计算了 R^2. Georgia 希望检验零假设：除了截距之外的所有系数为 0. 她能从 R^2，n 和 p 计算 F 吗？如果能，公式是什么？如果不能，为什么不能？

5.8 数据窥视

检验的目的在于帮助区别真实的效应和机会造成的变化．人们有时急于做出一个用随机变化无法解释的统计显著结论．然而即使零假设是对的，也有 5% 的机会得到"统计显著"的结论，有 1% 的机会得到"高度显著"的结论．研究人员做 100 次检验，即使零假设在每次都是对的，也可以期望得到 5 次"统计显著"的结果及 1 次"高度显著"的结果．

研究人员经常仅仅在他们研究了数据之后才决定做什么样的检验．统计学家称之为*数据窥视* (data snooping). 为了避免被统计的人造物所迷惑，最好在出现"统计显著"之前知道要做多少次检验．这样的信息很少被报告．

重复研究甚至会更有用，因此统计分析能够在一组独立数据上重复．这在物理和医疗卫生领域上很常见，但很少应用在社会科学上．一个较容易的选择是交叉验证 (cross validation)：你暂时搁置一半数据，等到决定拟合哪个模型时再用它．这不如真正的重复，但比没有要好．交叉验证在一些领域是标准做法，在其他一些领域则不是．

研究人员常常筛选出显著变量，并在发表他们的模型之前重新拟合其模型．这种数据窥视对于 P 值有什么影响呢？

例 4 假定 Y 包含 100 个独立随机变量，每个为 $N(0, 1)$. 这是纯粹的噪声．设计矩阵 X 为 100×50. 所有变量都是独立 $N(0, 1)$. 这是更多的噪声．我们把 Y 在 X 上回归．虽然我们可以期望 R^2 为大约 $50/100 = 0.5$，但没有什么好报告的．（这是根据定理 3，$n = 100$，$p_0 = p = 50$，因此 $\hat{\beta}^{(s)} = 0_{50 \times 1}$.）

但是现在，假定我们在 10% 的水平上对 50 个系数中的每一个做检验，并且仅仅保留"显

著"的变量. 将有大约 $50\times 0.1=5$ 保留者. 如果我们仅仅对这些保留者做回归, 并悄悄地把其他丢掉, 我们很可能得到一个按照社会科学的标准很像样的 R^2 以及一个耀眼的 t 统计量. 例如, 一个模拟是在 50 个 X 中得到 5 个保留者. 在 Y 对这些保留者做回归时, R^2 是 0.2, t 统计量是 $-1.037, 3.637, 3.668, -3.383, -2.536$.

这仅仅是一个模拟. 这个数据集可能是例外吗? 你自己试试. 有一点很关键. 保留者数目的期望值是 5, 但 SD 大于 3, 因此有很多变化. 较多的保留者很可能使 R^2 变得更好, 较少的保留者使得 R^2 变坏. 有一个小的机会完全不会有保留者, 在这种情况下, 再试试.

没有截距的 R^2. 如果回归方程中没有截距, R^2 定义为

$$\|\hat{Y}\|^2 / \|Y\|^2. \tag{17}$$

练习组 F

1. 保留者的列数目不是二项分布. 为什么不是?
2. 在一个没有截距的回归方程中, 表明 $1-R^2 = \|e\|^2/\|Y\|^2$, 这里 $e=Y-\hat{Y}$ 为残差向量.

5.9 供讨论的问题

这里的有些问题覆盖前面几章的内容.

1. 假定对于 $i=1, 2, 3$, X_i 为独立正态随机变量, 方差为 1, 均值分别为 $\alpha+\beta$, $\alpha+2\beta$, $2\alpha+\beta$. 你如何估计 α 和 β?
2. 类似于 t 检验, F 检验为了论证某些东西而假定了某些东西. 什么是需要假定的, 什么是能够论证的? 利用 F 来检验模型本身的限度是什么? 简单讨论.
3. 假定 $Y=X\beta+\varepsilon$, 这里
   (ⅰ) X 为 $n\times p$, 秩为 p,
   (ⅱ) $E(\varepsilon|X)=\gamma$ 为一个非随机 $n\times 1$ 向量,
   (ⅲ) $\mathrm{cov}(\varepsilon|X)=G$ 为一个非随机正定 $n\times n$ 矩阵.
   令 $\hat{\beta}=(X'X)^{-1}X'Y$. 下面的结论是对还是错, 并且解释:
   (a) $E(\hat{\beta}|X)=\beta$.
   (b) $\mathrm{cov}(\hat{\beta}|X)=\sigma^2(X'X)^{-1}$.
   在 (a) 中, $\gamma \perp X$ 的例外情况应该分别讨论.
4. (问题 3 的延续.) 假定 $p>1$, X 的第一列全是 1, 而且 $\gamma_1=\cdots=\gamma_n$.
   (a) 给定 X, $\hat{\beta}_1$ 是有偏的还是无偏的?
   (b) $\hat{\beta}_2$ 呢?
5. 假定 $Y=X\beta+\varepsilon$, 这里
   (ⅰ) X 是固定非随机的 $n\times p$, 秩为 p, 并且
   (ⅱ) ε_i 为 IID, 有均值 0 和方差 σ^2, 但是
   (ⅲ) ε_i 不一定是正态的.
   令 $\hat{\beta}=(X'X)^{-1}X'Y$. 对还是错, 并解释:

(a) $E(\hat{\beta}) = \beta$.
(b) $\mathrm{cov}(\hat{\beta}) = \sigma^2 (X'X)^{-1}$.
(c) 如果 $n=100$ 而且 $p=6$，可能用 t 检验也行.
(d) 如果 $n=100$ 而且 $p=96$，可能用 t 检验也行.

6. 假定 $X_1, X_2, \cdots, X_n, \delta_1, \delta_2, \cdots, \delta_n$ 为独立 $N(0,1)$ 变量，而且 $Y_i = X_i^2 - 1 + \delta_i$. 然而，Julia 回归 Y_i 到 X_i. 在 X_i 和 Y_i 之间的关系上她会做出什么结论?

7. 假定 U 和 $V_1, \cdots, V_n$ 为 IID $N(0,1)$ 变量，μ 为实数. 令 $X_i = \mu + U + V_i$. 令 $\overline{X} = n^{-1} \sum_{i=1}^{n} X_i$, $s^2 = (n-1)^{-1} \sum_{i=1}^{n} (X_i - \overline{X})^2$.
   (a) X_i 的分布是什么?
   (b) 那些 X_i 有共同的分布吗?
   (c) 那些 X_i 独立吗?
   (d) $\overline{X}$ 的分布是什么? s^2 呢?
   (e) 是否有 68% 的机会使得 $|\overline{X} - \mu| < s/\sqrt{n}$?

8. 假定 X_i 为 $N(\mu, \sigma^2)$, $i=1, \cdots, n$, 这里 n 很大. 我们用 $\overline{X}$ 来估计 μ. 下面的结论是对还是错，并且解释:
   (a) 如果 X_i 为独立的，那么 $\overline{X}$ 将在 μ 附近，差大约为 $s/\sqrt{n}$, 而 $|\overline{X} - \mu| < s/\sqrt{n}$ 的机会大约是 68%.
   (b) 即使 X_i 不是独立的，那么 $\overline{X}$ 也将在 μ 附近，差大约为 $s/\sqrt{n}$, 而 $|\overline{X} - \mu| < s/\sqrt{n}$ 的机会大约是 68%.

   关于应用问题的含义是什么? 比如，非独立性如何影响你做出关于 μ 的推断的能力? (注: $\overline{X}, s^2$ 定义在问题 7 中.)

9. 假定 X_i 有均值 μ 和方差 σ^2, $i=1, \cdots, n$, 这里 n 很大. 这些随机变量有一个共同的非正态分布. 用 $\overline{X}$ 来估计 μ. 下面的结论是对还是错，并且解释:
   (a) 如果 X_i 为 IID, 那么 $\overline{X}$ 也将在 μ 附近，差大约为 $s/\sqrt{n}$, 而 $|\overline{X} - \mu| < s/\sqrt{n}$ 的机会大约是 68%.
   (b) 即使 X_i 不是独立的，那么 $\overline{X}$ 也将在 μ 附近，差大约为 $s/\sqrt{n}$, 而 $|\overline{X} - \mu| < s/\sqrt{n}$ 的机会大约是 68%.

   关于应用问题的含义是什么? (注: $\overline{X}, s^2$ 定义在问题 7 中.)

10. 讨论如 5.4 节例 2 那样的应用，一位社会科学家说 "一步 GLS 很有问题，因为它仅仅减少了不适合 OLS 模型的观测值的权重."
    (a) 是不是一步 GLS 减少了不适合 OLS 模型的观测值的权重?
    (b) 这是个缺陷还是个特色?
    提示: 看练习 C1~C2.

11. 现在考虑回归模型 $Y = X\beta + \varepsilon$, 做通常的假定. 一个朋友建议加一列 Z 到设计矩阵中. 如果你这样做了，这个变大的矩阵还是满秩. 同意把 Z 加入方程的理由是什么? 反对加入的理由是什么?

12. 一个样本量为 25 的随机样本来自一个均值为 μ 的总体. 样本均值为 105.8, 样本方差为 110. 计算机做出零假设为 $\mu=100$ 的 t 检验. 它不拒绝零假设. 简单评论.

5.10 札记

BLUE. 如果 X 为随机的, OLS 估计量对 Y 是线性的, 但对 X 不是. 而且, 这组无偏估计量比一组条件无偏估计量要大得多. 限制在固定的 X 上要省事得多. 详细讨论参见 Shaffer (1991). 有该定理的更加漂亮的 (虽然可能较难以理解) 矩阵形式, 参看

http://www.stat.berkeley.edu/users/census/GaussMar.pdf

例 1. 这是 GLS 的教科书案例, λ 扮演了 OLS 中 σ^2 的角色. 什么能说明我们对 σ^2 的估计合理? 答案是定理 4.4 在条件 (5.2) 下继续成立, 证明基本上是一样的. 另一方面, 没有更多的假定, 对 $\hat{\beta}_{GLS}$ 的正态近似不大可能成立: 例如, 可参看

http://www.stat.berkeley.edu/users/census/cltortho.pdf

White 关于异方差性的修正. 也称为 "Huber-White 修正". 在给定 X 时用 $(X'X)^{-1}X'\hat{G}X(X'X)^{-1}$ 来估计 $\hat{\beta}_{OLS}$ 的协方差看上去是很自然的, 这里, $e=Y-X\hat{\beta}_{OLS}$ 为残差向量, 而 $\hat{G}_{ij}=e_i e_j$; 看 (8). 然而, $e \perp X$. 这样 $X'e=e'X=0$, 而且假定的矩阵恒等于 0. 另一方面, 如果 ε_i 假定为独立的, $\hat{G}$ 的非对角线元素将被设为 0. 这通常可行, 虽然变量 $\hat{G}_{ii}$ 可能使得 t 统计量令人惊讶地不像 t 分布 (看第 8 章的注). 如果不独立, 可以试试光滑. 关键的文献为 White (1980).

固定效应模型. 现在广泛使用的是 "随机效应模型" (这里对象被当成来自某些超级总体的随机样本). 描述了该方法优缺点的一个固定效应模型的例子为 Grogger(1995).

关于 t 和 F 的渐近性质. 看第 4 章的结尾札记及

http://www.stat.berkeley.edu/users/census/Ftest.pdf

数据窥视. 将 5.8 节所讨论的模拟再进行 1 000 次. 有 19 次没有保留者. 不然, 模拟给出了总共 5 213 个 t 统计量, 它们的分布显示在下面的直方图中. 一点点的数据窥视的路是漫长的: 在对保留者列的回归中, 使得 $|t|>2$ 的 t 统计量是经常的, 而不是例外. 如果我们在模型中加上截距, "这种" F 检验将给出超出的 P 值.

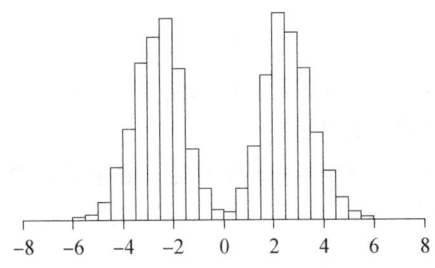

重复是最好的矫正方法 (Ehrenberg and Bound 1993), 但是重复是不寻常的 (Dewald et al 1986, Hubbard et al 1998). 许多课本实际上推荐数据窥视. 比如, 参看 Hosmer and

Lemeshow(2000，pp.95ff)，他们建议在25%水平的初步探查，这将使得R^2和F膨胀到甚至高于我们的例子. 对于这个陷阱的经验显示，参看 Austin et al(2006).

对于例4中$R^2 \doteq 0.5$的非正式论证. 如果Y是独立$N(0,1)$变量的一个n向量，把它投影到维数分别为p和q的两个正交的线性空间上，则投影的平方长度是独立的χ^2变量，分别有p和q个自由度. 从几何上，这能够如下理解：为两个空间各选一个基. 旋转R^n使得两个线性空间的基向量成为单位向量，

$$u_1, \cdots, u_p$$

及

$$u_{p+1}, \cdots, u_{p+q},$$

这里

$$u_1 = (1,0,0,0,\cdots), \quad u_2 = (0,1,0,0,\cdots), \quad u_3 = (0,0,1,0,\cdots), \cdots$$

Y的分布不为旋转所改变. 两个投影的平方长度为$Y_1^2+\cdots+Y_p^2$和$Y_{p+1}^2+\cdots+Y_{p+q}^2$.

对于例4中的应用，令$n=100$，$p=q=50$. 以随机设计矩阵X为条件. 第一个线性空间是 cols X. 第二个线性空间包含所有R^{100}中与 cols X 正交的向量. 同样的思想隐藏在定理2的证明背后，那里$p=1$，$q=n-1$，而第一个线性空间是由一列1张成的. 类似的思路证明了定理3. 不幸的是，如果写出来，细节会是非常繁琐的.

多元检验的相关. 在有些情况下，有一些方法是为了控制由多元检验造成的"虚假发现率"；例如，看 Benjamini and Hochberg(1995). 其他一些作者反对为多元检验做任何调整，理由是这种调整会减少势. 这些作者绝不会解释未调整的P值的意义. 例如，看 Rothman (1990) 或 Perneger(1998).

供讨论的问题. 问题3~6关注在回归模型中的假定. 问题7~9重新强调独立性是从内部证据来计算估计精度的关键. 问题10是基于 Beck(2001，pp.276~277). 在问题6中，真正的回归是非线性的：$E(Y_i|X_i)=X_i^2-1$. 线性近似很糟糕. 另一方面，如果$Y_i=X_i^3$，线性近似则一般不错.（如果你想要局部表现，比如在0处，线性近似是一个坏主意，它对大的x也不好，你不应该信任通常关于 SE 的公式.）

我们需要X_i的矩来使得这些主意更加精确（看下面）. X_i^3对X_i的回归等于$3X_i$. 在X_i^3和X_i之间的相关为$3/\sqrt{15}=0.77$. 虽然立方是很强的非线性，它和一个线性函数相关得不错. 虽然有些费事，这些矩能用来得到渐近偏倚和方差的显式. 渐近方差不同于从$X'X$得到的"名义上的"方差. 对于更多的细节，看

http://www.stat.berkeley.edu/users/census/badols.pdf

正态矩. 令Z为$N(0,1)$. Z的奇数矩由于对称性为零. 偶数矩能用递归循环来计算. 分部积分表明$E(Z^{2n+2})=(2n+1)E(Z^{2n})$. 这样

$$E(Z^2)=1, E(Z^4)=3, E(Z^6)=5\times3=15, E(Z^8)=7\times15=105\cdots$$

第 6 章 路径模型

6.1 分层

路径模型（path model）是表示一个回归方程或几个连接的回归方程的图形方式. 这些模型是由遗传学者 Sewell Wright 所发展的，并且经常用于因果推断. 这里将考察一两个例子，然后解释其逻辑，这包含响应方案（response schedule）及在干预下的稳定性（stability under interventions）的思想.

Blau 和 Duncan(1967) 考虑美国的分层过程. 人的地位由家庭背景所决定，并通过学校系统来传送. Blau and Duncan 的第 2 章的数据表明家庭背景变量的确影响地位，但该系统远远不是确定性的. 美国有一个可穿透的社会结构，有许多机会成功或者失败. Blau 和 Duncan 进一步发展了展示在图 1 中的路径模型，以便于回答这一类问题：

"出生条件的环境如何而且以什么程度影响随后的地位？在生命周期的一个阶段（无论是由归属还是由成就）所获得的身份如何影响后面阶段的前景？"[p.164]

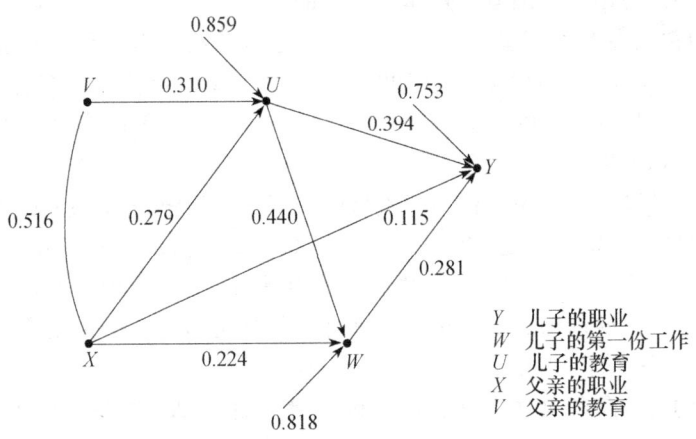

图 1　路径模型. 分层，美国，1962

图中的 5 个变量是儿子的职业、儿子的第一份工作、儿子的教育、父亲的职业和父亲的教育. 数据来自对 1962 年 3 月"目前人口调查"（Current Population Survey）的特殊补充. 回答者是儿子（年龄 20～64），回答关于目前的工作、第一份工作和父母的问题. 有 20 000 个回答者. 教育度量标记为 0 到 8，这里 0 意味着没有上过学，1 意味着 1～4 年教育，……，8 意味着研究生教育. 职业按照 Duncan 的声望尺度（Duncan's prestige scale）来度量，从 0 到 96. 该尺度考虑了收入、教育和工作声望的评价人的观点. 小贩几乎在金字塔的底层，神职人员在中间，法官在最上面.

路径图利用标准化的变量. 在进行回归之前，从每个数据变量减去均值并除以标准差. 在标准化之后，均值为 0，方差为 1，而且变量大多落在 −3 和 3 之间. 表 1 显示了数据的相关矩阵.

表 1　在 Blau 和 Duncan 的路径模型中变量的相关矩阵

	Y 儿子的职业	W 儿子的第一份工作	U 儿子的教育	X 父亲的职业	V 父亲的教育
Y 儿子的职业	1.000	0.541	0.596	0.405	0.322
W 儿子的第一份工作	0.541	1.000	0.538	0.417	0.332
U 儿子的教育	0.596	0.538	1.000	0.438	0.453
X 父亲的职业	0.405	0.417	0.438	1.000	0.516
V 父亲的教育	0.322	0.332	0.453	0.516	1.000

如何读懂图 1 呢？该图可拆成三个回归方程：

$$U = aV + bX + \delta, \tag{1}$$

$$W = cU + dX + \varepsilon, \tag{2}$$

$$Y = eU + fX + gW + \eta. \tag{3}$$

用最小二乘来估计方程．因为变量被标准化了，所以不需要截距．（看练习 C6 关于截距的解释；统计假定将会在 6.5 节讨论．）

在图 1 中，从 V 到 U 的箭头意味着因果联系，而 Blau 和 Duncan 把 V 放在解释 U 的回归方程（1）的右边．箭头旁的数字 0.310 为估计的 V 的系数 $\hat{a}$．"自由箭头"（从图外指向 U）上的数字 0.859 为（1）中误差项 δ 的估计的标准差．自由箭头本身代表 δ．

图 1 中其他箭头可以用类似的方式解释．由于图中有三个变量（U, W, Y）被箭头所指，所以这里有三个方程．连接 V 和 X 的曲线表示关联而不是因果关系：V 和 X 互相影响，或者被某些没有显示在图中的共同的原因所影响．曲线上的数字为 V 和 X 的相关系数（表 1）．

普查局（Blau 和 Duncan 所利用的"目前人口调查"是由普查局指导的）出于保密的考虑，不会公布原始数据．普查局提供了表 1 的相关矩阵．结果表明，相关矩阵就是拟合标准化的方程所需要的全部东西．现在描述方程（1）的过程，能够写成矩阵形式

$$U = M \begin{bmatrix} a \\ b \end{bmatrix} + \delta, \tag{4}$$

这里 U 和 δ 为 $n \times 1$ 向量，而 M 为 $n \times 2$ "分块矩阵"：

$$M = [V \; X].$$

换句话说，设计矩阵对每个对象有一行，变量 V 为第一列，X 为第二列．开始，父亲的教育范围从 0 到 8．在标准化之后，有均值 0 和方差 1，V 的值（除了极少例外）都在 -3 到 3 之间．类似地，父亲的职业范围一开始是 0 到 96，但 X 的值都在 -3 到 3 之间．代数上，标准化意味着

$$\frac{1}{n}\sum_{i=1}^{n} V_i = 0, \quad \frac{1}{n}\sum_{i=1}^{n} V_i^2 = 1. \tag{5}$$

对于 X 和 U 也类似．特别地，

$$r_{VX} = \frac{1}{n}\sum_{i=1}^{n} V_i X_i \tag{6}$$

为 V 和 X 之间的数据相关水平，它是对响应者 $i = 1, \cdots, n$ 计算的．参看方程（2.4）．

总结一下记号，样本量 n 大约为 20 000．V_i 为第 i 个响应者父亲的标准化的教育．X_i 是父亲的职业，按照 Duncan 的声望尺度从 0 到 96 的记分再标准化．因此，

$$M'M = \begin{pmatrix} \sum_{i=1}^{n} V_i^2 & \sum_{i=1}^{n} V_i X_i \\ \sum_{i=1}^{n} V_i X_i & \sum_{i=1}^{n} X_i^2 \end{pmatrix} = n \begin{pmatrix} 1 & r_{VX} \\ r_{VX} & 1 \end{pmatrix} = n \begin{pmatrix} 1.000 & 0.516 \\ 0.516 & 1.000 \end{pmatrix}.$$

(你能够在表 1 中找到 0.516.) 类似地,

$$M'U = \begin{pmatrix} \sum_{i=1}^{n} V_i U_i \\ \sum_{i=1}^{n} X_i U_i \end{pmatrix} = n \begin{pmatrix} r_{VU} \\ r_{XU} \end{pmatrix} = n \begin{pmatrix} 0.453 \\ 0.438 \end{pmatrix}.$$

现在可以利用方程 (4.6) 来得到 OLS 估计:

$$\begin{pmatrix} \hat{a} \\ \hat{b} \end{pmatrix} = (M'M)^{-1} M'U = \begin{pmatrix} 0.309 \\ 0.278 \end{pmatrix}.$$

这些在第三位小数上和图 1 中的路径系数不同, 可能是由于舍入误差所致.

自由箭头上的数字又如何得到呢? 在回归方程中的残差方差 (residual variance), 即残差的均方, 被用来估计扰动项的方差. 令 $\hat{\sigma}^2$ 为 (1) 中的残差方差. 要推导一个能够解出 $\hat{\sigma}^2$ 的方程. 作为第一步, 令 $\hat{\delta}$ 为由 OLS 拟合 (1) 之后的残差. 那么

$$\begin{aligned} 1 &= \frac{1}{n} \sum_{i=1}^{n} U_i^2 \quad \text{因为 } U \text{ 为标准化的} \\ &= \frac{1}{n} \sum_{i=1}^{n} (\hat{a} V_i + \hat{b} X_i + \hat{\delta}_i)^2 \\ &= \hat{a}^2 \frac{1}{n} \sum_{i=1}^{n} V_i^2 + \hat{b}^2 \frac{1}{n} \sum_{i=1}^{n} X_i^2 + 2\hat{a}\hat{b} \frac{1}{n} \sum_{i=1}^{n} V_i X_i + \frac{1}{n} \sum_{i=1}^{n} \hat{\delta}_i^2. \end{aligned} \tag{7}$$

(7) 中的两个交叉乘积项被删去了, 这是合法的, 由于残差正交于设计矩阵, 因此,

$$2\hat{a} \frac{1}{n} \sum_{i=1}^{n} V_i \hat{\delta}_i = 2\hat{b} \frac{1}{n} \sum_{i=1}^{n} X_i \hat{\delta}_i = 0.$$

由于 V 和 X 为标准化的,

$$\frac{1}{n} \sum_{i=1}^{n} V_i^2 = 1, \quad \frac{1}{n} \sum_{i=1}^{n} X_i^2 = 1, \quad \frac{1}{n} \sum_{i=1}^{n} V_i X_i = r_{VX}.$$

代回 (7). 因为 $\hat{\sigma}^2$ 为残差 $\hat{\delta}$ 的均方,

$$1 = \hat{a}^2 + \hat{b}^2 + 2\hat{a}\hat{b} r_{VX} + \hat{\sigma}^2. \tag{8}$$

方程 (8) 能够解出 $\hat{\sigma}^2$. 取平方根得到 SD. 那些 SD 显示在图 1 的自由箭头上. 对于小的样本, 这不是估计 σ^2 的好方法, 因为它没有考虑自由度. 解决办法应该是用 $n/(n-p)$ 乘 $\hat{\sigma}^2$. 当 $n=20\,000$ 和 $p=3$ 或 4 时, 这就不是问题了. 如果 n 非常小, 在像 (1) 和 (2) 那样的有两个变量的标准化方程中, 对 p 的最好的选择是 3. 在做这些选择的背后, 有一个截距被估计. 这是第三个参数. 在像 (3) 那样的方程中, 有三个变量, 取 $p=4$. 样本量 n 在计算路径系数时消去了, 但计算标准误差时需要它.

图 1 中的大的 SD 表明社会结构的穿透性. (因为变量是标准化的, SD 不能超过 1——看下面练习 4——因此 0.753 是一个大数目.) 即便知道一个人的家庭背景、教育及第一份工作,

其目前工作的社会地位的变差大约是完全样本中变差的 75%. 变差是用 SD 而不是方差来度量的；方差有一个错误的尺度.

大的 SD 是对于马克思主义者论证的一个好回答，Blau and Duncan(1967，第 2 章) 的数据分析也是一样. 然而，作为社会物理学，图 1 留下一些疑问. 为什么线性？为什么对每个人系数相同？诸如智力或动机这样的变量呢？母亲在哪里？

现在，回到标准化. 标准化在下面情况下可能是明智的：(ⅰ) 单位仅仅在相对关系上有意义（比如声望点数），(ⅱ) 单位的意义随着时间改变（比如教育年限），而相关是稳定的.

如果课题是找到在干预下稳定的自然规律，那么标准化可能是个坏主意，因为估计的参数可能依赖于研究设计的不相关的细节（见 6.2 节）. 一般来说，在标准化的情况下，干预的想法会使得问题更加不清晰. 当个别值被操纵时，很难保持标准差为常数. 如果 SD 也改变，什么应该是不变的？为什么？（操纵 (manipulation) 意味着干预，如在实验中那样，研究人员把一个变量设为某个值：这里不含有不公正的意思.）

对于描述统计量，当手上仅有一个数据集时，标准化是个喜好性的问题：你喜欢磅、千克还是标准单位？在标准化之后，所有单位都应该在尺度上类似，这使得比较回归系数要容易些. 这可能是社会科学家喜欢标准化的理由吧.

术语有些奇特. "标准化回归系数"就是拟合方程到标准化变量所得的系数. 类似地，"非标准化回归系数"来自拟合方程到"原始"非标准化变量. 不是系数而是变量被标准化.

练习组 A

1. 拟合图 1 的方程，求 SD(参考书后面的实验 8)
2. 方程 (1) 中的 a 是参数还是估计值？表 1 中的 0.322 呢？图 1 中的 0.310 呢？图 1 中的 0.753 如何与方程 (3) 相联系？
3. 判断对或错，并解释：在拟合 (1) 之后，残差的均方等于它们的方差.
4. 证明：如果变量被标准化了，在路径图中的 SD 不能超过 1.
5. 当考虑到图 1 所说的社会系统的穿透性时，是应该用 SD 还是用方差来度量变差？为什么？
6. 在图 1 中，为什么没有从 V 到 W，或者从 V 到 Y 的箭头？原则上，从 Y 到 U 能有箭头吗？
7. 方程 (3) 忽略了什么重要变量？
8. 在图 1 中，教育变量取值 $0, 1, \cdots, 8$. 这对于 (1) 中的线性性有任何含义吗？如果教育变量仅仅取值 $0, 1, 2, 3, 4$ 呢？如果教育变量仅取 0 和 1 呢？

6.2 再看胡克定律

按照胡克定律（2.3 节），如果重量 x 挂在一个弹簧上，而且 x 不太大，弹簧的长度为 $a + bx + \varepsilon$. （接近弹性限度时，物理将会更复杂.）在这个方程中，a 和 b 是物理常数，依赖于弹簧而不是重量. 参数 a 是没有载荷时弹簧的长度. 参数 b 为每加上单位重量时弹簧增加的长度. ε 是随机度量误差，如通常所假定的.

如果做标准化，那么至关紧要的斜率参数将依赖于重量，也依赖于用来度量弹簧长度的设备的精度. 为了看到这一点，令 $v > 0$ 为用于实验的重量的方差. 令 σ^2 为 ε 的方差. 令 s^2 为残

差的均方（用 n 而不是 $n-p$ 来标准化）. 由下面练习 2, 标准化回归系数为

$$\hat{b}\sqrt{\frac{v}{\hat{b}^2 v + s^2}} \doteq b\sqrt{\frac{v}{b^2 v + \sigma^2}}. \tag{9}$$

带点的等号意味着"约等于".

标准化回归系数告诉我们依赖于 v 和 σ^2 的一个参数，即（9）的右边. 但是 v 和 σ^2 是度量过程的特性，而不是弹簧的特性. 我们想要估计的参数是 b，它告诉我们当载荷被操纵时弹簧如何反应. 未标准化的 $\hat{b}$ 是令人愉快的，标准化的 $\hat{b}$ 会产生误导. 更一般地，如果一个回归系数在干预下是稳定的，那么标准化不是好主意，在搅动中稳定性就失去了. 这就是（9）所表明的.

仅仅当有很好的理由时才去标准化系数.

练习组 B

1. 方程（9）中的 v 是一个数据变量的方差还是一个随机变量的方差? σ^2 呢?

2. 验证方程（9）的左边是标准化的斜率. 提示: 算出重量和长度之间的相关系数.

3. 如果 $\sigma^2 \doteq 0$，（9）受到什么影响? 这将告诉我们关于弹簧和重量的什么信息?

6.3 麦卡锡时代的政治回归

Gibson(1988) 论述了麦卡锡主义(McCarthyism) 出现在美国的原因.

镇压是源于庶民还是精英? Gibson 论证说精英的不能容忍是根源. 他的主要经验证据是图 2 中的路径图，这是按照该论文重新画的. 分析的单位为州. 因变量为在每个州镇压立法的一个度量（该论文的表 1 和注 4）. 自变量为每个州的平均容忍度得分，摘自"Stouffer 关于庶民和精英的调查"（该论文的表 A1 和注 8）. "庶民"为在总体的一个概率样本中的通常百姓. "精英"包括学校董事长、美国退伍军人协会司令官、律师协会主席和工会官员，摘自中等城市的社区领袖表（Stoffer 1955, pp.17-19）.

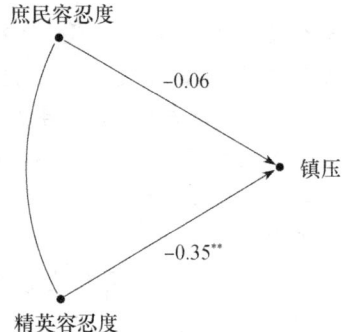

可得的数据关于庶民的有 36 个州，而关于精英的有 26 个州. Gibson 从可得的数据计算了相关，然后估计了标准回归方程. 他说:

图 2 路径模型. 麦卡锡主义的原因. 指向镇压的自由箭头没有显示

> "一般来说，看来是精英而不是庶民应该为这个时代的镇压负责……关于庶民观点的 β 为 -0.06，关于精英观点的为 -0.35（在 0.01 以上为显著）."

他的关于立法机构得分的方程为

$$\text{镇压} = \beta_1 \text{庶民容忍度} + \beta_2 \text{精英容忍度} + \delta. \tag{10}$$

变量被标准化了. 图 2 中的两个直箭头代表因果连接: 庶民和精英的容忍度影响镇压. 估计的系数为 $\hat{\beta}_1 = -0.06, \hat{\beta}_2 = -0.35$. 图 2 中的曲线代表庶民和精英容忍度得分之间的关联. 每个

都能够影响另一个，或者两者都有共同的原因．关联不在图中分析．

Gibson 一直关注一个有趣的定性问题：是庶民还是精英应为麦卡锡主义负责？为了用回归来解决这个问题，他必须量化每一件事，包括容忍度、镇压、因果效应及统计显著性．该量化是有问题的．再有，作为社会物理学，路径模型是很弱的．太多的关键问题悬而未定．什么干预被考虑了？系统里有其他变量吗？为什么关系是线性的？例如，除了符号之外，为什么容忍度增加一个单位和减少一个单位对镇压有同样的效应？为什么系数对所有的州都一样？为什么各州统计上独立？这样的问题在文章中没有涉及．（在这方面，这篇文章并不是唯一的．）

在 1950 年，麦卡锡做了攻击美国国务院的讲话，并成为全国一股政治势力．1954 年在陆军-麦卡锡听证会上的公开羞辱成为转折点．1957 年参议院对他做出了公开谴责．Gobson 对镇压立法的打分覆盖了 1945—1965 年期间，远在麦卡锡成为问题之前，而且又在事情过去之后很久（文章的注 4）．Stouffer 的调查是在 1954 年做的，那时麦卡锡时代正在结束．时间表并不一致．

即便不理会这些，而且允许 Gibson 的统计假定，还有一个大问题．Gibson 发现 $\hat\beta_2$ 是显著的，而 $\hat\beta_1$ 是不显著的．但这并未施加太多的约束到差 $\hat\beta_2 - \hat\beta_1$．关于这个差的标准误差可以从该文章的数据算出来（下面练习 4）．这个区别并不显著．因为 $\beta_2 = \beta_1$ 是一个可实行的零假设，数据并不足以把精英从庶民区分出来．

拟合方法也值得注意．Gibson 利用 GLS 而不是 OLS，因为他"不能假定观测值的方差是相等的"；作为替代，他"按照州内回答者的数目的平方根来加权"（该文章的注 9）．这把 Y_i 的方差和 X_i 的方差混淆了．当观测值独立而 $\text{var}(Y_i|X)$ 对于不同的 i 而不相同时，$\hat\beta$ 应该被选来（练习 5C2）使得下式最小：

$$\sum_i (Y_i - X_i \hat\beta)^2 \text{var}(Y_i|X).$$

Gibson 的 Y_i 是镇压得分．Y_i 的方差和 Stouffer 的调查没有关系．因此，用 Stouffer 调查的回答者数目对回归加权没有什么意义．回答者的数目影响 X_i 的方差，而不是 Y_i 的方差．

练习组 C

1. 在图 2 中，-0.35 是参数还是估计？它和方程（10）有什么关系？
2. 在庶民和精英的容忍度得分之间的相关为 0.52；在庶民容忍度得分和镇压得分之间的相关系数为 -0.26；在精英容忍度得分和镇压得分之间的相关系数为 -0.42．计算图 2 中的路径系数．

注意．练习 2～4 可以用计算器来做，但用计算机要容易些：看书后面实验 9 及练习 4B14．表面看来，Gibson 利用了加权回归；练习 2～4 并不包含加权．但请看 http://www.stat.berkeley.edu/users/census/repgibson.pdf.

3. 对方程（10）中 δ 的 SD 做估计．你可以假定相关是基于 36 个州的，但你需要确定 p 是 2 还是 3．（从正文中找到 Gibson 样本量．）
4. 求路径系数的 SE 及它们的差．
5. 镇压得分是粗笨的：得分从 0 到 3.5，步长为 0.5（该文章的表 1）．这使得线性的假定更有道理还是更没有道理?

6. 假定做 Y 到 U 和 V 上的回归,得到
$$Y = \hat{a} + \hat{b}U + \hat{c}V + e,$$
这里 e 为残差向量. 用非标准化系数和 U, V, Y 的样本方差来表示标准化系数.

6.4 用回归对因果关系做推断

用回归做因果推断的关键在于响应方案 (response schedule). 这是一个新的想法,而且是复杂的. 先用数学例子来说明"位置占有者"的思想. 用下面方程定义对数:
$$\log x = \int_1^x \frac{1}{z} \mathrm{d}z, \quad 0 < x < \infty. \tag{11}$$

符号 ∞ 表示"无穷". 但是 x 是什么? 没什么. 它是一个位置占有者. 你能够把 (11) 中的 x 改成 u 而不会改变内容,即不改变方程两边的相等. 类似地, z 是积分内的位置占有者. 你可以把两个 z 改成 v 而不会改变积分的值. (数学家把位置占有者称为"哑变量",但统计学家的哑变量有不同的意义: 下面第 6 节.)

现在取更接近于回归的例子——胡克定律 (6.2 节). 假定要在一个弹簧上挂些重量. 对此进行 n 次,用索引 $i = 1, \cdots, n$ 表示. 固定一个 i. 如果在第 i 次把重量 x 加到弹簧上,物理学家向我们保证弹簧长度将为
$$Y_{i,x} = 439 + 0.05x + \varepsilon_i. \tag{12}$$

如果放一个 5 个单位的重量到该弹簧,长度将是 $439 + 0.05 \times 5 + \varepsilon_i = 439.25 + \varepsilon_i$. 而如果放一个 6 个单位的重量到该弹簧,长度将是 $439.30 + \varepsilon_i$. x 每增加一单位使得弹簧变长 0.05 个单位,因果关系就明显了. 随机扰动项 ε_i 代表了测量误差. 对于 $i = 1, \cdots, n$,这些随机误差为 IID,有均值 0 及已知方差 σ^2. x 的单位为千克,长度单位为厘米, ε 和 σ 单位应该也是厘米. (提醒: IID 是独立同分布的简写.)

方程 (12) 看起来像一个回归模型,但它并不是. 它是一个响应方案,描述在重量和长度之间的一个理论关系. 概念上, x 是你能够挂在弹簧上的重量. 如果你挂了,方程 (12) 告诉你弹簧将会做什么. 所有这些都是虚拟的. 形式上 x 是一个位置占有者. 方程给出了作为重量 x 的函数的长度 $Y_{i,x}$,带有一点随机误差. 对于任何特别的 i,能够选择**一个** x,以观测关于这个 x 的 $Y_{i,x}$,而且仅仅关于这个 x. 响应方案的其余部分——对其他 x 的 $Y_{i,x}$——就在历史中消失了.

用这个例子来作为导向社会科学的一条通道. 我们可能不知道 (12),但仅知道
$$Y_{i,x} = a + bx + \varepsilon_i, \tag{13}$$
这里 ε_i 为 IID,有均值 0 和方差 σ^2. 这时, a, b 和 σ^2 是未知的. 必须要估计这些参数. 更麻烦的是: 不能做实验. 然而,可利用观测数据. 在第 i 个机会,发现重量 X_i 在弹簧上,我们不很清楚它为什么会在那里. 测量了弹簧的长度为 Y_i. **如果**下面条件成立,我们的状态还可以:

(i) Y_i 由响应方案 (13) 确定,因此 $Y_i = Y_{i,X_i} = a + bX_i + \varepsilon_i$,而且

(ii) X_i 是由大自然随机选择,独立于 ε_i.

条件 (i) 把观测数据和响应方案 (13) 联系起来,并且给出大多数我们需要的关于随机

误差的统计条件：这些误差为 IID，有均值 0 和方差 σ^2．条件（ii）为外生性（exogeneity）．外生性，即 $X \perp\!\!\!\perp \varepsilon$，是剩下来我们所需要的．有了这些条件，OLS 给出 a, b 的无偏估计．例 4.1 解释了如何设立设计矩阵．条件（4.1～4.5）完全满足．

响应方案告诉我们，要估计的参数 b 有一个因果解释：如果干预，而且把 x 改变到 x'，那么 y 预期变化 $b(x'-x)$．响应方案告诉我们关系是线性的，而不是二次、三次或者高次的．它告诉我们，干预不会影响 a 或者 b．它告诉我们误差为 IID．它告诉我们没有混杂：X 造成了 Y，没有任何其他变量的帮助．外生条件说，大自然实行观测研究的方式和我们做实验一样．我们不必随机化．大自然为我们做了．很好！

如果没有外生性，会发生些什么？假定只要 ε_i 是大的正数，大自然就把一个大的重量加到弹簧．问题很严重．现在 OLS 过分估计了 b．在这个假设的情况下，弹簧并没有伸长到你可能期待的长度；测量误差和拉伸混在一起了．（这是"选择偏倚"或"外生偏倚"，将在第 7 章和第 9 章讨论．）响应方案是一个强有力的假定，外生性也是．对于胡克定律，响应方案和外生性是有理由令人信服的．对于典型的社会科学应用，就可能需要回答一些更困难的问题．

至今为止的讨论是关于一维的 x，但推广到高维是容易的．响应方案则应为

$$Y_{i,x} = x\beta + \varepsilon_i, \tag{14}$$

这里 x 为 $1 \times p$ 处理向量，β 为 $p \times 1$ 参数向量．再一次，误差 ε_i 为 IID，有均值 0 和方差 σ^2．下一节将介绍把几个如（14）那样的响应方案放到一起的路径模型．

一个响应方案说，一个变量在你进行干预并操纵另外一些变量时将如何响应．结合外生性假定，响应方案是关于数据如何产生的一个理论．如果理论是对的，因果效应能够通过回归从观测数据估计出来．如果理论是错误的，回归系数度量的是关联，而不是因果关系，因果推断可能是有相当误导的．

📖 练习组 D

1.（这是一个假想的问题，SAT 是学术能力测验（Scholastic Achievement Test）的缩写，广泛用于美国本科招生．）Sally Smith 博士正在做一个关于数学 SAT 辅导的研究．她假定响应方案 $Y_{i,x} = 450 + 3x + \delta_i$．在这个方程中，$Y_{i,x}$ 是对象 i 在 x 小时辅导之后得到的数学 SAT 分数．误差项 δ_i 为正态，有均值 0 和方差 100．
(a) 如果 77 号对象得到 10 小时辅导，Smith 博士对其数学 SAT 的分数的期望是多少？
(b) 如果 77 号对象得到 20 小时辅导，Smith 博士对其数学 SAT 的分数的期望是多少？
(c) 如果 99 号对象得到 10 小时辅导，Smith 博士对其数学 SAT 的分数的期望是多少？
(d) 如果 99 号对象得到 20 小时辅导，Smith 博士对其数学 SAT 的分数的期望是多少？

2.（继续练习 1，还是假想的问题．）在重新思考之后，Smith 博士仍然相信响应方案是线性的：$Y_{i,x} = a + bx + \delta_i$，$\delta_i$ 为 IID $N(0, \sigma^2)$．但是她判定，她自己的 a, b 和 σ^2 的值是不实际的．（可能的确是这样．）她想要从数据估计这些参数．
(a) 她需要做实验吗，或者用观测数据她能够通过吗？（后者要容易得多．）
(b) 如果她能够利用实验数据，除了响应方案之外，她必须假定什么？
(c) 她将如何从观测数据估计参数？

6.5 路径图的响应方案

路径模型常被认为是从关联关系到因果关系做推断的严格统计手段. 在给定假定之后, 统计方法的确能够是严格的. 但是, 假定是分析人员强加给数据的, 而这个过程就不是严格的. 在模型后面的假定有两类: (i) 因果的, (ii) 统计的. 这一节将更详细地展示假定. 一个相对简单的路径模型如图 3 所示, 这里在 Y 和 Z 之间假设的因果关系被 X 所混杂.

这一类图用来从观测数据得到因果结论. 因此, 图比看上去要复杂: 因果关系是一件复杂的事情. 假定 Alastair Arbuthnot 博士已经在一个观测研究中收集了 X, Y, Z 的数据. 他画了图 3 所示的图, 并且拟合了该图所暗示的两个回归方程:

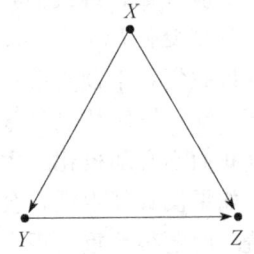

图 3 路径模型. 在 Y 和 Z 之间假设的因果关系被 X 所混杂. 没有显示导致 Y 和 Z 的自由箭头

$$Y = \hat{a} + \hat{b}X + 误差, \quad Z = \hat{c} + \hat{d}X + \hat{e}Y + 误差.$$

估计的系数是正的并且是显著的. 他现在试图对他的同事 Beverly Braithwaite 博士解释他的发现.

Dr. A 你看, Braithwaite 博士, 如果 X 上升一个单位, 那么 Y 上升 $\hat{b}$ 个单位.

Dr. B 是这样.

Dr. A 再有, 如果 X 上升一个单位, 而 Y 保持不变, 那么 Z 上升 $\hat{d}$ 个单位. 这是 X 在 Z 上的直接效应. ["保持不变"意味着相同; "间接效应"是通过 Y.]

Dr. B 但是, Arbuthnot 博士, 你刚才告诉我, 如果 X 上升一个单位, 那么 Y 上升 $\hat{b}$ 个单位.

Dr. A 而且, 如果 Y 上升一个单位, 而 X 保持不变, 那么 Y 的改变使得 Z 上升 $\hat{e}$ 个单位. Y 在 Z 上的影响是 $\hat{e}$.

Dr. B Arbuthnot 博士, 嗨, 为什么除非 X 上升, 否则 Y 就要上升? "效应"? "使得"? 你如何进入因果关系?? 我的第一个观点呢?!?

Arbuthnot 博士的解释并非少见. 但是 Braithwaite 博士有一些好的问题. 这一节的目标就是回答她的问题, 通过发展逻辑上连贯的一组假定, 如果这些假定成立, 就将证实 Arbuthnot 博士的数据分析及其解释是合理的. 另一方面, 正如将要见到的, Braithwaite 博士的怀疑很有道理.

在 Arbuthnot 博士的头脑深处有两个响应方案来描述假想的实验. 原则上, 这两个实验互相不相关. 但是, 为了对观测研究建模, 这两个实验必须以一种特殊方式相连接. 这里将首先描述这两个实验, 然后解释如何把它们放到一起来对 Arbuthnot 博士的数据建模.

(i) **第一个假想实验**. 在水平 x 的处理应用于一个对象. 相应于这个处理水平观察到一个响应 Y. 有两个参数 a 和 b 描述该响应. 没有处理时 ($x=0$), 响应水平对每个对象都是 a, 至多差一个随机误差. 所有的对象都假定有相同的 a 值. 每个附加的处理单位都加 b 到响应上. 再一次, 按照假定, 在所有水平 x, 对于所有对象, b 都相同. 这样, 当处理应用到水平 x 时, 响应 Y 假定为

$$a + bx + 随机误差. \tag{15}$$

例如, 学院把数学功底较弱的学生送到夏季训练营接受数学训练. 在对这种方法的一个评估中, x 可能是花费在数学训练上的小时数, 而 Y 可能是测验分数.

(ⅱ) **第二个假想实验**. 在第二个实验中，有两个处理和一个响应变量 Z. 有两个处理是因为有两个箭头指向 Z. 在图 3 中处理标以 X 和 Y. 两个处理可以应用于一个对象. 在实验 1 中，Y 是响应变量. 但在实验 2 中，Y 是处理变量之一：响应变量是 Z.

有三个参数 c, d, e. 在完全没有处理时 ($x=y=0$)，对每个对象的响应水平为 c，至多差随机误差. 每附加一个单位的处理 X 则增加 d 到响应. 同样，每个附加的单位处理 Y 都加 e 到响应. （这里，e 为一个参数，而不是残差向量.）对于不同对象及不同水平的处理，假定参数不变. 这样，当处理应用到水平 x 和 y 时，响应 Z 假定为

$$c + dx + ey + 随机误差. \tag{16}$$

三个参数是需要的，这是因为要用三个参数来确定线性关系 (16)，一个截距和两个斜率.

(15) 和 (16) 中的随机误差假定是独立于不同的对象，其分布对不同对象也是不变的：期望为 0，方差是有穷的. 假定 (16) 中的误差独立于 (15) 中的误差. 方程 (15) 和 (16) 是响应方案：它们概括了 Arbuthnot 博士的关于**假若**他能做实验会发生什么的想法.

连接实验. 在一个观测研究中，Arbuthnot 博士收集了关于 X, Y, Z 的数据. 他想利用观测数据来得到：**假若**他干预并操纵了变量，将会发生什么. 他必须为此付出代价.

开始，他必须假定响应方案 (15) 和 (16). 他还必须假定 X 在两个假想实验中独立于随机误差，即"外生性". 这样，Arbuthnot 博士假装大自然把对象随机化到 X 的不同水平中. 如果这样，他就不需要实验性操纵了，这很方便. X 的外生性有一个图形表示：箭头从 X 导出，但没有箭头指向 X.

Arbuthnot 博士还必须假定大自然从 X 产生了 Y，好像是把 X 代入了 (15). 大自然产生了 Z，好像是把 X 和 Y 代入了 (16)，而这里的 X 就是代入 (15) 的 X，这里的 Y 是从 (15) 输出的 Y. 利用从 (15) 的输出作为 (16) 的输入把两个方程联系起来.

再看一下这个联系. 原则上，被两个响应方案描述的实验互相是可分的. 在 (15) 中的 x 值和在 (16) 中的 x 值之间没有一个先验的联系. (15) 的输出和 (16) 的输入也没有一个先验的联系. 然而，要对他的观测研究建模，Arbuthnot 博士"递归地"连接了这两个方程. 他假定 X 的一个值被选择并用于两个方程的输入，(15) 产生的 Y 又用于 (16) 的输入，而且从 (16) 到 (15) 没有反馈.

给定了所有这些假定，参数 a, b 能够由 Y 到 X 的回归来估计. 同样，c, d, e 能够由 Z 到 X, Y 的回归来估计. 而且回归估计有合法的因果解释. 这是因为因果关系是建立在响应方案 (15) 和 (16) 之中的. 如果因果关系不被假定，因果关系将不会被回归的实行所显示.

Arbuthnot 博士的回归的一个要点是估计 X 对 Z 的直接效应. 直接效应是 (16) 中的 d. 在 Y 保持不变情况下，即保持其旧的值时，如果 X 增加一个单位，那么就期望 Z 增加 d 个单位. 这是第二个实验的简略表达方式. 响应方案 (16) 说明当 x 和 y 被操纵时，Z 会发生什么. 特别地，当 x 增加时，y 能够维持旧的值.

Arbuthnot 博士想象他在 X 被 $X+1$ 替代时能够保持被大自然产生的 Y 不变. 他恰好把他的值 ($X+1$ 和 Y) 代入了响应方案 (16)，得到

$$c + d(X+1) + eY + 误差 = (c + dX + eY + 误差) + d.$$

这是当 X 增加 1 个单位而 Y 不变时 Z 可能的值：Z 将多出 d.

Arbuthnot 博士还想估计 Y 对 Z 的效应 e. 如果 Y 增加一个单位，而 X 不变，那么期望 Z 增加 e 个单位. Arbuthnot 博士想象他能够保持由大自然产生的 X 的值不变而把 Y 换成 $Y+1$. 他恰好把 X 和 $Y+1$ 的值代入了响应方案 (16)，得到

$$c + dX + e(Y+1) + \text{误差} = (c + dX + eY + \text{误差}) + e.$$

这是当 Y 增加 1 个单位而 X 不变时 Z 可能的值：Z 将多出 e. 当然，即使 Arbuthnot 博士，也必须用估计值代替参数. 如果 $e=0$，或者因为 $\hat{e}$ 统计上不显著而可能是 0，那么操纵 Y 将不会影响 Z，而且 Y 将根本不会是 Z 的一个原因. 这是一个定性推断. 再一次，推断依赖于响应方案 (16).

简而言之，Arbuthnot 博士利用观测数据来估计参数. 但是当他解释结果时，比方说，当他谈论关于 X 和 Y 对 Z 的效应时，他想到的是由响应方案 (15) 和 (16) 所描述的假想实验，而不是观测数据本身. 他的因果关系解释依赖于有些微妙的模型. 其中，同样的响应方案，有同样的参数值，应该应用于 (i) 假想的实验及 (ii) 观测数据. 简单地说，参数值在干预下是稳定的.

为了更正式地叙述这个模型，把对象标以下标 i，范围从 1 到 n. 在这个记号下，X_i 是 X 关于第 i 个对象的值. 处理 1 的水平用 x 来表示，而当水平 x 的处理像在 (15) 中那样应用于对象 i 时，$Y_{i,x}$ 为变量 Y 的响应. 类似地，当水平 x 的处理 1 和水平 y 的处理 2 像在 (16) 中那样应用于对象 i 时，$Z_{i,x,y}$ 为变量 Z 的响应. 响应方案被因果地解释为

- 假若 X_i 被干预设为 x，$Y_{i,x}$ 是 Y_i 应该有的值.
- 假若 X_i 被干预设为 x，并且 Y_i 被干预设为 y，$Z_{i,x,y}$ 是 Z_i 应该有的值.

图 3 拆成两个方程，带有对象的下标，它们是 (15) 和 (16) 更精确的版本. 下标表示对象.

$$Y_{i,x} = a + bx + \delta_i, \tag{17}$$

$$Z_{i,x,y} = c + dx + ey + \varepsilon_i, \tag{18}$$

参数 a，b，c，d，e 及误差 δ_i，ε_i 是不可观测的. 假定参数对所有对象都相同. 还有关于误差项的假定，即路径图背后的假定中的统计部分：

(i) 对每个对象 i，δ_i 和 ε_i 互相独立.

(ii) 对于所有对象 i，这些误差项都是独立的.

(iii) 对于所有对象 i，δ_i 的分布不变，ε_i 的分布也是一样. (然而，δ_i 和 ε_i 不需要有同样的分布.)

(iv) δ_i 和 ε_i 有期望 0 和有穷的方差.

(v) X_i 独立于 δ_i 和 ε_i，这里 X_i 是 X 关于对象 i 在观测研究中的值.

假定 (v) 说，大自然为我们选择 X_i 好像是被随机化了一样. 换句话说，X_i 是"外生的". 按照进一步假定，大自然为对象 i 确定响应 Y_i，如同把 X_i 代入 (17) 那样：

$$Y_i = Y_{i,X_i} = a + bX_i + \delta_i.$$

其余的响应方案——对于 $x \neq X_i$ 的 $Y_{i,x}$——是没有观测的. 毕竟，即使在实验中，对象 i 也将被分配一个处理水平. 在其他水平的响应将不会被观测.

类似地，我们仅对 $x=X_i$ 和 $y=Y_i$ 观测到 $Z_{i,x,y}$. 对象 i 的响应是被大自然确定的，好像把 X_i 和 Y_i 代入到 (18) 一样：

$$Z_i = Z_{i,X_i,Y_i} = c + dX_i + eY_i + \varepsilon_i.$$

响应方案的其余部分（即对于所有其他可能的 x 和 y 值的响应 $Z_{i,x,y}$）仍然是未观测的．经济学家称未观测的 $Y_{i,x}$ 和 $Z_{i,x,y}$ 为潜在输出 (potential outcome)．该模型确定了不可观测的响应方案，而不仅仅是回归方程．

该模型有其他值得注意的特征：每个对象的响应仅仅被加到该对象的处理水平所确定．应用到对象 i 的处理不会影响对象 j 的响应．对于处理传染疾病，这不是一个好模型．（如果一个对象打喷嚏，另一个将得流感：停止第一个打喷嚏来防止第二个得流感．）对于社会实验可能有类似的问题，那时对象可能互相影响．

图 4 中的盒子模型说明了统计假定．具有不变分布的独立随机误差是由从一个潜在的误差盒子中有放回地随机抽取所代表（Freedman-Pisani-Purves 2007）．因为盒子对于抽取保持不变，一次抽取的概率分布和另一次是相同的．分布是不变的．而且，一次抽取的结果不影响另一次的分布．这就是独立性．

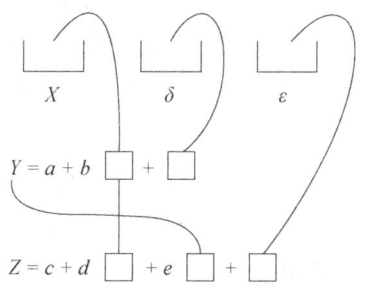

图 4 作为盒子模型的路径图

图 4 还表明两个假想的因果机制，即响应方案 (17) 和 (18)，是如何连接到一起对观测数据建模的．让我们把这个拆开再组装回去．我们能够把每个响应方案看成为一个小机器，它接受输入而且产生输出．有两个这样的机器在工作．

- **第一个因果机制**．你把任何你喜欢的 x 输入机器 1．从机器中输出的是 $Y=a+bx$ 加上从 δ 盒子中随机抽取的东西．
- **第二个因果机制**．你把任何你喜欢的 x, y 输入机器 2．从机器中输出的是 $Z=c+dx+ey$ 加上从 ε 盒子中随机抽取的东西．
- **连接**．你不用输入任何东西．大自然随机地从 X 盒子中选择 X，独立于 δ 和 ε．她把 X 放入机器 1 产生一个 Y．她同样的 X 和刚产生的 Y 放入机器 2 来产生 Z．关于每个对象，你看到 (X, Y, Z)．这就是 Arbuthnot 博士为他的观测数据所设定模型．
- **估计**．你用 OLS 从观测数据（即对许多对象的 (X, Y, Z) 三元值）来估计 a, b, c, d, e.
- **因果推断**．如果你插手机器，并把一个 x 放入机器 1，你能说出什么将会发生．如果你把 x 和 y 放入机器 2，你还能说出什么将会发生．

你从未真正触动机器.（毕竟，这些纯属理论实体.）但你看起来是在自由地用你自己的 x 和 y 作为输入，而不是由大自然产生的. 如果你选择输入，你能够说出机器将会做什么. 这是基于观测数据的一个因果推断. 因果推断是合法的，因为——按照假定——你知道社会物理学: 响应方案 (17) 和 (18).

关于假定能说什么呢? 核对包含潜在输出的 (17) 和 (18) 将是困难的工作. 核对统计假定将不会更容易. 通常实行回归的目的是不做实际实验而做因果推断. 另一方面，没有实际实验，模型背后的假定将是可疑的. 这样得到的推断是忽略了假定的可疑性而做的. 这就是由回归做因果推断的自相矛盾之处，也是 Braithwaite 博士存在怀疑的好根据.

路径模型并不从关联推断到因果关系. 实际上，路径模型通过响应方案**假定了**因果关系，并且利用附加的统计假定从观测数据来估计因果效应. 统计假定（独立性、零期望、常数方差）确保了用通常最小二乘估计系数的正当性. 有大样本时，标准误差、置信区间、显著性检验都将顺理成章. 对于小的样本，误差将必须服从正态分布以支持 t 检验.

评估第 1~6 章的统计模型. 本书较前面的部分讨论了几个由回归做因果推断的例子，即 Yule 关于贫困、Blau 和 Duncan 关于分层、Gibson 关于麦卡锡主义. 我们发现一些严重的问题. 从清楚、有意义和数据分析的角度，这些研究属于社会科学中最强的，（例如 Gibson 赢得该年度最好文章的一个奖励，而且现在还被认为是政治行为研究的一个里程碑.）问题是建立在统计模型背后的假定中的.

> 典型地，一个回归模型假定了因果关系，并且利用数据去估计因果效应的大小. 如果这个估计不是统计显著的，就推断出缺乏因果关系. 估计及显著性检验要求一些统计假定. 因此，你需要考虑模型背后的这些假定，因果的及统计的假定都要考虑. 如果假定不成立，结论则不能从统计得出.

选择还是干预

给定 $X=x$ 时，Y 的条件期望是 Y 对于 $X=x$ 的对象的平均.（目前忽略了抽样误差.）响应方案的形式体系连接了两个非常不同的条件期望的思想：(i) 选择 $X=x$ 的对象，相对于 (ii) 进行干预来设定 $X=x$. 第一个是你对观测数据实际上所能够做的. 第二个需要操纵. 响应方案把从选择到干预所需要的假定具体化.（**干预**意味着为了操纵一个变量而打断事件的自然发展，正如在实验中那样，与其对照的是被动地观察.）

> 选择是一件事，干预是另一件事.

结构方程和稳定参数

在计量经济学中，"结构"方程描述因果关系. 响应方案对这个想法以及对于"在干预下稳定"的思想给出了一个较清楚的意义. 例如，一个路径图中的参数是通过像 (17) 和 (18) 那样的响应方案定义的，和数据是分开的. 按照假定，这些参数对于 (i) 对象和 (ii) 处理的水平来说是常数. 再有，(iii) 无论你干预或者仅仅观察事件的自然过程，参数保持不变. 响应方案为我们捆绑了这些假定以及类似的对误差分布的假定. 假定 (iii) 有时称为"恒性"、

"不变性"或者"在干预下的稳定性".

当回归方程得自于响应方案时,那么该方程是结构的,有在干预下稳定的参数.

记号的含糊不清

回头看图 3. 在观测研究中,对每个对象 i 有一个 X_i. 在有些内容中,X 仅意味着对于一般对象的 X_i. 在其他情况下,X 是其第 i 个分量为 X_i 的向量. 通常,X 是设计矩阵. 这一类含糊不清的表示是常见的. 你必须注意上下文,并在每次琢磨出它究竟意味着什么.

练习组 E

1. 在下面的路径图中,省略了自由箭头. 应该有多少自由箭头,它们应该指向哪里,它们意味着什么?那条曲线意味着什么?这个图代表着某些回归方程. 这些方程是什么?参数呢?叙述用 OLS 来估计参数所必需的假定. 你需要什么数据?为了做因果推断,你所需要的附加假定是什么?给出能够从方程之一做出定性因果推断的一个例子. 给出定量因果推断的一个例子.

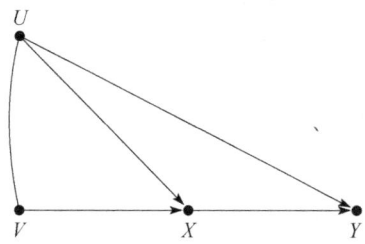

2. 基于本节的假定,表明以那些 X_i 为条件,Y_i 到 X_i 的回归给出了 (17) 中 a 和 b 的无偏估计. 还表明以那些 X_i 和 Y_i 为条件,Z_i 到 X_i 和 Y_i 的回归给出了 (18) 中 c,d 和 e 的无偏估计. 提示:在两个回归中,设计矩阵是什么?你能验证假定 (4.2) ∼ (4.5) 吗?〔交叉参考:(4.2) 是第 4 章的方程 (2).〕

3. 假定你仅仅对 X,Y 在 Z 上的效应感兴趣,你不感兴趣 X 对 Y 的效应. 你宁愿去假定响应方案 (18),它有独立于那些 X_i 和 Y_i 的 IID 误差 ε_i. 你将如何估计 c,d,e?这些估计有因果解释吗?为什么?

4. 判断下面结论是对还是错,并解释.
   (a) 在图 1 中,父亲的教育对儿子的职业有直接影响.
   (b) 在图 1 中,父亲的教育通过儿子的教育对儿子的职业有间接的影响.
   (c) 在练习 1 中,U 有对 Y 的一个直接影响.
   (d) 在练习 1 中,V 有对 Y 的一个直接影响.

5. 假定 Arbuthnot 博士的模型是正确的,而且在他的数据中,$X_{77}=12$,$Y_{77}=2$,$Z_{77}=29$.
   (a) 如果 Arbuthnot 博士进行干预,把 X_{77} 设为 13,那么 Y_{77} 将会大多少?
   (b) 如果 Arbuthnot 博士进行干预,把 X_{77} 设为 13,Y_{77} 设为 5,那么 Z_{77} 将会大多少?

6. 一个研究人员写道:"统计检验对于决定效应是否够大是一个强有力的工具." 你同意吗?

简单讨论.

6.6 哑变量

一个"哑变量"(dummy variable) 取值 0 或者 1. 哑变量用来代表在回归方程中的定性因子的效应. 有时哑变量甚至用来代表定量因子以减弱线性假定.(哑变量也称为"指示器"(indicator) 变量, 或者"二元"(binary) 变量, 编程人员称之为"旗子"(flag).)

例 一家公司被指控在确定工资时歧视女性雇员. 该公司反驳说, 男性雇员有更多的工作经验, 因而解释了工资差别. 为了探索这个想法, 一位统计学家可能拟合模型

$$Y = a + b\,\text{男性} + c\,\text{经验} + \text{误差}.$$

这里, "男性"是一个哑变量, 取值 1 为男性, 取值 0 为女性. "经验"将是工作的年限. b 的一个显著正的值将作为歧视的证据.

可能会产生对这个分析的反对意见. 比如, 为什么"经验"有线性效应? 为回答这个反对, 有的分析人员放入了一个二次项:

$$Y = a + b\,\text{男性} + c\,\text{经验} + d\,\text{经验}^2 + \text{误差}.$$

另外一些人把"经验"分成一些范畴, 例如

范畴 1   5 年以下

范畴 2   5~10 年（含 10 年）

范畴 3   10 年以上

于是前两个范畴的哑变量能进入方程:

$$Y_i = a + b\,\text{男性} + c_1\,\text{范畴}_1 + c_2\,\text{范畴}_2 + \text{误差}.$$

例如, 范畴$_1$ 为 1 是对所有少于 5 年经验的雇员, 0 是对其他. 不要把所有三个哑变量都放入: 如果你做了, 设计矩阵将不满秩.

系数不那么容易解释. 你必须找缺失的范畴, 因为效应是相对于缺失范畴的. 对于变量男性很容易, 因为基线是女性. 如果其他情况（经验）相同, 方程表明男性比女性多挣 b. 对于范畴$_1$, 它就不那么明显. 基线是有 10 年以上经验的第三个范畴. 方程表明范畴 1 的雇员比范畴 3 的多挣 c_1. 而且范畴 2 的雇员比范畴 3 的多挣 c_2.

我们期望 c_1 和 c_2 为负数, 因为老雇员得到更高的工资. 类似地, 我们期望 $c_1 < c_2$. 在这些比较中, 其他情况（即性别）保持不变.（"Harriet 比 Harry 多挣 -5000 美元"这种说法稍微有些反常, 通常我们会说"少挣 5000 美元": 但这是统计.）

当然, 争论会继续. 为什么这些范畴呢? 其他的变量呢? 如果人们为升职而互相竞争, 误差项怎么能独立呢? 等等. 这里仅仅想引进哑变量的思想.

变量的类型

定性 (qualitative) 或分类 (categorical) 变量不是数值的. 例如性别和婚姻状况, 后者的值包括: 从未结婚、结婚的、丧偶的、离婚的、分居的. 相对于此, 定性变量取数值. 如果可能的取值较少而且是相对分开的, 变量为离散的 (discrete), 否则是连续的 (continuous). 这

些是有用的区分方法，但边界有些模糊．比如，一个哑变量可以被看成是把取两个值的分类变量转换成取 0 和 1 值的定性变量．

6.7 供讨论的问题

下面有些问题覆盖前面一些章的内容．

1. 妻子教育水平（上学年限）在丈夫教育水平上的回归给出了方程
$$妻子教育水平 = 5.60 + 0.57 \times 丈夫教育水平 + 残差.$$
（数据来自 2001 年的"当前人口调查"（Current Population Survey）.）如果 Wang 先生的公司把他送回学校一年以跟上他所就职的领域最新的发展，你期望 Wang 夫人的教育水平增加 0.57 年吗？如果不是，那么这个 0.57 意味着什么？

2. 在方程（10）中，δ 为一个随机误差，对每一州有一个 δ．Gibson 发现 $\hat{\beta}_1$ 是统计不显著的，而 $\hat{\beta}_2$ 是高度显著的（双尾）．假定 Gibson 从标准正态曲线下面在 -2.58 到 $+2.58$ 之间的面积计算了他的 P 值为 0.99．判断下面的结论是对还是错，并解释：
    (a) $\hat{\beta}_2$ 的绝对值是其标准误差的 2.6 倍．
    (b) 该统计模型假定随机误差对各州是独立的．
    (c) 然而，估计的标准误差是从数据计算出来的．
    (d) 无论随机误差对各州是否独立，在 (c) 中的计算都可以做：计算使用容忍得分和镇压得分而不用随机误差本身．
    (e) 因此，Gibson 的显著性检验还可以，即使随机误差在各州间不是独立的．

3. Timberlake and Williams(1984) 提供了一个通过外国投资（FI）、能源发展（EN）、公民自由（CV）来解释政治压迫（PO）的回归模型．高的 PO 值相应于把大多数公民排除于政治参与之外的独裁政体．高的 CV 值意味着少的公民自由．数据收集了 72 个国家．由 Timberlake and Williams 建议的方程为
$$PO = a + bFI + cEN + dCV + 随机误差,$$
这里随机误差满足通常假定．估计的 FI 的系数 $\hat{b}$ 显著为正，并且被解释为外国投资对政治压迫效应的度量．
    (a) 对每个＿＿＿＿有一个随机误差，因此总共有＿＿＿＿随机误差．请填空．
    (b) 什么是关于随机误差的"通常假定？"
    (c) 从下面表中的数据，你能够估计出方程的系数 a 吗？如果可以，如何做？如果不行，为什么不行？关于 b 呢？
    (d) 已给 $r(FI, PO)$ 是负的，$\hat{b}$ 怎么能够是正的呢？
    (e) 从表中的数据，你能够说 $\hat{b}$ 是显著地不为 0 吗？如果是，如何得出？如果不是，为什么不是？
    (f) 简单评论 Timberlake and Williams 的统计逻辑．你同意外国投资造成政治压迫吗？你可能考虑以下几点：（i）CV 属于方程的右边吗？（ii）如果不是，而且你删去它，会发生什么？（iii）如果你实行 CV 到 PO、FI、EN 上的回归，会发生什么？

Timberlake and Williams 的数据. 72 个国家. 对于政治压迫（PO）、外国投资（FI）、能源发展（EN）和公民自由（CV）的相关矩阵

	PO	FI	EN	CV
PO	1.000	−0.175	−0.480	+0.868
FI	−0.175	1.000	+0.330	−0.391
EN	−0.480	+0.330	1.000	−0.430
CV	+0.868	−0.391	−0.430	1.000

注意. 回归可以用计算器来实现，但是用计算机更容易. 这里用的是和该文章不同的记号.

4. Alba and Logan(1993) 发展了一个回归模型来解释居住的融合. 方程为 $Y_i = X_i\beta + \delta_i$，这里用 i 标记个体，X_i 为约 36 个描述对象 i 的各种特征的哑元向量，这些特征包括——

    年龄组   5 岁以下，5～17，…
    家庭类型   结婚的一对，…
    收入水平   5 000 美元以下，5 000～10 000 美元，…
    教育水平   小学，有些中学，…

在 4 个人口统计学的族群（亚裔、西班牙语族、非西班牙语黑人、非西班牙语白人）中，参数向量 β 对不同对象保持不变. 因变量 Y_i 是对象 i 所在的城中非西班牙语白人所占的比例，并且变量 Y_i 对所有在同一城的对象都相同. 4 个方程被估计，每个对应人口统计学族群中的一个. 利用纽约大都会区域 674 个郊区城镇的 1980 年普查数据由 OLS 做出估计. R^2 的范围是从 0.04 到 0.29. 某些系数对某些族群是统计显著的，而对其他则不然，这被认为是支持一个居住融合理论而不支持另一个的证据. OLS 的假定满足吗？如果不是，这将如何影响统计显著性？简单讨论.

5. Rodgers and Maranto(1989) 发展了一个模型，是为了

"所包括的复杂因果过程……关于成功发表成果的决定因素……好消息是学术心理学者不需要参加一个声望很高的研究生项目来成为一个多产的研究者……坏消息是参加一个没有声望的博士项目仍然是成功发表成果的障碍."

Rodgers-Maranto 模型（该文章图 7）显示在下面图中.

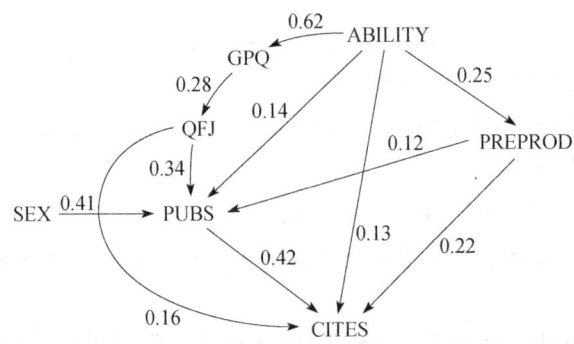

研究人员向美国心理学会的 932 个成员的一个概率样本发送问卷，这些成员目前作为学术心理学家在工作，结果收回了 241 个男性与 244 个女性的回答. 缺失数据被删除，剩下 86

个男性和 76 个女性，变量包括——

 SEX   回答者的性别（哑变量）．
 ABILITY 回答者的本科学校，学生社团的成员等等的选择能力的度量．
 GPQ   利用全国评分及教师的发表率等对回答者的研究生单位质量的度量．
 QFJ   回答者的第一份工作质量的度量．
 PREPROD 回答者在博士之前发表成果用质量加权后的数量（均值为 0.8，SD 为 1.6）．
 PUBS   回答者在博士之后 6 年内发表成果的数量（均值为 7，SD 为 6）．
 CITES   PUBS 被其他人引用的次数．（均值为 20，SD 为 44.）

在分析之前，变量被标准化了．发展了 6 个模型，但都不如在图中显示的那个．这个图是什么意思？箭头上的数目是什么？你在哪里看到好消息或坏消息？你相信这些消息吗？简单讨论．

6. 一个天平对于几乎相等的重量之间的差别给出非常精确的测量．重量 A，B，C，D 每个重约 1 千克．A 的精确重量是已知的：比 1 千克多 $53\mu g$（微克），一微克是百万分之一克．（一千克是 1000 克．）B，C，D 的重量是通过"称重设计"来确定的，它包括下面表中所显示的 6 个比较．

比 较	差 (μg)
A 和 B 对 C 和 D	+42
A 和 C 对 B 和 D	−12
A 和 D 对 B 和 C	+10
B 和 C 对 A 和 D	−65
B 和 D 对 A 和 C	−17
C 和 D 对 A 和 B	+11

例如，按照表的第一行，A 和 B 放在天平的左边盘中，C 和 D 放在右边盘中．重量差（左盘减去右盘）为 $42\mu g$．

(a) 这些数据一致还是不一致？
(b) 不一致的可能原因是什么？
(c) 你将如何估计 B，C，D 的重量？
(d) 你能把标准误差放到估计值中吗？
(e) 你要做什么假定？

解释你的回答．

7. （难题）有一个 N 个对象的总体，用 $i=1,\cdots,N$ 来标识．和第 i 个对象相对应有一个数目 v_i．不放回地随机抽取一个大小为 n 的样本．

(a) 表明 v 的样本均值是总体均值的无偏估计．（下面有提示．）
(b) 如果样本的那些 v 用 $V_1,V_2,\cdots,V_n$ 表示，表明 $V_2,V_1,\cdots,V_n$ 的概率分布和 $V_1,V_2,\cdots,V_n$ 的概率分布相同．事实上，V 的任何排列的概率分布都相同．也就是说，样本是可交换的（exchangeable）．

提示．如果你刚开始做，那么先做 (b) 可能会较容易．对于 (b)，$\{1,\cdots,N\}$ 的一个排列 π

是这个集合到它本身的一个 1-1 映射. 共有 $N!$ 个排列. 你能够通过随机选择 π 来选择样本量为 n 的样本,并取下标为 $\pi(1),\cdots,\pi(n)$ 的对象作为样本.

8. 有一个由 N 个对象组成的总体,用 $i=1,\cdots,N$ 来标识. 可以应用一个处理 x,它有水平 0, 10, 50. 每个对象将分配到处理的这些水平之一. 如果对象 i 被分配到水平 x 的处理,则有响应 $y_{i,x}$. 例如,关于一个降低胆固醇的药,x 为剂量,而 y 为实验结果的胆固醇水平. 注意:$y_{i,x}$ 是固定的而不是随机的.

每个对象 i 有一个 $1\times p$ 的不受分配影响的个人特征 w_i. 在胆固醇实验中,这些特征可能包括体重和实验前的胆固醇水平. 比方说,如果你把对象 i 分配到水平为 10 的处理组,你观测到 $y_{i,10}$ 而不是 $y_{i,0}$ 或 $y_{i,50}$. 你总是能够观测 w_i. 感兴趣的总体参数为

$$\alpha_0=\frac{1}{N}\sum_{i=1}^{N}y_{i,0},\quad \alpha_{10}=\frac{1}{N}\sum_{i=1}^{N}y_{i,10},\quad \alpha_{50}=\frac{1}{N}\sum_{i=1}^{N}y_{i,50}.$$

参数 α_0 是如果你把所有对象都分配到水平 0 的处理所能看到的平均结果. 我们能够通过把所有的对象都分配到水平 0 的处理来直接度量这个结果,但这可能失去了解其他参数的机会.

假定 n_0,n_1,n_2 为正数,它们的和为 N. 在一个"随机控制的实验"中,n_0 个对象被不放回地随机选择,并分配到水平 0 的处理. 然后 n_1 个对象被不放回地从剩下的对象中随机选择,并分配到水平 10 的处理. 最后 n_2 个对象被分配到水平 50 的处理. 从这个实验数据——

(a) 你能够估计这三个感兴趣的总体参数吗?

(b) 如果所有的对象都分配到水平 75 的处理,你能够估计出平均响应吗?

简单解释.

9. (继续问题 8.) 如果对象 i 分配到水平 x 的处理,令 $X_i=x$. 一个简单的回归模型说,给定分配后,对象 i 的响应 Y_i 是 $\alpha+X_i\beta+\varepsilon_i$,这里 α,β 为数量参数,而 ε_i 为 IID,有均值 0 和方差 σ^2. 随机化能够保证该模型可行吗?如果模型是对的,而且所有的对象都分配到水平 75 的处理,你能够估计出平均响应吗?解释.

10. (继续问题 8 和 9.) 令 Y_i 为对象 i 的响应. 按照多元回归模型,给定分配,$Y_i=\alpha+X_i\beta+w_i\gamma+\varepsilon_i$,这里 w_i 为对象 i 的一个个人特征向量(问题 8),α,β 是数量参数,γ 是参数向量,而 ε_i 为 IID,有均值 0 和方差 σ^2. 随机化能够保证该模型可行吗?如果模型是对的,而且所有的有特征 w_j 的对象都分配到水平 75 的处理,你能够估计出响应吗?解释.

11. 假定 $(X_i,\varepsilon_i)(i=1,\cdots,n)$ 为 IID,有 $E(\varepsilon_i)=0$,$\mathrm{var}(\varepsilon_i)=\sigma^2$. 这里 X_i 为一个 $1\times p$ 的随机向量,ε_i 为一个随机变量(不可观测). 假定 $E(X_i'X_i)$ 为 $p\times p$ 正定的. 最后,$Y_i=X_i\beta+\varepsilon_i$,这里 β 是 $p\times 1$ 的未知参数向量. OLS 是有偏的还是无偏的?解释.

12. 为了证明因果关系,研究人员利用了各种方法中的(ⅰ)自然实验,(ⅱ)随机控制实验,(ⅲ)回归模型. 方法(ⅰ)、(ⅱ)、(ⅲ)的优缺点是什么?讨论,最好给出例子来说明你的观点.

13. 判断下面结论是对还是错,并解释:如果 OLS 假定不对,那么计算机不能拟合模型到数据.

14. 一个研究人员拟合一个线性模型 $Y=X\beta+\varepsilon$. β 的 OLS 估计为 $\hat{\beta}$,拟合值为 $\hat{Y}$. 该研究人员

路 径 模 型   75

写下了方程 $\hat{Y} = X\hat{\beta} + \hat{\varepsilon}$. $\hat{\varepsilon}$ 是什么？

15. 假定 X_i 为 IID $N(0, 1)$. 令 $\varepsilon_i = 0.025(X_i^4 - 3X_i^2)$ 而且 $Y_i = X_i + \varepsilon_i$. 研究人员并不知道这个数据是如何产生的，而且运行了 Y 到 X 的回归.
    (a) 表明 R^2 约为 0.97. （这个难.）
    (b) OLS 假定成立吗？
    (c) 研究人员应该相信关于标准误差的通常回归公式吗？
    提示.（a）部分能够用计算器来做——看第 5 章的结尾札记关于正态分布的矩——但使得问题难以理解. 计算机模拟可能要容易些. 假定样本量大，比如 $n = 500$.

16. 假定响应方案 $Y_{i,x} = a + bx + \varepsilon_i$. ε_i 为 IID $N(0, \sigma^2)$. 变量 X_i 为 IID $N(0, \tau^2)$. 事实上，(ε_i, X_i) 对 i 是 IID 联合正态的. 然而，在 (ε_i, X_i) 之间的相关系数为 ρ，它可能不为 0. 参数 $a, b, \sigma^2, \tau^2, \rho$ 为未知的. 你观测 X_i 和 $Y_i = Y_{i, X_i}$, $i = 1, \cdots, 500$.
    (a) 如果做 Y_i 到 X_i 的回归，你会得到 a 和 b 的无偏估计吗？
    (b) 在 X 和 Y 之间的关系是因果关系吗？
    简单解释.

17. 一个统计学家拟合一个回归模型（$n = 107, p = 6$）并检验是否所关心的系数为 0. 选择一个或多个下面的选项. 简单解释.
    (ⅰ) 零假设说 $\beta_2 = 0$.
    (ⅱ) 零假设说 $\hat{\beta}_2 = 0$.
    (ⅲ) 零假设说 $t = 0$.
    (ⅳ) 备择假设说 $\beta_2 \neq 0$.
    (ⅴ) 备择假设说 $\hat{\beta}_2 \neq 0$.
    (ⅵ) 备择假设说 $t \neq 0$.
    (ⅶ) 备择假设说 $\hat{\beta}_2$ 统计显著.

18. 医生经常利用身体质量指数（BMI）来度量肥胖. BMI 是体重/身高^2，这里体重的单位是千克，身高的单位是米. BMI 为 30 就算肥胖了. 对于 18~24 岁的美国女性，平均 BMI 为 24.6，方差为 29.4. 虽然在这群人中的典型女性的 BMI 大约为_____，一个典型的女性的 BMI 偏离这个中心值约_____. 填空并简单解释.

19. 一个流行病学家说，"随机化不能排除混杂……如果像所应该的那样，信息是基于充分数量的基线特征来收集的，混杂是非常可能出现的……"你同意不？简单讨论.
    注意."基线特征"是在随机化之前，在研究开始的时候所度量的对象的特征. 这个稍微编辑过的引言来自 Victora et al(2004).

20. 一个政治科学家在研究一个回归模型，按照通常的假定，包括 IID 误差. 设计矩阵 X 是固定的，满秩，秩为 $p = 5$, $n = 57$. 主要感兴趣的参数为 $\beta_2 - \beta_4$. 一个可能的估计是 $\hat{\beta}_2 - \hat{\beta}_4$，这里 $\hat{\beta} = (X'X)^{-1}X'Y$. 有没有另一个方差较小的线性无偏估计量？简单解释.

6.8 札记

供讨论的问题. 在问题 5 中，有些数据分析的细节被省略了. 问题 6 是假想的，在称重设计上的两个参考文献为 Banerjee(1975) 和 Cameron et al(1977), 这些都是很技术性的. 问题 16 描述内生性偏倚. 问题 19 的背景: 流行病学家喜欢用统计建模来调整基线特征的不平衡, 理论上, 他们得到更多的能力——**如果模型是对的**, 他们是会得到的.

测量误差. 这是一个没有被教材覆盖的重要题目. 简单说, 在 Y 中的随机误差可以合并到 ε 中, 正如关于胡克定律的例子那样. 在 X 中的随机误差通常使得系数估计有偏. 偏倚可能是任何方向的. 例如, 在混杂因素中的随机误差能够使得被估计的效应过大, 所假定之原因的度量中的随机误差能够冲淡这个效应. X 或 Y 的有偏的度量产生另外的问题. 有许多方法来对误差的影响建模, 无论误差是随机的还是系统的. 如果附加的模型是好的近似, 则这种修正会是有用的. 论证很快变得很复杂, 而收效仍然让人怀疑. (Freedman 1987, 2005). Adcock and Collier(2001) 关于在社会科学中的测量问题有一个较广泛的讨论.

哑变量. 该术语开始在统计文献中出现是在 1950 年前后: 看 Oakland(1950) 或 Klein(1951). 来源不清, 但是《牛津英语词典》注明了 1948 年前后在计算机科学中的有关用法.

当前人口调查. 该调查是美国普查局为劳工统计局所做的调查, 它是美国就业数据的主要来源. 还有关于其他感兴趣问题的附加问卷, 这些问题包括计算机的使用、人口统计学、选举人的参与等. 关于该调查的设计的信息, 看 Freedman-Pisani-Purves(2007, 第 22 章).

路径图. 路径图中的变量和箭头的选择以及箭头的指向全依分析人员而定, 虽然某些选择可能拟合数据较差, 某些可能不合逻辑. 如果图形是"完全的", 即每一对节点都被箭头连接, 箭头的方向不被数据所约束 (Freedman 1997, pp. 138, 142). 按时间对变量排序可能会减少选择的数目. 有些方法声称可以从数据导出路径图, 但是跟踪记录并不好 (Freedman 1997, 2004; Humphreys and Freedman 1996, 1999). Achen(1977) 对标准化做出批评, 还可参看 Blalock(1989). Pearl(1995) 讨论了直接和间接效应.

响应方案提供了对路径图做通常统计分析的基本原理, 而且似乎没有比它更简单的其他方法. 统计假定可以稍微减弱, 例如看 (5.2). 图 4 建议 X 为 IID 的. 这是对路径图的最好的情况, 特别是当变量被标准化之后, 但是所有需要的就是外生性. 当非 IID 数据被标准化时, 设定参数需要一些技巧, 例如看

http://www.stat.berkeley.edu/users/census/standard.pdf

词组"响应方案"是由统计学的"响应表面"和经济学(第 9 章)的"供需方案"结合而来. 提到响应方案的首批文章之一是 Bernheim, Shleifer, and Summers(1985, p. 1051). 某些经济学家已经开始写"供应响应方案"和"需求响应方案"了.

不变性. 6.4~6.5 节中的讨论假定误差在干预下不变. 可能更确切的说法是误差分布不变而不是误差本身 (Freedman 2004).

因果关系的思想. 如果我们打算干预并设定 X 值, 则嵌入在响应方案的形式中的是 Y 的条件分布. 这个条件分布是反事实的, 至少对观测研究是这样. 条件分布回答的问题是, 如果我们干预了, 并设定 X 的值为 x, 而不是让事情自然发生, 什么将会发生. 这个思想最适用于实验或假想实验. [后者也叫做"想象实验 ("thought experiment"或"gedanken experiment").] 对于非操纵者的因果关系思想, 这个公式形式应用得不那么好: 月亮造成潮汐, 地震造成财产价值下降, 时间治愈所有的伤痛. 时间是不能操纵的, 地震或月亮也不能.

研究人员可能希望回归方程像经典物理中的运动定律一样: 如果位置和动力给定, 你能够

确定系统的未来并发现在不同的初始条件下会发生什么. 可能需要某些其他的公式形式来使得非操纵者的这个思想更精确. Evans(1993) 有一个引起兴趣的关于流行病学的因果关系的调查, 并有许多例子. 在合法的背景下, 可读的调查是 Hart and Honoré(1985).

度量的水准. 该想法归于 Yule(1900). Stephens(1946) 和 Lord(1953) 是其他重要的参考. Otis Dudley Duncan 是 20 世纪一位伟大的经验社会科学家. Blau and Duncan(1967) 对于在社会科学中使用统计模型很乐观, 但是 Duncan 的观点在 20 年之后变得黯淡了——

"很矛盾地, 在与统计的彻底无能相结合时, 我们经常发现我称为统计主义 (statisticism) 的综合征: 计算就是做研究的概念, 统计是科学方法论的完全或充分的基础这样的天真信仰, 统计公式的存在是为了评估诸如不同的实际理论的相对价值或者一个'因变量'的原因的'重要性'这样的迷信; 以及某些任意的和随意组合的一些变量的共同变化的分解能够证实不仅仅一个'因果模型'而且还有一个'度量模型'这样的错觉. 如果存在社会科学的一个清楚的可识别的研究分支, 其中这种谬误能够被明显地承认并且显然超越界限, 那么没有必要为这种对科学的荒诞的歪曲表示悲哀."(Duncan 1984, p.226)

第7章 最大似然

7.1 引言

最大似然是估计统计模型中参数的一般（而且在大样本时非常强有力的）方法．最大似然估计通常称为 MLE．这里以教科书例子来开始，如正态、二项和泊松等．然后是 probit 模型及真实的应用——天主教学校的效应（Evans and Schwab 1995）．这个应用将表明 probit 模型在应用中的优缺点．

例 1 $N(\mu, 1)$，$-\infty < \mu < \infty$．在 x 的密度为
$$\frac{1}{\sqrt{2\pi}}\exp\left[-\frac{1}{2}(x-\mu)^2\right], \quad \text{这里 } \exp(x) = e^x.$$

看 3.5 节．对于 n 个独立的 $N(\mu, 1)$ 变量 $X_1, \cdots, X_n$，在 $x_1, \cdots, x_n$ 的密度为
$$\left(\frac{1}{\sqrt{2\pi}}\right)^n \exp\left[-\frac{1}{2}\sum_{i=1}^n (x_i - \mu)^2\right].$$

似然函数(likelihood function)是在数据 $X_1, \cdots, X_n$ 的密度，它被看成是参数 μ 的函数．对数似然函数更有用：
$$L_n(\mu) = -\frac{1}{2}\sum_{i=1}^n (X_i - \mu)^2 - n\log(\sqrt{2\pi}).$$

符号显示 $L_n(\mu)$ 依赖于样本量 n 及参数 μ．它还依赖于数据，因为似然函数是在 X_i 求值的：看看方程的右边．

MLE 是使得 $L_n(\mu)$ 最大的参数值 $\hat{\mu}$．为求 MLE，你首先可以求 $L_n(\mu)$ 关于 μ 的微分：
$$L_n'(\mu) = \sum_{i=1}^n (X_i - \mu).$$

设 $L_n'(\mu)$ 为 0，并解出来．使得 $L_n'(\mu) = 0$ 的唯一的 μ 是 $\hat{\mu} = \overline{X}$，即样本均值．核对
$$L_n''(\mu) = -n.$$

于是，$\overline{X}$ 使 $L_n(\mu)$ 最大而不是最小．（这里，L_n' 表示导数而不是转置，L_n'' 是二阶导数．）

基本思路是什么？假定正态模型成立，试图从数据来估计参数 μ．MLE 寻求这样的 μ，使得在给定模型后，让数据尽可能地像是从有这个 μ 的模型产生的．技术上，这意味着寻求使 $L_n(\mu)$ 最大的 μ．

例 2 Binomial$(1, p)$，$0 < p < 1$．令 X_i 为独立的．每个 X_i 以概率 p 为 1，以剩下的概率 $1-p$ 为 0．因此 X_i 有 Binomial$(1, p)$ 分布．令 $x_i = 0$ 或 1．使得对于 $i = 1, \cdots, n$，$X_i = x_i$ 的概率为
$$\prod_{i=1}^n p^{x_i}(1-p)^{1-x_i}.$$

道理是：由于独立性，概率是 n 个因子的乘积．如果 $x_i = 1$，第 i 个因子为 $P_p(X_i = 1) = p =$

$p^{x_i}(1-p)^{1-x_i}$, 这是因为 $(1-p)^0=1$. 如果 $x_i=0$, 这个因子为 $P_p(X_i=0)=1-p=p^{x_i}(1-p)^{1-x_i}$, 这是因为 $p^0=1$. (这里 P_p 为当参数为 p 时控制 X_i 的概率.) 令 $S=X_1+\cdots+X_n$. 核对

$$L_n(p) = \sum_{i=1}^n [X_i \log p + (1-X_i)\log(1-p)]$$
$$= S\log p + (n-S)\log(1-p).$$

现在

$$L_n'(p) = \frac{S}{p} - \frac{n-S}{1-p}$$

及

$$L_n''(p) = -\frac{S}{p^2} - \frac{n-S}{(1-p)^2}.$$

MLE 为 $\hat{p}=S/n$.

如果 $S=0$, 似然函数在 $\hat{p}=0$ 最大. 这是"端点最大". 类似地, 如果 $S=n$, 似然函数在 $p=1$ 有端点最大. 在第一种情况, 在 $(0,1)$, $L_n'<0$. 在第二种情况, 在 $(0,1)$, $L_n'>0$. 在任何一种情况下, $L_n'(p)=0$ 都无解.

例 3 Poisson(λ), $0<\lambda<\infty$. 令 X_i 为独立的 Poisson(λ). 如果 $j=0,1,\cdots$ 那么

$$P_\lambda(X_i=j) = e^{-\lambda}\frac{\lambda^j}{j!}$$

及

$$P_\lambda(X_i=j_i, i=1,\cdots,n) = e^{-n\lambda}\lambda^{j_1+\cdots+j_n}\prod_{i=1}^n \frac{1}{j_i!},$$

这里 P_λ 为当参数为 λ 时控制 X_i 的概率分布. 令 $S=X_1+\cdots+X_n$. 于是

$$L_n(\lambda) = -n\lambda + S\log\lambda - \sum_{i=1}^n \log(X_i!).$$

现在

$$L_n'(\lambda) = -n + \frac{S}{\lambda}$$

及

$$L_n''(\lambda) = -\frac{S}{\lambda^2}.$$

MLE 为 $\hat{\lambda}=S/n$. (如果, $S=0$, 这是端点最大.)

例 4 令 X 为一个正的随机变量, $P_\theta(X>x)=\theta/(\theta+x)$, $0<x<\infty$, 这里参数 θ 是一个正实数. X 的分布函数是 $x/(\theta+x)$. 密度是 $\theta/(\theta+x)^2$. 令 $X_1,\cdots,X_n$ 为独立的, 有密度 $\theta/(\theta+x)^2$. 那么

$$L_n(\theta) = n\log\theta - 2\sum_{i=1}^n \log(\theta+X_i).$$

现在

$$L'_n(\theta) = \frac{n}{\theta} - 2\sum_{i=1}^{n} \frac{1}{\theta + X_i}$$

及

$$L''_n(\theta) = -\frac{n}{\theta^2} + 2\sum_{i=1}^{n} \frac{1}{(\theta + X_i)^2}.$$

没有关于 MLE 的显性公式，但你可以在计算机上用数值方法来求．（书后的计算机实验 10～12 将让你开始求数值最大值，或者看本章结尾的札记，更细节的处理超出了本书讨论范围．）这个例子有些人工化，它将被用于描述 MLE 的某些特性．

评论．在例 1，样本均值 $\overline{X}$ 为 $N(\mu, 1/n)$．在例 2，和为 $\text{Binomial}(n, p)$：

$$P_p(S = j) = \binom{n}{j} p^j (1-p)^{n-j}.$$

在例 3，和为 $\text{Poisson}(n\lambda)$：

$$P_\lambda(S = j) = e^{-n\lambda} \frac{(n\lambda)^j}{j!}.$$

定义 有一个以 θ 为参数的统计模型．Fisher 信息量（Fisher information）为 $I_\theta = -E_\theta[L''_1(\theta)]$，即样本量为 1 的对数似然函数的二阶导数的负期望值．

定理 1 假定 $X_1, \cdots, X_n$ 为 IID，有具有参数 θ 的概率分布．令 θ_0 为 θ 的真实值．在正则条件下（这里省略了），关于 θ 的 MLE 为渐近正态的．MLE 的渐近均值为 θ_0．渐近方差能够以三种方式计算：

（ⅰ）$I_{\theta_0}^{-1}/n$；

（ⅱ）$I_{\hat\theta}^{-1}/n$；

（ⅲ）$[-L''_n(\hat\theta)]^{-1}$．

如果 $\hat\theta$ 为 MLE，而且 v_n 为渐近方差，该定理表明，当样本量大时，$(\hat\theta - \theta_0)/\sqrt{v_n}$ 接近 $N(0, 1)$——我们在从 θ_0 抽样．（"渐近"结果对于大样本几乎是对的．）在（ⅲ）中的 $[-L''_n(\hat\theta)]$ 常常称为"观测的信息量"．选择（ⅲ），样本量 n 就构造在 L_n 中了：不用除 n．

MLE 能够用于多维问题，而且定理 1 做了推广．当参数向量 θ 为 p 维时，$L'(\theta)$ 是一个 p 向量．$L'(\theta)$ 的第 j 个分量为 $\partial L/\partial \theta_j$．而且 $L''(\theta)$ 为一个 $p \times p$ 矩阵．$L''(\theta)$ 的第 ij 个分量为

$$\frac{\partial^2 L}{\partial \theta_i \partial \theta_j} = \frac{\partial^2 L}{\partial \theta_j \partial \theta_i}.$$

我们假定 L 为光滑的．那么矩阵 L'' 为对称的．我们仍然定义 $I_\theta = -E_\theta[L''_1(\theta)]$．现在它是一个 $p \times p$ 矩阵．$I_{\theta_0}^{-1}/n$ 的对角线元素给出了 $\hat\theta$ 的分量的渐近方差，对角线外的元素为协方差．类似的评论可应用于 $-L''_n(\hat\theta)^{-1}$．

如果独立变量不是同分布的将如何？定理 1 能够覆盖这种情况，尽管关于渐近方差的选项（ⅰ）和（ⅱ）变得更加复杂一些．比如，选项（ⅰ）成为 $\{-E_{\theta_0}[L''_n(\theta_0)]\}^{-1}$．即使似然函数较难计算，观测的信息量也是一个好的选择．

例子．正态、二项、Poisson 为"指数族"，关于它的理论特别诱人（虽然超出本书讨论范

围). 其中，似然函数一般有唯一的极大值. 而其他类型的模型通常有若干局部极大值和极小值.

警告. 通常 MLE 是有偏的，尽管对于大样本偏倚很小. 渐近方差仍然是个近似. 而且，对于小样本，MLE 的分布常常远离正态.

练习组 A

1. 在例 1 中，对数似然函数是个和，与在例 2、例 3 和例 4 中一样. 这是巧合吗？如果不是，原理是什么？

2. (a) 假定 $X_1, X_2, \cdots, X_n$ 为 IID $N(\mu, 1)$. 求 μ 的 MLE 的均值和方差. 求 MLE 的分布，并且和定理比较. 表明 $-L_n''(\hat{\mu})/n \to I_\mu$. 评论：对于正态，渐近性质极好.
   (b) 如果 U 为 $N(0, 1)$，表明 U 为对称的，即 $P(U<y)=P(-U<y)$. 提示：(i) $P(-U<y)=P(U>-y)$，而且 (ii) $\exp(-x^2/2)$ 为 x 的对称函数.

3. 对于例 2 的二项分布重复 2(a). MLE 是正态分布吗？或者它仅仅是近似正态吗？

4. 对于例 3 的 Poisson 分布重复 2(a). MLE 是正态分布吗？或者它仅仅是近似正态吗？

5. 求 $\theta U/(1-U)$ 的密度，这里 U 为在 $[0, 1]$ 上的均匀分布而且 $\theta>0$.

6. 对 $i=1, \cdots, n$，假定 $X_i>0$ 为独立的，而且它们的共同密度为 $\theta/(\theta+x)^2$，如例 4 那样. 表明 $\theta L_n'(\theta) = -n + 2\sum_{i=1}^n X_i/(\theta+X_i)$. 导出：当 θ 从 0 增加到 ∞ 时，$\theta \to \theta L_n'(\theta)$ 从 n 减至 $-n$. 得出 L_n 有唯一的极大值的结论. (提醒：L_n' 表示导数而不是转置.)

7. 例 4 中的 X 的中位数是多少？

8. 表明在例 4 中的 Fisher 信息量为 $1/(3\theta^2)$.

9. 假定 X_i 对 $i=1, \cdots, n$ 是独立的，有共同的 Poisson 分布. 假定 $E(X_i)=\lambda>0$，但是感兴趣的参数是 $\theta=\lambda^2$. 求 θ 的 MLE. 这个 MLE 是有偏的还是无偏的？

10. 如在练习 9 中那样，但感兴趣的参数为 $\theta=\sqrt{\lambda}$. 求 θ 的 MLE. 这个 MLE 是有偏的还是无偏的？

11. 令 β 为一个未知正实数. 假定 X_i 为独立的 Poisson 随机变量，$E(X_i)=\beta i, i=1, 2, \cdots, 20$. 你如何估计 β？

12. 假定 X, Y, Z 为独立正态随机变量，每个有方差 1. 均值分别为 $\alpha+\beta, \alpha+2\beta, 2\alpha+\beta$，其中 α 和 β 是待估计参数. 表明 MLE 和 OLS 估计相同. 注意：这通常并不见得对——该结果依赖于正态性假定.

13. 令 θ 为一个未知正实数. 对 $i=1, \cdots, n$，假定 X_i 是独立的，有共同的依赖于 θ 的分布 $P_\theta: P_\theta\{X_i=j\}=c(\theta)(\theta+j)^{-1}(\theta+j+1)^{-1}, j=0, 1, 2, \cdots$. 什么是 $c(\theta)$？你将如何估计 θ？求 $c(\theta)$ 的提示. $\sum_{j=0}^\infty (a_j - a_{j+1})$ 是什么？$(\theta+j)^{-1} - (\theta+j+1)^{-1}$ 是什么？

14. 对 $i=1, \cdots, n$，假定 X_i 是独立的，有共同密度 $\frac{1}{2}\exp(-|x-\theta|)$，这里 θ 是一个参数，x 是实数，n 为奇数. 表明 θ 的 MLE 为样本中位数. 提示：看练习 2B18.

7.2 probit 模型

对于对象 i，probit 模型用一行协变量 X_i 来解释一个 0-1 响应变量 Y_i. 令 X 为以 X_i 作为其第 i 行的矩阵. X 的每一行代表一个对象的各个协变量，其每一列代表一个协变量. 给定 X，响应 Y_i 假定是独立随机变量，取值 0 或 1，而且

$$P(Y_i = 0 \mid X) = 1 - \Phi(X_i\beta), \quad P(Y_i = 1 \mid X) = \Phi(X_i\beta).$$

这里，Φ 为标准正态分布函数，β 是一个参数向量. 可以用任何分布：用 Φ 使之成为 probit 模型而不是 logit 模型或者什么别的模型.

下面让我们看一些例子. 去年大约有三分之一 25 岁以上的美国人阅读过书. 看上去有些奇怪，但却是真的. 随着教育、收入、性别等的不同，读过书的概率也在变. 在一个关于这个问题的（假想的）研究中，对象被标以 $i = 1, \cdots, n$. 如果对象 i 去年读过书，响应变量 Y_i 定义为 1，否则 $Y_i = 0$. 对象 i 的解释变量为 $X_i = [1, \text{ED}_i, \text{INC}_i, \text{MAN}_i]$：

ED_i 为对象 i 完成的教育年限.

INC_i 为对象 i 的年收入.

如果对象 i 是男性，MAN_i 为 1，否则为 0.（这是哑变量，见 6.6 节.）

参数向量 β 为 4×1. 给定协变量矩阵 X，Y_i 假定是独立的，有 $P(Y_i = 1) = \Phi(X_i\beta)$，这里 Φ 为标准正态分布函数.

这很像掷硬币（例 2），但是有一个主要区别. 每个对象 i 有一个不同的读书概率. 这些概率都用同样的公式 $\Phi(X_i\beta)$ 来计算. 参数向量 β 对所有的对象都是一样的. 这把不同的对象绑在一起. 不同的对象仅仅因为它们的协变量不同而有不同的概率. 让我们用一些特例来澄清这一点.

例 5 假定我们知道 $\beta_1 = -0.35$，$\beta_2 = 0.02$，$\beta_3 = 1/100\,000$，$\beta_4 = -0.1$. 一个男性受过 12 年教育而且一年挣 40 000 美元. 他的 $X_i\beta$ 为

$$-0.35 + 12 \times 0.02 + 40\,000 \times \frac{1}{100\,000} - 0.1 = -0.35 + 0.24 + 0.4 - 0.1 = 0.19.$$

他去年读过书的概率为 $\Phi(0.19) = 0.58$.

一个类似情况的女性有 $X_i\beta = -0.35 + 0.24 + 0.4 = 0.29$. 她去年读过书的概率为 $\Phi(0.29) = 0.61$，比在例 5 中和她类似的男性的 0.58 稍高一点儿. 哑变量的要点就是对男性加 β_4 到 $X_i\beta$，而不对女性加. 这里 β_4 是负的.（加一个负数就是多数人所说的减.）

估计. 下面我们来看 β 是未知的情况，这时它要通过最大似然函数从数据来估计. probit 模型做出了独立的假定，因此，似然函数是一个乘积，每个因子相应于一个对象. 让我们为两个对象计算这个因子.

例 6 对象为男性，受过 18 年教育，工资为 60 000 美元. 他不读书，通过看电视或者听歌剧来消遣. 他在似然函数中的因子为

$$1 - \Phi(\beta_1 + 18\beta_2 + 60\,000\beta_3 + \beta_4).$$

他的概率是 $1 - \Phi$，因为他不读书. 方程里有 $+\beta_4$ 是因为是他而不是她. 电视与歌剧和该模型无关.

例 7 对象为女性，受过 16 年教育，工资为 45 000 美元．她读书，有红色头发，并且喜欢潜水．她在似然函数中的因子为

$$\Phi(\beta_1 + 16\beta_2 + 45\,000\beta_3).$$

她的概率是 Φ，因为她读书．方程里没有 β_4：她的哑变量的值为 0．头发颜色与水下活动和该模型无关．

因为似然是一个乘积——我们已经以 X 为条件了——对数似然是一个和，对每个对象有一项：

$$L_n(\beta) = \sum_{i=1}^{n}(Y_i\log[P(Y_i=1|X_i)] + (1-Y_i)\log[1-P(Y_i=1|X_i)])$$

$$= \sum_{i=1}^{n}(Y_i\log[\Phi(X_i\beta)] + (1-Y_i)\log[1-\Phi(X_i\beta)]).$$

读者贡献了带有 $\log[\Phi(X_i\beta)]$ 的项：由于如果对象 i 是读者，则 $Y_i=1$，因此 $\log[1-\Phi(X_i\beta)]$ 这项没有了．相反，在非读者的情况：$Y_i=0$，$\log[\Phi(X_i\beta)]$ 这项没有了，而 $\log[1-\Phi(X_i\beta)]$ 保留．如果有疑问，复习 7.1 节的二项例子．

给定 X 后，Y_i 是独立的．它们不是同分布的：$P(Y_i=1|X)=\Phi(X_i\beta)$ 随着 i 的不同而不同．正如前面指出的，定理 1 能够推广到这个情况，尽管关于渐近方差的（i）和（ii）需要修正：比如（i）成为 $\{-E_{\theta_0}[L_n''(\theta_0)]\}^{-1}$．我们通过使 $L_n(\beta)$ 最大来估计 β．而在多数应用中，这是不可能计算的，因此用数值方法来计算它．渐近协方差矩阵为 $[L_n''(\hat{\beta})]^{-1}$．用了观测的信息量，因为分析地计算 Fisher 信息矩阵是不可行的．为了得到标准误差，取对角线元素的平方根．

为什么不回归

你也许不想告诉大家 $Y=X\beta+\varepsilon$．理由如下：$X_i\beta$ 会产生一个不是 0 或 1 的数，而 $X_i\beta+\varepsilon_i$ 甚至会更糟糕．下一个选择可能是 $P(Y_i=1|X)=X_i\beta$，Y_i 假定对各个对象条件独立．这是一个"线性概率模型"．第 9 章有一个具有额外复杂性的例子．

给定来自线性概率模型的数据，你能用可行 GLS 来估计 β．但是对某些对象很可能会有 $X_i\hat{\beta}>1$，而对另一些对象有 $X_i\hat{\beta}<0$．概率 1.5 是令人震惊的，-0.3 的概率也一样．probit 模型尊重概率在 0 和 1 之间的这个约束．

在 probit 的背景中，回归就不会是无用的了．对于用数值方法使似然函数最大，它有助于产生一个合理的初始点．对 Y 在 X 上回归，并从此开始探索．

隐变量表示

probit 模型是回归关于二元响应变量的一个类似物，下面要讨论的 logit 回归则是另一个．迄今为止，没有出现误差项．然而，带有误差项的模型是可以被建立的．为了知道如何去做，我们回到读书例子的 probit 模型．

对象 i 有一个隐变量 (latent variable) U_i．它们对所有对象都是 IID $N(0,1)$ 的，并且独立于协变量．（提醒：IID 表独立且同分布的．）如果 $X_i\beta+U_i>0$，则对象 i 读书．如果 $X_i\beta+U_i<0$，则对象 i 不读书．我们不必担心 $X_i\beta+U_i=0$ 的可能性：这是一个 0 概率事件．

已给协变量矩阵 X，对象 i 读书的概率为
$$P(X_i\beta+U_i>0) = P(U_i>-X_i\beta) = P(-U_i<X_i\beta).$$
由于 U_i 为对称的（练习 A2），
$$P(-U_i<X_i\beta) = P(U_i<X_i\beta) = \Phi(X_i\beta).$$
因此 $P(X_i\beta+U_i>0)=\Phi(X_i\beta)$. 新的带有隐变量的公式形式给出了正确的概率.

现在，probit 模型有某些东西像一个误差项，即这个隐变量. 但是隐变量和误差项有一个重要的区别. 你不能估计隐变量，数据只能告诉你 $X_i\beta$ 和 $X_i\beta+U_i$ 的符号. 这不足以确定 U_i. 相反，回归中的误差项能被残差所近似.

隐变量公式形式并不使得假定更清楚. probit 模型要求 U_i 独立于 X_i，而且对各个对象 IID. 这些 U_i 必须是正态的. 对象 i 的响应仅仅依赖于该对象的协变量.（看看那些公式！）

关于 probit 模型的困难问题通常都被回避. IID 的假定对于读书是否现实？如果这恐怕只有一句口头话——"嗨，你必须读这本书，它很棒"则不现实. 为什么 β 对每个人相同？例如，对男性和女性？为什么收入的效应对所有教育水平的对象都相同？其他变量呢？

如果模型中的假设不成立，MLE 将是有偏的，对大样本也是如此. 偏倚可能是严重的. 而且，被估计的标准误差将是不可靠的.

练习组 B

1. 令 Z 为 $N(0,1)$，密度函数为 ϕ，分布函数为 Φ（3.5 节）. 判断下面结论是对还是错，并解释：
   (a) Φ 在 x 处的斜率为 $\phi(x)$.
   (b) 在 ϕ 下面，x 左边的面积为 $\Phi(x)$.
   (c) $P(Z=x) = \phi(x)$.
   (d) $P(Z<x) = \Phi(x)$.
   (e) $P(Z\leqslant x) = \Phi(x)$.
   (f) 如果 h 小并且为正，则 $P(x<Z<x+h) \doteq \phi(x)h$.

2. 简要地，关于读书的 probit 模型表明，如果 $X_i\beta+U_i>0$，则对象 i 去年读过书.
   (a) X_i 和 β 是什么？
   (b) U_i 是一个＿＿＿＿＿＿＿变量. 选择（可以多选）：
       数据　随机　隐　哑元　可观测
   (c) 关于 U_i 的假定是什么？
   (d) 对数似然函数是一个＿＿＿＿＿，有一个＿＿＿＿＿相应于每个＿＿＿＿＿. 用下面选项填空，并简单解释.
       和　积　商　矩阵　项　对象　因子　条目　书　变量

3. 如例 5，假定知道 $\beta_1=-0.35$，$\beta_2=0.02$，$\beta_3=1/100\,000$，$\beta_4=-0.1$. George 受过 12 年教育并且一年挣 40 000 美元. 他的兄弟 Harry 也受过 12 年教育，但一年挣 50 000 美元. 判断下面结论是对还是错，并解释：按照该模型，Harry 去年读过书的概率比 George 的概率高 0.1. 如果不对，计算概率的差.

识别和估计的比较

有两个非常技术性的思想：可识别性（identifiability）和可估计性（estimability）. 先看可识别性. 假定 P_θ 为控制 X 的概率分布. 该分布依赖于参数 θ. 把 X 看成可观测的，这样 P_θ 是可以确定的. 如果对每一对参数值 (θ_1, θ_2)，$f(\theta_1) \neq f(\theta_2)$ 意味着 $P_{\theta_1} \neq P_{\theta_2}$，则函数 $f(\theta)$ 是可识别的. 换句话说，如果改变 $f(\theta)$ 能改变一个可观测随机变量的分布，则 $f(\theta)$ 是可识别的.

对于第二个思想：如果对所有 θ 值，存在一个函数 g，使得 $E_\theta[g(X)] = f(\theta)$，则 $f(\theta)$ 是可估计的，这里 E_θ 意味着从 P_θ 算得的期望值. 这是一个不友善的数学定义：如果存在 $f(\theta)$ 的一个无偏估计，则它是可估计的. 几乎无偏都不行，并且与方差无关.

命题 1 如果 $f(\theta)$ 是可估计的，那么 $f(\theta)$ 是可识别的.

证明 如果 $f(\theta)$ 是可估计的，则有一个函数 g，使得对所有 θ，$E_\theta[g(X)] = f(\theta)$. 如果 $f(\theta_1) \neq f(\theta_2)$，那么 $E_{\theta_1}[g(X)] \neq E_{\theta_2}[g(X)]$. 因此 $P_{\theta_1} \neq P_{\theta_2}$，即 θ_1 和 θ_2 产生了 X 的不同分布.

命题 1 的逆命题不对. 一个参数，或者一个参数的函数，可能是可识别的但不是可估计的. 这是下面例子所表明的.

例 8 假定 $0 < p < 1$ 为一个参数，X 为一个随机变量，满足 $P_p(X=1) = p$ 及 $P_p(X=0) = 1-p$. 那么 $\sqrt{p}$ 为可识别的但不是可估计的. 为证明可识别性，$\sqrt{p_1} \neq \sqrt{p_2}$ 意味着 $p_1 \neq p_2$，因此 $P_{p_1}(X=1) \neq P_{p_2}(X=1)$. 那么，比如，用 $g(X)$ 来估计 $\sqrt{p}$，这里 g 是某个适合的函数，情况又如何呢？有 $E_p[g(X)] = (1-p)g(0) + pg(1)$. 这是 p 的一个线性函数. 但是 $\sqrt{p}$ 不是线性的. 因此，$\sqrt{p}$ 不是可估计的：不存在 g，使得 $E_p[g(X)] = \sqrt{p}$ 对所有 p 满足. 简而言之，正如所说的，$\sqrt{p}$ 是可识别的但不是可估计的.

对于二项分布，参数是一维的. 然而，定义仍然适用于多维参数. 可识别性是一个重要的概念，但是它看上去有些神秘. 让我们换个说法.

你能够从可观测随机变量的联合分布得到的某些东西为可识别的.

例 9 有三个参数 a, b, σ^2. 假定 $Y_i = a + bx_i + \delta_i, i = 1, 2, \cdots, 100$. x_i 是固定的并且已知，事实上，所有的 x_i 都恰巧是 2. 不可观测的 δ_i 为 IID $N(0, \sigma^2)$. a 是可识别的吗？是可估计的吗？b 呢？$a+2b$ 呢？σ^2 呢？首先，Y_i 为 IID $N(a+2b, \sigma^2)$. Y_i 的样本均值估计 $a+2b$. 于是，$a+2b$ 是可估计的及可识别的. Y_i 的样本方差估计 σ^2——如果你除 99 而不是 100. 这样，σ^2 是可估计的及可识别的.

然而，a 和 b 各自都不是可识别的. 比如，如果 $a=0$, $b=1$, Y_i 将是 IID $N(2, \sigma^2)$. 如果 $a=1$, $b=0.5$, Y_i 将是 IID $N(2, \sigma^2)$. 如果 $a=\sqrt{17}$, $b=(2-\sqrt{17})/2$, Y_i 将是 IID $N(2, \sigma^2)$. 有无穷多的 a 和 b 的组合产生 Y_i 的完全一样的分布. 这就是为什么关于 Y_i 的信息无法帮助你把 $a+2b$ 分开成 a 和 b. 如果你想要分别识别 a 和 b，你需要 x_i 的某些变化.

例 10 假定 U 和 V 为独立随机变量，U 为 $N(a, 1)$ 及 V 为 $N(b, 1)$，这里 a 和 b 为参数. 虽然 $U+V$ 是可观测的，但是 U 和 V 本身是不可观测的. $a+b$ 是可识别的吗？a 呢？b 呢？首先，$E(U+V) = a+b$. 所以 $a+b$ 是可估计的，因此是可识别的. 另一方面，如果给 a 增加一个量，而

减少 b 同样的量,那么 $a+b$ 没有变. $U+V$ 的分布也没有变. 因此,a 和 b 本身是不可识别的.

如果 U_i 为 $N(\mu, \sigma^2)$ 又如何

回到关于阅读书的 probit 模型,并且试 $N(\mu, 1)$ 隐变量. 那么截距 β_1 和 μ 混在一起. 你能够识别 $\beta_1+\mu$,但是不能分别得到 β_1,μ. 如果隐变量为 $N(0, \sigma^2)$ 呢?没有某些限制,参数就不可识别. 比如,给定 X_i,$\sigma=1$ 和 $\beta=\gamma$ 的组合与 $\sigma=2$ 和 $\beta=2\gamma$ 的组合产生了 Y_i 的相同的概率分布. 设 $\sigma=1$ 使得其他参数可识别. 如果隐变量的分布随对象而改变,则会有麻烦.

练习组 C

1. 如果 X 为 $N(\mu, \sigma^2)$,表明 μ 是可估计的,σ^2 是可识别的.
2. 假定 X_1,X_2,X_3 为独立正态随机变量. 每个有方差 1. 均值分别为 α,$\alpha+9\beta$,$\alpha+99\beta$. α 和 β 是可识别的吗?是可估计的吗?
3. 假定 $Y=X\beta+\varepsilon$,这里 X 为固定的 $n\times p$ 矩阵,β 为 $p\times 1$ 参数向量. ε_i 是 IID,均值为 0,方差为 σ^2. 如果 X 的秩为 p,β 是可识别的吗?如果 X 的秩为 $p-1$ 呢?
4. 假定 $Y=X\beta+\varepsilon$,这里 X 为固定的 $n\times p$ 矩阵,秩为 p,β 为 $p\times 1$ 参数向量. ε_i 是独立的,有共同方差 σ^2,而且 $E(\varepsilon_i)=\mu_i$,这里 μ 是 $n\times 1$ 参数向量. β 是可识别的吗?
5. 假定 X_1 和 X_2 为 IID,$P_p(X_1=1)=p$ 及 $P_p(X_1=0)=1-p$,参数 p 在 0 和 1 之间. p^3 是可识别的吗?是可估计的吗?
6. 假定 U 和 V 独立,U 为 $N(0, \sigma^2)$,V 为 $N(0, \tau^2)$,这里 σ^2 和 τ^2 为参数. 然而,U 和 V 是不可观测的. 仅仅 $U+V$ 是可观测的. $\sigma^2+\tau^2$ 是可识别的吗?σ^2 和 τ^2 呢?
7. 如果 X 分布和一个 $N(\mu, 1)$ 变量的绝对值的分布一样,表明:
   (a) $|\mu|$ 是可识别的. 提示:$E(X^2)$ 是什么?
   (b) μ 本身不是可识别的. 提示:μ 和 $-\mu$ 导致 X 的同样分布.
8. 加分题:假定 X 为 $N(\mu, \sigma^2)$. $|\mu|$ 是可估计的吗?那么 σ^2 呢?评论. 我们仅仅有一个观测 X,而不是很多观测. 对这个练习的严格的解可能包括控制收敛定理,或者 Laplace 变换的唯一性定理.

7.3 logit 模型

logit 模型常常用来代替 probit 模型. 设置是同样的,区别是使用 logistic 分布函数 Λ,而不是正态 Φ:

$$\Lambda(x) = \frac{e^x}{1+e^x}, \quad -\infty < x < \infty.$$

优势[⊖](odds) 为 $p/(1-p)$. 人们记优势的对数为 logit:

[⊖] 原作者写的是 odds ratio(可译为优势比,或优比),实际上,odds ratio 应该是两个事件的优势的比,比如 $\dfrac{p_1/(1-p_1)}{p_2/(1-p_2)}$. 此外,优势 $p/1-p$ 常用于博彩,也译为赔率. ——译者注

$$\text{logit } p = \log \frac{p}{1-p}, \quad 0 < p < 1.$$

logit 模型说，在给定协变量 X 时，响应变量 Y_i 是独立的，而且 $P(Y_i=1\,|\,X)=\Lambda(X_i\beta)$，即
$$\text{logit} P(Y_i=1\,|\,X) = X_i\beta.$$

（看下面练习 6.）从隐变量的角度，

如果 $X_i\beta+U_i>0$，则 $Y_i=1$，但如果 $X_i\beta+U_i<0$，则 $Y_i=0$.

隐变量 U_i 独立于协方差矩阵 X，而且 U_i 为 IID，但现在，U_i 的共同分布为 Λ. logit 模型用 Λ 而 probit 模型用 Φ. 这就是不同. "Logistic 回归"是 logit 模型的同义词.

练习组 D

1. 假定随机变量 X 有一个连续的、严格递增的分布函数 F. 表明 $F(X)$ 在 $[0,1]$ 上是均匀的.
   提示：表明 F 有一个连续的、严格递增的逆 F^{-1}，这样 $F(X)<y$ 当且仅当 $X<F^{-1}(y)$.

2. 相反，如果 U 在 $[0,1]$ 上均匀，表明 $F^{-1}(U)$ 有分布函数 F. （这个思想常常用于从 F 模拟产生 IID 样本.）

关于 logit 模型

3. 验证 logistic 分布函数 Λ 为单调递增的. 提示：如果 $1-\Lambda$ 为递减的，那就差不多了.

4. 验证 $\Lambda(-\infty)=0$ 及 $\Lambda(\infty)=1$.

5. 验证 logistic 分布为对称的，即 $1-\Lambda(x)=\Lambda(-x)$. 外表是会骗人的……

6. (a) 如果 $P(Y_i=1\,|\,X)=\Lambda(X_i\beta)$，表明 logit $P(Y_i=1\,|\,X)=X_i\beta$.
   (b) 如果 logit $P(Y_i=1\,|\,X)=X_i\beta$，表明 $P(Y_i=1\,|\,X)=\Lambda(X_i\beta)$.

7. 如 U 在 $[0,1]$ 上是均匀的，$\log U-\log(1-U)$ 的分布是什么？提示：表明 $\log u-\log(1-u)$ 为 u 的严格递增函数，然后计算 $\log U-\log(1-U)>x$ 的机会.

8. 对于 $\theta>0$，假定 X 在正半轴 $(0,\infty)$ 有密度 $\theta/(\theta+x)^2$. 表明 $\log(X/\theta)$ 有 logistic 分布.

9. 表明 $\varphi(x)=-\log(1+e^x)$ 在 $(-\infty,\infty)$ 上为严格上凸的. 提示：验证 $\varphi''(x)=-e^x/(1+e^x)^2<0$.

10. 假定以协变量 X 为条件，Y_i 为独立的 0-1 变量，而且 logit $P(Y_i=1\,|\,X)=X_i\beta$，即 logit 模型成立. 表明对数似然函数能够写成
$$L_n(\beta)=-\Big(\sum_{i=1}^n \log[1+\exp(X_i\beta)]\Big) + \Big(\sum_{i=1}^n X_i Y_i\Big)\beta.$$

11. （继续练习 9 和 10；难题.）表明 $L_n(\beta)$ 为 β 的一个上凸函数，而且在 X 满秩时为严格上凸的. 提示：令参数向量 β 为 $p\times 1$，令 c 为 $p\times 1$ 向量，而且 $\|c\|>0$，你需要表明 $c'L_n''(\beta)c\leq 0$，而当 X 满秩时不等式为严格的；令 X_i 为 X 的第 i 行，是 $1\times p$ 向量，确认 $L_n''(\beta)=\sum_i X_i'X_i\varphi''(X_i\beta)$，这里 φ 定义在练习 9 中；验证对于所有 $i=1,\cdots,n$，$c'X_i'X_ic\geq 0$ 及 $\varphi''(X_i\beta)\leq m<0$，这里 m 为一个依赖于 β 的实数.

关于 probit 模型

12. 令 Φ 为标准正态分布函数（均值为 0，方差为 1）. 令 $\phi=\Phi'$ 为密度. 表明 $\phi'(x)=-x\phi(x)$. 如果 $x>0$，表明

$$\int_x^\infty z\phi(z)\mathrm{d}z = \phi(x) \quad \text{及} \quad 1-\Phi(x) < \int_x^\infty \frac{z}{x}\phi(z)\mathrm{d}z.$$

得出，对 $x>0$，$1-\Phi(x)<\phi(x)/x$. 如果 $x<0$，表明 $\Phi(x)<\phi(x)/|x|$. 表明 $\log\Phi$ 和 $\log(1-\Phi)$ 为严格上凸的，因为它们的二阶导数严格为负. 提示：对 $x>0$ 及 $x<0$ 两种情况分别来做.

13. （继续练习 12：难题.）表明 probit 模型的对数似然是上凸的，并且如果 X 满秩，则是严格上凸的. 提示：像练习 11 那样.

7.4 天主教学校的效应

美国的天主教学校似乎比公立学校更有效. 毕业率较高，并且有更多的学生升入大学. 但是这可能是由学生的特征所致. 比如，较富有的学生会更可能进入天主教学校，而较富裕的孩子学业上会做得更好. 这可能解释表面上的效应. Evans and Schwab(1995) 利用一个 probit 模型来对学生的诸如家庭收入等特征做了调整. 基于诸如智力和动机等没有度量的特征，他们用两个方程的模型来调整选择效应. 例如，天主教学校看上去好是因为他们筛去了智力较差的、动机较少的学生，或者那些更聪明及有更好动机的学生自己选择天主教学校.（重印在本书后面的这篇文章拒绝这些解释.）

数据来自于中学的"中学及以后"（High School and Beyond）的调查. Evans and Schwab 在原始的 1980 年调查中着眼于大学二年级学生以及回答了 1982 和 1984 跟踪调查的人. 退学者被排除. 这样，389 个进入非天主教私立学校或毕业情况不明的学生也被排除了. 剩下 13 294 个学生在样本中. 文章中的表 1 概括了这个数据：97% 的天主教学校学生毕业了，这和公立学校的 79% 相比是一个给人深刻印象的区别.

表 1 还显示了潜在的混杂. 比如，在天主教学校中有 79% 的学生是天主教徒，而公立学校只有 29%，这倒不很令人惊奇. 再有，天主教学校中有 14% 的学生家庭收入高于 38 000 美元，而公立学校为 7%.（这是 20 世纪 80 年代的美元，那时的 38 000 美元可能等于 21 世纪初的 80 000 美元.）最后的例子是，天主教学校中有 2% 的学生是 19 岁或者更大些，而公立学校有 8%. 但混杂一般并不突出. 表 2 有按照学校类型的更详细的结果. 表 3 为 probit 的结果. 基本点是：由度量的变量所造成的混杂看上去并不能解释天主教学校和公立学校之间不同的成功率. 在宗教信仰上的不平衡后面将会单独讨论.

为了定义在 Evans and Schwab 表 3 背后的模型，如果学生 i 毕业了，那么令 Y_i 为 1；否则 Y_i 为 0. 给定协变量，模型表示毕业与否对于不同学生是独立的. 对于学生 i，

$$P(Y_i = 1|C,X) = \Phi(C_i\alpha + X_i\beta), \tag{1}$$

这里，如果学生 i 进入的是天主教学校，$C_i=1$，而如果学生 i 进的是公立学校，$C_i=0$. 其次，X_i 为哑变量向量，描述第 i 个学生的个人特征——性别、族群、家庭收入、……在 (1) 左边的矩阵 X 对每个学生有一行，对每个变量有一列：X_i 为 X 的第 i 行. 类似地，C 是第 i 个分量为 C_i 的向量. 如通常那样，Φ 为标准正态分布函数. 参数 α 和 β 由最大似然法估计：α 为数量，而 β 为一个向量.（我们没有利用和那篇文章同样的记号.）

对于 Evans and Schwab，在 (1) 中感兴趣的参数为 α，它度量在所有其他（如性别、种

族等）都相等时天主教学校相对于公立学校的效应.（这种均衡是由模型背后的假定做出的，"所有其他相等"是一个不容轻视的短语.）天主教学校在毕业上面的效应是正的，而且高度显著：$\hat{\alpha}=0.777$，SE 为 0.056，因此 $t=0.777/0.056 \doteq 14$.（看表 3，14 的 t 统计量不在里面，但注意这是一个大样本.）SE 来自观测的信息量 $[-L_n''(\hat{\alpha},\hat{\beta})]^{-1}$.

对于每一类特征，效应都相对于一个被忽略的范畴.（如果你每次都把所有的范畴放入，设计矩阵将不满秩，而参数将不可识别.）例如，有一个哑变量的为加入天主教学校，但是没有哑变量的为公立学校. 加入公立学校是被忽略的范畴. 进入天主教学校的效应是相对于公立学校来度量的.

家庭收入出现在模型中，但是没有作为一个连续变量. 然而这里有一组哑变量来描述家庭收入——缺失值，7000 美元，7000－12 000 美元，……（回答者在问卷的小方块上做记号来指出家庭收入的范围，有些不回答这个问题.）对于每个学生，有一个且仅有一个收入哑变量被选入，并标以 1，其他皆为 0. 在表 3 中缺失的范畴为 38 000 美元以上. 你必须回到该文的表 1 来发现这被忽略的范畴.

在其他情况相同时，其家庭收入列为缺失的学生比家庭收入在 38 000 美元以上的学生毕业机会要少. 该差别在 probit 尺度上为 -0.111；你在"probit 系数"列找哑变量"家庭收入缺失"并能看到 -0.111（Evans and Schwab 的表 3）. 不应该奇怪有负号. 一般来说，缺失值是一个坏征兆. 类似地，在其他情况相同时，家庭收入在 7000 美元以下的学生比家庭收入在 38 000 美元以上的学生毕业机会要少. 该差别在 probit 尺度上为 -0.300. 表 3 中的其他系数能以类似方式解释.

在该文章表 3 中报告了"边际效应". 例如，天主教学校的边际效应是对 $\Phi(C_i\hat{\alpha}+X_i\hat{\beta})$ 关于 C_i 取偏导数得到的：

$$\frac{\partial}{\partial C_i}\Phi(C_i\hat{\alpha}+X_i\hat{\beta})=\phi(C_i\hat{\alpha}+X_i\hat{\beta})\hat{\alpha}, \tag{2a}$$

这里 $\phi=\Phi'$ 为标准正态密度. X_i 的第 j 个分量边际效应为关于 X_{ij} 的偏导数：

$$\phi(C_i\hat{\alpha}+X_i\hat{\beta})\hat{\beta}_j. \tag{2b}$$

但是 $\phi(C_i\hat{\alpha}+X_i\hat{\beta})$ 依赖于 C_i，X_i. 这样，应该用什么值？看该文的注 10. 我们讨论的是 17 岁的白人女性，和双亲一起生活，进入的是公立学校……

如果你相信模型而且变量是连续的，边际效应则是可以解释的. 然而，即使你仅看该模型的表面价值，对于分类变量有一个大问题. 你是在使女学生更女性吗？你能使公立学校有一点点天主教性？？

平均处理的效应（表 3 的最后）为

$$\frac{1}{n}\sum_{i=1}^{n}[\Phi(\hat{\alpha}+X_i\hat{\beta})-\Phi(X_i\hat{\beta})]. \tag{3}$$

公式以两种假想场景比较学生自己：（ⅰ）进入天主教学校，（ⅱ）进入公立学校. 你对每个学生取毕业概率的差. 然后你对研究所涉及的学生取平均：学生标为 $i=1,\cdots,n$.

对每个学生，一种场景是事实，而另一种不是事实. 无论如何，学生不能既去天主教中学又去公立中学，至少不会很长. 毕业仅仅在真实场景观测到. 计算并不利用可观测的结果. 相反，计算利用了从模型计算出来的概率. 如果模型能够被信赖，这也行. 否则，从（3）计算的数目没有多少意义.

隐变量

方程 (1) 和下面的等价. 如果
$$C_i\alpha + X_i\beta + V_i > 0, \tag{4}$$
则学生 i 将毕业；否则学生 i 不毕业. 回忆，在第一种情况，$Y_i=1$, 在第二种情况为 0. 常常把这关系缩短为：如果 $C_i\alpha+X_i\beta+V_i>0$, 则 $Y_i=1$；否则 $Y_i=0$. 已给 C 和 X, (不可观测的) 隐变量 V_i 假定对所有对象为 IID $N(0,1)$. 隐变量假定覆盖诸如智力、态度、动机、父母态度等未度量变量的效应. Evans and Schwab 从 (4) 导出上面方程 (1), 但是验证他们形式的 (4) 式的关于"纯粹利益"的讨论也仅仅是讨论而已.

响应方案

在 Evans and Schwab 的处理中，似乎可以随意操纵天主教学校学生的入学、性别、种族等因素. 这没有多大意义. 是否进入学天主教学校可能是可操纵的，但是许多其他度量的变量为很难改变的个人特征.

除了度量的协变量 X_i 之外，学生 i 有上面引进的隐变量 V_i. 在 (4) 背后的响应方案是这样的. 如果
$$c\alpha + X_i\beta + V_i > 0, \tag{5}$$
则学生 i 毕业；否则不毕业. 这里 c 能够被设为 0(把孩子送去公立学校) 或者 1(送去天主教学校). 操纵 c 不会影响 α, β, X_i, V_i——这是一个强假定.

还有统计假定：
$$V_i \text{ 对所有学生 } i \text{ 为 IID } N(0,1), \tag{6}$$
$$\text{那些 } V_i \text{ 独立于 } C \text{ 和 } X. \tag{7}$$
如果 (7) 成立，那么大自然会随机地把学生分到不同的 C 和 X 的组合，独立于 V, 这是另一个强假定.

还有另一种方式写响应方案. 已给协变量 X, 对象 i 毕业的条件概率为 $\Phi(c\alpha+X_i\beta)$. 这个 c 的函数说，如果我们干预，并把 c 设为 0, 那么毕业概率是多少. 该概率将是 $\Phi(X_i\beta)$. 这个函数还说，如果我们干预，并把 c 设为 1, 那毕业概率是多少. 该概率将是 $\Phi(\alpha+X_i\beta)$. 正态分布函数 Φ 是有影响的，因为按照假定，隐变量 V_i 为 $N(0,1)$.

响应方案是个理论. 没有人进行干预来设定 c. "中学及以后"的调查是一个抽样调查而不是实验. 大自然按其规律行事，调查记录了什么发生了. 这样，C_i 是大自然为学生 i 选择的 c 值.

响应方案可能仅仅是理论，但它是重要的. 理论在关联和因果关系之间的差别上搭桥. 没有 (5) 则很难从观测数据得出因果关系的结论. 没有 (6) 和 (7), 统计方法将会是有问题的. 参数估计和标准误差可能是严重偏倚的.

Evans and Schwab 关心 C 可能是内生的 (endogenous), 即和 V 有关. 内生性将使得研究有偏. 例如，天主教学校看上去好，可能是因为他们选了好学生. Evans and Schwab 提供了一个两方程模型来对付这个问题，这是下一个题目.

第二个方程

图 1 显示了这个两方程模型. 第一个方程以其响应方案的形式说, 如果
$$c\alpha + X_i\beta + V_i > 0, \tag{8}$$
则学生 i 毕业; 否则不毕业. 这就是为了方便而在这里重复的 (5).

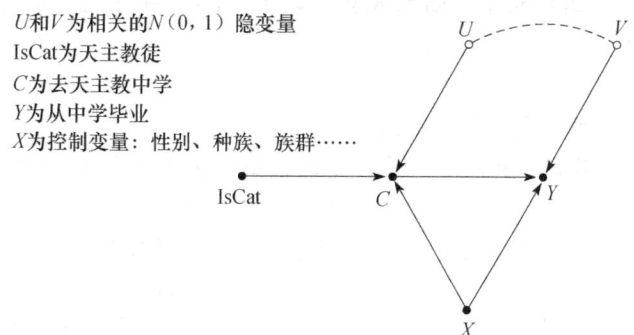

图 1 两方程模型

原则上 c 能够设为 1, 即把该生放入天主教学校; 或者把 c 设为 0, 即把其放入公立学校. 事实上, 大自然选择 c. 大自然选择 c 好像在利用模型的第二个方程. 这就是新内容了.

为了叙述这第二个方程, 如果学生 i 是天主教徒, 则设 $\text{IsCat}_i = 1$; 否则 $\text{IsCat}_i = 0$. 于是, 如果
$$\text{IsCat}_i a + X_i b + U_i > 0, \tag{9}$$
则学生 i 进天主教学校 ($C_i = 1$); 否则进公立学校 ($C_i = 0$). 方程 (9) 是模型的第二个方程: a 是一个新参数, b 是一个新参数向量.

大自然过程好像是从 (9) 来产生 C_i, 并把这个 C_i 代替 (8) 中的 c 以决定学生 i 是否毕业. 这就是连接这两个方程的纽带. 在这两个方程中, 隐变量 U_i 和 V_i 可能是相关的, 正如图 1 的虚线所指出的. 相关系数则是另一个新参数, 用 ρ 表示.

在两方程模型中的统计假定如下:

作为对子, (U_i, V_i) 对所有学生 i 为 IID. (10)

(U_i, V_i) 为二元正态, U_i 有均值 0 和方差 1, V_i 也一样, 因此在 U_i 和 V_i 之间的相关系数为 ρ. (11)

U 和 V 独立于 IsCat 和 X. (12)

条件 (12) 使得 IsCat 和 X 为外生的 (5.4~5.5 节). 在 (11) 中的相关系数 ρ 是一个关键参数. 如果 $\rho = 0$, 则 C_i 独立于 V_i, 我们就不需要第二个方程. 如果 $\rho \neq 0$, 由于 V_i 与 U_i 相关, 而且 U_i 进入确定 C_i 的方程 (9), 所以 C_i 依赖于 V_i. 那么, 在单独方程模型中的假定 (7) 不成立. 两方程模型 (也称为 "二元 probit" (bivariate probit)) 则应该用来对付这个问题. 这就是第二个方程存在的全部理由.

这不是一个简单的模型, 因此, 让我们指导大自然, 通过为了产生这个数据而必须采取的步骤. (回忆, 我们无法知道参数 α, β, a, b 或 ρ——但大自然知道.)

1. 选择 IsCat_i 及 X_i.
2. 从有均值 0, 方差 1, 相关系数为 ρ 的二元正态分布中选取 (U_i, V_i). (U_i, V_i) 独立

于 IsCat 及 X. 它们对不同学生来说是独立的.

3. 核对是否 (9) 成立. 如果成立, 设 C_i 为 1, 并把学生 i 送到天主教学校. 否则, 设 C_i 为 0, 并把学生 i 送到公立学校.

4. 把 (8) 中的 c 设为 C_i.

5. 核对不等式 (8) 是否成立. 如果成立, 设 Y_i 为 1, 并让学生 i 毕业. 否则, 设 Y_i 为 0, 并不让学生 i 毕业.

6. 揭示 IsCat_i, X_i, C_i, Y_i.

7. 撕碎 U_i 和 V_i. (嗨, 它们是隐藏的.)

Evans and Schwab 想要有至少一个影响 C 但又不直接影响 Y 的外生变量. 这个变量称为"工具"(instrument)或"工具变量"(instrumental variable). 这里 IsCat 是工具: 如果学生是天主教徒, 则 IsCat 为 1, 否则为 0. IsCat 进入选择学校的模型 (9), 但是按照假定被排除出毕业模型 (8). 经济学家称这类假定为"排外约束"(exclusion restriction)、"识别约束"(identifying restriction) 或者"结构零"(structural zero). 在图 1 中, 没有从 IsCat 指向 Y 的箭头. 这就是图形对排外约束的暗示.

IsCat 和 X 的外生性是一个关键假定. 在图 1 中, 没有箭头或虚线把 IsCat 和 X 连接到 U 和 V. 这就是图形如何描述外生性的. 没有外生性假定和排外约束, 参数很少是可识别的. 第 9 章有更多的例子. (该图可能在一个方面误导: IsCat 和 X 相关, 虽然可以排除完全共线性.)

这个两方程模型——方程 (8) 和 (9), 以及对隐变量的假定 (10)-(11)-(12), 是被最大似然法估计的. 结果显示在该文表 6 的第 (2) 行. 这些结果至少在学校效应上类似于单方程模型 (表 3). 这是因为对 ρ 的估计值可以忽略.

外生性. 这个术语有几个不同意思. 这里, 我们在稍微弱一些的意义上使用它: 外生变量独立于隐变量. 作为对照, **内生变量**依赖于隐变量. 技术上, 外生变量必须关于模型来定义, 这使这个概念更让人迷惑. 例如, 看两方程模型 (8)-(9). 在这个模型中, C 是一个内生变量, 因为它被隐变量 U 所影响. 然而在 (4) 中, C 能够是外生的: 如果 $\rho=0$, 那么 $C \perp\!\!\!\perp V$. 第 9 章将再讨论内生性.

技巧: 二元 probit

在这一节, 我们将看如何为二元 probit 模型写下似然函数. 以所有外生变量 (包括 IsCat) 为条件. 似然函数是一个乘积, 每个学生一个因子. 这来自于独立性假定 (10) 和 (12). 考虑学生 i. 有 $2 \times 2 = 4$ 种情况需要考虑: $C_i = 0$ 或 1 及 $Y_i = 0$ 或 1.

以 $C_i = 1$, $Y_i = 1$ 开始. 这些都是学生 i 在"中学及以后"调查中记录的事实, 也就是 IsCat 和 X_i 的值. 在问卷中你无法发现的是 U_i 或者 V_i. 我们需要在给定所有外生变量的情况下, 计算 $C_i = 1$ 和 $Y_i = 1$ 的机会. 按照模型, 看 (8) 和 (9), 如果

$$U_i > -\text{IsCat}_i a - X_i b \quad \text{及} \quad V_i > -\alpha - X_i \beta,$$

则 $C_i = 1$, $Y_i = 1$. 因此, $C_i = 1$, $Y_i = 1$ 的机会为

$$P\{U_i > -\text{IsCat}_i a - X_i b \quad \text{及} \quad V_i > -\alpha - X_i \beta\}. \tag{13}$$

这个孩子把因子 (13) 贡献给似然. 注意, α 出现在 (13) 中是因为 $C_i = 1$.

再考虑一种情况: $C_i = 0$, $Y_i = 1$. 模型说, 如果

则 $C_i=0$，$Y_i=1$. 因此机会为

$$P\{U_i<-\text{IsCat}_ia-X_ib \text{ 及 } V_i>-X_i\beta\}. \tag{14}$$

这个孩子把因子（14）贡献给似然．注意，α 没出现在（14）中是因为 $C_i=0$. 在（13）-（14）中的随机元素为隐变量 U_i 和 V_i，而 IsCat$_i$ 和 X_i 视为数据：记住，我们是以外生变量为条件的．

现在必须求（13）和（14）的值．别忙．把在（13）中的机会相乘不是好主意，这是因为在 U_i 和 V_i 之间的相关：

$$P\{U_i>-\text{IsCat}_ia-X_ib \text{ 及 } V_i>-\alpha-X_i\beta\}$$
$$\neq P\{U_i>-\text{IsCat}_ia-X_ib\}\cdot P\{V_i>-\alpha-X_i\beta\}.$$

这个概率可根据假定（11）从二元正态密度求出．公式包含在 U_i 和 V_i 之间的相关系数 ρ. (U_i, V_i) 的二元正态密度为

$$\phi(u,v) = \frac{2}{2\pi\sqrt{1-\rho^2}}\exp\left[-\frac{u^2-2\rho uv+v^2}{2(1-\rho^2)}\right]. \tag{15}$$

（这是定理 3.2 中公式的一个特殊情况：均值为 0，方差为 1.）因此，比如（13）中的概率为

$$\int_{-\alpha-X_i\beta}^{\infty}\int_{-\text{IsCat}_ia-X_ib}^{\infty}\phi(u,v)\mathrm{d}u\mathrm{d}v.$$

该积分不能用微积分来得到封闭形式的解．因而，必须在计算机上应用数值方法（"求积分"）．可参看本章的结尾札记的提示和参考文献．在得到似然之后，我们必须使它最大化，这意味着要从大量乘积中计算出来．无论如何，如果白手起家来为二元 probit 写代码，那将是个大麻烦．有软件为你做整个的事情，比如，STATA 中的 biprobit，SAS 中的 proc qlim，或者 R 中的 VGAM 包的 vglm．然而，在高维空间中发现最大值有时是一个魔法，而较高的维数意味着较高的魔法．

为什么是一个模型而不是一个交叉表

Evans and Schwab 的表 1 和表 3 有 2 个性别，3 个种族群（白人、黑人、其他），2 个族群（说西班牙语、不说西班牙语），8 个收入范畴，5 个教育范畴，5 类家庭结构，4 个年龄群，3 个参加宗教服务的水平．表 3 的注解建议了 3 个地区类型（城里、郊区、乡下）和 4 个区域（东北部、中西部、南方、西部）．总共有

$$2\times3\times2\times8\times5\times5\times4\times3\times3\times4 = 345\,600$$

类学生．每个学生可能是也可能不是天主教徒，而且可能进入也可能不进入天主教学校，这就多了另外一个 $2\times2=4$ 的因子．即使有巨大的数据量，列联表也可能会非常非常的稀疏．一个像方程（1）那样的 probit 模型使你能够应付一个稀疏的表．这很好．然而，模型的假定，即概率在所选变量上是线性可加的（在 probit 尺度），是没有正当理由的．不好．

仔细看一下线性可加性．模型假定收入在所有的教育水平的效应是一样的．效应对所有类型的家庭都一样，无论他们在哪里居住．等等．特别是，天主教学校对所有类型学生都有同样的可加效应（在 probit 尺度）．

效应被假定为在每一个哑变量的范畴都是不变的．比如，"某些本科学历"（some college）就是父母教育的一个范畴（Evans and Schwab 的表 3）．按照这个模型，父母一年的本科学历

和两年的本科学历对毕业率有同样的效应. 类似的评论可以应用到其他范畴.

交互作用

为了减弱线性和可加性的假定, 人们有时把交互作用 (interaction) 放入模型. 交互作用通常表现为乘积. 对于哑变量则很简单. 比如, 一个关于男性的哑变量和一个关于白人的哑变量的交互作用为男性白人的哑变量. 一个在男性、白人、说西班牙语之间的"三元交互作用"给你一个关于男性白种说西班牙语的哑变量. 等等.

如果 x, z 和交互作用项 xz 进入模型作为解释变量, 而且你进行干预来改变 x, 你必须考虑该交互作用项将如何随 x 变化. 这将依赖于 z 的值. 把交互作用项放入方程的整个思想就是为了绕过线性及可加性.

如果你把所有的交互作用都加上, 你就回到交叉表了, 并且几乎没有足够的数据. 即使范畴数目较少, 也可能会有数据不够的情况. 事实上, 模型为数据替代了假定 (比如没有交互作用). 如果假定是对的, 我们会有进展. 否则, 我们可能仅仅假定已经有了进展. Evans and Schwab 以几种方式检验了他们的模型, 但是, 对 13 000 个观测和几十万个可能的交互作用, 检验的势很有限.

关于 Evans and Schwab 表 3 的更多讨论

许多系数估计是有意义的. 比如, 成功结果的概率随着父母教育的增加而提高. 如果家庭是完整的, 成功的概率较高. 等等. 某些结果令人迷惑. 在控制了文章表 3 中的变量之后, 讲西班牙语的黑人更可能在 20 世纪 80 年代毕业吗? 比较, 例如 Jencks and Phillips(1998). 另外, 很难看出为什么年收入在 20 000 美元以上的在毕业上没有收入效应, 虽然这对进入大学有效应. (表 2 的数据减弱了这个异议, 涉及收入的问题可能在数据中.) 并不清楚为什么在表 2 中讨论的测验得分被排除在模型之外. 实际上, 在 Coleman et al(1982) 中讨论的许多变量被 Evans and Schwab 忽略了, 没有解释原因.

Coleman et al(1982, pp.8, 103~115, 171~178) 建议, 天主教学校学生和公立学校学生的结果的差别的很大——部分是由于学生的同学群体的区别. 如果是这样, 结果的独立性就有问题了. 因此基本的因果模型也就有问题了, 因为改变学生的构成可能也改变学校的效应. 那么, 响应依赖于群体的处理, 而不是个体的处理, 和模型相矛盾. (看 6.5 节关于回归所讨论的这一点.) Evans and Schwab 有对忽略变量和同学群体所产生的问题的一个部分回答: 看该文的表 4.

关于第二个方程的更多讨论

第二个方程所做的就是照顾在去天主教学校和 (8) 中隐变量 V 之间的可能的相关. 隐变量代表了诸如智力、态度、动机、父母态度等未度量的变量. 这样的特征很可能与某些内生协变量相关. 学生年龄是协变量, 而 19 岁以上的中学生可能并不是最聪明和动机最强的. 学生年龄可能是内生变量. 同样也适用于住的地方, 因为许多学生父母是基于孩子的教育来决定去哪里居住. 该文章没有提及这一类可能使 MLE 偏倚的内生性.

还有很大的对调查未响应率: 30% 的样本学校拒绝参加这个研究. 例如, 如果表现较差的天主教学校更可能比别的学校不响应调查, 那么天主教学校的效应最终会被过高估计. 如果较好的天主教学校缺失, 那么天主教学校的效应会被低估.

在参加的学校中, 大约 15% 的学生在 1980 年调查中拒绝回答. 参加 1980 年调查的学生中有的不参加在 1982 年和 1984 年的跟踪调查. 这个退出率有 10%~20%. 总共有一半数据缺失. 如果是否参加该项研究本身是内生变量, MLE 则是偏倚的. 该文章未提及这个问题.

有一个麻烦的排外约束: ISCat 没有作为一个解释变量用于在毕业模型中. Evans and Schwab 展示了另外的规范来对待某些建模问题. 然而, 最终留下了大量问号.

练习组 E

1. 在 Evans and Schwab 的表 3 中, 0.777 是参数还是估计值? 这个数和方程 (1) 有什么关系? 这个数是在概率的尺度还是 probit 尺度? 对于在该表的 FEMALE 那行的 0.041 重复刚才的练习 (该文章重印在本书后面).

2. 在表 3 中的关于 PARENT SOME COLLEGE 的 -0.204 意味着什么?

3. 这里是简要的两方程模型: 如果
$$IsCat_i a + X_i b + U_i > 0,$$
那么学生 i 去天主教学校 ($C_i=1$), 而且如果
$$C_i \alpha + X_i \beta + V_i > 0,$$
那么该学生毕业.
   (a) 哪个参数告诉你天主教学校的效应?
   (b) U_i 和 V_i 为_____变量. 选项 (可以不只选一个)
      数据 随机 隐 哑元 可观测
   (c) 对 U_i 和 V_i 的假定是什么?

4. 在 Evans and Schwab 的表 6 中的第 (2) 行, 0.859 是参数还是估计值? 它和练习 3 中方程的关系是什么? -0.053 呢? 关于在单方程模型中的选择效应, -0.053 告诉你什么?

5. 在两方程模型中, 对数似然函数是一个_____, 有一个_____相对于每个_____. 利用下面的选项填空, 并简单解释.
      和   乘积   商   矩阵   项
         因子   条目   学生   学校   变量

6. 学生 77 是长老会[⊖]的, 去了公立学校而且毕业了. 这个对象对似然函数的贡献是什么? 利用方程 (15) 中的 ϕ 写下你的回答.

7. 学生 4039 是天主教的, 去了公立学校但没有毕业. 这个对象对似然函数的贡献是什么? 利用方程 (15) 中的 ϕ 写下你的回答.

8. 在你对问题 6 和 7 的回答中, 有没有出现两个方程中隐变量之间的相关系数? 如果有, 在哪里?

9. Evans and Schwab 的表 1 表明, 在天主教学校的总样本量为 10 767, 而在公立学校为 2 527. 这合理吗? 简单讨论.

10. 表 1 表明 0.97 的天主教学校学生毕业了, 而在 0.97 下面是数目 0.17. 这个数是什么, 它

[⊖] Presbyterian, 译为长老会成员, 长老会是苏格兰国教及美国最大教会之一, 不属于天主教会. ——译者注.

是如何计算出来的？简单评论.
11. 额外加分题：假定两方程模型是对的，而且你有真正大的样本. 你会得到关于 α 的精确估计吗？β 呢？V_i 呢？

7.5 供讨论的问题

下面有些问题覆盖前面一些章的内容.
1. MLE 是有偏的还是无偏的？
2. 在通常的 probit 模型中，响应变量关于对象是独立的吗？或者在给定解释变量时是条件独立的吗？解释变量必须是统计上独立的吗？它们必须是线性独立的吗？简单解释.
3. 这里是简要的 Evans and Schwab 两方程模型. 如果
$$\text{IsCat}_i a + X_i b + U_i > 0, \quad \text{（选择）}$$
那么学生 i 去天主教学校（$C_i = 1$），否则 $C_i = 0$. 如果
$$C_i \alpha + X_i \beta + V_i > 0, \quad \text{（毕业）}$$
那么学生 i 毕业（$Y_i = 1$），否则 $Y_i = 0$. 如果学生 i 为天主教徒，则 IsCat_i 为 1，否则为 0. X_i 为一个哑变量的向量，描述对象 i 的特征，包括性别、种族、族群、家庭收入等. Evans and Schwab 用最大似然法估计参数，发现 $\hat{\alpha}$ 很大而且高度显著. 判断下面结论是对还是错，并解释：
   (a) 该统计模型关于隐变量做了一些假定.
   (b) 然而，参数估计和标准误差是由数据计算的.
   (c) 无论关于隐变量的假定是否成立，都能够实行在 (b) 中的计算. 的确，计算利用了 IsCat_i，X_i，C_i，Y_i（$i = 1, \cdots, n$）及二元正态密度，但没有用隐变量本身.
   (d) 因此在 Evans and Schwab 中的统计计算即使在关于隐变量的假定不对时也对.
4. 你对下面关于 Evans and Schwab 的文章的论述以什么程度同意或不同意？
   (a) 该文利用数据证明了因果关系：在其他情况相同时，天主教学校对学生的毕业率有影响.
   (b) 该文假定了因果关系：在其他情况相同时，天主教学校对学生的毕业率有影响. 该文假定了一个指定的函数形式来实行其他情况相等时的因果关系想法——probit 模型. 该文利用数据来估计天主教学校效应的大小.
   (c) 毕业方程检验在选择方程中解释变量之间的交互作用.
   (d) 毕业方程假定没有交互作用.
   (e) 计算机从数据推导出二元 probit 模型.
   (f) 计算机被告知假定二元 probit 模型. 计算机从数据中得到的是模型中的参数估计.
5. 假定中学生进行小组学习，研究课程内容. 有些组有很强的正面效应，帮助学生掌握课程. 有些组有负面作用. 有些组没有作用. 学习小组与 Evans and Schwab 所用的模型一致吗？如果不是，哪些假定有矛盾？
6. Powers and Rock(1999) 考虑了一个关于辅导对 SAT 分数影响的两方程模型：
$$\text{如果 } U_i \alpha + \delta_i > 0, \quad X_i = 1, \quad \text{否则 } X_i = 0; \quad \text{（分配）}$$

$$Y_i = cX_i + V_i\beta + \sigma\varepsilon_i. \qquad\text{（响应）}$$

这里，如果对象 i 被辅导，则 $X_i=1$；否则 $X_i=0$. 响应变量 Y_i 为对象 i 的 SAT 得分；U_i 和 V_i 为对象 i 的个人特征向量，被当成数据. 隐变量 $(\delta_i, \varepsilon_i)$ 为 IID 二元正态，有均值 0，方差 1，相关系数 ρ；它们独立于 U 和 V. （在这个问题中，U 和 V 为可观测的，δ 和 ε 为隐变量.）

(a) 哪一个参数度量辅导的效应？你如何估计它？

(b) 认真叙述假定（如果需要的话，包括一个响应方案）. 你发现这些假定可信吗？

(c) 为什么 Powers 和 Rock 需要两个方程？为什么需要 ρ？

(d) 为什么他们能够假定扰动项有方差 1？提示：看 7.2 节和 7.4 节.

7. Shaw(1999) 利用回归模型来研究电视广告和候选人露面对于 1988 年、1992 年和 1996 年总统选举的效应. 在三次选举和 51 个州（为此目的，也算上首都华盛顿特区），一共有 153 个数据点，即年和州所配的对. 在模型中的每个变量都在所有 153 个点上确定. 在给定的年和州，电视广告量 TV 是以几百个 GRP(gross rating point，收视点⊖) 来度量的. 例如，Rep. TV 为共和党投放的电视广告量⊖. AP 是总统候选人竞选露面次数. UN 为按照跟踪调查所得到的未决定选民的百分比. PE 为来自跟踪调查的对 Perot 的支持. （Ross Perot 是一个独立候选人.）RS 是共和党历史上选票份额的平均. 还有一个哑变量 D_{1992}，它在 1992 年为 1，在其他年为 0. 还有另一个关于 1996 年的哑变量 D_{1996}. 回归方程由 OLS 拟合，得到的共和党选票份额为

$-0.326 - 2.324 \times D_{1992} - 5.001 \times D_{1996}$

$+ 0.430 \times (\text{Rep. } TV - \text{Dem. } TV) + 0.766 \times (\text{Rep. } AP - \text{Dem. } AP)$

$+ 0.066 \times (\text{Rep. } TV - \text{Dem. } TV) \times (\text{Rep. } AP - \text{Dem. } AP)$

$+ 0.032 \times (\text{Rep. } TV - \text{Dem. } TV) \times UN + 0.089 \times (\text{Rep. } AP - \text{Dem. } AP) \times UN$

$+ 0.006 \times (\text{Rep. } TV - \text{Dem. } TV) \times RS + 0.017 \times (\text{Rep. } AP - \text{Dem. } AP) \times RS$

$+ 0.009 \times UN + 0.002 \times PE + 0.014 \times RS + \text{误差}.$

(a) 什么是哑变量，而且为什么 D_{1992} 可能会进入方程？

(b) 按照该模型，如果共和党在一个州买了 500 个 GRP，而其他情况相同，这会使他们在该州的选票份额增加 $0.430 \times 5 \doteq 2.2$ 个百分点吗？回答是或者不是，并简单讨论. (0.430 是方程第二行中 Rep. TV−Dem. TV 的系数.)

8. "护士健康研究"(Nurses' Health Study) 想要表明，激素替代疗法 (hormone replacement theropy, HRT) 能够减少更年期妇女心脏病发作的风险. 研究人员找出，是否每个女性在研究期间经历一次心脏病发作以及她的 HRT 用法：有 6 224 个对象在 HRT 实验中，有 27 034 个不在其中. 对每个对象，基于潜在的混杂因素来度量基线，这些因素为年龄、身高、体重、吸烟（是与否）、高血压（是与否）和高胆固醇（是与否）.

⊖ 以例子来说明 GRP：如果一个电视广告出现 5 次达到 50% 的目标观众 (target audience)，那么它会有 $5 \times 50\% = 250$GRP. ——译者注.

⊖ 这里给出记号的一些例子，比如某些变量，如 TV, AP 等前面加上 Rep 就是共和党的 TV, 加上 Dem 就是民主党的 TV 等等，这里没有把所有的组合列出，相信读者能明白. ——译者注.

(a) 如果研究人员问你是否用 OLS 或是 logistic 回归来解释在 HRT 使用（是/不是）上的心脏病风险和混杂因素，你会做什么建议？为什么？

(b) 明确地叙述该模型．设计矩阵 X 是什么？n 呢？p 呢？是/否变量如何在设计矩阵中被表示？Y 是什么？响应方案是什么？

(c) 哪个参数是关键的？

(d) 对于那个关键参数，研究人员希望看到正的估计还是负的估计？他们如何确定估计是否为统计显著的？

(e) 模型的关键假定是什么？

(f) 从根上说，为什么需要一个模型？一个响应方案？

(g) 这个论点在多大程度上令人信服？简单讨论．

评论．为了这个问题的目的，该研究的细节被稍微做了修改：看本章结尾的札记．

9. 人们经常利用观测研究来证明因果关系，但是有一个大问题．什么是观测研究，什么是问题，人们如何试图去绕过这个问题？讨论．如果可能，给出例子来说明．

10. 有一个包含 N 个用 $i=1,\cdots,N$ 标记的对象的总体．每个对象将分配到处理 T 或者控制 C．如果对象 i 分配到处理，则有一个响应 y_i^T；如果分配到控制，则有响应 y_i^C．每个响应为 0（"失败"）或者 1（"成功"）．比如，在一个实验中，要看阿司匹林是否防止心脏病的死亡，活过了跟踪时期的标为 1，死亡的标为 0．如果你分配对象 i 到处理，你观测到的是 y_i^T 而不是 y_i^C．相反，如果你分配对象 i 到控制，你观测到的是 y_i^C 而不是 y_i^T．这些响应是固定的（而不是随机的）．

每个对象 i 有一个 $1\times p$ 个人特征的向量 w_i，不被分配所影响．在阿司匹林实验中，这些特征可能包括体重和实验前的血压．你能够总是观测 w_i．感兴趣的总体参数有

$$\alpha^T = \frac{1}{N}\sum_{i=1}^N y_i^T, \quad \alpha^C = \frac{1}{N}\sum_{i=1}^N y_i^C, \quad \alpha^T - \alpha^C.$$

第一个参数为把所有对象都放到处理时的成功比率．如果把所有对象都放到处理，我们可以直接度量它，但却会失去机会去了解第二个参数，它是把所有对象放到控制时的成功比率．第三个参数为前两个参数之差．它度量处理的有效性，是对所有对象的平均．这个参数是三个中最感兴趣的．它不能直接度量，因为无法把对象既放到处理又同时放到控制．

假定 $0<n<N$．在一个"随机化控制实验"中，n 个对象被不放回地随机选择，并分配到处理，剩下的 $N-n$ 个对象分到控制．你能够估计三个感兴趣总体参数吗？解释．提示：看第 6 章供讨论的问题 7～8．

11. （问题 10 的继续．）如下定义分配变量 X_i：如果 i 分到处理，则 $X_i=1$；否则 $X_i=0$． probit 模型说，给定了分配的条件下，对象是独立的，对于对象 i，成功的概率为 $\Phi(X_i\alpha + w_i\beta)$，这里 Φ 为标准正态分布函数，w_i 为第 i 个对象个人特征的向量．

(a) 随机化是否使得 probit 模型合理？

(b) logit 模型用 $\Lambda(x)=e^x/(1+e^x)$ 来替代 Φ．随机化是否使得 logit 模型合理？

(c) 没有 probit，logit，等等，你能够分析数据吗？

简单解释．提示：看第 6 章问题 9～10 的讨论．

12. 疟疾是非洲部分地区的流行病．研制了一种疫苗来保护儿童免于得病．在一个很小的乡村

做了一个随机控制实验：一半儿童随机选择接种这种疫苗，而另一半得到安慰剂．有些流行病学家想要利用问题 10 的设定来分析数据．你的建议是什么？

13. 正如问题 12，但这次，流行病学家有 20 个孤立的乡村．他们随机选择 10 个乡村作为处理组．在这些村庄中，所有儿童接种疫苗．另外 10 个村庄作为控制组：没有人得到疫苗的接种．流行病学家能够使用问题 10 的设定吗？

14. 假定我们接受了问题 10 的模型，但是在 X_i 和 Y_i 上收集的数据是观测研究而不是控制实验的．对象自己确定去处理组（$X_i=1$）或控制组（$X_i=0$），而我们观测了响应 Y_i 及协变量 w_i．一个人建议把对象分成几个有类似的 w_i 的组．对于每一组本身，我们能够比较在处理组和控制组的成功的比率．另一个人建议，拟合一个 probit 模型：以 X 和协变量为条件，$Y_i=1$ 的概率为 $\Phi(X_i\alpha+w_i\beta)$．这两个建议的优缺点是什么？

15. Paula 有来自 4 个独立随机变量的观测值，这些随机变量有共同密度
$$f_{\alpha,\beta}(x)=c(\alpha,\beta)(\alpha x-\beta)^2\exp[-(\alpha x-\beta)^2],$$
这里 $\alpha>0$，$-\infty<\beta<\infty$，而且 $c(\alpha,\beta)$ 满足条件 $\int_{-\infty}^{\infty}f_{\alpha,\beta}(x)\mathrm{d}x=1$．她用最大似然法估计 α，β，并且从观测的信息量计算标准误差．在做 t 检验以确定 $\hat{\beta}$ 是否显著区别于 0 之前，她决定得到一些建议．你会说什么？

16. 有各种社会学理论解释为什么某些州有死刑而某些州没有．Jacobs and Carmichael(2002) 比较了这些理论．研究人员有在 $t=1971$，1981，1991 年的 50 个州的数据（用 i 做标记）．如果第 i 个州第 t 年有死刑，响应变量 Y_{it} 为 1，否则为 0．还有解释变量向量 X_{it} 和参数向量 β，后者假定对于州和年份不变．已给解释变量，研究人员假定响应变量是独立的，而且
$$\log[-\log P(Y_{it}=0|X)]=X_{it}\beta.$$
（这是一个"补充 log, log"⊖或者"cloglog"模型．）在用最大似然法把方程拟合到数据之后，研究人员确定有些系数是显著的，而有些不是．结果对某些理论有利，对另一些不利．研究人员说：

"对于异方差性，所有标准误差都用 White 方法纠正了……估计量对于误设置是稳健的，这是因为对于异方差估计都做了纠正."

"异方差性"意味着方差不相等（5.4 节）．White 方法在第 5 章结尾札记中讨论过：当 ε 为异方差时，它利用方程（5.8）为 OLS 估计 SE．"对误设置稳健"意味着即使模型设置错误，结果还很好．

简单讨论，并回答这些问题．作者是说参数估计值稳健还是估计的标准误差稳健？如果是前者，当模型错误时，这些估计值意味着什么？如果是后者，按照模型，对于不同的 i 和 t 的组合，$\mathrm{var}(Y_{it}|X)$ 是否不同？这些不同被渐近 SE 所解释了吗？对于 MLE 的渐近 SE 需要对异方差性纠正吗？

17. Ludwig 在努力做一个统计课题．人们听到他在自言自语："啊！真可怕！这么多参数！这

⊖ 原文是 Complementary log log. ——译者注．

么少数据!"他在担心偏倚? 内生性? 还是不可识别性?

18. Garrett(1998) 考虑了左翼政治势力 (left-wing political power, LPP) 和工会势力 (trade-union power, TUP) 对经济增长的影响. 有 14 个国家 25 年的数据. 国家标以 $i=1,\cdots,14$; 年标以 $t=1,\cdots,25$. 国家 i 在第 t 年的增长率被下面模型所描述:
$$a \times \text{LPP}_{it} + b \times \text{TUP}_{it} + c \times \text{LPP}_{it} \times \text{TUP}_{it} + X_{it}\beta + \varepsilon_{it}.$$
这里 X_{it} 为控制变量的向量. 对 a 和 b 的估计为负数,意味着右翼国家增长较快. Garett 拒绝了这个思想,因为交互作用项的估计的系数 c 是正的. 这一项被解释为左翼政治势力和工会势力的"联合影响". Garett 得出了下面结论:为了快速增长,国家需要两种左翼势力. 假定模型是正确的, $c \times \text{LPP} \times \text{TUP}$ 是否度量了 LPP 和 TUP 的联合影响? 回答是还是否,并且解释.

19. 继续问题 18, 利用不同的记号: (b) 部分可能有些棘手. Garrett 的模型对 14 个国家中的每一个包括了一个哑变量. 对国家 i 在第 t 年的增长率为
$$\alpha_i + Z_{it}\gamma + \varepsilon_{it},$$
这里 Z_{it} 为一个 1×10 的解释变量的向量,包括了 LPP, TUP 和截距. (在问题 18 中,国家哑变量没有关系,被放入 X 中.) Beck(2001) 利用同样的模型——除了包含截距之外,1 号国家的哑变量被去掉了. 因此,在第二个模型中,对于国家 $i>1$, 其在第 t 年的增长率为
$$\alpha^* + \alpha_i^* + Z_{it}\gamma^* + \varepsilon_{it};$$
而对于 1 号国家, 其在第 t 年的增长率为
$$\alpha^* + Z_{1t}\gamma^* + \varepsilon_{1t}.$$
假定两个研究人员用 OLS 拟合同样的数据.

(a) 为什么你不能对 14 个国家中的每一个有一个哑变量而且还有一个截距?

(b) 表明对于 $i>1$, $\hat{\gamma}=\hat{\gamma}^*$, $\hat{\alpha}_1=\hat{\alpha}^*$, $\hat{\alpha}_i=\hat{\alpha}^*+\hat{\alpha}_i^*$.

对 (b) 的提示. 令 M 和 M^* 分别为第一个模型和第二个模型的设计矩阵. 找到一个下三角矩阵 L——它在对角线上都为 1, 而在其他地方主要是 0——使得 $ML=M^*$. 这个关系如何带入参数和估计?

20. Yule 利用一个回归模型得出了外面救济造成了贫困的结论 (1.4 节). 他在 1899 年 3 月 21 日的皇家统计学会的会议上介绍了他的论文. 具有巴斯勋位 (Knight Commander of the Order of the Bath) 的 Robert Giffen 勋爵当时是主席. 讨论非常活跃,概括在 *Journal of the Royal Statistical Society* (Vol. LXII, Part II, pp. 287~295) 之中.

(a) 按照 FY Edgeworth 教授,如果偏离正态误差定律多一些,那么"就陷入一个海洋,没有桨和指南针",这个正态误差定律"可能是比万有引力定律更加普遍的定律了". 你同意吗? 简单讨论.

(b) 按照 Robert 勋爵,那些关心济贫法执行的实际问题专家知道"如果在外面救济的问题上弦绷得紧一些,他们将会立刻看到贫困的减少." Yule 回答道:

"他意识到该论文一般来说仅仅证实了以前已经得到的结论……但是他不认为这降低了纯粹基于统计来得到对实际问题专家的理论的一个独立验证的重要

性. 这是一个绝对没有偏倚的检验,而且无偏的方法总是有优越性的."

你怎么看这个回答?Yule 的方法是"纯粹基于统计"吗?Yule 的方法是"无偏的"吗?或者在已给模型之后他的参数估计是无偏的?简单讨论.

7.6 札记

谁读书? 对 2002 年当前人口调查(Current Population Survey)的 8 月份的补充数据是可利用的. 还可以看 *Statistical Abstract of the United States 2008* 的表格 1213.

设置(specification). "设置"说明什么变量包含在一个模型中,函数形式是什么,关于扰动项(或隐变量)应该做什么假定. 如果数据是以其他方式产生的,这就是"设置误差"或者"误设置."

MLE. 关于 MLE 的更多的讨论,包含关于定理 1 的论证的概要,看

http://www.stat.berkeley.edu/users/census/mle.pdf

还有包含理论和证明详细论述的 Lehmann(1991ab) 及 Rao(1973) 的出色的研究生水平的课本. 可能以 Lehmann(2004) 开始为好:较少的细节,较多的解释. 对于指数族,微积分是较容易的,比如看 Barndorff-Nielsen(1980). 特别是(在较少的条件下)它存在唯一最大值.

关于 logit 的理论比关于 probit 的要漂亮一些,因为 logit 模型定义了一个指数族. 然而,下面的例子表明,即便在 logit 模型中,似然函数也可能没有最大值:定理有些正则条件来排除这类例外的情况. 假定 X_i 为实数,而且 logit $P(Y_i=1|X_i=x)=\theta x$. 我们有两个独立的数据点. 在第一个,$X_1=-1$,$Y_1=0$. 在第二个,$X_2=1$,$Y_2=1$. 似然函数为 $L(\theta)=-2\log(1+e^{-\theta})$,它随着 θ 增加而持续增加.

偏差(deviance). 为简单计,假定有一个具有 p 个参数的模型. 零假设把其中 p_0 个参数限制为 0. 使全模型的对数似然函数最大. 用 M 表示其最大值. 然后使在限制条件下的对数似然函数最大,得到小一些的最大值 M_0. 偏差为 $2(M-M_0)$. 如果零假设成立,n 很大,而且某些正则条件成立,那么偏差为渐近地卡方分布,有 p_0 个自由度. 偏差也称为"Neyman-Pearson 统计量"或者"Wilks 统计量". 虽然尺度有些不同,但是偏差为 F(5.7 节)的类似物. 细节超出了本书的讨论范围.

记分检验(score test). 在许多应用中,记分检验将会更加稳健. 记分检验利用统计量

$$\frac{1}{n}L'(\hat{\theta}_0)I_{\hat{\theta}_0}^{-1}L'(\hat{\theta}_0),$$

这里 $\hat{\theta}_0$ 为约束模型的 MLE,而 L' 为对数似然函数的偏导数:L' 在左边被视为行向量,在右边为列向量. 渐近分布在零假设下还是有 p_0 个自由度的卡方分布. Rao(1973,pp.415~420) 讨论了各种似然检验.

信息矩阵. 假定 X_i 为 IID,有密度 f_θ. 在 Fisher 信息矩阵中第 jk 个元素为

$$\frac{1}{n}\sum_{i=1}^{n}\frac{\partial f_\theta(X_i)}{\partial \theta_j}\frac{\partial f_\theta(X_i)}{\partial \theta_k}\frac{1}{f_\theta(X_i)^2}.$$

使 θ 等于 MLE,即 $\theta=\hat{\theta}$,就能够估计它. 在某些情况下,这比观测的信息阵更容易算,也更稳定. 对于端点最大的情况,每种方法都同样不好.

可识别性. 一个常数函数 $f(\theta)$ 是可识别的, 理由很简单, 没有 θ_1, θ_2, 使得 $f(\theta_1) \neq f(\theta_2)$. 虽然许多教科书把可识别性和可估计性弄得含混不清, 但是看来最好是区分它们. 在术语上的毛病在于, 一个参数可能不是可估计的 (对于它, 没有恰好无偏的估计量), 但可能仍然存在一个较精确的估计量 (有小的偏倚, 小的方差).

一个技术上的枝节问题. 按照我们的定义, 如果 $f(\theta_1) \neq f(\theta_2)$ 意味着 $P_{\theta_1} \neq P_{\theta_2}$, 那么 $f(\theta)$ 为可识别的. 非正式的讨论可能更好相应于一个稍微强一些的定义: 应该存在一个函数 ϕ, 使得 $\phi(P_\theta) = f(\theta)$; 可测性条件被省略了.

更大的情景. 许多统计学家对于欠识别 (under-identified) 的模型皱眉头: 如果一个参数不可识别, 那么无论你有多少数据, 两个或更多的值为不可区分的. 另一方面, 大多数应用问题是欠识别的. 识别仅仅在强加某些任意做出的假定 (独立性、不变的系数等) 时才能达到. 这是该领域的核心问题之一. 人们已经做了很多努力来对这种问题建模, 比如偏倚-方差平衡. 减少参数的数量导致偏倚但减少方差, 最优的参数数量选择是可以考虑的. 然而, 一般来说, 分析是在一种已经固定的风格下进行的. 关于讨论, 请看 Evans and Stark(2002).

Evans and Schwab. 焦点在于该文章的表 1~3 及表 6. 在表 6 中, 我们仅考虑了第 (2) 行的似然估计; 第 (1) 行重复了单方程模型的估计. 作为全国教育纵向调查 (National Educational Longitudinal Surveys, NELS) 的一部分的中学及以后 (High School and Beyond, HS&B) 的调查数据是可以得到的, 但要在严格限制条件的协议之下. 关于 HS&B 的基本书籍为 Coleman et al(1982) 和 Coleman and Hoffer(1987). 20 年后, 这些书仍然值得阅读: 作者对学校系统有真正的洞察力, 数据分析也是很让人感兴趣. Coleman and Hoffer(1987) 有几章是关于毕业率、大学录取率、大学的成功率及在劳动力市场的成功率, 尽管 Evans 和 Schwab 对这些数据不怎么注意.

在 Evans and Schwab 的表 1 中的在公立学校及天主教学校的学生的总样本量看来是被相互交换了. 还可能有其他数据问题. 看 Coleman and Hoffer(1987) 的表 2.1, 它报告了收入在 38 000 美元以上的学生的明显高的百分比. 再有, Evans and Schwab 的表 2 应该和 Coleman and Hoffer(1987, 表 5.3) 比较: 毕业率看上去是不一致的.

在 Coleman et al(1982) 的表 1.1 展示了一个在 1980 年公立学校中 26 448 个学生和天主教学校的 2831 个学生的实现样本. Evans and Schwab 有 10 767 个学生在公立学校及 2527 个在天主教学校 (在以明显方式修整了表 1 的内容之后). 对于天主教学校中的样本量的区别可能反映了从 1980 到 1984 年的样本损耗, 但是关于公立学校的差别太大, 以至于不能如此解释. 有些关于退学率的信息可以在 US Department of Education(1987) 收集到. 可再比较 Coleman et al(1982) 的表 1.1 和 Coleman and Hoffer(1987) 的表 2.9.

即使没有排外约束, 7.4 节的二元 probit 也可能是可识别的, 然而, 估计很可能是不稳定的. 看 Altonji et al(2005), 他着重于模型的外生假定. 还看 Briggs(2004) 和 Freedman and Sekhon(2008).

供讨论的问题. Powers and Rock 利用 Heckman(1976, 1978, 1979) 的一种模型, 正如 Evans and Schwab 所做的. 该模型被 Briggs(2004) 以不寻常的认真态度讨论过. 许多实验已经被用 logit 和 probit 模型分析过, 例如 Pate and Hamilton(1992). 在问题 7 中, 模型被做了一点简化. 护士健康研究使用了 Cox 模型, 但附加了协变量和身体质量指数 (体重和身高之比的平方）而不是身高和体重本身. 有 6 224 个妇女用雌激素和孕酮的混合, 而 27 034 个从来不用. 看 Grodstein et al(1996). 实验证据表明, 该观测研究已经非常误导, 看 Writing Group for the Women's Health Initiative Investigators(2002)、Petitti(1998, 2002) 和 Freedman (2008b).

问题 10 描绘了响应方案模型的最基本内容. 一个对象在处理的每个水平（T 或 C）有一潜在的响应. 其中之一是观测到的, 另外的没有. 人们经常认为模型被随机化就可证实其为正当的, 但请看问题 11. 问题 12 指向响应方案模型中的一个弱点: 如果一个对象的响应依赖于给予其他对象的处理, 这个模型就不能用. 这个问题与学校对学习影响的问题有关. 问题 18 考虑了 Garrett(1998, 表 5.3) 的"基线模型", 在数据分析中的某些复杂性已经被忽略了.

求积分. 如果 f 为 $[0, 1]$ 区间上的光滑函数, 则能够用 $\frac{1}{n}\sum_{j=0}^{n-1} f\left(\frac{j}{n}\right)$ 来近似 $\int_0^1 f(x)dx$. 这个方法用一个有横向步子的阶梯函数来近似 f: 积分就由矩形块的面积和来近似. "梯形法则"(trapezoid rule) 则在区间 $\left[\frac{j-1}{n}, \frac{j}{n}\right]$ 上用连接点 $\left(\frac{j-1}{n}, f\left(\frac{j-1}{n}\right)\right)$ 到点 $\left(\frac{j}{n}, f\left(\frac{j}{n}\right)\right)$ 的线段来近似 f. 积分就是由梯形区域的和来近似. 正如图形描述的, 这个更好些. 有许多变化的形式（Simpton 法则、Newton-Cotes 方法等）.

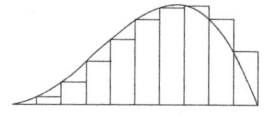
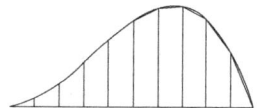

其他数值方法. 假定 f 是实线上的一个光滑函数, 我们想要找到在 x_0 附近使得 $f(x)=0$ 的 x. "Newton 法", 也称为 "Newton-Raphson 方法", 很简单, 但经常有用. 如果 $f(x_0) \doteq 0$, 则停止; 否则, 用线性函数 $f_0(x)=a+b(x-x_0)$ 来近似 f, 这里 $a=f(x_0), b=f'(x_0)$. 解线性方程 $f_0=0$ 来得到一个新的开始点. 迭代. 这个思想有很多变化的形式. 如果你想要读更多关于数值方法的资料, 试试下面的文献:

Acton FS(1997). *Numerical Methods That Work*. Mathematical Association of America.
Atkinson K(2005). *Elementary Numerical Analysis*. Wiley, 3rd ed.
Epperson JF(2007). *An Introduction to Numerical methods and Analysis*. Wiley.
Lanczos C(1988). *Applied Analysis*. Dover Publications.
Strang G(1986). *Introduction to Applied mathematics*. Wellesley-Cambridge.

Acton 和 Lanczos 是经典的, 写得数学味较浓. Atkinson 为更加通常的教科书, Epperson 也是. 而 Strang 既清楚又简要, 有其个人风格, 可以首先阅读.

Logistic 回归: 简单历史. Logistic 曲线最先用于人口增长模型（Verhulst 1845, Yule 1925）. 如果 $p(t)$ 是在时间 t 的人口, 马尔萨斯人口论建议下面形式的方程:

$$\frac{1}{p}\frac{dp}{dt} = a - bp.$$

它的解为

$$p(t) = \frac{a}{b}\Lambda(at+c),$$

这里 Λ 为 logistic 分布函数.（第一件事是核对 $\Lambda'/\Lambda=1-\Lambda$.）微分方程右边的线性函数 $a-bp$ 可能被某些人视为一个更加现实的递减函数的一阶近似.

在 1920 年,美国人口为 1 亿 600 万,基于 logistic 曲线的模型表明人口绝不会超过 2 亿 (Pearl and Reed 1920, Hotelling 1927). 当美国人口超过这个界限后,对 logistic 增长规律的热情衰退了,尽管这方面的文章还在出现. 为回顾包括 logistic 在内的人口模型,看 Dorn (1950) 及 Hajnal(1955). Feller(1940) 表明,正态和 Cauchy 分布拟合增长数据与 logistic 一样好.

一个较早的 logistic 回归在生物医学的应用为 Truett, Cornfield, and Kannel(1967). 这些作者拟合 logistic 回归到 Framingham 的关于冠心病的数据. 在该研究期间死亡的风险联系到一个协变量向量,它包括年龄、血液胆固醇水平、收缩压、相对体重、血色素水平、吸烟（3 个水平）和不正常的心电图（哑变量）. 有 2 187 个男性及 2 669 个女性,其中有 387 个死亡,271 个对象失去跟踪（这些为删失）. 分析时用性别,有时用年龄来分层.

作者声称,关系应该是 logistic. 它们的模型看上去像这个,在该期间死亡的用 $Y_i=1$ 标记,生存的用 $Y_i=0$ 标记,而 X_i 为一行协变量向量. 对象是来自一个总体的随机样本. 已给 $Y_i=1$, X_i 的分布是均值为 μ_1 的多元正态. 已给 $Y_i=0$, X_i 的分布是有同样的协方差矩阵 G 及不同的均值 μ_0 的正态分布. 那么, $P(Y_i=1|X_i)$ 将的确是 logistic. 这很容易从 Bayes 法则和定理 3.2 来验证.

计算结果：logit $P(Y_i=1|X)=\alpha+X_i\beta$,这里 $\beta=G^{-1}(\mu'_1-\mu'_0)$ 为感兴趣的参数向量. 截距为一个多余参数, $\alpha=\text{logit}P(Y_i=1)+\frac{1}{2}(\mu_0 G^{-1}\mu'_0-\mu_1 G^{-1}\mu'_1)$. 如果 $P(X_i\in dx|Y_i=1)=C_\beta\exp(\beta x)P(X_i\in dx|Y_i=0)$,结论还是类似,将有一个多余截距.

按照 Truett、Cornfield 和 Kannel,依据中心极限定理, X_i 的分布必须是多元正态. 但是为什么要扯入中心极限定理呢? 的确, X_i 的分布显然不是正态：（ⅰ）在 X_i 有一个哑变量,（ⅱ）在关键的线性组合上的数据是长尾的. 还有,对象是一个总体,而不是一个随机样本. 最后,为什么认为参数在干预下不变??

回归和因果关系. 在社会和生命科学中,基于观测数据,回归等方法通常被用于推断因果关系,而且较多地用定性推断而不是定量推断: X 是（或者不是）Y 的原因,而较少关心效应的大小,许多统计学家在发现这一点时感到意外. 关于因果关系的整个思想有时令人吃惊：

> "在这些诸如'物质'和'力'之类的废弃的基本因素之外,在即使是现代科学都不可理解的奥秘之中,还有另外一个迷信,即原因和效应的范畴. 这个范畴是不是仅仅是对经验的一个概念上的极限,除了统计近似之外没有任何感知的基础?"
> (Pearson 1911, p. vi)

第8章 自助法

8.1 引言

自助法（bootstrap）是在一个复杂的统计模型中用来近似估计量的偏倚及标准误差的一个强有力工具。然而结果仅仅依赖于样本是否足够大。首先从一些简单例子开始，这里并不需要自助法，但算法很容易理解。然后再看更有意思的例子。

例1 样本均值。对于 $i=1,\cdots,n$，令 X_i 为 IID，有均值 μ 和方差 σ^2。利用样本均值 $\overline{X}$ 来估计 μ。这个估计量是有偏的吗？它的标准误差是什么？自然，根据统计理论，我们知道该估计量是无偏的。也知道 SE 为 $\sigma/\sqrt{n}$。还知道 σ^2 能够用样本方差

$$\hat{\sigma}^2 = \frac{1}{n}\sum_{i=1}^{n}(X_i - \overline{X})^2$$

来估计。（对于大样本，除以 n 或 $n-1$ 是非实质的。）

为了论述方便，假定我们忘记了这个理论，但记得如何用计算机。那么如何来估计 $\overline{X}$ 的偏倚及估计 SE 呢？现在看最简单形式的自助法。把数据（即观测的那些 X_i）看成小总体。模拟 n 次有放回地从该小总体随机取数。这就是一个自助法样本（bootstrap sample）。图 1 以盒子模型形式显示了该方法。

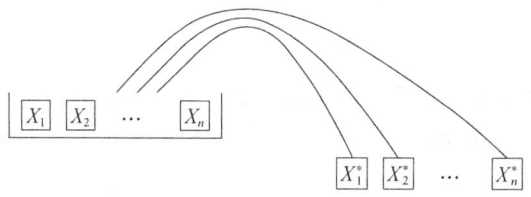

图 1　对均值用自助法

令 $X_1^*,\cdots,X_n^*$ 为自助法样本。每个 X_i 都会以较小的随机次数并以随机的次序进入该自助法样本，也可能是 0 次。从自助法样本，我们能够估计该小总体的平均（盒子中的数目）。自助法估计量（bootstrap estimator）为自助法样本的平均：

$$\overline{X}^* = \frac{1}{n}\sum_{i=1}^{n}X_i^*.$$

（为什么要估计已经知道的东西？因为这给了我们关于该估计量表现的一个基准……）

一个自助法样本不会给出很多的信息，但可以抽取很多个自助法样本来得到 $\overline{X}^*$ 的样本分布。用 k 来标记这些样本。由于有很多标记，因此用括弧来括住 k。以这个记号，第 k 个自助法估计量为 $\overline{X}_{(k)}$：不需要既有上标 * 又有下标 (k)。假定有 N 个自助法复制品，用 $k=1,\cdots,N$ 来标记：

$$\overline{X}_{(1)},\cdots,\overline{X}_{(k)},\cdots,\overline{X}_{(N)}.$$

请区别：

- N 为自助法复制品的数目。

- n 为实际样本量.

通常能够使得 N 尽可能取所需要的那么大, 因为计算机时间是便宜的. 而使 n 大则可能是个昂贵的主张.

关于偏倚的问题呢? 在计算机上, 从实际样本重复抽样, 它们的均值为 $\overline{X}$. 按照我们目前的规则, 不允许利用概率论来计算 $E(\overline{X}_{(k)})$. 但能够用 N 个自助法复制品的均值

$$\overline{X}_{\text{ave}} = \frac{1}{N}\sum_{k=1}^{N}\overline{X}_{(k)},$$

来近似这个期望. 我们将要看到的是

$$\overline{X}_{\text{ave}} \doteq \overline{X}.$$

在这个模拟中, 样本均值的期望就是总体均值. 自助法告诉我们, 样本均值是无偏的.

下一个想要的是样本均值的 SE. 令

$$V = \frac{1}{N}\sum_{k=1}^{N}[\overline{X}_{(k)} - \overline{X}_{\text{ave}}]^2.$$

这是 N 个自助法复制品的方差. SD 为 $\sqrt{V}$, 它告诉我们一个典型的 $\overline{X}_{(k)}$ 与 $\overline{X}$ 如何接近. 这就是我们所寻求的.

自助法 SE 是自助法复制品的 SD.

自助法 SE 评价原始的 $\overline{X}$ 作为 μ 的一个估计的好坏.

为什么这能够实行? 我们已经模拟了 $k=1,\cdots,N$ 个 $\overline{X}$ 的复制品, 并利用样本方差来近似实际方差. 仅有的问题如下: 我们本应该从产生实际样本的分布来抽样, 但却从一个近似分布 (即样本 $\{X_1,\cdots,X_n\}$ 的经验分布) 来抽样. 看图 1. 如果 n 充分大, 这是一个好的近似. 如果 n 很小, 近似就不好, 自助法不大可能成功.

对样本均值的自助法原理. 只要样本合理地大, $\overline{X}^* - \overline{X}$ 的分布将是 $\overline{X} - \mu$ 的分布的好的近似. 特别地, $\overline{X}^*$ 的 SD 会是 $\overline{X}$ 的标准误差的一个好的近似.

在计算机上, 我们模仿对数据的抽样模型. 我们假定数据来自 IID 的随机变量, 因此在计算机上模拟了 IID 数据, 有放回地从一个盒子里随机抽取. 这很重要, 否则, 自助法在做一件错事. 技术上, 我们一直并非严格地谈论 $\overline{X}^* - \overline{X}$ 的自助法分布, 但这个分布是以数据 $X_1,\cdots,X_n$ 为条件的.

记号有些古怪, 术语也是一样. 比如, $\overline{X}_{\text{ave}}$ 看上去是强加的, 但它刚好是用来核对样本值是无偏时所需要的. "自助法估计量" $\overline{X}^*$ 不是关于参数 μ 的一个新估计量. 它是在计算机上产生的, 用以帮助我们理解样本均值这个估计量的性质. "样本的经验分布"不是对于样本的一个分布. 它是对产生样本的分布的一个近似. 该近似在 n 个样本点的每一个上加以概率 (mass) $1/n$. 在没有其他信息的情况下, 这恐怕是我们所能够做到的最好的事.

例 2 回归. 假定 $Y = X\beta + \varepsilon$, 这里设计矩阵 X 为 $n \times p$. 假定 X 是固定的 (非随机), 而且满秩. 参数向量 β 为 $p \times 1$, 是未知的, 而且要被 OLS 所估计. 误差 $\varepsilon_1,\cdots,\varepsilon_n$ 为 IID, 有均值 0 和方差 σ^2, 也是未知的. 在 OLS 中的估计量 $\hat{\beta} = (X'X)^{-1}X'Y$ 的偏倚是什么? $\hat{\beta}$ 的协方差矩阵是什么? 回答自然是 0 和 $\sigma^2(X'X)^{-1}$, 我们将用残差的均方来估计 σ^2.

假定再一次忘记公式, 但手中有计算机时间. 我们将利用自助法得到偏倚和方差. 我们不想对 Y_i 再抽样, 因为它们不是 IID: $E(Y_i) = X_i\beta$ 对于不同的 i 而有区别, 这里 X_i 为设计矩阵

X 的第 i 行. 那些 ε_i 为 IID, 但我们接触不到. 这是个难题.

假定模型中有一个截距, 这样, X 的第一列全是 1. 那么 $\bar{e}=0$, 这里 $e=Y-X\hat{\beta}$ 为残差向量. 我们能够对残差再抽样, 这就是要做的. 残差 $e_1,\cdots,e_n$ 是一个新的总体, 其均值为 0. 从这个总体有放回地随机抽取 n 次得到自助法误差 $\varepsilon_1^*,\cdots,\varepsilon_n^*$. 这些是 IID 的, 而且 $E(\varepsilon_i^*)=0$. ε_i^* 的行为类似于 ε_i. 图 2 概括了这个方法.

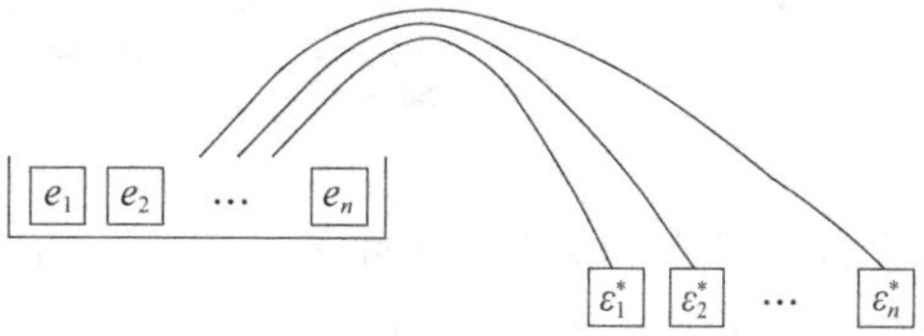

下一步是重新产生那些 Y_i:

图 2 对回归模型的自助法

$$Y^* = X\hat{\beta} + \varepsilon^*.$$

每个 e_i 以小的随机次数 (可能为 0 次) 及随机的次序进入到 ε^*. 这样 e_1 可能与 X_7 和 X_{19} 配对. 或者 e_1 根本不进入样本. 设计矩阵并不改变, 因为假定它是固定的. 注意, Y^* 服从回归模型: 误差是 IID, 期望为 0. 我们已经在计算机上模仿了原始的模型, 虽然有些不同. 在计算机上, 我们知道真正的参数向量, 它是 $\hat{\beta}$. 我们也知道真正的扰动分布——从 $\{e_1,\cdots,e_n\}$ 中 IID 地抽取. 这样我们就能够触及 $\hat{\beta}^*-\hat{\beta}$ 的分布了, 这里 $\hat{\beta}^*$ 为自助法估计量 $\hat{\beta}^* = (X'X)^{-1}X'Y^*$.

对回归的自助法原理. 对于合理地大的样本, $\hat{\beta}^*-\hat{\beta}$ 的分布将是 $\hat{\beta}-\beta$ 的分布的好的近似. 特别地, $\hat{\beta}^*$ 的经验协方差矩阵会是 $\hat{\beta}$ 的理论协方差矩阵的一个好的近似.

什么是 "经验" 协方差矩阵? 假定产生 N 个自助法数据集, 用 $k=1,\cdots,N$ 来标记. 每一个都有一个自助法 OLS 估计量 $\hat{\beta}_{(k)}$. 我们有 N 个自助法复制品, 用 k 来标记:

$$\hat{\beta}_{(1)},\cdots,\hat{\beta}_{(k)},\cdots,\hat{\beta}_{(N)}.$$

经验协方差矩阵为

$$\frac{1}{N}\sum_{k=1}^{N}[\hat{\beta}_{(k)}-\hat{\beta}_{\text{ave}}][\hat{\beta}_{(k)}-\hat{\beta}_{\text{ave}}]', \quad \text{这里} \hat{\beta}_{\text{ave}}=\frac{1}{N}\sum_{k=1}^{N}\hat{\beta}_{(k)}.$$

这是你所能够做到的. 利用比较, 理论协方差矩阵依赖于未知的 σ^2:

$$E\{[\hat{\beta}-E(\hat{\beta})][\hat{\beta}-E(\hat{\beta})]'\} = \sigma^2(X'X)^{-1}.$$

那关于偏倚呢? 正如在第 4 章表明的, 没有偏倚: $E(\hat{\beta})=\beta$. 在这个模拟中, 除了一点随机误差之外, $\hat{\beta}_{\text{ave}}=\hat{\beta}$. 无论如何, 作为实际数据中 β 的估计的 $\hat{\beta}$ 是我们作为真实的参数向量告诉计算机的. 而 $\hat{\beta}_{\text{ave}}$ 是 N 个自助法复制品 $\hat{\beta}_{(k)}$ 的平均, 它是 $E[\hat{\beta}_{(k)}]$ 的一个好的近似.

在计算机上, 我们模仿对数据的抽样模型. 根据假定, 真实数据来自有固定 X 以及有均值 0 的 IID 误差的回归模型. 这就是我们必须在计算机上模拟的; 否则, 自助法将做错事.

前面已经讨论了关于 $\hat{\beta}^*-\hat{\beta}$ 的自助法分布. 这是以数据 $Y_1,\cdots,Y_n$ 为条件的. 在这个条件下, 能够把从 $Y_1,\cdots,Y_n$ 计算的残差当成数据, 而不是随机变量. 在自助法中的随机性来自对残差的再抽样. 再一次, 隐藏的要点在于, 我们希望从 ε_i 的实际分布抽样, 但是却从 e_i 的经验分布中抽样. 如果 n 是合理地大, 而且设计矩阵不太古怪, 那么这是一个好的近似.

例 3 自回归. 有参数 a,b. 它们是未知的. 但我们竟然知道 $|b|<1$. 对于 $i=1,2,\cdots,n$, 有 $Y_i=a+bY_{i-1}+\varepsilon_i$. 这里 Y_0 为一个固定的数. ε_i 为 IID 的, 具有均值 0 和未知方差 σ^2. 方程有一个延迟项 Y_{i-1}: 这是关于先前 i 的 Y. 我们准备用 OLS 估计 a,b, 因此把它放入回归问

题：$Y = X\beta + \varepsilon$，这里

$$Y = \begin{pmatrix} Y_1 \\ Y_2 \\ \vdots \\ Y_n \end{pmatrix}, X = \begin{pmatrix} 1 & Y_0 \\ 1 & Y_1 \\ \vdots & \vdots \\ 1 & Y_{n-1} \end{pmatrix}, \beta = \begin{pmatrix} a \\ b \end{pmatrix}, \varepsilon = \begin{pmatrix} \varepsilon_1 \\ \varepsilon_2 \\ \vdots \\ \varepsilon_n \end{pmatrix}.$$

代数很好算：在矩阵方程 $Y = X\beta + \varepsilon$ 中的第 i 列给出 $Y_i = a + bY_{i-1} + \varepsilon_i$，即一开始的方程。OLS 估计量为 $\hat{\beta} = (X'X)^{-1}X'Y$。记 $\hat{\beta}$ 的两个元素为 $\hat{a}, \hat{b}$。

但是有些地方不对劲。X 和 ε 相关。看 X 的第二列。到处都是藏在 Y 中的 ε。可能不应该用 $\hat{\sigma}^2(X'X)^{-1}$？那偏倚呢？虽然标准定理不能用，但是自助法还好用。在这种解释变量和误差相关的非标准状况下，能够利用自助法来估计方差和偏倚。

即使设计矩阵是随机的，还可以按照例 2 的模式运用自助法。拟合模型，得到 $\hat{\beta}$ 及残差 $e = Y - X\hat{\beta}$。冻结 Y_0，并冻结

$$\hat{\beta} = \begin{pmatrix} \hat{a} \\ \hat{b} \end{pmatrix}$$

及 e。从 e 重新抽样得到自助法扰动项 $\varepsilon_1^*, \cdots, \varepsilon_n^*$。新的要点是你必须利用 $\hat{a}, \hat{b}, \varepsilon_i^*$ 一次一个地生成那些 Y_i^*：

$$Y_1^* = \hat{a} + \hat{b}Y_0 + \varepsilon_1^*,$$
$$Y_2^* = \hat{a} + \hat{b}Y_1^* + \varepsilon_2^*,$$
$$\vdots$$
$$Y_n^* = \hat{a} + \hat{b}Y_{n-1}^* + \varepsilon_n^*.$$

第一行还可以，因为 Y_0 是常数。第二行也行，因为当需要 Y_1^* 时，已经从前面一行得到了。如此下去，就有了一个自助法数据集：

$$Y^* = \begin{pmatrix} Y_1^* \\ Y_2^* \\ \vdots \\ Y_n^* \end{pmatrix}, X^* = \begin{pmatrix} 1 & Y_0 \\ 1 & Y_1^* \\ \vdots & \vdots \\ 1 & Y_{n-1}^* \end{pmatrix}, \varepsilon^* = \begin{pmatrix} \varepsilon_1^* \\ \varepsilon_2^* \\ \vdots \\ \varepsilon_n^* \end{pmatrix}.$$

于是，可计算自助法估计量 $\hat{\beta}^* = (X^{*'}X^*)^{-1}X^{*'}Y^*$。注意，由于其第二列，我们必须重新产生设计矩阵。这就是在 X^* 上有个 $*$ 号的原因。这个方法能够在计算机上重复许多次来得到 N 个自助法复制品。同样的残差 e 一直在用。但是 ε^* 在各个复制品中不同。X^*，Y^* 和 $\hat{\beta}^*$ 也一样。

对自回归的自助法原理。对于合理地大的样本量 n，$\hat{\beta}^* - \hat{\beta}$ 的分布将是 $\hat{\beta} - \beta$ 的分布的好的近似。特别地，$\hat{b}^*$ 的 SD 会是 $\hat{b}$ 的标准误差的一个好的近似。$\hat{b}^* - \hat{b}$ 的平均是在 $\hat{b}$ 中的偏倚的一个好的近似。

在例 3 中，会有某些偏倚：那些 $\hat{b}^*$ 的平均会与 $\hat{b}$ 有显著差别。由对应于较早 i 的 Y，即延迟项，在 OLS 估计量中的确产生某些偏倚。

例 4   一个集时间序列和横截面变化之大成的模型。把上面的例 3 和 5.4 节的例 2 结合。

对于 $t=1,\cdots,m, j=1,2$,假定
$$Y_{t,j} = a_j + bY_{t-1,j} + cW_{t,j} + \varepsilon_{t,j}.$$
把 t 看成时间,把 j 看成地理区域的指标. $Y_{0,j}$ 及那些 W 是固定的. a_1,a_2,b,c 是要从数据 $W_{t,j}$ 和 $Y_{t,j}(t=1,\cdots,m,j=1,2)$ 估计的标量参数. (对每个 t 和 j, $W_{t,j}$ 及 $Y_{t,j}$ 为标量.) 对于 ($\varepsilon_{t,1}$, $\varepsilon_{t,2}$) 为 IID,有 0 均值和一个正定的 2×2 协方差矩阵 K. 这也是未知及待估计的. 一步 GLS 方法用来估计 a_1,a_2,b,c ——虽然 GLS 模型 (5.7) 由于延迟项并不成立: 看例 3. 自助法将帮助我们在可行的 GLS 中评估偏倚,并评估对 SE 的代入估计量的质量 (5.3 节).

必须把模型写成矩阵的形式. 令 $n=2m$. 对于 Y,即把 $Y_{t,j}$ 堆叠起来:

$$Y = \begin{pmatrix} Y_{1,1} \\ Y_{1,2} \\ Y_{2,1} \\ Y_{2,2} \\ \vdots \\ Y_{m,1} \\ Y_{m,2} \end{pmatrix}.$$

这是 $n\times 1$ 的. 对误差类似:

$$Y = \begin{pmatrix} \varepsilon_{1,1} \\ \varepsilon_{1,2} \\ \varepsilon_{2,1} \\ \varepsilon_{2,2} \\ \vdots \\ \varepsilon_{m,1} \\ \varepsilon_{m,2} \end{pmatrix}.$$

对于设计矩阵,需要一点技巧,先组成 β:

$$\beta = \begin{pmatrix} a_1 \\ a_2 \\ b \\ c \end{pmatrix}.$$

现在轮到设计矩阵本身了: 因为 Y 为 $n\times 1$ 向量,β 为 4×1 向量,设计矩阵必须是 $n\times 4$ 的. 最后一列是最容易的: 你仅仅把那些 W 堆叠起来. 第 3 列也不难: 把 Y 及延迟的 Y 堆叠起来. 第 1 列和第 2 列有对于两个地理区域的哑变量. 这些必须安排好,以使得 a_1 相对 $Y_{t,1}$,a_2 相对 $Y_{t,2}$:

$$X = \begin{pmatrix} 1 & 0 & Y_{0,1} & W_{1,1} \\ 0 & 1 & Y_{0,2} & W_{1,2} \\ 1 & 0 & Y_{1,1} & W_{2,1} \\ 0 & 1 & Y_{1,2} & W_{2,2} \\ \vdots & \vdots & \vdots & \vdots \\ 1 & 0 & Y_{m-1,1} & W_{m,1} \\ 0 & 1 & Y_{m-1,2} & W_{m,2} \end{pmatrix}.$$

核对一下. 矩阵方程为 $Y=X\beta+\varepsilon$. 方程的第一列为
$$Y_{1,1} = a_1 + bY_{0,1} + cW_{1,1} + \varepsilon_{1,1}.$$
就是所需要的. 下面一行为
$$Y_{1,2} = a_2 + bY_{0,2} + cW_{1,2} + \varepsilon_{1,2}.$$
很好. 于是得到
$$Y_{2,1} = a_1 + bY_{1,1} + cW_{2,1} + \varepsilon_{2,1},$$
$$Y_{2,2} = a_2 + bY_{1,2} + cW_{2,2} + \varepsilon_{2,2}.$$
这些都可以, 其余的也没有问题.

现在, 对于误差的协方差矩阵又如何呢? 很容易核对 $\text{cov}(\varepsilon)=G$, 这里 $n\times n$ 矩阵 G 在主对角线上有重复的 K:

$$G = \begin{pmatrix} K & 0_{2\times 2} & \cdots & 0_{2\times 2} \\ 0_{2\times 2} & K & \cdots & 0_{2\times 2} \\ \vdots & \vdots & \ddots & \vdots \\ 0_{2\times 2} & 0_{2\times 2} & \cdots & K \end{pmatrix}. \tag{1}$$

在继续对模型做自助法之前, 先停下来回顾一步 GLS——5.3 节和 5.4 节. 首先基于数据用 OLS 估计 β. 这给出了 $\hat{\beta}_{\text{OLS}}$ 以及一个残差向量 $e=Y-X\hat{\beta}_{\text{OLS}}$. 我们利用 e 来计算 K 的一个估计 $\hat{K}$. (在自助法中, 还将为另外的目的使用残差.) 然后用 $\hat{K}$ 来估计 G. 注意, 残差当然成对出现. 对每个时间段有一对, 这是因为有两个地理区域. 与其给 e 一个单独下标还不如给两个, t 和 j, 对于时间, $t=1,\cdots,m$, 对于地理区域, $j=1,2$. 令

$$e_{t,1} = e_{2t-1}, \qquad e_{t,2} = e_{2t}.$$

这个记号使得配对明显.

现在 $\hat{K}$ 为对子的经验协方差矩阵:

$$\hat{K} = \frac{1}{m}\sum_{t=1}^{m}\begin{pmatrix} e_{t,1} \\ e_{t,2} \end{pmatrix}(e_{t,1} \quad e_{t,2}). \tag{2}$$

把 $\hat{K}$ 代入 G 的公式 (1) 来得到 $\hat{G}$, 然后把 $\hat{G}$ 带入到 (5.10) 以得到

$$\hat{\beta}_{\text{FGLS}} = (X'\hat{G}^{-1}X)^{-1}X'\hat{G}^{-1}Y. \tag{3}$$

这是一步 GLS. 在 $\hat{\beta}_{\text{FGLS}}$ 中的 "F" 字母代表 "可行的" (feasible). 把 $\hat{G}$ 带入到 (5.12) 的右边得到 $\hat{\beta}_{\text{FGLS}}$ 的协方差矩阵的一个估计, 即

$$(X'\hat{G}^{-1}X)^{-1}. \tag{4}$$

可行的 GLS 可能是有偏的, 特别是在有延迟项的情况. (4) 仅仅是一个 "渐近的" 公式: 在某些正则条件下, 它对于大样本给出基本正确的答案. 对于小样本又如何呢? 对于我们刚好有的样本量呢? 关于偏倚呢?? 自助法应该给我们一些把握这些问题的办法.

对 Y 再抽样不是好主意: 看例 2 所说的理由. 实际上, 将以例 2 和例 3 的模式对模型实施自助法. 冻结 $Y_{0,j}$ 及那些 W, 并冻结

$$\hat{\beta}_{\text{FGLS}} = \begin{pmatrix} \hat{a}_1 \\ \hat{a}_2 \\ \hat{b} \\ \hat{c} \end{pmatrix}$$

及 OLS 拟合的残差 e. 为重新产生数据, 先对那些 e 再抽样. 正如上面所注, 残差是成对出现的. 配对必须保持次序以得到在 $\varepsilon_{t,1}$ 和 $\varepsilon_{t,2}$ 之间的协方差. 因此, 我们是对残差对子进行再抽样 (图 3).

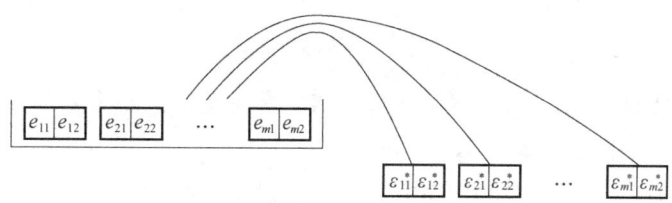

图 3　对时间序列和横截面变化组合的模型的自助法

更正式地, 我们有放回地从成对的残差随机抽样, 产生 IID 对子 $(\varepsilon_{t,1}^*, \varepsilon_{t,2}^*)$. $(\varepsilon_{t,1}^*, \varepsilon_{t,2}^*) = (e_{7,1}, e_{7,2})$ 的机会是 $1/m$. 如果把 7 换成 19 或任何其他数目也是一样. 因为在模型中有 a_1 和 a_2, $\sum_{s=1}^{m} e_{s,1} = \sum_{s=1}^{m} e_{s,2} = 0$. (为证明, e 正交于 X 的列: 前两列是有关的.) 换言之, $E(\varepsilon_{t,1}^*) = E(\varepsilon_{t,2}^*) = 0$. 我们必须如例 3 那样, 利用 $\hat{a}_1, \hat{a}_2, \hat{b}$ 及那些 $\varepsilon_{t,j}^*$ 产生 $Y_{t,j}^*$, 对每个 t 做一次:

$$Y_{1,1}^* = \hat{a}_1 + \hat{b} Y_{0,1} + \hat{c} W_{1,1} + \varepsilon_{1,1}^*,$$
$$Y_{1,2}^* = \hat{a}_2 + \hat{b} Y_{0,2} + \hat{c} W_{1,2} + \varepsilon_{1,2}^*,$$
$$Y_{2,1}^* = \hat{a}_1 + \hat{b} Y_{1,1} + \hat{c} W_{2,1} + \varepsilon_{2,1}^*,$$
$$Y_{2,2}^* = \hat{a}_2 + \hat{b} Y_{1,2} + \hat{c} W_{2,2} + \varepsilon_{2,2}^*.$$

如此下去. 不需要重新产生 $Y_{0,j}$ 或者那些 W: 它们都是固定的. 现在, 对估计量做自助法, 得到 $\hat{\beta}_{\text{FGLS}}^*$. 这意味着做 OLS, 得到残差, 然后如在 (2) 中那样得到 $\hat{K}^*$, 再把 $\hat{K}^*$ 代入 (1) 得到 $\hat{G}^*$, 而最后

$$\hat{\beta}_{\text{FGLS}}^* = (X^{*\prime} \hat{G}^{*-1} X^*)^{-1} X^{*\prime} \hat{G}^{*-1} Y^*. \tag{5}$$

我们必须在计算机上做许多遍这个以得到对于 $\hat{\beta}_{\text{FGLS}}^* - \hat{\beta}$ 的分布的多少像样的近似. 注意, 在设计矩阵 (5) 上的星号. 当一个自助法设计矩阵在计算机上生成时, 含有 Y 的列每次都改变.

对可行 GLS 的自助法原理. 对于合理地大的 n, $\hat{\beta}_{\text{FGLS}}^* - \hat{\beta}_{\text{FGLS}}$ 的分布是 $\hat{\beta}_{\text{FGLS}} - \beta$ 的分布的好的近似. 特别地, $\hat{\beta}_{\text{FGLS}}^*$ 的经验协方差矩阵是 $\hat{\beta}_{\text{FGLS}}$ 的理论协方差矩阵的一个好的近似. $\hat{\beta}_{\text{FGLS}}^* - \hat{\beta}_{\text{FGLS}}$ 的平均是 $\hat{\beta}_{\text{FGLS}}$ 中的偏倚的一个好的近似.

更具体地, 将模拟 N 个数据集, 用 $k = 1, \cdots, N$ 来标识. 每个数据集应该包含模拟的设计矩阵 $X_{(k)}$ 和模拟的响应向量 $Y_{(k)}$. 对每个数据集, 将计算 $\hat{G}_{(k)}$ 以及一步 GLS 估计的自助法复制品,

$$\hat{\beta}_{\text{FGLS},(k)} = [X_{(k)}' \hat{G}_{(k)}^{-1} X_{(k)}]^{-1} X_{(k)}' \hat{G}_{(k)}^{-1} Y_{(k)}.$$

某些东西不依赖于 k, 比如, $Y_{0,j}$ 和 $W_{t,j}$. 我们保持从实际数据来的一步 GLS 估计 $\hat{\beta}_{\text{FGLS}}$ 一直不变, 作为在模拟中的真实参数. 我们也保持误差分布固定: 图 3 的盒子所说的在整个自助法复制中都是一样的.

这是一个复杂的例子, 但就是在这一类例子中, 你可能想要用自助法. 标准理论不能用. 有些偏倚能够被自助法探测出来. 虽然可能会有某些像 (4) 那样的渐近公式, 但是可能不会

有任何有用的有限样本的结果. 自助法也是渐近的, 但它往往比与其竞争的方法更快地达到目的. 下一节有一个实际例子, 是关于能源需求模型的. 做下面这些练习, 为那个例子做准备.

练习组 A

1. 令 $X_1, \cdots, X_{50}$ 为 IID $N(\mu, \sigma^2)$. 样本均值为 $\overline{X}$. 对还是错: $\overline{X}$ 为 μ 的一个无偏估计, 但是由于随机误差, 它可能与 μ 多少差 $\sigma/\sqrt{50}$.

2. 对于 $i = 1, \cdots, 50, k = 1, \cdots, 100$, 令 $X_{i(k)}$ 为 IID $N(\mu, \sigma^2)$. 令

$$\overline{X}_{(k)} = \frac{1}{50} \sum_{i=1}^{50} X_{i(k)}, \qquad s^2_{(k)} = \frac{1}{50} \sum_{i=1}^{50} [X_{i(k)} - \overline{X}_{(k)}]^2,$$

$$\overline{X}_{\text{ave}} = \frac{1}{100} \sum_{k=1}^{100} \overline{X}_{(k)}, \qquad V = \frac{1}{100} \sum_{k=1}^{100} [\overline{X}_{(k)} - \overline{X}_{\text{ave}}]^2.$$

对还是错, 并且解释:
   (a) $\{\overline{X}_{(k)} : k = 1, \cdots, 100\}$ 是来自 $N(\mu, \sigma^2/50)$ 的样本量为 100 的一个样本.
   (b) V 大约为 $\sigma^2/50$.
   (c) 对大约 95 个 k, $|\overline{X}(k) - \overline{X}_{\text{ave}}| < 2\sqrt{V}$.
   (d) $\sqrt{V}$ 是 $\overline{X}$ 的 SE 的一个好的近似, 这里 $\overline{X}$ 已在练习 1 中定义.
   (e) $\overline{X}_{(k)}$ 的样本 SD 是 $\overline{X}$ 的 SE 的一个好的近似.
   (f) $\overline{X}_{\text{ave}}$ 为 $N(\mu, \sigma^2/5000)$.

3. (继续练习 2.) 填空并解释.
   (a) $\overline{X}_{\text{ave}}$ 几乎为 μ, 但是多少相差_____. 选项:
   $\sigma \qquad \sigma/\sqrt{50} \qquad \sigma/\sqrt{100} \qquad \sigma/\sqrt{5000}$
   (b) $\overline{X}_{\text{ave}}$ 几乎为 μ, 但是多少相差_____. 选项:
   $\sqrt{V} \qquad \sqrt{V}/\sqrt{50} \qquad \sqrt{V}/\sqrt{100} \qquad \sqrt{V}/\sqrt{5000}$
   (c) $\overline{X}_{(k)}$ 的 SD 大约为_____. 选项:
   $\sqrt{V} \qquad \sqrt{V}/\sqrt{50} \qquad \sqrt{V}/\sqrt{100} \qquad \sqrt{V}/\sqrt{5000}$

练习 1~3 描述了**参数自助法** (parametric bootstrap): 我们准备从一个已给的参数分布 (即正态分布) 来做再抽样. 符号看上去有些笨拙, 后面会好些.

8.2 为能源需求模型做自助法

在 20 世纪 70 年代, 远在 SUV 没有普及之前, 美国曾出现一次能源危机. 对阿拉伯石油无法满足的需求与寡头卖主垄断, 导致了价格控制和在加油站排长队的现象. 这次危机产生了另一个无法满足的需求, 即对能源预测的需求. 能源部试图处理这两个问题. 这一节将讨论 RDFOR, 即能源部的关于能源需求的区域需求预测模型 (Department's Regional Demand Forecasting model for energy demand).

我们仅仅考虑工业部门. (其他部门为居民、商业、运输.) 主要方程为:

$$Q_{t,j} = a_j + bC_{t,j} + cH_{t,j} + dP_{t,j} + eQ_{t-1,j} + fV_{t,j} + \delta_{t,j}. \tag{6}$$

这里，t 为时间（年）：$t=1961, 1962, \cdots, 1978$. 下标 j 的范围为各地理区域，1 到 10. 缅因在区域 1，加利福尼亚在区域 10. 左边，$Q_{t,j}$ 为第 t 年在区域 j 由工业部分所消耗的能源的对数.

在方程右边，Q 再次出现，延迟了一年：$Q_{t-1,j}$. 延迟项系数 e 是政策上感兴趣的，因为 e 被认为是测量经济对能源打击的反应速度. 其他项能够如下定义.

- $C_{t,j}$ 为在第 t 年和第 j 个区域的制冷度日（cooling degree day）的对数. 每一天，温度在 65°以上 1 度为一个制冷度日：必须提供能源来冷却工厂. 如果有 15 天温度在 72°，这意味着 $15\times(72-65)=105$ 个制冷度日. 选择 65°作为基线温度是惯例. 温度是按华氏：这是美国的能源部.
- $H_{t,j}$ 为在第 t 年和第 j 个区域的供暖度日（heating degree day）的对数. 每一天，温度在 65°以下 1 度为一个供暖度日：必须提供能源来对工厂供暖. 如果有 15 天温度在 54°，这意味着 $15\times(65-54)=165$ 个供暖度日.
- $P_{t,j}$ 为在第 t 年和第 j 个区域的工业部分的能源价格的对数.
- $V_{t,j}$ 为在第 t 年和第 j 个区域的工业增值的对数."增值"（value added）意味着销售较少成本产品的收入：成本包括资本、劳动力、材料.（这简单描述了一个复杂的国民核算概念.）
- 有 10 个和区域有关的截距 a_j. 有 5 个对于各区域不变的系数（b,c,d,e,f），使得到目前为止一共有 $10+5=15$ 个参数. 注意：这里 e 为一个参数而不是残差向量.
- δ 为一误差项.（$\delta_{t,j}: j=1,\cdots,10$），对于 $t=1961,\cdots,1978$，它为 IID 的 10 元素向量，均值为 0，有 10×10 协方差矩阵 K 表示了区域之间的依赖.
- 这些 δ 独立于除了延迟项之外的所有右边的变量.

这些假定明智吗？现在，不要问，也不会告诉：在本节余下的部分，它没有关系.（结尾的札记评论这些假定.）

该模型类似于例 4，有 18 年的数据，有 10 个区域而不是 2 个. 在能源部的分析人员用可行 GLS(即方程（3）)来估计模型. 结果在表 1 的 A 列中. 比如，延迟系数 e 被估计为 0.684. 再有，标准误差是用代入法（即方程（4））计算的. 结果展示在 B 列. 在 0.684 的标准误差为 0.025. 这些代入的标准误差的质量是个问题. 偏倚也是个问题，有两个理由.（ⅰ）有一个延迟项.（ⅱ）误差的协方差矩阵必须由数据来估计.

表 1 对 RDFOR 实施自助法

	GLS		自助法			
	(A)	(B)	(C)	(D)	(E)	(F)
					RMS	RMS
		代入法			代入法	自助法
	估计	SE	均值	SD	SE	SE
a_1	−0.95	0.31	−0.94	0.54	0.19	0.43
a_2	−1.00	0.31	−0.99	0.55	0.19	0.43
a_3	−0.97	0.31	−0.95	0.55	0.19	0.43
a_4	−0.92	0.30	−0.90	0.53	0.18	0.41
a_5	−0.98	0.32	−0.96	0.55	0.19	0.44

(续)

	GLS		自助法			
	(A)	(B)	(C)	(D)	(E)	(F)
					RMS	RMS
		代入法			代入法	自助法
	估计	SE	均值	SD	SE	SE
a_6	−0.88	0.30	−0.87	0.53	0.18	0.41
a_7	−0.95	0.32	−0.94	0.55	0.19	0.44
a_8	−0.97	0.32	−0.96	0.55	0.19	0.44
a_9	−0.89	0.29	−0.87	0.51	0.18	0.40
a_{10}	−0.96	0.31	−0.94	0.54	0.19	0.42
cdd b	0.022	0.013	0.021	0.025	0.0084	0.020
hdd c	0.10	0.031	0.099	0.052	0.019	0.043
价格 d	−0.056	0.019	−0.050	0.028	0.011	0.022
延迟 e	0.684	0.025	0.647	0.042	0.017	0.034
va f	0.281	0.021	0.310	0.039	0.014	0.029

注：表 1 的 cdd、hdd 和 va 分别为模型中的"制冷度日"、"供暖度日"和"增值"的缩写．

在这个例子中，可行 GLS 工作艰辛．除了 10 个截距和 5 个斜率之外，还有 10×10 的协方差矩阵要从数据估计．该矩阵有对角线中的 10 个方差及对角线上面的 45 个协方差．我们仅仅有 18 年在 10 个区域上的数据，最好也只有 180 个数据点．自助法将表明在可行 GLS 中有偏倚．它还将表明代入法的 SE 有严重错误．

如前面一节那样用自助法．这包含在计算机上产生 100 个模拟数据集．我们告诉计算机把 A 列的 $\hat{\beta}_{FGLS}$ 作为事实上的参数．（这是关于计算机代码的事实，不是关于经济的事实．）拿什么作为误差呢？答案：从 OLS 拟合的残差再抽样．这就像例 4，有 18 个巨大的票在盒子中，每张票为 10 元素的残差向量．比如，1961 年贡献了一个 10 元素向量，每个区域相应于一个元素．1962 年也是一样，直到 1978 年．

在再抽样时，每张票以一个小的随机次数（可能为 0）出现．这些票出现的次序也是随机的．比如，1961 年的票可能用来模拟 1964 年的，而又再次用来模拟 1973 年的；1962 年的票可能从未用过．在 (6) 右边像制冷度日那样的解释变量呢？先不管它，它们假定是外生变量．类似地，也不去管 $Q_{1960,j}$．对于 $t=1961, 1962, \cdots$ 的延迟项必须在我们动手时要重新产生．

对于每个模拟的数据集，计算一个一步 GLS 的估计 $\hat{\beta}^*_{FGLS}$．这是一个 15×1 向量（10 个区域截距，5 个系数）．这些向量的均值在 C 列．比如，延迟项的系数按次序是第 14 个，因此 $\hat{e}^*$ 为在 $\hat{\beta}^*_{FGLS}$ 中的第 14 个元素．100 个 $\hat{e}^*$ 的均值为 0.647．100 个自助法估计的 SD 在 D 列．比如，100 个 $\hat{e}^*$ 的 SD 为 0.042．现在自助法已经给出了它的输出，显示在 C 列和 D 列．我们将利用这些输出来分析在可行 GLS 中的偏倚和方差．（E 列和 F 列马上就要讨论．）

方差． 自助法 SE 就是 D 列的 SD．回顾这个逻辑，100 个 $\hat{e}^*$ 是从真实分布来的样本——在计算机模拟的界限下的真实．样本均值是总体均值（即 $\hat{e}^*$ 的期望）的一个好的估计．样本 SD 是 $\hat{e}^*$ 的 SD 的一个好的估计．这告诉你 FGLS 估计量可能与它的期望值差多远．（如果怀疑，回到前面一节．）

代入法 SE 与自助法比较. B 列报告了代入法 SE. D 列报告了自助法 SE. 比较 B 列和 D 列,你看到代入法和自助法非常不同. 代入法 SE 要小得多. 但是,也许代入法是对的而自助法是错的? 这就是 E 列的目的. E 列将表明代入法 SE 小得太多. (E 列是特殊的:通常的自助法停止在 C 列和 D 列.)

对每个模拟的数据集,我们不仅仅计算一步 GLS 估计量,而且计算代入法协方差矩阵. 其对角线元素的均值的平方根显示在 E 列. 在计算机模拟的界限下(由于计算机代码,建模假定为真实的),除了小的随机误差,D 列给出了一步 GLS 的真实的 SE. E 列告诉你代入法平均起来在做什么. 代入法太小,差 2 或 3 倍. 估计所有这些协方差使得数据工作太艰苦. 这就是自助法告诉我们的.

偏倚. 如前面所说,100 个 $\hat{e}^*$ 的均值为 0.647. 这比在 A 列假定的真值 0.684 要低. 这个区别可能看上去不显著. 再看一下. 我们有样本量为 100 的一个样本. 样本平均为 0.647. 样本 SD 为 0.042. 对于样本平均的 SE 为 $0.042/\sqrt{100} = 0.0042$. (这个 SE 是特殊的:它度量"只有"100 个重复的模拟随机误差.) 偏倚是高度显著的,而且从大小来说大于代入法 SE: 看 B 列. 自助法表明 FGLS 是有偏的.

某些细节. 自助法是有些复杂. 明显的记号可能会使人容易理解其内容. 要做 100 个模拟数据. 把它们标以 $k=1, \cdots, 100$. 用括号括起 k 以区分于其他下标. 这样 $Q_{t,j,(k)}$ 为在第 t 年,区域 j 在第 k 个模拟数据集中能源需求的对数值. 在第 k 个数据集的响应向量 $Y_{(k)}$ 是由 $Q_{t,j,(k)}$ 堆叠而得到. 首先有 $Q_{1961,1,(k)}$,然后 $Q_{1961,2,(k)}$,这样到 $Q_{1961,10,(k)}$. 其次是 $Q_{1962,1,(k)}$,如此下去,直到 $Q_{1978,10,(k)}$. 借助于公式,对于 $t = 1961, 1962, \cdots$ 及 $j = 1, \cdots, 10$,$Q_{t,j,(k)}$ 为 $Y_{(k)}$ 的第 $[10(t-1961)+j]$ 个元素.

对其他变量(如制冷度日或增值等)不需要下标 (k):它们不改变. 在第 k 次模拟的数据集中的设计矩阵为 $X_{(k)}$. 有 10 列为区域哑变量(例 4 有两个区域哑变量),后面的各列分别为制冷度日、供暖度日、价格、延迟量和增值. 它们以在 $Y_{(k)}$ 中那样的次序堆叠. 大多数列在模拟过程中保持不变,但有延迟的列一直在变. 这就是为什么在设计矩阵上需要下标 k.

对于第 k 个模拟数据集,计算一步 GLS 估计为

$$\hat{\beta}_{\text{FGLS},(k)} = [X'_{(k)} \hat{G}^{-1}_{(k)} X_{(k)}]^{-1} X'_{(k)} \hat{G}^{-1}_{(k)} Y_{(k)}, \tag{7}$$

这里 $\hat{G}_{(k)}$ 为初步通过第 k 个模拟数据集时,从 OLS 残差估计出来的. 还有更多的一些细节. OLS 残差的公式为

$$Y_{(k)} - X_{(k)} [X'_{(k)} X_{(k)}]^{-1} X'_{(k)} Y_{(k)}. \tag{8}$$

对第 t 年,区域 j 的 OLS 残差 $r_{t,j,(k)}$ 为 (8) 中的第 $[10(t-1961)+j]$ 个元素. (为什么是 r? 因为 e 是参数.) 对于从 1961 到 1978 的每一年,有 10 元素的残差向量,其经验协方差矩阵为

$$\hat{K}_{(k)} = \frac{1}{18} \sum_{t=1961}^{1978} \begin{pmatrix} r_{t,1,(k)} \\ r_{t,2,(k)} \\ \vdots \\ r_{t,10,(k)} \end{pmatrix} (r_{t,1,(k)} \quad r_{t,2,(k)} \cdots r_{t,10,(k)}).$$

如果怀疑,看前面例 4. 一组 18 个 $\hat{K}_{(k)}$ 的重复形成了 (7) 中的 180×180 矩阵 $\hat{G}_{(k)}$ 的对角线:

$$\hat{G}_{(k)} = \begin{pmatrix} \hat{K} & 0_{10\times10} & \cdots & 0_{10\times10} \\ 0_{10\times10} & \hat{K} & \cdots & 0_{10\times10} \\ \vdots & \vdots & \ddots & \vdots \\ 0_{10\times10} & 0_{10\times10} & \cdots & \hat{K} \end{pmatrix}.$$

在 (7) 中的第 k 个复制的自助法估计量 $\hat{\beta}_{\text{FGLS},(k)}$ 是一个 15 元素向量，包含对 10 个区域截距的估计及 $\hat{b}_{(k)}, \hat{c}_{(k)}, \hat{d}_{(k)}, \hat{e}_{(k)}, \hat{f}_{(k)}$. 对延迟系数 $\hat{e}_{(k)}$ 的模拟估计因此为 $\hat{\beta}_{\text{FGLS},(k)}$ 的第 14 个元素. 在表的 C 列中的 0.647 是由下式得到的：

$$\hat{e}_{\text{ave}} = \frac{1}{100}\sum_{k=1}^{100}\hat{e}_{(k)}.$$

除了一点随机误差，这就是 $E[\hat{e}_{(k)}]$，即在模拟中的一步 GLS 估计量的期望值. 而 0.042 来自于

$$\sqrt{\frac{1}{100}\sum_{k=1}^{100}(\hat{e}_{(k)} - \hat{e}_{\text{ave}})^2}.$$

除了一点随机误差，这就是在模拟中的一步 GLS 估计量的 SE. （记住，e 是一个参数而不是残差向量.）

对每个模拟数据集，我们不仅计算一步 GLS 估计量，而且还计算代入法协方差矩阵

$$[X'_{(k)}\hat{G}^{-1}_{(k)}X_{(k)}]^{-1}. \tag{9}$$

我们对 (9) 中 15 个对角线元素的每一个在 k 上取均值. 均值的平方根进入到 E 列. 这一列告诉代入法 SE 的实情：它们太小了.

平方及平方根可能有些不好懂，因此试一试一般的公式. 在计算机上产生一系列方差. 每个方差的平方根是 SE. 那么

$$\text{RMS SE} = \sqrt{\overline{平均的(SE^2)}} = \sqrt{\overline{平均方差}}.$$

对自助法做自助法. 最后，自助法又如何？它做得比渐近的要好吗？实际上，我们能够用一个更大的模拟（F 列）来校核自助法. 对 100 个模拟数据集的每一个 $[X_{(k)}, Y_{(k)}]$，计算 D 列的类似. 为此，每个模拟的数据集都繁殖 100 个它自己的模拟数据集. 总共需要关注 $100^2 = 10\,000$ 个数据集，但这在目前的技术条件下毫无问题. 对于每个模拟数据集，得到 15 个参数估计的每一个的模拟自助法 SE. 模拟的自助法 SE 的 RMS 在 F 列. 自助法也筋疲力尽了，但它比代入法 SE（E 列）更接近于事实（D 列）.

如前面提到的，通常自助法的应用停止于 C 列和 D 列. E 列和 F 列为特别的. E 列利用自助法来核对代入法 SE. F 列用自助法核对它本身.

什么是事实？对于模拟，C 列给出了期望，D 列给出了 SE(有些随机误差). 对于实际数据，仅有近似，因为（ⅰ）实际世界可能并不遵从这个模型，（ⅱ）即使遵从，我们也是抽样于残差的经验分布，而不是误差的理论分布. 如果模型是错误的，在表 1 的 A 列的估计和它们在 B 列的 SE 是毫无意义的统计量. 如果模型是正确的，A 列中的估计是有偏的，而且 B 列中的 SE 太小了，这是从计算机模型向实际世界所做的外推.

练习组 B

1. 有一个具有参数 θ 的统计模型. 你需要估计 θ. 哪一个更好地描述自助法？简单解释.

(i) 自助法将帮助你求 θ 的一个估计量.

   (ii) 已给 θ 的一个估计量 $\hat{\theta}$, 自助法将帮你找到 $\hat{\theta}$ 的偏倚和 SE.

2. 在方程 (6) 中, 哪些项是可观测的, 哪些项是不可观测的? 参数是什么?

3. 该模型是否反映了 1975 年的能源消费可能会不同于实际消费的想法? 如果是, 如何反映?

4. 在表 1 中, 在 A 列的结尾, 你会找到数目 0.281. 这个数目是如何与方程 (6) 相关的?

5. 在这个应用中, 一步 GLS 的估计偏倚到了什么程度? 表中的什么数证实你的观点? 如何证实?

6. 在这个应用中, 代入法 SE 是有偏的吗? 表中的什么数证实你的观点? 如何证实?

7. 在这个应用中, 自助法标准误差是有偏的吗? 表中的什么数证实你的观点? 如何证实?

8. Paula 观测了有共同分布的 4 个独立随机变量的一些值, 该分布密度为
$$f_{\alpha,\beta}(x) = c(\alpha,\beta)(\alpha x-\beta)^2 \exp[-(\alpha x-\beta)^2],$$
这里 $\alpha>0$, $-\infty<\beta<\infty$, 而且 $c(\alpha,\beta)$ 的选择使得下式成立: $\int_{-\infty}^{\infty} f_{\alpha,\beta}(x)\,dx=1$. 她用最大似然法估计 α, β, 并且从观测的信息量计算了标准误差. 在做是否 β 显著区别于 0 的 t 检验之前, 她咨询了一位统计学家, 被告知利用自助法, 因为观测的信息量仅仅对于大样本适用. 你的建议是什么? (看讨论问题 7.15.)

9. (难题.) 在例 3 中, 如果 $1 \leqslant i < n$, 表明 $E(\varepsilon_i|X)=\varepsilon_i$.

8.3 札记

术语. 在过去, 靴子 (boot) 固定有带子 (strap), 这样你能够通过提带子而穿上靴子. 术语"自助法"(bootstrap) 来自于这个表达, 用你自己的靴子带来把你自己举起来.

理论. Freedman(1981, 1984) 为不同的回归模型描述了应用自助法的理论基础, 有某些渐近结果.

中心化. 在例 2 中, 如果没有截距, 你必须对残差中心化. 同样, 在例 4 中, 你需要两个区域截距 a_1, a_2. 对 RDFOR 例子, 10 个区域截距中心化了残差. 没有中心化, 自助法可能会大错特错 (Freedman 1981).

哪一个残差集合? 我们能够对 FGLS 残差重新抽样. 但是, 在 (4) 中的 $\hat{G}$ 是从 OLS 残差计算的. 比较一下渐近结果和自助法结果, 如果在后者情况对 OLS 残差再抽样, 自助法看来会更好些, 这就是我们所做的.

自回归. Y_t 对"延迟的"值 (即 Y_{t-1}) 及控制变量的回归称为"自回归", "自"意味着自己: Y 部分地被自己先前的值解释. 在例 3 的自回归中, 如果 $|b|<1$, 当样本量大的时候, 常规的理论说这是好的近似; 然而, 如果 $|b| \geqslant 1$, 定理变得更复杂了 (Anderson 1959). 由延迟而导致的系数偏倚是人们熟知的现象 (Hurwicz, 1950). 在渐近标准误差中的偏倚是较少为人知的题目.

RDFOR. 自助法的大问题是残差太小. 对于 OLS, 有一个容易的对付办法: 除以 $n-p$ 而不是 n. 在如 RDFOR 那样的复杂模型中, 用什么来替代 p 呢? 正确的回答竟然是依赖于未知参数: 可行的 GLS 不是真正的 GLS. 利用自助法来消除偏倚是诱人的, 但是在偏倚上的降低

一般会以增加方差来平衡. Doss and Sethuraman(1989) 有针对这个思想的一个定理.

8.2 节是基于 Freedman and Peters(1984abc, 1985). 技术上, $P_{t,j}$ 是一个价格指数, 而 $Q_{t,j}$ 是一个量指数. ("Divisia"指数用于构造数据.) 进一步的模拟研究表明, 在 FGLS 中的偏倚主要源于延迟项的存在.

作为能源需求模型来说, 由能源部发展的 RDFOR 有些不现实 (Freedman-Rothenberg-Sutch 1983). 除了别的之外, P 和 δ 几乎不会独立 (第 9 章). 然而, 模型的缺陷不能解释在 FGLS 中的偏倚或者代入 SE 的糟糕表现. 在表 1 的 A 列和 C 列的区别, 或者在 D 列、E 列、F 列之间的区别并不是误设置的结果. 理由是这样的: 在计算机模拟中, 根据代码, 模型是真实的.

事实上, 能源部利用迭代重加权最小二乘 (5.4 节) 来估计模型, 而不是一步 GLS. 迭代改进了 $\hat{\beta}$ 的表现, 但是在估计的 SE 中的偏倚变得更差. 在其他例子中, 迭代降低了 $\hat{\beta}$ 的表现.

代入法 SE. 这些被更加有礼貌地称为名义 (nominal) 或渐近 (asymptotic)SE: "名义"和"实际"相对应, 而渐近意味着样本量足够大 (见下面).

其他文章. 对于可行 GLS 的代入法 SE 中的偏倚不时地被重新发现. 例如, 看 Beck (2001) 或者 Beck and Katz(1995). 这些作者推荐用 White 的方法来估计 OLS 中的 SE(第 5 章结尾札记). 然而, "稳健的 SE" 可能和代入法 SE 具有同样的问题, 因为估计的协方差矩阵会很不稳定. 作为结果, t 统计量将呈现不可预期的表现. 再有, 在感兴趣的应用方面, 可行 GLS 很可能给出比 OLS 更精确的参数估计.

第9章 联立方程

9.1 引言

这一章解释联立方程（simultaneous-equation）模型，以及如何利用工具变量（instrumental variable）（或两步最小二乘（two-stage least squares））来估计它们。这些方法可用于避免同时偏倚（simultaneity bias，也叫内生性偏倚（endogeneity bias））。我们要介绍的第一个例子为假想的威斯康星州关于黄油的供求方程会解释内生性偏倚的来源以及绕过这个问题的办法。然后讨论两个实际例子：(i) 教育和生育率的相互影响，(ii) 学校选择对社会资本的作用。这些例子显示社会科学家如何利用两步最小二乘法来处理 (i) 相互的因果关系，(ii) 对象自我选入样本。（在社会科学中，两步最小二乘常常被视为对统计推断问题的唯一解决办法。）在本章最后，有文献回顾，把建模问题摆在较广泛的画面中。

现在转向黄油。供求问题需要一些初步的讨论。对于经济学家，黄油的供应不是一个单独的数量，而是在数量和价格之间的一个关系。供应曲线显示了在不同的价格时，农民将把黄油带到市场的数量。在图 1 的左边，价格在横轴，数量在纵轴。（经济学中通常相反。）

注意，供应曲线向上倾斜。在其他情况相等时，如果价格上升，供销售的数量也上升。农民将会从制造干酪或送牛奶转而搅拌黄油。如果价格升得足够高，农民将开始买郊区的地，并把其转变回牧场。正如你从图中可以看到的，曲线是上凸的，每一额外的美元带回比先前较少的黄油。（比如，郊区的地是昂贵的。）

需求也是数量和价格之间的关系。在图 1 的中间的需求曲线表明了在不同价格下消费者将会购买的黄油总量。这个曲线是向下倾斜的。在其他情况相等时，如果价格上升，需求量就下降。这个曲线是下凸的，这是"边际效益递减规律"的一个表述。（第二块蛋糕绝不会和第一块一样好。如果你为第一磅黄油付了 10 美元，你可能仅仅付 8 美元为第二块，如此下去：这就是 P 作为 Q 的函数的下凸性。）

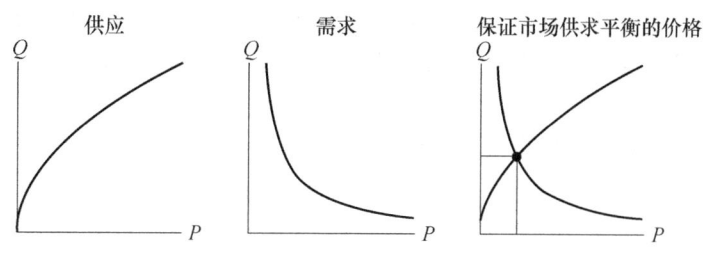

图 1 供应和需求。纵轴显示数量；横轴表示价格

按照经济理论，自由市场价格被两个曲线的交点所决定。"供求规律"由图 1 的右图描述。在自由市场价格，市场是很明确的：供应等于需求。如果价格设得较低，需要量将超过供应量，于是失望的买家将出更高的价格。如果价格设得较高，供应量将会超过需求量，绝望的供应者将会降低他们的价格。如果控制价格，你将把黄油卖给政府。这就是为什么价格控制会导

致黄油堆积成山. 如果有租金控制,公开投标就是违法的,会有对房屋的过分需求,也就有各种违法的交易. 相对于自由市场,政客们把租金设得过低,把黄油价格设得过高.

供应和需求曲线是响应方案(6.4节). 供应曲线显示了农民对不同价格的响应. 需求曲线显示了消费者的响应. 这些曲线多少是假想的,因为在任意给定的时间,我们仅仅看到一个价格和一个量. 在(比如)行星轨道存在的意义上,供应和需求曲线到底实际到什么程度是可争议的. 目前,先把这样的问题放到一边,按照通常理论来进行.

除了价格之外,其他事情也影响供应和需求. 供应受生产因素的费用——比如农业的工资率和干草的价格(劳动力和材料)——等影响. 这些是"供应的决定因素". 需求则受补充品(比如抹黄油吃的面包)和替代品(如橄榄油)的价格影响. 这些是"需求的决定因素". 这个名单可以扩展.

假定供应曲线是稳定的,而需求曲线在移动(图2的左边). 那么观测值——市场的交易价格和数量——将会勾画出供应曲线. 反过来,如果供应曲线移动,而需求曲线保持稳定,那么观测值将会勾画出需求曲线(中间图). 在实际中,如经济学家看到的,两个曲线都在变化,因此我们得到右图. 为估计该曲线,应该引进更多的假定. 经济学家称之为"设置模型". 我们需要设置供应和需求的决定因素以及曲线的公式形式.

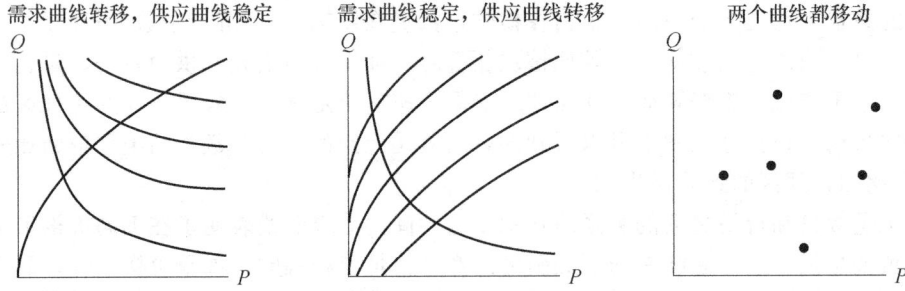

图2 勾画出供求曲线. 纵轴表示数量,横轴为价格

我们的模型有两个"内生变量",即黄油的数量和价格,分别用 Q 和 P 表示. 模型的形式将说明这些内生变量如何被"外生变量"所确定. 在供应方程中的外生变量是农业工资率 W 和干草的价格 H. 这些是供应的决定因素. 在需求方程中的外生变量是法式面包的价格 F 和橄榄油的价格 O. 这些是需求的决定因素. 目前"外生"仅仅意味着"外部确定的",而"内生"意味着在模型中确定的. 技术定义一会再说.

我们考虑一个线性设置. 模型有两个线性方程,包含两个未知数 Q 和 P. 对每个时间 t,

$$\text{供应} \quad Q = a_0 + a_1 P + a_2 W + a_3 H + \delta_t, \tag{1a}$$

$$\text{需求} \quad Q = b_0 + b_1 P + b_2 F + b_3 O + \varepsilon_t. \tag{1b}$$

右边有参数,即那些 a, b. 有价格 P. 在(1a)中有供应的决定因素,在(1b)中有需求的决定因素. 有随机扰动项 δ_t 和 ε_t,否则数据将无法拟合方程. 每一样都是线性的和可加的. (线性使得事情简单,但是经济学家可能对变量做变换以得到如同图1和图2那样的曲线.) 注意,足够明智的约束: W, H 从需求方程中排除了,而 E, O 从供应方程中排除了.

为了完成模型的设置,需要做某些关于 $(\delta_t, \varepsilon_t)$ 的假定. 误差项有期望 0. 作为对子,对

$t=1,\cdots,n,(\delta_t,\varepsilon_t)$ 为独立同分布的,但允许 δ_t 和 ε_t 相关. δ_t 和 ε_t 的方差可以不同. 方程 (1a) 是线性供应方案, (1b) 为线性需求方案. 我们本应该写 $Q_{t,P,W,H,F,O}$ 而不是 Q——毕竟,这些都是响应方案——但是写法不一致看来是较好的选择.

每个方程描述一个假想的实验. 在 (1a) 中,我们设定 P,W,H,F,O,并且观测农民把多少黄油带到市场上来. 根据假定,F 和 O 对供应没有影响:它们不在方程中. 另一方面,P,W,H 应该有可加的线性效应. 在 (1b) 中,我们设定 P,W,H,F,O 并且观测消费者将买多少黄油:W 和 H 应该对需求没有影响,而 P,F,O 应该有可加的线性效应. 在所有的干预下,干扰项是不变的. 参数也是一样,它们对所有 W,H,F,O 的组合保持不变.

还有第三个假想的实验,它能够描述为方程 (1a) 和 (1b) 的结合. 外生变量 W,H,F,O 能够设为任意特殊的感兴趣的值,可能在某个范围之内,而且同时解两个方程,以得到两个未知的 Q 和 P,这是在自由市场可能见到的数量及价格,它们相应于规定的外生变量的值.

至今,我们有三个可以设定外生变量的假想实验. 在社会科学中,实验是不寻常的. 更经常的是,方程由观测数据来估计. 另一个假定是必须的:大自然为我们做实验.

比方说,假定有 20 年的威斯康星州的数据. 经济学家将假定大自然生成了数据,好像对于 $t=1,\cdots,20$,从某个独立于那些 δ 和 ε 的联合分布中选择了 W_t,H_t,F_t,O_t. 于是,根据假定,W_t,H_t,F_t,O_t 为独立于误差项的. 这就是字面意义上的"外生性".

大自然把它的关于 W_t,H_t,F_t,O_t 的值代入 (1a) 和 (1b) 的右边,得到在第 t 年有效的供求方程:

$$\text{供应} \quad Q = a_0 + a_1 P + a_2 W_t + a_3 H_t + \delta_t, \tag{2a}$$

$$\text{需求} \quad Q = b_0 + b_1 P + b_2 F_t + b_3 O_t + \varepsilon_t. \tag{2b}$$

按照模型——这就是供求定律之所在——在 t 时期的市场价格 P_t 和销售量 Q_t 被确定,好像在解关于两个未知数 Q 和 P 的方程 (2a) 和 (2b) 一样:

$$Q_t = \frac{a_1(b_0 + b_2 F_t + b_3 O_t + \varepsilon_t) - b_1(a_0 + a_2 W_t + a_3 H_t + \delta_t)}{a_1 - b_1}, \tag{3a}$$

$$P_t = \frac{(b_0 + b_2 F_t + b_3 O_t + \varepsilon_t) - (a_0 + a_2 W_t + a_3 H_t + \delta_t)}{a_1 - b_1}. \tag{3b}$$

我们看不见参数或者扰动项. 所有能够看见的是 Q_t,P_t 以及外生变量 W_t,H_t,F_t,O_t. 我们的目标是从这些观测数据来估计方程 (2a)-(2b) 中的参数. 这将告诉我们,比方说,农民和消费者将如何对价格控制做出反应. 如果背后的假定正确,该模型将允许我们从观测数据做出因果推断.

Q_t 在 P_t 及其他外生变量上的回归导致同时偏倚 (simultaneity bias),也称为内生偏倚 (endogeneity bias),因为在关于 P_t 的公式 (3b) 中有扰动项. 一般来说,P_t 和 δ_t 及 ε_t 相关. 换言之,P_t 为内生的. 这就是新的统计问题. 当然,Q_t 也是内生的:在公式 (3a) 中有扰动项.

这一节展示了一个简单的计量经济模型,具有供应和需求方程,即方程 (2a) 和 (2b). 内生偏倚的来源被识别:扰动项出现在关于 Q_t 和 P_t 的公式 (3ab) 中. (这个"简化形式"方程在这里没有更多的意义,虽然它在其他情况下可能有帮助.) 回避内生偏倚的方法是用工具变量来估计方程 (2a) 和 (2b),而不是用 OLS. 这个新的方法将在 9.2 节和 9.3 节解释. 7.4 节讨论了关于二元响应变量的不同类型模型的内生偏倚.

练习组 A

1. 在方程 (1a) 中，a_1 应该是正的还是负的？a_2，a_3 呢？
2. 在方程 (1b) 中，b_1 应该是正的还是负的？b_2，b_3 呢？
3. 在这一节的黄油模型中：
   (a) 供求定律成立吗？
   (b) 供应曲线是上凸的吗？严格上凸吗？
   (c) 需求曲线是下凸的吗？严格下凸吗？
   (经济学家喜欢对数线性的设定……)
4. 一个经济学家想要利用黄油模型来确定农民如何对价格控制做出反应。下面哪个方程是最相关的——(2a)，(2b)，(3a)，(3b)？简单解释。

9.2 工具变量

先看稍微抽象一些的线性模型

$$Y = X\beta + \delta, \tag{4}$$

这里 Y 是一个可观测的 $n \times 1$ 随机向量，X 是一个可观测的 $n \times p$ 随机矩阵，而 β 为一个不可观测的 $p \times 1$ 参数向量。这些 δ_i 为 IID，有 0 均值和有穷方差 σ^2，都是不可观测的随机误差。这是标准回归模型，除了 X 为内生的之外，即 X 和 δ 是相依的。以 X 为条件，通常的 OLS 估计为有偏的，偏倚为 $(X'X)^{-1}X'E(\delta|X)$，看 (4.9)。这是同时偏倚。

我们能够以另一种方式解释偏倚。在 OLS 模型中，本来能够如下地得到估计量：(4) 的两边乘以 X'，略去 $X'\delta$，因为它太小：$E(X'\delta) = 0$，并且为 β 的 p 个未知分量解所得的 p 个方程。然而，这里 $E(X'\delta) \neq 0$。

为了把握同时偏倚，经济学家及其他社会科学家将利用工具变量回归（instrumental-variable regression）来估计 (4)。该回归也称为两步最小二乘，缩写为 IVLS 及 IISLS（或用阿拉伯数字 2SLS）。该方法需要一个 $n \times q$ 工具矩阵或者外生变量矩阵，这里 $n > q \geq p$。该矩阵用 Z 表示。矩阵 $Z'X$ 和 $Z'Z$ 必须是满秩的，秩分别为 p 和 q。如果 $q > p$，系统为过识别的（over-identified）。如果 $q = p$，系统称为恰好识别的（just-identified）。如果 $q < p$，这是被假定 $q \geq p$ 所排除的情况，系统称为欠识别的（under-identified）——参数是不可识别的（7.2 节）。让我们做出一列冷冰冰的假定。

(i) X 为 $n \times p$，而 Z 为 $n \times q$，$n > q \geq p$。
(ii) $Z'X$ 和 $Z'Z$ 满秩，秩分别为 p 和 q。
(iii) $Y = X\beta + \delta$。
(iv) δ_i 为 IID，有 0 均值和方差 σ^2。
(v) Z 为外生的，即 $Z \perp \delta$。

假定 (i) 和 (ii) 很容易从数据核对。其他基本上是更加神秘的。
在 IVLS 背后的思想是用 Z' 乘 (4) 式两边。得到

$$Z'Y = Z'X\beta + Z'\delta. \tag{5}$$

这是一个最小二乘问题. 响应变量为 $Z'Y$. 设计矩阵为 $Z'X$, 误差项为 $Z'\delta$. 参数向量还是 β.

计量经济学家利用 GLS(例 5.1)而不是 OLS 来估计方程（5）. 这是因为 $\mathrm{cov}(Z'\delta|Z) = \sigma^2 Z'Z \neq \sigma^2 I_{q \times q}$（练习 3C4）. 假定（ⅰ）-（ⅱ）表明 $Z'Z$ 有一个逆, 而且逆有一个平方根（下面练习 B1）. 用 $(Z'Z)^{-1/2}$ 乘（5）的两边, 得到

$$[(Z'Z)^{-1/2}Z'Y] = [(Z'Z)^{-1/2}Z'X]\beta + \eta, \quad \text{这里 } \eta = (Z'Z)^{-1/2}Z'\delta. \tag{6}$$

除了一些小皱褶要在下面讨论之外, 方程（6）是通常的回归模型. 至于关心的误差问题, 由于 Z 假定为外生的, 看（ⅳ）-（ⅴ）,

$$E(\eta|Z) = 0. \tag{7}$$

（你想要以 Z 为条件而不是以 X 为条件, 因为后者是内生的.）再有,

$$\begin{aligned}
\mathrm{cov}(\eta|Z) &= E[(Z'Z)^{-1/2}Z'\delta\delta'Z(Z'Z)^{-1/2} \mid Z] \\
&= (Z'Z)^{-1/2}Z'E[\delta\delta' \mid Z]Z(Z'Z)^{-1/2} \\
&= (Z'Z)^{-1/2}Z'\sigma^2 I_{n\times n}Z(Z'Z)^{-1/2} \\
&= \sigma^2(Z'Z)^{-1/2}(Z'Z)(Z'Z)^{-1/2} = \sigma^2 I_{q\times q}.
\end{aligned} \tag{8}$$

重要的一步在第三行：$E[\delta\delta'|Z] = \sigma^2 I_{n \times n}$. 因为 Z 假定是外生的, 而 δ_i 假定为 IID, 有 0 均值和方差 σ^2：看（ⅳ）-（ⅴ）. 除此之外, 就是把常数因子从期望中提出来并安排矩阵而已.

对（6）中 β 的 OLS 估计为

$$\tilde{\beta} = (M'M)^{-1}M'L, \tag{9}$$

这里 $M = (Z'Z)^{-1/2}Z'X$ 为设计矩阵, $L = (Z'Z)^{-1/2}Z'Y$ 为响应变量.（练习 B1 表明所有的逆存在.）

在原先方程（4）中的 IVLS 估计量通常为

$$\hat{\beta}_{\mathrm{IVLS}} = [X'Z(Z'Z)^{-1}Z'X]^{-1}X'Z(Z'Z)^{-1}Z'Y. \tag{10}$$

我们将要表明 $\hat{\beta}_{\mathrm{IVLS}} = \tilde{\beta}$ 来完成对 IVLS 估计量的导出. 这需要一些代数. 首先, 因为 $Z'Z$ 是对称的,

$$M'M = X'Z(Z'Z)^{-1/2}(Z'Z)^{-1/2}Z'X = X'Z(Z'Z)^{-1}Z'X, \tag{11}$$

及

$$M'L = X'Z(Z'Z)^{-1/2}(Z'Z)^{-1/2}Z'Y = X'Z(Z'Z)^{-1}Z'Y. \tag{12}$$

把（11）和（12）代入（9）就证明了 $\hat{\beta}_{\mathrm{IVLS}} = \tilde{\beta}$.

标准误差能够用（13-14）估计：

$$\widehat{\mathrm{cov}}(\hat{\beta}_{\mathrm{IVLS}}|Z) = \hat{\sigma}^2[X'Z(Z'Z)^{-1}Z'X]^{-1}, \tag{13}$$

这里

$$\hat{\sigma}^2 = \|Y - X\hat{\beta}_{\mathrm{IVLS}}\|^2/(n-p). \tag{14}$$

下面练习 C6 给出了定义（13）-（14）的一个非正式的理由, 而 9.8 节的定理 1 有些严格. 通常在（14）中用 $n-p$ 来除, 但是定理 4.4 并未这样做, 因为我们并不考虑 OLS 模型：看下面"小皱褶"的讨论.

方程（10）相当密集. 对于某些人来说, 需要核对所有乘法是有意义的. 比如, Z 是 $n \times q$ 的, 因此 Z' 是 $q \times n$ 的. 然后 $Z'Z$ 和 $(Z'Z)^{-1}$ 是 $q \times q$ 的. 下面, X 是 $n \times p$ 的, 因此 X' 是 $p \times$

n 的. 这样,$X'Z$ 是 $p \times q$ 的,$Z'X$ 是 $q \times p$ 的,这使得 $X'Z(Z'Z)^{-1}Z'X$ 为 $p \times p$ 矩阵. 那么 $X'Z(Z'Z)^{-1}Z'Y$ 呢?好,$X'Z$ 是 $p \times q$ 的,$(Z'Z)^{-1}$ 是 $q \times q$ 的,$Z'Y$ 是 $q \times 1$ 的. 因此 $X'Z(Z'Z)^{-1}Z'Y$ 是 $p \times 1$ 的. 这相当繁琐,但一个简单的底线是:$\hat{\beta}_{\text{IVLS}}$ 是 $p \times 1$ 的,正如它所应该的那样.

识别. 矩阵方程 (5) 拆成 q 个通常的方程,它有 p 个未知量——为 β 的分量.(i)如果 $q > p$,则不会有任何向量 β 刚好满足 (5). GLS 给出了一个妥协的解 $\hat{\beta}_{\text{IVLS}}$.(ii)如果 $q = p$,则有一个唯一的解,它是 $\hat{\beta}_{\text{IVLS}}$:看下面练习 C5.(iii)如果 $q < p$,则相对于待估计的参数数目,我们没有足够的方程. 将有许多 β 满足 (5). 这就是欠识别的一点内情.

方程 (6) 中的小皱褶. 已给 Z,设计矩阵 $M = (Z'Z)^{-1/2} Z'X$ 还是和误差项 $\eta = (Z'Z)^{-1/2} Z'\delta$ 相关,这是因为 X 的内生性. 这导致小样本偏倚 (small-sample bias). 然而,幸运的是,M 将在实践中是常数,而一星半点相关的随机性没什么关系. 9.8 节定理 1 将使这些想法更精确.

练习组 B

1. 根据假定(i)-(ii),$Z'X$ 为 $q \times p$,秩为 p,而且 $Z'Z$ 为 $q \times q$,秩为 q. 表明:
   (a) $Z'Z$ 为正定的、可逆的,而且逆有平方根.
   (b) $X'Z(Z'Z)^{-1}Z'X$ 是正定的,因此是可逆的. 提示:假定 c 为 $p \times 1$ 的,能否有 $c'X'Z(Z'Z)^{-1}Z'Xc \leq 0$?

   注. 没有假定(i)-(ii),(10) 和 (13) 不会有意义.

2. 令 U_i 为 IID 随机变量. 令 $\bar{U} = \frac{1}{n}\sum_{i=1}^{n} U_i$. 对还是错,并解释:
   (a) $E(U_i)$ 对所有的 i 都相同.
   (b) $\text{var}(U_i)$ 对所有的 i 都相同.
   (c) $E(U_i) = \bar{U}$.
   (d) $\text{var}(U_i) = \frac{1}{n}\sum_{i=1}^{n}(U_i - \bar{U})^2$.
   (e) $\text{var}(U_i) = \frac{1}{n-1}\sum_{i=1}^{n}(U_i - \bar{U})^2$.

9.3 估计黄油模型

下一个课题是利用 IVLS 来估计黄油的模型. 先看供应方程 (2a). 这个方程常常写成如下形式:
$$Q_t = a_0 + a_1 P_t + a_2 W_t + a_3 H_t + \delta_t, \quad t = 1, \cdots, 20. \tag{15}$$
在第 t 年的实际价格和数量代替了定义供应方案的自由变量 Q 和 P. 回顾,按照模型中的供求规律,Q_t 和 P_t 由解含有两个未知数 Q 和 P 的方程对子 (2a)-(2b) 来得到.

把 (15) 放入公式 (4). 响应变量 Y 为 Q_t 的 20×1 的列向量,δ 就是 δ_t 的列. 为得到 β,我们把 a_0, a_1, a_2, a_3 堆叠起来. 设计矩阵 X 为 20×4 的. 第一列都是 1,以容纳截距. 然后得到一列 P_t,一列 W_t,一列 H_t. 第一列是常数,全都是外生的. 第 3、4 列按照假定为外生的.

但第 2 列是内生的. 这是新问题.

为得到外生变量矩阵 Z, 以 X 的 1、3、4 列开始. 但是, 我们需要至少再多一个工具变量来造成价格列. 到哪里找呢? 回答是在需求方程中找. 仅仅加上一列 F_t 和一列 O_t. 这两者按照假定都是外生的. 现在 $q=5$, 可以往下进行了. 需求方程类似地处理: 额外的工具来自于供应方程.

这里的模型是假想的, 但是 IVLS 的初次应用之一就是去估计黄油的供求方程 (Wright 1928, p.316). 看 Angrist and Krueger(2001) 的讨论.

练习组 C

1. 一位经济学家要设立一个关于伊利诺伊州黄油市场的模型. 她喜欢我们用过的威斯康星州的模型. 她宁愿假定供应的决定因素 (工资率和干草价格) 为外生的, 而且需求的决定因素 (面包和橄榄油的价格) 也是外生的. 在读了 9.1~9.2 节并看了方程 (10) 之后, 她想利用 OLS 而不是 IVLS, 并且因此愿意假定 P_t 也是外生的. 你的建议是什么?

2. 令 $e = Y - X\hat{\beta}_{\text{IVLS}}$ 为来自 IVLS 的残差. 对还是错, 并解释:

    (a) $\sum_i e_i = 0$.

    (b) $e \perp X$.

    (c) $\|Y\|^2 = \|X\hat{\beta}_{\text{IVLS}}\|^2 + \|e\|^2$.

    (d) $\hat{\sigma}^2 = \|e\|^2/(n-p)$.

3. $\|Y - X\hat{\beta}_{\text{IVLS}}\|^2$ 或 $\|Y - X\hat{\beta}_{\text{OLS}}\|^2$ 哪一个小些? 简单讨论.

4. $\hat{\beta}_{\text{IVLS}}$ 是有偏的还是无偏的? 作为 σ^2 的估计量的 $\hat{\sigma}^2 = \|Y - X\hat{\beta}_{\text{IVLS}}\|^2/(n-p)$ 呢?

5. (难题) 在刚好识别的情况 $(q=p)$ 验证 $\hat{\beta}_{\text{IVLS}} = (Z'X)^{-1}Z'Y$. 特别地, OLS 是 IVLS 的特例, 有 $Z = X$.

6. (难题) 假装 $Z'X$ 是常数. 为给定义 (13) 以动机, 表明
$$\text{cov}(\hat{\beta}_{\text{IVLS}} | Z) = \sigma^2 [X'Z(Z'Z)^{-1}Z'X]^{-1}.$$

9.4 什么是两步

早些年代, 模型 (4) 用两步来估计.

第一步. X 在 Z 上回归. (这第一步回归能够每次做一列.) 拟合值为 $\hat{X} = Z\hat{\gamma}$, 这里 $\hat{\gamma} = (Z'Z)^{-1}Z'X$.

第二步. Y 在 $\hat{X}$ 上回归.

简单地说,
$$\hat{\beta}_{\text{IISLS}} = (\hat{X}'\hat{X})^{-1}\hat{X}'Y. \tag{16}$$

该想法是: $\hat{X}$ 几乎是 Z 的一个函数, 而且其内生性被 "净化" 掉了.

通过稍微繁琐的代数计算, $\hat{\beta}_{\text{IISLS}} = \hat{\beta}_{\text{IVLS}}$. 为了开始论证, 令 $H_Z = Z(Z'Z)^{-1}Z'$. (10) 中的 IVLS 估计量能够通过 H_Z 重新写成
$$\hat{\beta}_{\text{IVLS}} = (X'H_ZX)^{-1}X'H_ZY. \tag{17}$$

因为 H_Z 为对称幂等矩阵（4.2 节）
$$X'H_ZX = (H_ZX)'(H_ZX) \quad 及 \quad X'H_ZY = (H_ZX)'Y.$$
代入 (17)：
$$\hat{\beta}_{\text{IVLS}} = [(H_ZX)'(H_ZX)]^{-1}(H_ZX)'Y. \tag{18}$$
按照 (18)，把 Y 往 H_ZX 上回归给出 $\hat{\beta}_{\text{IVLS}}$。但这也是求 $\hat{\beta}_{\text{IISLS}}$ 的诀窍：在第一步的拟合值为 $H_ZX = \hat{X}$，因为 H_Z 是投影到 Z 的列空间的帽子矩阵。这样就完成了 $\hat{\beta}_{\text{IISLS}} = \hat{\beta}_{\text{IVLS}}$ 的证明。

类似地，在 (13)-(14) 中的 $\widehat{\text{cov}}$ 是 $\hat{\sigma}^2 \hat{X}'\hat{X}$。如果你刚好坐下进行回归，然而，你可能达到错误的 SE。计算机估计 σ^2 为 $\|Y - \hat{X}\hat{\beta}_{\text{IISLS}}\|^2/(n-p)$，但你想要的是 $\|Y - X\hat{\beta}_{\text{IISLS}}\|^2/(n-p)$，没有 X 上面的帽子。一旦你知道了这个问题，修补就很容易：计算残差为 $Y - X\hat{\beta}_{\text{IISLS}}$。计算可能有点复杂，但是这一节的信息是简单的：老式的 IISLS 和新式的 IVLS 吻合。

不变性假定

为了从非实验数据得到因果结论需要不变性假定：参数在干预下是不变的，误差或它们的分布也是一样（6.4 节和 6.5 节）。外生性是另一个考虑。不同于关于黄油的假想情况，在实际例子中，必须要对这些假定提出实际的问题。在所要求的不变性假定成立的意义上，为什么方程是"结构的"？应用论文中很少涉及这些假定或者更狭隘的统计假定，比如，为什么误差是 IID？

这里的不安是值得考虑的。我们想要利用回归从非实验数据来得出因果推断。为此，需要知道某些参数和某些分布将在干预下不变。不变性很少能够用实验来证明。如果能够，我们至少在这个应用中可能不会讨论不变性假定了。那么，什么是该知识的来源呢？

"经济理论"似乎像是一个自然的回答，但这是不完全的。理论必须落实在实际中。迟早，不变性需要经验的证实，这说起来容易做起来难。在经济学之外，状况可能甚至更不令人满意，因为理论并没有很好地发展，干预很难确定，假想的实验是更加模糊的。

9.5 社会科学例子：教育和生育

联立方程常常用来对互相起作用的因果关系建模——U 影响 V，及 V 影响 U。有一个例子。Rindfuss et al(1980) 建议了一个联立方程模型来解释这样一个过程：一个女性决定得到多少教育以及何时要孩子。作者的解释如下。

> "在教育和生育之间的相互作用对女性所扮演的角色、对她们在生命周期的什么时候扮演这些角色，以及在这些角色中所耗时间的长度有显著的影响……这篇文章探索了在教育和生育之间的理论性的联接……发现在教育和第一次生育年龄之间的互相作用的关系是被教育对首育年龄的效应所支配，而其他方向的效应是微不足道的。"

> "没有任何因素比母性对妇女所扮演的角色更重要了。是否一个女性成为一个母亲、成为母亲的年龄、时间的选择、后面的生育等为其他假定的角色设定了条件……教育是另一个决定女性角色的重要因素……"

> "在教育和生育之间的全面关系扎根于青春期（或许甚至更早）的某不确定时候。这时，本身作为一个目标的对教育成就的渴望以及已经暗含在教育成就中的对成年人

角色的渴望第一次出现. 对于作为身份和学业能力之度量的教育的渴望可能鼓励女性选择需要高水平教育成就的职业目标. 相反, 特殊的职业的或角色的渴望可能设立了应该达到的教育标准. 对于那些教育或者职业目标低下的人, 另一方面也是成立的. 而且, 职业和教育的渴望受到一定数量的先验因素的影响, 比如母亲的教育、父亲的教育、家庭收入、智力、先前的教育经验、种族和兄弟姐妹数量等."

Rindfuss et al(该文章重印在本书后面)利用了一个联立方程模型, 变量定义在下面表 1 中. 这里有两个内生变量 ED 和 AGE. 外生变量为 OCC ,⋯, FEC. 表的注描述了收集数据的抽样调查. 模型包含两个线性方程, 有两个未知数 ED 和 AGE.

$$ED = a_0 + a_1 AGE + a_2 OCC_i + a_3 RACE_i + \cdots + a_{10} YCIG_i + \delta_i, \tag{19a}$$

$$AGE = b_0 + b_1 ED + b_2 FEC_i + b_3 RACE_i + \cdots + b_{10} YCIG_i + \varepsilon_i. \tag{19b}$$

表 1 在模型中的变量 (Rindfuss et al 1980)

内生变量	
ED	回答者的教育（第一次婚姻时的校龄）
AGE	回答者的首育年龄
外生变量	
OCC	回答者父亲的职业
RACE	回答者的种族（黑人＝1，其他＝0）
NOSIB	回答者兄弟姐妹数目
FARM	农村背景（生长在农村为 1，其他为 0）
REGN	回答者生长区域（南方＝1，其他＝0）
ADOLF	破损家庭（回答者 14 岁时两个父母都在时为 0，否则为 1）
REL	宗教（天主教＝1，其他＝0）
YCIG	吸烟（如果回答者 16 岁以前吸烟为 1，否则为 0）
FEC	受孕（如果回答者在首育前流产过为 1，否则为 0）

注: 该数据来自于包含住在大陆美国的 1766 个 35～44 岁女性的一个概率样本. 样本限制于结过婚的至少有一个孩子的妇女. OCC 是在 Duncan 的尺度度量的 (6.1 节), 它结合了教育和收入的信息. 记号不同于 Rindfuss et al.

按照该模型, 一个女性——用下标 i 标识——选择其教育水平 ED_i 及首育年龄 AGE_i 好像在解有两个未知数的两个方程一样. 这些方程为响应方案 (6.4 节和 6.5 节). 系数 $a_0, a_1, \cdots$, $b_0, b_1, \cdots$ 为要从数据估计的参数. 那些 $OCC_i, FEC_i, \cdots, YCIG_i$ 项考虑了背景因素. 随机误差 $(\delta_i, \varepsilon_i)$ 假定对于不同女性有均值 0, 而且（作为对子）是独立同分布的.

模型允许 δ_i 和 ε_i 相关, δ_i 和 ε_i 可以有不同的分布. Rindfuss et al 用两步最小二乘来拟合方程. 注意, 他们从方程 (19a) 中排除了 FEC, 从 (19b) 中排除了 OCC. 没有这些识别限制, 系为欠识别的 (9.2 节).

这里是主要的经验发现. (19) 中 AGE 系数的估计统计上并不显著, 即 a_1 可能为零. 那些在 16 岁因怀孕而退学的女性无论如何都会退学, 作为对照, $\hat{b}_1$ 是显著的. 因果箭头从 ED 指向 AGE, 不会相反. 这个发现依赖于模型. 当冷静下来看的时候, 其论证很难相信. 能够给出下面这些种类的批评.

（ⅰ）关于误差的假定．为什么这些误差对于不同女性是独立同分布的？独立性可能有些理由，但异方差性比同方差性更可信．

（ⅱ）删除变量．重要的变量被从模型删除了，这包括两个被 Rindfuss et al 自己识别的关于渴望和智力的变量．（看本节开始的引言．）因为 Malthus(1798)，一般认为财富是确定教育和婚姻的一个重要因素．财富不在模型中，而 OCC 仅仅度量其一个方面．

（ⅲ）为什么是可加的线性效应？

（ⅳ）不变的系数．Rindfuss et al 假定同样的参数应用于所有女性，从东北部城市中的贫困黑人到西部郊区的富裕白人．为什么？

（ⅴ）FEC 和 OCC 等变量是外生的吗？

（ⅵ）关于识别限制呢？

（ⅶ）方程是结构的吗？

在一个把注意力限制在仅有的相关背景为 OCC 与 FEC 的一群类似性质的女性的模型上，很容易想到上面的问题（ⅴ）～（ⅶ）．模型背后的响应方案为

$$ED = c + a_1 AGE + a_2 OCC + \delta, \tag{20a}$$

$$AGE = d + b_1 ED + b_2 FEC + \varepsilon, \tag{20b}$$

这些假定真正意味着什么？两个假想的实验有助于回答这个问题．在两个实验中，父亲被设以工作，女儿在第一个孩子之前设定有流产（FEC=1），或者没有流产（FEC=0）．

实验 1．女儿被设定到 AGE 的各种水平．ED 作为响应来被观测．换言之，假想的实验者选择何时女性有第一个孩子，但允许她来决定何时离开学校．

实验 2．女儿被设定到 ED 的各种水平．AGE 作为响应来被观测．换言之，假想的实验者决定女性什么时候有了足够的教育，但允许她决定何时有一个孩子．

统计术语有些干巴巴的．实验者让父亲们做一种工作而不是另一种：外科医生切熏牛肉三明治，出租车司机管理中央银行．女性在一个时间流产，而在另一个时间生第一个孩子．

现在能够解释这些方程了．按照（20a），在第一个实验里，ED 不依赖于 FEC．（按照 Rindfuss et al 的假定，这是识别限制之一．）而且，ED 线性依赖于 AGE 和 OCC，加上一个可加随机误差．按照（20b），在第二个实验，AGE 不依赖于 OCC．（这是 Rindfuss et al 假定的另外一个识别限制．）而且，AGE 线性依赖于 ED 和 FEC，加上一个可加随机误差．即使对于想象中的实验，这也有些稀奇．

回到完全的模型，即方程（19a）-(19b)．数据是在一个抽样调查中收集的，不是实验（表 1 的注）．Rindfuss et al 应该假定大自然在独立于（19a）和（19b）中的扰动项 δ 及 ε 的情况下设定了 OCC，FEC，RACE，…．这个假定使得 OCC，FEC，RACE，…为外生的．Rindfuss et al 还应该假定女性选择 ED 和 AGE 好像解具有两个未知数 ED 和 AGE 的两个方程（19a）和（19b）一样．没有这些假定，联立方程模型看来是不切题的．（在黄油模型中的可比较的元素是供求规律．）

从调查数据估计的方程应该同样应用于 ED 和 AGE 为可操纵的实验情况．比如，自由选择其教育水平与何时有孩子的女性这样做是利用了与设定某时生孩子的女性所用的一样的方程，并具有同样参数和误差项．但是这些不变性假定是从非实验数据做因果推断的基础．在该

文章中的数据分析并没有证明这样的假设是正当的．怎么会是这样的呢？

没有这些嵌入不变性假定的响应方案，很难看到"效应"除了拟合到调查数据的某个平面的斜率之外还可能意味着什么．仍然不清楚的是为什么该平面应该被两步最小二乘拟合，或者显著性检验扮演什么角色．Rindfuss et al 有一个令人感兴趣的问题，而且他们的文章中有很多智慧．但是他们没有证明他们所研究的社会问题和他们所利用的统计方法之间的联系．

从响应方案导出的联立方程是结构的．结构方程描述收集数据的观测研究以及通常在幕后的假想实验．除非这些方程是结构的，它们不会有因果含义（6.5 节）．

关于文章 Rindfuss et al 的更多讨论

Rindfuss et al 有支持他们立场的论述，但是他们试图说明识别约束的企图看上去是假的．外生性假定在 Rindfuss and St. John(1983) 中被涉及，然而，缺乏关键的一点．如 OCC, FEC, RACE, …这样的标以"工具"或"外生"的变量需要独立于误差项．为什么应该是这样呢？

正如 Hofferth(1984) 所写的，Hofferth and Moore(1979, 1980) 利用不同的工具变量得到不同的结果．Rindfuss et al(1984) 说

"工具变量……需要很强的理论假定……而且在另外假定下能给出很不同的结果……通常很难去说明行为变量是真正外生并仅仅影响一个内生变量而不是另一个."
[pp. 981-982]

这样，结果非常强地依赖于关于识别限制的假定及外生性，而且没有好办法来证明应该用一套假定而不是另一套．Bartels(1991) 做出关于外生性假定的影响及验证困难的评论．还看 Altonji et al(2005)．Rindfuss and St. John(1983) 给出了该模型有用的细节．关于青少年的怀孕的花费，在 Geronimus and Korenman(1993) 及 Hoffman et al(1993) 之间有很有趣的讨论．

9.6 协变量

在黄油的假想模型中，能够把外生变量取成不可操纵的协变量．该假定可以是大自然独立于随机误差项（δ_t, ε_t）（其中 $t = 1, \cdots, 20$）选取（W_t, H_t, F_t, O_t）（其中 $t = 1, \cdots, 20$）．

误差项仍然假定为 IID(作为对子)，有均值 0 和 2×2 协方差矩阵．仍然有两个假想的实验：（i）设定价格 P 给农民，看多少黄油来到市场，（ii）设定价格 P 给消费者，看会买多少黄油．按照假定，对（i）的回答是

$$Q = a_0 + a_1 P + a_2 W_t + a_3 H_t + \delta_t, \tag{21a}$$

而对（ii）的回答是

$$Q = b_0 + b_1 P + b_2 F_t + b_3 O_t + \varepsilon_t. \tag{21b}$$

对于观测数据，仍然需要假定在 t 年 Q_t 和 P_t 的确定就像解具有两个未知数 Q 和 P 的方程（21a）和（21b）一样，它们把我们带回到（2a）和（2b）．

按照 Rindfuss et al, OCC, FEC, RACE, …能够被当成不可操纵协变量以消除在假想实

验中的某些困难．识别限制——从 (19a) 中排除 FEC 及从 (19b) 中排除 OCC——仍然是神秘的，线性的假定也是一样．你如何验证这些假定呢？

"协变量"常常意味着在回归方程右边的变量——特别是包含这样的变量仅仅是为了控制可能的混杂因素时．有时，"协变量"表示诸如年龄和性别那样的不可操纵的特征．不可操纵变量偶尔也称为"伴随的"（concomitant）．要想从观测数据做出因果推断，必须假定统计关系在干预下是不变的：当我们开始操纵那些能够操纵的变量时，方程、系数、随机误差项以及协变量都保持不变．

9.7 线性概率模型

Schneider et al(1997) 利用两步最小二乘（及不少额外的东西）来研究学校选择对社会资本的影响．（该文重印在本书的后面；还参看 Schneider et al 2002．）"线性概率模型"被用来控制混杂因素和自我选择．估计方法有些难以理解．让我们把细节抛到一边，考虑其逻辑．首先，这里是 Schneider et al 所说的他们在做什么以及发现了什么：

> "当美国的社会资本水平的可能下降受到了像 Putnam 和 Fukuyama 这样的学者相当关注时，较少受到关注的是帮助定义社会资本存量的公民的局部活动……给予父母关于他们孩子上哪些公立学校的更大的选择权刺激父母作为'公民或顾客'来参与建立社会资本的活动．我们的经验分析应用了一个拟实验方法……政府机构的设计能够对个体参与到增加社会资本的活动创造激励……主动参加学校选择增加了志愿组织卷入的水平……学校选择能帮助建立社会资本．"

社会资本是一个非常复杂的概念，量化则比 Schneider et al 愿意承认的更有挑战性．PTA 成员人数——按照 Schneider et al 是社会资本的一个度量——接近于最低水平．（PTA 意味着父母-教师协会（Parent-Teachers Association）．）Schneider et al 暗示，学校选择会提升 PTA 的成员人数．他们想要在观测数据上进行回归来证明这一点．我们将看他们表 1~2 的结果．

分析包含了 600 户有孩子在纽约学区 1 和 4 上学的家庭．Schneider et al 发现，在其他情况相同时，"主动选择者"更可能是 PTA 成员．这是因果关系还是自我选择？那些实行选择的哪一类父母可能是参加 PTA 会议的那一类父母．研究者利用两步模型来修正自我选择——像 Evans and Schwab 那样，但是用的是线性设置而不是 probit 模型．

还有对于下面变量的统计控制：普遍的选择，不满意，学校大小，黑人，说西班牙语的，亚洲人，居住年限，教育，就业，女性，教堂参与（该文的表 2）．学校大小、居住年限和教育是连续变量．教堂参与也是：参加频率为从 1 到 7 的尺度．其他变量都是哑变量．在学区 4 的家庭的"普遍选择"为 1，在学区 1 的为 0．如果父母常常考虑把孩子换到另一所学校，则"不满意"为 1，否则为 0：文章的注 12．对第 i 个家庭的统计控制用 W_i 表示．（该文用不同符号．）

如果家庭 i 实施了学校选择，哑变量 Y_i 为 1．另一个哑变量 Z_i 是为 PTA 成员的．目标是表明，在某种意义上，Y_i 影响了 Z_i．有两个工具变量，都是哑变量：当选择一所学校时，父母认为重要的是其价值吗？他们认为重要的是学童的接送吗？对家庭 i，工具变量用 X_i 表示．

假定

每个家庭（用 i 标识）有一对隐变量 (U_i, V_i)，$E(U_i) = E(V_i) = 0$。(U_i, V_i) 对于不同家庭是 IID 的，但 U_i 和 V_i 可以相关。(U_i, V_i) 独立于 (X_i, W_i)。方程 (22)-(23) 代表了这样的社会物理学：

$$P(Y_i = 1 | X, W, U, V) = X_i a + W_i b + U_i, \quad (22)$$
$$P(Z_i = 1 | Y, X, W, U, V) = cY_i + W_i d + V_i. \quad (23)$$

这里 X 为 $n \times 2$ 矩阵，它的第 i 行为 X_i，等等。已给 X, W, U, V，响应变量 (Y_i, Z_i) 关于 i 独立。

方程 (22) 是一个"分配方程"(assignment equation)。分配方程说家庭 i 实行学校选择的可能性。方程 (23) 用 Y_i, X_i, W_i 和隐变量 U_i, V_i 来解释 Z_i。（提醒，如果家庭 i 实行学校选择，那么 $Y_i = 1$，如果父母是 PTA 成员，$Z_i = 1$。）在 (23) 中的关键参数是 c，代表主动选择对 PTA 成员的影响。这个 c 是标量，a, b, d 为向量，这是因为 X_i, W_i 为向量。方程 (22) 和 (23) 被称为"线性概率模型"：概率被表示为控制变量的线性组合，加上隐变量，目的在于捕捉不可度量的个人特征。在关于天主教学校的二元 probit 模型中，分配方程是 (7.9)，而类似于 (23) 的是 (7.4)。

在该文章中的方程 (1) 和 (2) 看上去与 (22) 和 (23) 不同。它们的确不同。好，在 (1) 中，Schneider et al 并未区分 $Y = 1$ 和 $P(Y = 1)$。方程 (2) 有同样的缺陷。再者，该方程为拟合方法的一部分而不是一个模型。方法包括两步最小二乘。这就是为什么"预测主动选择者"出现在方程右边。（"主动选择者"是实行学校选择的父母：这些父母为他们孩子选择学校而不是默认的地方公立学校。）

图 3 相应于方程 (22)-(23)。指向 Y 的箭头代表 (22) 右边的变量；指向 Z 的箭头代表 (23) 右边的变量。连接 U 和 V 的虚线代表两个方程中扰动项之间（未知的）相关。没有从 X 指向 Z 的箭头：由假定，X 从 (23) 中排除了。没有虚线连接 X 和 W 的扰动项：按照假定，后者是外生的。

在 (22) 和 (23) 背后的思想是这样的。大自然选择 (U_i, V_i) 作为来自于某未知概率分布的 IID 对子。

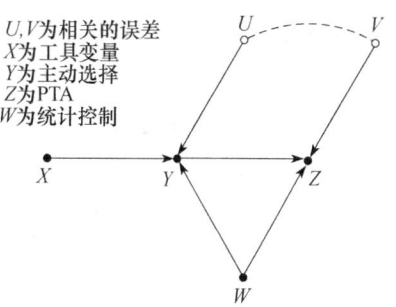

图 3 被解释的 PTA 成员人数

其次，是外生性假定，大自然独立于那些 U_i 和 V_i 选择了那些 X_i 和 W_i。在选择了所有这些之后，大自然抛了一个硬币来看 $Y_i = 0$ 或是 1。按照 (22)，$Y_i = 1$ 的概率为 $X_i a + W_i b + U_i$。大自然被假定取其刚产生的 Y_i 代入到 (23) 中去。然后再抛一个硬币来看是否 $Z_i = 0$ 或是 1。按照 (23)，$Z_i = 1$ 的概率是 $cY_i + W_i d + V_i$。

我们无法看到参数 a, b, c, d 或者隐变量 U_i, V_i。所有我们能看到的是 X_i, W_i, Y_i, Z_i。Schneider et al 用某种复杂的两步最小二乘法来估计 c：$\hat{c} = 0.128$ 及 $\widehat{SE} = 0.064$，这样 $t = 0.128/0.064 = 2$，$P = 0.05$。（看该文的表 2。）学校选择是重要的。谨此作答。

问题

这篇文章留下太多的不够缜密的地方，很难让人信服。为什么用于工具的变量独立于隐变量？对此，什么使得控制变量独立于隐变量？为什么隐变量对不同的对象为 IID 的？线性假定从何而来？为什么参数 a, b, c, d 对所有对象都一样？什么使得识别限制——即方程（23）右边的 X——有道理？

还有更多的问题．表 B1 表示，关于不满意及学区 4 的哑变量被排除在分配方程之外，学校大小也是一样．为什么？在 PTA 模型（Schneider et al 的表 1）中有 580 个对象．那其他 $400+401-580=221$ 个回答者呢（表 A1）？那些 $113+522+225+1642=2502$ 个未回答者呢？在更基本的水平，Schneider et al 讨论了什么干预？总之，你不能强迫某个人是"主动选择者"．而且什么暗示了在干预下的稳定性？正如前面的例子（Evans and Schwab，Rindfuss et al）在研究问题和数据处理之间没有联系．

📖 练习组 D

文章 Schneider et al 被重印在本书后面．在表 2 中报告的学校大小的系数估计是 -0.000，即在 0 和 -0.0005 之间的某处．当做练习 1 和 2 时，你可以假定该估计为 -0.0003．

1. 利用在 Schneider et al 表 2 的数据，估计有下面特征的回答者为 PTA 成员的概率：（ⅰ）主动选择者，（ⅱ）生活在学区 1，（ⅲ）不满意，（ⅳ）孩子进的是有 300 个学生的学校，（ⅴ）黑人，（ⅵ）调查前住在学区 1 有 11 年，（ⅶ）完成了 12 年学业，（ⅷ）有工作，（ⅸ）女性，（ⅹ）无神论者——从来不去教堂——从不！！
2. 对于不是主动选择者的回答者，其他特征和练习 1 相同，重复练习 1．
3. 在练习 1 和 2 的关于两个回答者的数字之间有什么区别？Schneider et al 如何解释这个区别？
4. 给了模型，你对于练习 1 和 2 所计算的关于两个回答者的数字最好解释成_____．选项：
       概率   估计的概率   估计的期望概率
5. 在数据中什么使得学校大小的系数如此接近于 0？（比如，-0.3 可能吗？）
6. 在文章中的方程（1）和（2）描述了模型吗？
7. (a) 在 Schneider et al 的表 1 中显示的样本是有代表性的还是没有代表性的？
   (b) 样本中收入低于 20 000 美元的百分比是多少？
   (c) 为什么在表 2 中没有收入变量？表 B1 呢？
   (d) Schneider et al 对该模型叙述到什么程度？统计假定呢？
   (e) 是否 Schneider et al 试图估计一个干预的影响？如果是，该干预是什么？

9.8 关于 IVLS 更多的讨论

这一节考察 IVLS 理论的某些细节．练习组 E 较难，但仅仅依赖于 9.2～9.4 节的内容．在练习之后，有些计算机模拟以说明迂回曲折的细节．IVLS 是在多元正态情况描述的．还有对进一步的阅读的建议．

某些技术问题

（ⅰ）最初，多些工具变量可能会更好，但如果 q 太靠近 n，则 $\hat{X} \doteq X$，而 IISLS 可能做不了多少净化．

（ⅱ）OLS 估计量比 IVLS 的方差要小，有时 OLS 因此得到比 IVLS 更小的均方误差：

$$（\text{同时偏倚}）^2 + \text{OLS 方差} < （\text{小样本偏倚}）^2 + \text{IVLS 方差}.$$

对于渐近方差-协方差矩阵，有一个数学不等式：

$$\widehat{\mathrm{cov}}(\hat{\beta}_{\mathrm{OLS}}|X) \leqslant \widehat{\mathrm{cov}}(\hat{\beta}_{\mathrm{IVLS}}|Z)$$

这里 $A \leqslant B$ 意味着 $B-A$ 为非负定的。如在练习 C3 中所注，OLS 有较小的 $\hat{\sigma}^2$。其次，$Z(Z'Z)^{-1}Z'$ 为到 Z 的列空间的投影矩阵，因此

$$Z(Z'Z)^{-1}Z' \leqslant I_{n \times n},$$
$$X'Z(Z'Z)^{-1}Z'X \leqslant X'I_{n \times n}X = X'X,$$
$$[X'Z(Z'Z)^{-1}Z'X^{-1}] \geqslant (X'X)^{-1}.$$

方程（13）完成了这个论证。

（ⅲ）如果工具变量仅仅弱相关于内生变量，在 $Z'X$ 中的随机性的大小与在 X 中的随机性类似。那么，较小样本的偏倚能够非常大，甚至在样本量很大时也一样（Bound et al 1995）。

（ⅳ）如果 $Z'Z$ 为几乎奇异，会有麻烦。

（ⅴ）即使以 Z 为条件，诸如

$$[X'Z(Z'Z)^{-1}Z'X]^{-1}$$

这样矩阵的均值和方差由于求逆也可能是无穷的。这就是谈论"渐近"均值和方差的理由之一。

（ⅵ）IVLS 的理论处理通常假定 n 很大，p 和 q 相对较小，$Z'Z \doteq nA$，$Z'X \doteq nB$，这里 A 为 $q \times q$ 正定的，而 B 为 $q \times p$，秩为 p。上面谈到的困难于是被排除了。由（10）给出的 IV-LS 估计量是渐近正态的，渐近均值是 β，渐近协方差由（13）-（14）给出。下面是一个形式的结果，这里 $N(0_{p \times 1}, I_{p \times p})$ 表示 p 个独立的 $N(0,1)$ 的联合分布。

定理 1 令 Z_i 为 Z 的第 i 行，令 X_i 为 X 的第 i 行。假定三元组 (Z_i, X_i, δ_i) 是 IID 的，每个随机变量有四阶矩，$Z_i \perp \delta_i$，$E(\delta_i) = 0$，$Y_i = X_i\beta + \delta_i$，$E(Z_i'Z_i)$ 为非奇异的，以及 $E(Z_i'X_i)$ 的秩为 p。那么当 n 变大时，

$$\hat{\sigma}^{-1}[X'Z(Z'Z)^{-1}Z'X]^{1/2}(\hat{\beta}_{\mathrm{IVLS}} - \beta)$$

为渐近 $N(0_{p \times 1}, I_{p \times p})$。

例 1 标量情况。对 $i = 1, \cdots, n$，令 (Z_i, X_i, δ_i) 是 IID 的标量随机变量三元组。每个随机变量有四阶矩，而且 $E(Z_iX_i) > 0$。假定 $E(\delta_i) = 0$ 以及 $Z_i \perp \delta_i$。令 $Y_i = \beta X_i + \delta_i$。希望估计 β。在这个模型中，X_i 可以是内生的。另一方面，我们能够用 Z_i 来提供工具 X_i，因为 $Z_i \perp \delta_i$。定理 1 能够直接证明。首先，由练习 C5，$\hat{\beta}_{\mathrm{IVLS}} = \sum_i Z_iY_i / \sum_i Z_iX_i$。现在用 $\beta X_i + \delta_i$ 代替 Y_i，看 $\hat{\beta}_{\mathrm{IVLS}} - \beta = \sum_i Z_i\delta_i / \sum_i Z_iX_i$。$Z_i\delta_i$ 为 IID 而且 $E(Z_i\delta_i) = 0$，这样，根据中心极限定理，$\sum_i Z_i\delta_i / \sqrt{n}$ 为渐近正态的。再者，Z_iX_i 为 IID 而且 $E(Z_iX_i) > 0$，因此，根据大数定理，$\sum_i Z_iX_i / n$ 收敛到一个有穷的正极限。关于细节及小样本偏倚的一个估计，参看

http://www.stat.berkeley.edu/users/census/ivls.pdf

练习组 E

1. 一个额外加分的机会。三个研究者研究下面的模型：$Y_i = X_i\beta + \varepsilon_i$，$i = 1, \cdots, n$。随机变量都是标量，未知的 β 也是一样。不可观测的 ε_i 为 IID，有均值 0 和有穷方差，但 X 是内生的。幸运的是，研究者还有一个 $n \times 1$ 向量 Z，它是外生的，不与 X 正交。1 号研究者希望用 OLS 拟合模型。2 号研究者想用 Y 在 X 和 Z 上回归，在这个多元回归中 X 的系数将是 β 的估计量。3 号研究者提出 $\hat{\beta} = Z'Y/Z'X$。你推荐这三个估计量中的哪一个？为什么？渐近性质是什么？为了集中讨论，假定 $(X_i, Y_i, Z_i, \varepsilon_i)$ 为 IID 的四元组，有联合正态分布，均值为 0，$\text{var}(X_i) = \text{var}(Z_i) = 1$。还假定 n 很大。关于记号，Y_i 是 $n \times 1$ 向量的第 i 个分量，对 X 也类似。

2. 另一个额外加分的机会。对 $i = 1, \cdots, n$，假定 $(X_i, Y_i, Z_i, \varepsilon_i)$ 为独立的四元组随机变量，有共同的联合正态分布。所有均值为 0，n 很大。再假定 $Y_i = X_i\beta + \varepsilon_i$。方差 X_i, Y_i, Z_i 为可观测的，它们每一对都有小于 1 的正相关系数。然而 ε_i 不是可观测的，β 是未知常数。在 Z_i 和 ε_i 之间的相关系数是可识别的吗？Z 能作为估计 β 的工具变量吗？简单解释。

3. 最后一个机会得到额外加分。在过识别的情况，我们或许能够把 (6) 拟合到数据以估计 σ^2，然后将残差平方和除以 $q - p$。这个想法哪一点是错的？

描述 IVLS 的模拟

令 $(Z_i, \delta_i, \varepsilon_i)$ 为 IID 联合正态的，均值为 0。这里 δ_i 和 ε_i 都是标量，但 Z_i 为 $1 \times q$ 的，$q \geq 1$。假定 $Z_i \perp (\delta_i, \varepsilon_i)$，$Z_i$ 的元素为独立的，方差为 1，但 $\text{cov}(\delta_i, \varepsilon_i)$ 可能不是零。令 C 为一个固定的 $q \times 1$ 矩阵，$\|C\| > 0$。令 $X_i = Z_i C + \delta_i$，为一个数量随机变量；按照第 2 节的记号，$p = 1$。模型为

$$Y_i = X_i\beta + \varepsilon_i, \qquad i = 1, \cdots, n.$$

按照通常的方式叠放：Y_i 是向量 Y 的第 i 个元素，ε_i 是向量 ε 的第 i 个元素，而 X_i 为矩阵 X 的第 i 行，Z_i 为矩阵 Z 的第 i 行。这样 Z 是外生的（$Z \perp \varepsilon$），而 X 是内生的，除非 $\text{cov}(\delta_i, \varepsilon_i) = 0$。我们能够用 OLS 或 IVLS 来估计标量参数 β，并且比较那些 MSE。一般来说，由于同时偏倚，OLS 为不相合的，IVLS 将会是相合的。如果 n 很小或者 $\|C\|$ 很小，那么小样本偏倚会是个问题。还可以比较估计 $\text{var}(\varepsilon_i)$ 的方法。

理想地，IISLS 用 $Z_i C$ 代替 X_i。然而，C 为未知的。这样，估计量用 $Z_i \hat{C}$ 来代替 X_i，这里 $\hat{C}$ 是从 X 到 Z 上的回归得到的。因为 X 是内生的，$\hat{C}$ 也是，并且这是小样本偏倚的来源。当 n 大时，$\hat{C} \doteq C$，这个问题就没有了。如果 $p > 1$，那么 X_i 和 δ_i 应该为 $1 \times p$，β 应该是 $p \times 1$ 的，C 应该是 $q \times p$ 的。我们应该要求 $q \geq p$ 及 $\text{rank}(C) = p$。

术语。当样本量大时，相合（consistent）估计量趋向于真实值，不相合（inconsistent）估计量则不然。这有别于通常的英语用法。

9.9 供讨论的问题

这些问题覆盖前面各章的内容。

1. 关于一个癌症治疗中心的广告的标题是"和癌症幸存者庆祝生活". 接下去是内容:

   > "你知道现在比以前有更多的癌症幸存者吗?……这意味着在诊断患有癌症后,存活下来可能成为一个现实……我们为成为改进癌症存活趋势的一部分而骄傲. 通过提供早期探测的工具以及可得到的最先进的癌症处理,我们确信这个趋势会继续."

   简单讨论. 在早期诊断和增加诊断后的存活时间的联系是什么?

2. CT(计算机化 X 线断层摄影术, computerized tomography) 扫描能够在非常早时探测肺癌, 那时病灶仍然在局部, 而且能够用手术处理, 虽然处理效果不清楚. Henschke et al (2006) 在一个大规模扫描行动中发现 484 个肺癌患者, 并且估计了这些患者中的 5 年存活率是 85%. 多数这些患者病灶被切除, 即用外科手术移去. 作为对照, 在那些已经有了疾病症状的诊断(比如, 有持续咳嗽、不断出现的肺感染、胸痛)的肺癌患者中, 5 年存活率仅有 15%. 这些数据是否支持 CT 扫描? 简单讨论.

3. Pisano et al(2005) 研究了"关于乳腺癌扫描的数字与胶片乳腺造影的诊断性能比较". 大约 40 000 名女性参加了这个实验, 每个对象都用两种方法扫描.

   > "[这个实验]并不度量死亡的终点. 该实验设计中固有的假定是乳腺造影扫描减少乳腺癌的死亡率, 而且如果数字乳腺造影探查癌症等于或超过胶片的比率, 用它则很可能使得减少的死亡风险与胶片乳房造影相当或者更多……"

   对于所有女性来说, 在癌症探测率上没多少区别. 然而, 对于有 X 光成像密度大的乳房的女性(大约半数对象, 许多有癌症), 用数字乳腺造影的探测率大约要高 25%. 这个区别是高度显著的.
   (a) 在同意作者的设计假定基础上, 你会推荐 X 光成像密度大的乳房的女性做数字还是胶片乳腺造影? 对其他女性呢?
   (b) 你怎么考虑设计假定?

4. 以"错误定罪研究指向证据的不可靠"为标题, New York Times(纽约时报)报道了这个研究, 它

   > "研究了无辜的人平均在监狱服刑 12 年的 200 个案例. 有几种类型不可靠的审问证据可预见地支持了错误的定罪. 错误定罪的首要原因是证人错误地指认, 这占 79% 的情况."

   简单讨论. 是证人证据不可靠吗? 这个故事缺少什么?

5. New York Times 有一个标题为"研究表明马拉松不可能杀你"的文章, 声称在马拉松比赛时开车死的风险为跑马拉松死的风险的 2 倍. 背景研究(Redelmeier and Greenwald 2007) 估计了跑马拉松的风险和开车的风险. 风险的度量为每日死亡数. 研究比较了在马拉松日开车的每日死亡数及在没有马拉松的控制日的开车每日死亡数. 该比率在马拉松日要低些. (在马拉松比赛时, 一些路关闭, 控制日子是和马拉松相匹配的一周中的日子, 而且时间段也同样, 能得到的关于车祸死亡数仅仅在县一级的水平.) 研究的结论是, 由于关闭道路,

一天拯救了 46 个生命, 比较马拉松运动员中 26 个突然心脏病死亡, 净拯救了 20 个生命. 这个描述有什么不对? 首先评论这个研究, 然后关于报纸文章.

6. 前列腺癌是美国男人之中最常见的癌症, 每年有 200 000 新诊断病例. 病人通常先咨询泌尿外科医生, 医生推荐三种治疗方案之一: 手术移去前列腺, 摧毁前列腺的放射线, 或者观测等待 (什么都不做, 除非临床情况恶化). 活组织检查用来确定癌症的 Gleason 得分, 度量它的进展. Gleason 得分范围是从 2 到 10(较高的得分相应于更活跃的癌症). 推荐的疗法将在某些程度上依赖于活组织检查结果. 手术和放射的副作用可能是激烈的, 而且效果是有争议的. 这样, 正如业内人士说, "管理这种癌症是矛盾的". 但是, 患者有接受其泌尿医生建议的倾向. Grace Lu-Yao and Siu-Long Yao(1997) 研究了处理的结果, 利用了来自 Surveillance, Epidemiology and End results(SEER) Program 的数据. 这是一个癌症登记, 覆盖 4 个主要的都会区域及 5 个州. 研究发现 59 876 个患者在 1983—1992 年期间诊断出有前列腺癌, 诊断时的年龄范围为 50~79. 对于这些病例, 作者估计了诊断后的 10 年存活率. 他们随机地从人口中选择和病例年龄匹配的控制者, 并且对控制者估计 10 年存活率. 不用说, 仅仅用男性控制者. 对于有中等发展 (Gleason 得分在 5~7 之间) 的癌症病例, 结果显示在在下面的表中.
   (a) 对于控制组, 10 年存活率如何依赖于处理?
   (b) 表中越往下, 为什么控制组的存活率越下降?
   (c) 在手术组中, 病例活得比控制组长. 我们应该推荐手术作为一个预防的方法吗? 简单解释.
   (d) 在手术组中的 10 年存活率本质上好于放射组或观测等待组. 我们能够得到手术是最好的处理选择吗? 简单解释.

处理	10 年存活(%)	
	病例	控制
手术	71	64
放射	48	52
观测等待	38	49

7. 在 2004 年, 作为监视其第一次总统选举的项目的一部分, 在印度尼西亚某区域随机选择了 25 个村庄. 在样本的村庄中, 总共有 25 000 登记选民, 其中 13 000 选举 Megawati; 13 000/25 000=0.52. 对还是错, 并且解释: 关于 0.52 的统计误差是 $\sqrt{0.52\times 0.48/25}$, 或者应该是 $\sqrt{0.52\times 0.48/25\,000}$? 简单讨论.

8. (部分假想的.) 心理学家认为老年人要愉快些, 正如已婚的人一样, 而且快乐程度随着收入增加而增加. 为检验这个理论, 一个心理学家基于1500人的样本收集了数据, 并且拟合了一个回归模型:

$$快乐程度_i = a + bU_i + cV_i + dW_i + \varepsilon_i.$$

误差项有通常的假定. 快乐程度是用自我报告度量的, 尺度为从 0 到 100. 平均值大约为 50, SD 为 15. 如果对象 i 过了 35 岁, 则哑元 $U_i=1$, 否则 $U_i=0$. 类似地, 如果对象 i 是已婚的, 则哑元 $V_i=1$, 否则 $V_i=0$. 最后, W_i 是对象 i 收入的自然对数. (在 1 美元之下的收入被截去.) 假定对于 (b-d) 部分模型是正确的.
(a) 什么是通常的假定?
(b) 解释系数 b, c, d. 它们应该有什么符号?
(c) 假定在样本中,事实上所有的年过 35 岁的对象都是已婚的,然而,对 35 岁以下的对象有一半是未婚的,一半是已婚的. 这使解释复杂了吗? 解释为什么是或者为什么不是.
(d) 假定在样本中,事实上所有超过 35 岁的对象都是已婚的,而且实际上所有 35 岁以下的对象都是未婚的. 这使解释复杂了吗? 解释为什么是或者为什么不是.
(e) 按照 *New York Times*,"[心理学家的]理论是建立在严格的统计和数学建模计算的优势上的,这些计算是在运行复杂算法的计算机上做出的". 这是什么意思? 这是支持还是反对该理论? 简单讨论.

9. Yule 运行了关于贫困的变化对外面救济比例的变化的回归,以在总人口中的变化及 65 岁以上人口的变化作为控制变量. 他利用了来自 3 个普查和 4 个区会层的数据. 区会是主管济贫法救济的小单位. 他做出了因果推断: 外面救济增加了贫困. 为了做这个推断,他必须假定某些东西在变化之中保持不变. 你能解释这种不变的假定吗?

10. King, Keohance and Verba (1994) 讨论了利用多元回归来估计社会科学中的因果效应. 按照他们的讨论,

"一个解释变量中的随机误差在对解释变量和独立变量之间关系的估计中产生偏倚. 这个偏倚有一个特殊形式: 它导致了一个与实际相比较弱的因果关系估计". [p. 158]

你同意还是不同意? 简单讨论. (作者心里有一个模型, $Y = X\beta + \varepsilon$, 但是研究人员观测到 $X^* = X + \delta$ 而不是 X, 并且把 Y 向 X^* 上回归.)

11. Ansolabehere and Konisky (2006) 想要解释在 i 县于 t 年选民的参加人数 $Y_{i,t}$. 如果 i 县于 t 年要求投票前登记,则令 $X_{i,t}$ 为 1, 否则为 0. 令 $Z_{i,t}$ 为控制变量的 $1 \times p$ 向量. 作者考虑两个回归模型. 第一个是

$$Y_{i,t} = \alpha + \beta X_{i,t} + Z_{i,t}\gamma + \delta_{i,t}, \tag{24}$$

这里 $\delta_{i,t}$ 是一个随机误差项. 第二个是取差分得到的:

$$Y_{i,t} - Y_{i,t-1} = \beta(X_{i,t} - X_{i,t-1}) + (Z_{i,t} - Z_{i,t-1})\gamma + \varepsilon_{i,t}, \tag{25}$$

这里 $\varepsilon_{i,t}$ 是一个随机误差项. 主要感兴趣的是 β, 而 γ 是 $p \times 1$ 的多余参数向量. 如果 (24) 满足通常的 OLS 回归模型所需的条件, (25) 将怎样? 反过来呢?

12. 一个研究人员拟合回归模型 $Y = X\beta + \varepsilon$ 到数据,并且从 $\hat{\beta}$ 做出因果推断. 一个评论家提出, β 可能从一个点到另一点会发生变化. 按照第三者, 这个批评——即使正确——仅仅意味着存在"没有体现在模型中的非齐性".
(a) 为什么 β 的变化要紧?
(b) 是第三者给出了部分答案呢,还是本身就有问题?
简单讨论.

13. 一位卓越的社会科学家如下描述了选择模型设置的方法.

"我们开始于被先验的理论和已经讨论过的问题所假定的设置. 然后我们拟合模型到数据. 如果这个不产生有用的结果, 我们修正该设置, 再做尝试, 目标是得到较好的拟合. 简言之, 最初的设置是在被接受为正确模型之前被检验过的. 这样, 设置的证明就在结果之中."

简单讨论.

14. 一个 _____ 假定进入数据分析；一个 _____ 由数据分析估计. 选项：
　　　　　　　　　　（ⅰ）响应方案　　（ⅱ）回归方程

15. 因果关系来源于 _____；被估计的效应来自于拟合 _____ 到数据. 选项：
　　　　　　　　　　（ⅰ）响应方案　　（ⅱ）回归方程

16. 对还是错：X 在 Y 上的因果效应是由用计算机对数据做某些事情而论证的. 如果对, 做的是什么? 如果错了, 你需要什么其他的? 简单解释.

17. 什么是外生性假定?

18. 假如外生性假定成立. 你能用数据表明一个响应方案是错的吗? 通常是? 有时是? 很难? 简单解释.

19. 假如外生性假定成立. 你能用数据表明一个响应方案是真的吗? 通常是? 有时是? 很难? 简单解释.

20. 如果外生性假定本身是可疑的, 你将怎样回答问题 18 和 19 呢?

21. Gilens(2001) 提出了一个 logit 模型来解释一般政治知识对政策倾向上的影响. 在该文中报告的方程为
$$\text{prob}(Y_i = 1) = \alpha + \beta G_i + X_i \gamma + U_i,$$
这里 i 为对象的指标; 如果对象 i 偏爱某一政策, 则 $Y_i=1$, 否则 $Y_i=0$; G_i 度量对象 i 的一般政治知识; X_i 是一个 $1 \times p$ 的控制变量向量; 而 U_i 为一个关于对象 i 的误差项. 在这个模型中, α 和 β 为标量参数, 后者为主要感兴趣的; γ 是一个 $p \times 1$ 参数向量. Gilens 是否写下了一个 logit 模型? 如果不是, 修正这个模型.

22. Mamaros and Sacerdote(2006) 关注确定电子邮件流量的变量. 他们研究的总体包括了 Dartmouth 的学生和新近的毕业生; 该研究的时间是一个学年. 令 Y_{ij} 为在个人 i 和个人 j 之间的邮件数量, 而 X_i 是一个描述个人 i 的特征的 $1 \times p$ 向量, β 是一个 $p \times 1$ 的参数向量. 再有, X_{ij} 是一个描述对子 (i, j) 特征的 $1 \times q$ 向量, γ 是一个 $q \times 1$ 单位向量. 令
$$\exp(x) = e^x, \qquad p(y|\lambda) = \exp(-\lambda)\lambda^y/y!.$$
为了估计参数, 作者使下式作为 β 和 γ 的函数最大化:
$$\sum_{1 \leqslant i < j \leqslant n} \log p(Y_{ij} | \exp(X_i\beta + X_j\beta + X_{ij}\gamma)),$$
这里 n 是对象的数目. （某些细节被省略了.）简单评论这个数据分析.

23. 假定 $Y_i = a + bZ_i + cW_i + \varepsilon_i$, 这里 ε_i 为 IID, 有期望 0 和方差 σ^2. 然而, W_i 可能是内生的. 假定随机设定 $Z_i = 0$ 或 1, 这样, 这些 Z 就是独立于那些 W 和 ε 的. 当方程被用 OLS 估计时, 令 $\hat{b}$ 为 Z 的系数. 对还是错并且解释：$\hat{b}$ 是 b 的一个无偏估计量.

24. 假定 $Y = X\beta + \varepsilon$, 这里 Y 和 ε 是 $n \times 1$ 的, X 是 $n \times p$ 满秩的, ε_i 为 IID, 有 $E(\varepsilon_i) = 0$ 及 $E(\varepsilon_i^2) = \sigma^2$. 这里 β 和 σ^2 为需要从数据估计的参数. 然而, X 可能是内生的. 令 Z 为外生的 $n \times$

q 变量矩阵，$q \geq p$. 假定 $Z'Z$ 和 $Z'X$ 满秩. 令 $e_{OLS} = Y - X\hat{\beta}_{OLS}$, $e_{IVLS} = Y - X\hat{\beta}_{IVLS}$, $f = (Z'Z)^{-1/2}Z'Y - (Z'Z)^{-1/2}Z'X\hat{\beta}_{IVLS}$. 在 IISLS 的第一步，$X$ 一列一列地被回归到 Z；令 $\hat{X}$ 为拟合值，而且 $\Delta = X - \hat{X}$. 像通常那样，⊥ 意味着数据向量的正交，⫫ 意味着随机向量的统计独立. 请判断下面每一个陈述是对还是错.

$\varepsilon \perp X$	$\varepsilon \perp Z$	$\varepsilon \perp\!\!\!\perp X$	$\varepsilon \perp\!\!\!\perp Z$
$e_{OLS} \perp X$	$e_{OLS} \perp Z$	$e_{OLS} \perp\!\!\!\perp X$	$e_{OLS} \perp\!\!\!\perp Z$
$e_{IVLS} \perp X$	$e_{IVLS} \perp Z$	$e_{IVLS} \perp\!\!\!\perp X$	$e_{IVLS} \perp\!\!\!\perp Z$
$f \perp X$	$f \perp Z$	$f \perp (Z'Z)^{-1/2}Z'X$	
$f \perp\!\!\!\perp X$	$f \perp\!\!\!\perp Z$	$f \perp\!\!\!\perp (Z'Z)^{-1/2}Z'X$	
$\Delta \perp X$	$\Delta \perp Z$	$\Delta \perp\!\!\!\perp X$	$\Delta \perp\!\!\!\perp Z$

如果 $e_{OLS} \perp X$，那么 X 是外生的.

如果 $f \perp (Z'Z)^{-1/2}Z'X$，这就支持了 Z 的假定的外生性.

如果 $f \perp\!\!\!\perp (Z'Z)^{-1/2}Z'X$，那么小样本偏倚是 0.

25. 假定对于 $i = 1, 2, \cdots, n$，$X_i, \delta_i, \varepsilon_i$ 为独立正态变量，期望为 0，方差分别为 1，σ^2 和 τ^2. 假定

$$Y_i = bX_i + \delta_i, \tag{26}$$

$$W_i = cY_i + \varepsilon_i. \tag{27}$$

这些方程反映了真实的因果关系；b 和 c 是参数. 一位统计学家拟合

$$Y_i = dW_i + eX_i + u_i \tag{28}$$

到数据.

(a) 对象是 IID 吗？

(b) 在方程中不应该有截距吗？

(c) (28) 是好的因果模型吗？

(d) 你能选择参数使得 (26) 的 R^2 低而 (28) 的 R^2 高吗？

(e) 如果样本很大，找出 $\hat{d}$ 和 $\hat{e}$ 的近似值.

简单解释.

9.10 札记

更多的计量经济方法文献

Davidson R, MacKinnon JG (2003). *Econometric Theory and Methods*. Oxford University Press. 标准的研究生水平的教科书. 内容广泛. 理论性的.

Greene WH (2007). *Econometric Analysis*. 6th ed. Prentice Hall. 标准的研究生水平的教科书. 内容广泛. 理论性的.

Kennedy P (2003). *A Guide to Econometrics*. 5th ed. MIT Press. 非正式，清楚，有用.

Maddala GS (2001). *Introduction to Econometrics*. 3rd ed. Wiley (2001). 话多而且清楚.

Theil H (1971). *Principles of Econometrics*. Wiley. 这是一个正规的处理，但清楚且准确.

在第 444 和 451 页，Theil 把 X 写成工具变量矩阵，把 Z 写成内生变量，与本书的习惯相反.

Wooldridge JM(2005). *Introductory Econometrics*. 3rd ed. Southwestern College Publishers. 标准的本科生教材. 着重应用.

The New York Times. 在问题 4，5，8 所涉及的文章分别来自于 2007 年 7 月 23 日的第 A1 页、2008 年 12 月 21 日的第 A27 页、2006 年 12 月 12 日的第 D3 页.

印度尼西亚. 问题 7 来源于耶鲁大学 Susan Hyde and Thad Dunning 没有发表的报告，它描述了为卡特中心所做的工作.

一个案例研究. 在这一章讨论的许多问题是由 DiNardo 和 Pischke 对 Krueger 的批评来说明的——

Krueger AB(1993). How computer has changed the wage structure: Evidence from microdata, 1984~1989. *Quarterly Journal of Econometrics* 108: 33~60.

DiNardo JE, Pischke JS(1997). The returns to computer use revisited: Have pencils changed the wage structure too? *Quarterly Journal of Econometrics* 112: 291~303.

第 10 章 统计建模中的问题

10.1 引言

在很多应用中这是一种信条，即对于不同的对象，扰动项是 IID（即独立同分布的）．有时，这样的假定被其他更加复杂但同样是人为的假定所代替．比如，当观测值按照时间次序排列时，扰动项 ε_t 有时被假定服从一个"自回归模型"，即 $\varepsilon_t = \lambda \varepsilon_{t-1} + \delta_t$，这里 λ 为待估计参数，而 δ_t 是 IID．然而，另有一种可能情况应该总是记在心中．对于不同对象，扰动为 DDD—独立并具有不同分布的（Dependent and Differently Distributed）．比如，在自回归中，δ_t 可能很容易就是 DDD 的，而引用另外的模型将仅仅延迟对真实的探索．

在许多应用工作者中的第二个信条是：函数是线性的，参数对于不同对象是常数．另外的选择为函数是非线性的，系数（按更一般的说法为参数）依对象的不同而变化．这对立两者的缩写词为 LCC（线性常系数，Linear with Constant Coefficients）及 NLNC（非线性非常系数，Non-Linear with Non-constant Coefficients）．有些模型有"随机系数"，仅仅是推迟不可避免的后果．对于不同的对象，系数被假定为随机地从同样的分布抽取．为什么应该是这样？

这些信条已经在很大程度上影响了应用的文章．因此，当阅读一个统计研究时，要试图去发现什么样的统计分析使得作者从数据得到结论．什么是分析背后的假定？这些假定是合理的吗？什么允许变化，而什么被当成不变的？如果从观测数据得出因果关系，为什么参数在干预下不变．响应方案在哪里？响应方案是否描述了合理考虑的实验？

对于想要发表基于统计模型的研究的应用领域工作者，建议是把数据、方程、程序存档．这允许至少在最狭隘的意义上重复（Dewald et al 1986，Hubbard et al 1998）．应该透明地做假定．应该明确哪些假定被核对过，是如何核实的．还应该明确哪些假定没有核实过．清楚地叙述模型是很好的第一步，也是很频繁地被忽略的一步，即使在最好的杂志也一样．

建模者可能感觉对这些异议中的某些已经有了回答．比如，本书没有包含许多相关的方法，如回归诊断、对模型设置的检验、模型选择方法等．这些方法可能是有帮助的．比如，很少在应用的文章中报告诊断，可能应该更频繁地使用．

最后，无论如何，仅仅在模型假定的某些相对局部崩溃时（这是有解决方法的技术问题），这些东西才有用．没有办法从数据来推断出"正确的"模型，除非有很强的先验理论来限制可能模型的范围．（更技术些，回归诊断和对模型设置的检验通常仅仅在被限制的备选类中有好的势．Freedman 2008d）这一类强有力的理论在社会科学中是罕见的．

诸如 AIC(Akaike's Information Criterion) 一类的模型选择方法是"有极限的"，即仅仅在合适的正则条件下适用，比如在样本量趋于无穷时．即便如此，AIC 过分拟合．因此，在有穷样本的表现需要评估．这些评估是不寻常的．再者，AIC 及其类似物通常用于正则条件不成立的情况，因此方法的操作特性是未知的，即使样本量非常大也一样．对模型设置的检验经常有类似缺陷．

Bayes 方法有时被考虑来解决模型选择问题（及其他问题）. 然而, 在非参数的情况下, 即使是严格 Bayes 方法也导致不相合, 往往是因为过拟合. 有无穷质量或仅仅依赖于数据的"先验分布"仅仅会使得问题更加迷惑不清. 关于综述文献, 看 Diaconis and Freedman(1998), Eaton and Freedman(2004), Freedman(1995).

自助法

在这些问题上, 自助法能用吗? 在许多情况下, 自助法对计算标准误差很有帮助, 但是适用于**已给定**模型的情况. 自助法通常不能够回答关于模型是否适合的基本问题, 但它有时能用来评估假定中相对较小故障的影响. 自助法已经用于从数据产生机会模型, 某些观察家发现这让人愉快.

渐近理论的角色

为统计方法的辩护常常是基于它们的"渐近"性质上, 即它们在大样本时的表现. 比如看 Beck(2001, p.273): "基于它们大〔样本〕的表现, 方法能够理论上被证明合理". 这是过度简单化的. 如果我们样本量为 100, 那么样本量为 100 000 时会发生什么不是一个决定性的考虑. 渐近理论有用是因为它们给出了类似于你拥有的那种样本的表现的线索. 渐近性还设定一个界限. 大样本性质很坏的方法不大可能在小样本时表现好.

关于中心极限定理, 渐近理论落实得很快: 当样本量为 25 时, 正态曲线常常是样本均值的概率直方图的好的近似; 当样本量为 100 时, 该近似经常是出色的. 另一方面, 关于可行 GLS, 如果有大量的协方差要估计, 渐近理论的落实就相当慢（第 8 章）.

21 世纪初期的哲人石[○]

相关, 偏相关, 交叉延迟相关, 主成分, 因子分析, OLS, GLS, PLS, IISLS, II-ISLS, IVLS, FIML, LIML, SEM, GLM, HLM, HMM, GMM, ANOVA, MANOVA, 荟萃分析 (Meta-analysis), Logits, Probits, Ridits, Tobits, RESET, DFITS, AIC, BIC, MAXENT, MDL, VAR, AR, ARIMA, ARFIMA, ARCH, GARCH, LISREL, 部分似然, 比例危险, 枢轴量, Froots, 中位数光滑驱使 (Flogs with median polish), CART, 自助法, Bagging, MARS, LARS, LASSO, 神经网络, 专家系统, Bayes 专家系统, 无知先验分布, WinBUGS, EM, LM, MCMC, DAGs, TETRAD, TETRAD II……

建模者的反应

我们知道所有这些. 没有什么是完美的. 线性必然是一个好的第一步近似. 对数线性必然是一个好的第一步近似. 假定是有道理的. 假定没有关系. 假定是保守的. 你无法证明假定是错的. 偏倚将互相抵消. 我们能够对偏倚建模. 我们仅仅做其他每个人所做的. 现在, 我们用更复杂的方法. 如果我们不做, 别人也会做的. 你会怎么做? 决策者有我们比没有我们强. 我们所有人都有智力的模型, 不用模型也是一个模型.

[○] 哲人石 (philosophers' stone), 也称魔法石或点金石, 是西方传说中炼金术的一种物质, 它如石头那样硬, 又如蜡那样有延展性, 它能够使诸如铅之类不值钱的东西变成金子, 或者能够使人长生不老. ——译者注.

模型并不是完全无用. 对于数据你必须尽力而为. 为了前进你必须做假定. 你必须假定模型是无辜的. 这会有什么伤害吗?

建模中的困难并不是未知的. 比如, Hendry(1980, p.390) 写道"计量经济学家已经发现他们的哲人石, 这就称为回归分析, 并用来把数据转换成'显著的'结果!"这严重地低估了哲人石的数量. Hendry 的立场比上述引言可能显示的更复杂. 从建模的角度, 其他反应是很容易预测的.

10.2 批评的文献

大半个世纪以来, 对于利用统计建模来解决复杂的因果过程的可能性, 许多不同领域的许多学者表示了相当的怀疑. 这里回顾某些批判性的文献. 先以 Keynes(1939, 1940) 与 Tinbergen(1940) 之间的争论开始. Tinbergen 是计量经济学建模的先驱之一. Keynes 对这一方面的研究表示了完全的不相信:

"没有人能够比 Tinbergen 教授更坦率、更辛苦、更少有主观偏见或者先入之见. 因此, 在人类品质的范围内, 没有一个人能够更安全地用其完全的魔术赢得信任. 即使在目前阶段我会相信任何一个人, 或者这类统计炼金术已经足够成熟以成为一个科学的分支, 我仍然不会被说服. 但是, Newton、Boyle 和 Locke 都玩过炼金术. 因此, 让他继续干他的去吧."(Keynes 1940, p.156)

在经济学文献中其他熟悉的引言包括 Liu(1960)、Lucas(1976) 和 Sims(1980). Lucas 之所以被关注是因为在干预下变化的参数. Manski(1995) 回到了被 Liu 及 Sims 尖锐地提出的欠识别问题: 简单地说, 事先排除因果方程中的变量很少能证明是正当的, 因此参数多于数据是典型的. Manski 建议了一些限制不能被估计的变量数量的方法. Sims 的思想是用低维模型做政策分析, 而不是复杂的高维模型. Leamer(1978) 讨论了如 Hendry(1980) 所做的那种从数据来推断模型设置所产生的问题. Engle, Hendry, and Richard(1983) 区分了几类外生假定.

Heckman(2000) 追踪了 Haavelmo and Frisch 之后考虑的计量经济学的发展. 潜在的结果和结构参数扮演了一个中心的角色, 但是"结构方程[模型]方法的经验道路最好也是混杂的"[p.49]. 而计量经济学的基本贡献是眼光.

"因果关系是一个模型的性质, 许多模型可能解释同样的数据而且应该做这种假定以识别因果或结构模型……"[p.89]

再者, 计量经济学家澄清了"在原因之中的交互关系的可能性"以及"因果知识的条件性质及纯粹经验方法来分析因果问题的不可能性"[pp.89~90]. Heckman 得出结论:

"在任何数据体中的信息通常都太弱, 以至于不能排除同样现象的竞争原因的解释. 没有机械的方法来产生一套'不依靠假定'的事实或者基于这些事实的因果估计."[p.91]

有些计量经济学家为了评估因果理论而转向自然实验. 这些研究者强调强有力的研究设计

的价值再加上认真的数据收集及全面的、针对内容的数据分析. Angrist and Krueger(2001) 有一个有用的调查.

理性选择理论⊖经常对经济学和相关领域的统计建模提供认证. 因此, 任何关于经验基础的讨论必须考虑由探索理性选择理论的局限性的 Kahneman and Tversky(1974) 所引起的一系列值得注意的文章. 这些文章被收集在 Kahneman, Slovic, and Tversky(1982), Kahneman and Tversky(2000) 之中. Kahneman and Tversky 的直观和偏倚方法的研究本身也引来了批评 (Gigerenzer 1996). 批评是令人感兴趣的, 有某些价值. 但是, 最终, 实验证据证明了理性选择理论能力的严重局限性 (Kahneman and Tversky 1996).

数据表明, 如果人们试图把期望效用最大化, 那么不可能做好. 误差很大, 而且是重复的, 走入可预测的方向, 并且落入可识别的范畴. 人们看来是利用可分类及可分析的直观来做决策, 而不是由最优化、有界的理性, 或者是满足来做决策. 理性选择理论一般来说不是验证关于行为的经验模型的好基础, 因为它并不描述真实的人群做真实决策的方式.

Sen(2002) 部分地描述了 Kahneman and Tversky 的工作, 利用许多关于假定的反例, 给出了对理性选择理论的有影响力的批评. 按照 Sen, 该理论有其位子, 但还是导致"严重的描述和预测问题"[p. 23]. Nelson and Winter(1982) 在他们关于公司和工业的研究中得到了类似的结论. 正统经济学理论的公理, 即利益最大化及均衡, 产生了"对现实的诱人扭曲"[p. 21].

几乎从一开始, 就有对其他社会科学领域中建模的批评. Bernert(1983) 及 Platt(1996) 回顾了社会学的历史发展. Abbott(1997) 发现诸如收入和教育这样的变量太抽象而没有多少解释能力, 建立在这些变量上的模型也是一样. 在 Abbott(1998) 中有一个关于因果模型的更广泛的考察. 他发现"当今一个缺乏考虑的机缘说 (causalism)⊜遍及我们的刊物而且限制了我们的研究"[p. 150]. 他提议更强调描述性的工作及更加紧密联系观测到的事实的小规模理论, 按照 Robert Merton⊜的有用短语, 这就是中等范围的理论. Clogg and Haritou(1997) 考虑了回归的困难, 指出人们非常容易把内生变量当成回归自变量. Hedström and Swedberg (1998) 展示了对回归表示相当怀疑的一些社会学家的活跃的论文. 理性选择理论也受到了相当的批评.

Goldthorpe(1999, 2000, 2001) 描述了因果关系及相应统计证明方法的几个思想, 它们有不同的优缺点. 他对回归表示怀疑, 但不像上面引用的其他学者, 他发现理性选择理论是有前途的. 他喜欢用描述统计学来推断社会规律, 也喜欢反映生育过程的统计模型. 他发现操纵论者 (manipulationist) 关于因果关系的说法一般来说对社会科学是不适当的. Ní Bhrolcháin (2001) 有一些特别有力的例子来说明建模的局限性.

⊖ 理性选择理论 (rational choice theory) 产生于 20 世纪后期, 用于理解社会与经济行为, 并对这些行为建模. 理性选择理论认为, 历史和文化对于理解社会或经济行为是无关的. 只要知道行为者的利益并保证让他们理性地追求这些利益就行了. 在 21 世纪, 由于各方面的挑战, 理性选择理论有些变化, 一些理性选择理论者改称自己为"制度主义者"(institutionalist) 或"结构主义者"(structuralist), 以强调选择是在结构之中的, 与制度有关. 理性选择理论在微观经济学中是主要的理论, 也是政治科学的核心, 并且应用于社会学和哲学等领域. ——译者注.

⊜ 机缘说认为行为和行动是先前心理状态 (比如信仰、欲望或企图) 而不是导致行动的目前意识的结果. ——译者注.

⊜ Robert King Merton(1910—2003) 是著名的美国社会学家, 他以杜撰短语出名. ——译者注.

Lieberson(1985) 发现，在社会科学中，非实验数据常规地被当成实验产生的数据来分析，典型的分析模式是有某些控制变量的回归模型．这个事业"并不比寻求永动机更有价值"[p.ix]．对因果推断需要细微的分析方法，要更密切地适应于手中问题的细节．该文还解释了反事实条件（counter-factuals）[注]的角色（pp. 45～48）．

Lieberson and Lynn(2002) 同样怀疑通过复杂的统计模型的模仿控制实验：对自然实验的简单分析将会更好．Sobel(1998) 回顾了社会分层的文献，得出结论说："通常的建模策略需要重大改变"[p.345]．再参看 Sobel(2000)．Berk(2004) 同意 Lieberson 的观点，他怀疑用统计建模来做因果推断的可能性，说其缺乏关于模型的强有力的理论基础，这些理论基础事实上是很难发现的．

Paul Meehl 是一流的经验心理学家．他 1954 年的书有数据表明利用回归而不是用专家来做预测的优越性．另一方面，其 1978 年题目为 "Theoretical risks and tabular asterisks：Sir Karl, Sir Ronald, and slow progress of soft psychology" 的文章把假设检验——及同类的魔法——看成心理学进步的绊脚石．Meehl and Waller(2002) 讨论了在被认为是对某个潜在因果结构合理近似的两个类似路径模型之间的选择，但并没有接触关键问题——如何评估近似的合理性．

Steiger(2001) 提供了对结构方程模型的一篇批判性的回顾．Larzalere et al(2004) 给出了关于用纯粹统计理论做因果推断的困难的更一般的讨论．Abelson(1995) 对心理学中的统计学有独特的观点．有一本 Cook and Cambell(1979) 的关于因果推断逻辑的有名的书．还参看 Shadish, Cook, and Campbell(2002)，他们除了其他方面内容之外，关于比较操纵论者及非操纵论者关于因果关系的思想做了有用的讨论．

Pilkey and Pilkey-Jarvis(2006) 提出，在环境和健康科学上的定量模型是高度误导的．还可看 Lomborg(2001)，批评马尔休斯派（Malthusian）的立场．围绕着 Lomborg 书的激情使得一件事很清楚．尽管数学的严格性表象和客观性的主张，环境模型的结果经常是敏锐地调整到建模者的敏感度上．

在政治科学中，在认真考察了证据之后，Green and Shapiro(1994) 得出结论说："尽管其在领域中的巨大的以及增长的声望，理性选择理论还没有能实现其推进政治学研究的承诺"[p.7]．Fearon(1991) 讨论了反事实条件的角色．Achen(1982, 1986) 提供了对统计建模的有趣的辩护，而 Achen(2002) 本质上是持更加怀疑的态度．Dunning(2008) 着重于在 IVLS 上的假定．

King, Keohane, and verba(1994) 是回归有名的狂热支持者．Brady and Collier(2004) 编辑了一卷比较回归方法和案例研究的论文．在原因齐性的标题下讨论了不变性及系数对不同观测值不变的假定．引言一章（Brady, Collier, and Seawright 2004）写道：

> "从观测数据做因果推断是困难的，特别是当研究聚焦在复杂的政治过程上时．在量化结果的表面精度的后面，有许多潜在的问题，包括：案例的等价性，概念化和度量，关于数据的假定，模型设置的选择……量化结果的解释受到描述这些问题的技

[注] 指在不同条件下有可能发生但违反现存事实的．——译者注．

能的很强的限制."[pp. 9~10]

在 *Political Analysis* Vol 14, no 3, summer, 2006, 上有一个有用的讨论. 还看 George and Bennett(2005), Mahoney and Rueschemeyer(2003). 在后面参考文献中的 Hall 的论文是特别相关的.

回归模型的困难之一是关于那些 ε. 它们从何而来, 它们意味着什么, 为什么它们有所要求的统计性质? 误差项经常代表了方程忽略的因素的所有效应. 但是这个描述本身有问题, 正如 Pratt and Schlaifer(1984, 1988) 所表明的.

在 Holland(1986, 1988) 中, 有一个超总体模型——而不是个体误差项——来对付因果模型的随机性. 然而, 证明该超总体模型有理并不比验证关于误差的假定容易. Stone(1993) 给出了一个超总体模型, 包含某些观测的协变量和某些未观测的, 这篇文章非常的清晰.

最近, 有人强烈主张用非线性方法来从数据导出模型, 并且控制未观测的混杂因素, 不需要真实的知识 (Spirtes-Glymour-Scheines 1993, Pearl 2000). 然而, 记录并不是令人鼓舞的 (Freedman 1997, 2004; Humphreys and Freedman 1996, 1999). 在 McKim and Turner (1997) 有这些问题的自由范围的讨论. 其他涉及批评文献的索引包括 Oakes(1990), Diaconis (1998), Freedman(1985, 1987, 1991, 1995, 1999, 2005). Hoover(2008) 对通常的因果关系的计量经济模型是持批判态度的, 但是把非线性模型看成是更有希望的.

匹配 (matching) 也许有时是建模的有用的替代品, 但是它很难是普遍的解决办法. 在许多情况下匹配和建模有很小的区别, 特别是当匹配是基于统计模型或者来自匹配的数据是受制于基于模型的调整时, 更是如此. 关于讨论和例子, 看 Glazerman, Levy, and Myers(2003); Arceneaux, Gerber, and Green (2006); Wilde and Hollister (2007); Berk and Freedman (2008); *Review of Economics and Statistics*, February (2004) vol. 86, no. 1; *Journal of Econometrics*, March-April(2005) vol. 125, nos. 1~2.

10.3 响应方案

响应方案模型是回归和因果关系之间的桥梁, 正如在 6.4 节所讨论的. 这个模型是 Neyman(1923) 建议的. 文章是用波兰语写的, 但有由 Dabrowska and Speed 的英文译本在 *Statistical Science*(1990) 中, 而且有讨论. Scheffé(1957) 给出了一个解释性的处理. 该模型被重新发现了许多次, 而且在 20 世纪 60 年代的初等教科书中被讨论: 看 Hodges and Lehmann (1964, 9.4 节). 该设定常被称为 "Rubin 模型", 比如, 看引用 Rubin(1974) 的 Holland (1986, 1988), 这仅仅是历史的错误.

Neyman 的模型覆盖了观测研究, 事实上是在引入适当的控制之后, 再假定这些研究是实验的. 的确, Neyman 不要求随机分配处理, 而是假定了一个罐中取球模型. 该模型是非参数的, 有有穷数量的处理水平. 响应方案进一步被 Holland 和 Rubin 等人所发展, 延伸到实数值的处理变量及参数模型, 包括线性因果关系.

正如在第 6~9 章中所论证的, 响应方案有助于澄清在某些情况下因果关系可能通过到观测数据的回归来推断的过程. 响应方案的数学优美不应该被允许掩盖基本的问题. 对于感兴趣的应用，假定到底能够在多大范围有效？

10.4 评估第7～9章的模型

第7章为天主教学校的效应讨论了 probit 模型(Evans and Schwab 1995). 第9章考虑了关于教育和生育的联立方程模型（Rindfuss et al 1980）及关于社会资本的线性概率模型(Schneider et al 1997). 在每种情况下，都发现了严重的问题. 这些综述的研究是在社会科学文献的高端. 它们之所以被选择，是因为它们的优点而不是弱点. 这些问题不是研究中的，而是在建模方法上的. 更确切地说，当方法应用到实际问题时，坏事就发生了——没有验证模型背后的假定. 把假定当成是理所当然的做法使得统计方法变成为哲人石.

10.5 总结

在社会和行为科学中，那些设法回避模型背后的影响深远的假定的人往往做出关于先进量化方法优越性的影响深远的断言. 在10.2节，我们看到对于由统计建模来解决因果过程的相当可观的怀疑. 在本书前面部分，考虑了几个著名的建模练习，并且发现了很好的怀疑理由. 某些类的问题可能屈从于复杂的统计方法，而另一些则不然. 经验研究的目标是，或者应该是，增加我们对现象的理解，而不是展示我们对技巧的掌握.

参 考 文 献

Abbott A (1997). Of time and space: The contemporary relevance of the Chicago school. *Social Forces* 75: 1149–82.

Abbott A (1998). The causal devolution. *Sociological Methods and Research* 27: 148–81.

Abelson RP (1995). *Statistics as Principled Argument*. Lawrence Erlbaum Associates, Hillsdale, NJ.

Achen CH (1977). Measuring representation: Perils of the correlation coefficient. *American Journal of Political Science* 21: 805–15.

Achen CH (1982). *Interpreting and Using Regression*. Sage Publications.

Achen CH (1986). *The Statistical Analysis of Quasi-Experiments*. University of California Press, Berkeley.

Achen C (2002). Toward a new political methodology: Microfoundations and ART. *Annual Review of Political Science* 5: 423–50.

Adcock R, Collier D (2001). Measurement validity: A shared standard for qualitative and quantitative research. *American Political Science Review* 95: 529–46.

Alba RD, Logan JR (1993). Minority proximity to whites in suburbs: An individual-level analysis of segregation. *American Journal of Sociology* 98: 1388–1427.

Alberts B, Bray D, Lewis J, Raff M, Roberts K and Watson JD (1994). *Molecular Biology of the Cell*, 3rd. ed., Garland Publishing, New York. 5th ed. (2007).

Altonji JG, Elder TE, Taber CR (2005). An evaluation of instrumental variable strategies for estimating the effects of Catholic schools. *The Journal of Human Resources* XL: 791–821.

Anderson TW (1959). On asymptotic distributions of estimates of parameters of stochastic difference equations. *Annals of Mathematical Statistics* 30: 676–87.

Angrist JD, Krueger AB (2001). Instrumental variables and the search for identification: From supply and demand to natural experiments. *Journal of Economic Perspectives* 15: 69–85.

Ansolabehere S, Konisky DM (2006). Introduction of voter registration and its effect on turnout. *Political Analysis* 14: 83–100.

Arceneaux K, Gerber AS, Green DP (2006). Comparing experimental and matching methods using a large-scale voter mobilization experiment. *Political Analysis* 14: 37–62.

Austin PC, Mamdani MM, Juurlink DN, Hux JE (2006). Testing multiple statistical hypotheses resulted in spurious associations: A study of astrological signs and health. *Journal of Clinical Epidemiology* 59: 964–69.

Banerjee KS (1975). *Weighing Designs for Chemistry, Medicine, Economics, Operations Research, Statistics*. Dekker, New York.

Barndorff-Nielsen O (1980). Exponential families. Memoir #5, Department of Theoretical Statistics, Aarhus. Reprinted in S Kotz, CB Read, N Balakrishnan, B Vidakovic, eds. (2005). *Encyclopedia of Statistical Sciences*. 2nd. ed. Wiley-Interscience, Hoboken, NJ.

Bartels LM (1991). Instrumental and "quasi-instrumental" variables. *American Journal of Political Science* 35: 777–800.

Beck N (2001). Time-series cross-section data: What have we learned in the past few years? *Annual Review of Political Science* 4: 271–93.

Beck N, Katz JN (1995). What to do (and not to do) with time-series cross-section data. *American Political Science Review* 89: 634–47.

Benjamini Y and Hochberg Y (1995). Controlling the false discovery rate. *Journal of the Royal Statistical Society* Series B 57: 289–300.

Berk RA (2004). *Regression Analysis: A Constructive Critique*. Sage Publications.

Berk RA, Freedman DA (2003). Statistical assumptions as empirical commitments. In TG Blomberg and S Cohen, eds. *Law, Punishment, and Social Control: Essays in Honor of Sheldon Messinger*. 2nd ed. Aldine de Gruyter, New York, pp. 235–54.

Berk RA, Freedman DA (2008). On weighting regressions by propensity scores. *Evaluation Review* 32: 392–409.

Berkson J (1955). The statistical study of association between smoking and lung cancer. *Proceedings of the Mayo Clinic* 30: 319–48.

Bernert C (1983). The career of causal analysis in American sociology. *British Journal of Sociology* 34: 230–54.

Bernheim B, Shleifer A, Summers LH (1985). The strategic bequest motive. *Journal of Political Economy* 93: 1045–1076.

Blalock HM (1989). The real and unrealized contributions of quantitative sociology. *American Sociological Review* 54: 447–60.

Blau PM, Duncan OD (1967). *The American Occupational Structure*. Wiley. Reissued by the Free Press (1978). Data collection described on page 13, coding of status on pages 115–27, coding of education on pages 165–66, correlations and path diagram on pages 169–70.

Bound J, Jaeger DA, Baker RM (1995). Problems with instrumental variables estimation when the correlation between the instruments and endogenous variables is weak. *Journal of the American Statistical Association* 90: 443–50.

Brady HE, Collier D, eds. (2004). *Rethinking Social Inquiry: Diverse Tools, Shared Standards*. Rowman & Littlefield Publishers, Inc., Lanham, Maryland.

Brady HE, Collier D, Seawright J (2004). Refocusing the discussion of methodology. In Brady and Collier (2004), pp. 3–20.

Briggs DC (2004). Causal inference and the Heckman model. *Journal of Educational and Behavioral Statistics* 29: 397–420.

Cameron JM, Croarkin MC, Raybold RC (1977). *Designs for the Calibration of Standards of Mass*. National Bureau of Standards Technical Note 952.

Carpenter KJ (1981). *Pellagra*. Academic Press.

Carpenter KJ (2000). *Beriberi, White Rice, and Vitamin B*. University of California Press.

Clarke R, Armitage J (2002). Antioxidant vitamins and risk of cardiovascular disease. Review of large-scale randomised trials. *Cardiovascular Drugs and Therapy* 16: 411–15.

Clogg CC, Haritou A (1997). The regression method of causal inference and a dilemma confronting this method. In VR McKim and SP Turner, eds. *Causality in Crisis?* University of Notre Dame Press, pp. 83–112.

Coleman JS, Hoffer T (1987). *Public and Private High Schools: The Impact of Communities*. Basic Books, New York.

Coleman JS, Hoffer T, Kilgore S (1982). *High School Achievement: Public, Catholic, and Private Schools Compared*. Basic Books, New York.

Colwell RR (1996). Global climate and infectious disease: The cholera paradigm. *Science* 274: 2025–31.

Cook NR, Albert CM, Gaziano JM et al (2007). A randomized factorial trial of vitamins C and E and Beta Carotene in the secondary prevention of cardiovascular events in women: Results from the Women's Antioxidant Cardiovascular Study. *Archives of Internal Medicine* 167: 1610–18.

Cook TD, Campbell DT (1979). *Quasi-Experimentation: Design & Analysis Issues for Field Settings*. Rand McNally, Chicago.

Cornfield J, Haenszel W, Hammond EC, Lilienfeld AM, Shimkin MB, Wynder EL (1959). Smoking and lung cancer: Recent evidence and a discussion of some questions. *Journal of the National Cancer Institute* 22: 173–203.

Desrosières A (1993). *La politique des grands nombres: Histoire de la raison statistique*. Editions La Découverte, Paris. English translation by C Naish (1998), Harvard University Press.

Dewald WG, Thursby JG, Anderson RG (1986). Replication in empirical economics: The Journal of Money, Credit and Banking Project. *American Economic Review* 76: 587–603.

Diaconis P (1998). A place for philosophy? The rise of modeling in statistics. *Quarterly Journal of Applied Mathematics* 56: 797–805.

Diaconis P, Freedman DA (1998). Consistency of Bayes estimates for nonparametric regression: Normal theory. *Bernoulli Journal*, 4: 411–44.

Dijkstra TK, ed. (1988). *On Model Uncertainty and its Statistical Implications*. Lecture Notes in Economics and Mathematical Systems, No. 307, Springer.

Dorn HF (1950). Pitfalls in population forecasts and projections. *Journal of the American Statistical Association* 45: 311–34.

Doss H, Sethuraman J (1989). The price of bias reduction when there is no unbiased estimate. *Annals of Statistics* 17: 440–42.

Dubos R (1988). *Pasteur and Modern Science*. Springer.

Duncan OD (1984). *Notes on Social Measurement*. Russell Sage, New York.

Dunning T (2008). Model specification in instrumental-variables regression. *Political Analysis* 16: 290–302.

Eaton ML, Freedman DA (2004). Dutch book against some "objective" priors. *Bernoulli Journal* 10: 861–72.

EC/IC Bypass Study Group (1985). Failure of extracranial-intracranial arterial bypass to reduce the risk of ischemic stroke: Results of international randomized trial. *New England Journal of Medicine* 313: 1191–1200. For commentary, see Sundt (1987).

Ehrenberg ASC, Bound JA (1993). Predictability and prediction. *Journal of the Royal Statistical Society* Series A 156: 167–206 (with discussion).

Engle RF, Hendry DF, Richard JF (1983). Exogeneity. *Econometrica* 51: 277–304.

Evans AS (1993). *Causation and Disease: A Chronological Journey.* Plenum, New York.

Evans RJ (1987). *Death in Hamburg: Society and Politics in the Cholera Years, 1830–1910.* Oxford University Press.

Evans SN, Stark PB (2002). Inverse problems as statistics. *Inverse Problems* 18: R1–43.

Evans WN, Schwab RM (1995). Finishing high school and starting college: Do Catholic schools make a difference? *Quarterly Journal of Economics* 110: 941–74.

Fearon J (1991). Counterfactuals and hypothesis testing in political science. *World Politics* 43: 169–95.

Feller W (1940). On the logistic law of growth and its empirical verifications in biology. *Acta Biotheoretica* 5: 51–66.

Feller W (1971). *An Introduction to Probability Theory and its Applications.* Vol. II, 2nd ed., Wiley, New York.

Fisher RA (1959). *Smoking: The Cancer Controversy.* Oliver and Boyd, Edinburgh.

Fleming A, ed. (1946). *Penicillin: Its Practical Application.* Butterworth & Co., London.

Freedman DA (1981). Bootstrapping regression models. *Annals of Statistics* 9: 1218–28.

Freedman DA (1983). A note on screening regression equations. *American Statistician* 37: 152–55.

Freedman DA (1984). On bootstrapping two-stage least squares estimates in stationary linear models. *Annals of Statistics* 12: 827–42.

Freedman DA (1985). Statistics and the scientific method. In WM Mason and SE Fienberg, eds. *Cohort Analysis in Social Research: Beyond the Identification Problem.* Springer, pp. 343–90 (with discussion).

Freedman DA (1987). As others see us: A case study in path analysis. *Journal of Educational Statistics* 12: 101–223 (with discussion). Reprinted in J Shaffer, ed. (1992). *The Role of Models in Nonexperimental Social Science*, American Educational Research Association and American Statistical Association, Washington, DC, pp. 3–125.

Freedman DA (1991). Statistical models and shoe leather. In P Marsden, ed., *Sociological Methodology 1991.* American Sociological Association, Washington, DC, chapter 10 (with discussion).

Freedman DA (1995). Some issues in the foundation of statistics. *Foundations of Science* 1: 19–83 (with discussion). Reprinted in BC van Fraassen, ed. (1997). *Topics in the Foundation of Statistics*, Kluwer, Dordrecht, pp. 19–83.

Freedman DA (1997). From association to causation via regression. In VR McKim and SP Turner, eds. *Causality in Crisis?* University of Notre Dame Press, pp. 113–82 (with discussion). Reprinted in *Advances in Applied Mathematics* (1997) 18: 59–110.

Freedman DA (1999). From association to causation: Some remarks on the history of statistics. *Statistical Science* 14: 243–58. Reprinted in *Journal de la Société Française de Statistique* (1999) 140: 5–32 and in J Panaretos, ed (2003). *Stochastic Musings: Perspectives from the Pioneers of the Late 20th Century.* Lawrence Erlbaum Associates, Hillsdale, NJ, pp. 45–71.

Freedman DA (2004). Graphical models for causation, and the identification problem. *Evaluation Review* 28: 267–93. Reprinted in DWK Andrews and JH Stock, eds. (2005). *Identification and Inference for Econometric Models: Essays in Honor of Thomas Rothenberg.* Cambridge University Press.

Freedman DA (2005). Linear statistical models for causation: A critical review. In BS Everitt and DC Howell, eds. *Encyclopedia of Statistics in Behavioral Science*. Wiley, Chichester, UK.

Freedman DA (2006a). On the so-called 'Huber Sandwich Estimator' and 'robust standard errors.' *The American Statistician* 60: 299–302.

Freedman DA (2006b). Statistical models for causation: What inferential leverage do they provide? *Evaluation Review* 30: 691–713.

Freedman DA (2008a). On regression adjustments in experiments with several treatments. *Annals of Applied Statistics* 2: 176–96.

Freedman DA (2008b). Survival analysis: A primer. *The American Statistician* 62: 110–19.

Freedman DA (2008c). Randomization does not justify logistic regression. *Statistical Science*, 23: 237–249.

Freedman DA (2008d). Diagnostics cannot have much power against general alternatives. To appear in *Journal of Forecasting.*
http://www.stat.berkeley.edu/users/census/nopower.pdf

Freedman DA, Lane D (1981). *Mathematical Methods in Statistics*. WW Norton, New York.

Freedman DA, Peters SC (1984a). Bootstrapping a regression equation: Some empirical results. *Journal of the American Statistical Association* 79: 97–106.

Freedman DA, Peters SC (1984b). Bootstrapping an econometric model: Some empirical results. *Journal of Business and Economic Statistics* 2: 150–58.

Freedman DA, Peters SC (1984c). Some notes on the bootstrap in regression problems. *Journal of Business and Economic Statistics* 2: 406–9.

Freedman DA, Peters SC (1985). Using the bootstrap to evaluate forecasting equations. *Journal of Forecasting* 4: 251–62.

Freedman DA, Petitti DB, Robins JM (2004). On the efficacy of screening for breast cancer. *International Journal of Epidemiology* 33: 43–73 (with discussion). Correspondence, pp. 1404–6.

Freedman DA, Pisani R, Purves RA (2007). *Statistics*. 4th ed. WW Norton, New York.

Freedman DA, Rothenberg T, Sutch R (1983). On energy policy models. *Journal of Business and Economic Statistics* 1: 24–36 (with discussion).

Freedman DA, Sekhon J (2008). Endogeneity in probit models.
http://www.stat.berkeley.edu/users/census/heckprob.pdf

Freedman DA, Stark PB (2003). What is the probability of an earthquake? In F Mulargia and RJ Geller, eds. *Earthquake Science and Seismic Risk Reduction*. NATO Science Series IV: Earth and Environmental Sciences, vol. 32, Kluwer, Dordrecht, The Netherlands, pp. 201–13.

Garrett G (1998). *Partisan Politics in the Global Economy*. Cambridge University Press.

Gauss CF (1809). *Theoria Motus Corporum Coelestium*. Perthes et Besser, Hamburg. Reprinted by Dover, New York (1963).

George AL, Bennett A (2005). *Case Studies and Theory Development in the Social Sciences*. MIT Press.

Geronimus AT, Korenman S (1993). The socioeconomic costs of teenage childbearing: Evidence and interpretation. *Demography* 30: 281–90.

Gibson JL (1988). Political intolerance and political repression during the McCarthy red scare. *American Political Science Review* 82: 511–29. Heinz Eulau Award from the American Political Science Association, as best paper published in 1988 in the *American Political Science Review*.

Gigerenzer G (1996). On narrow norms and vague heuristics. *Psychological Review* 103: 592–96.

Gilens M (2001). Political ignorance and collective policy preferences. *American Political Science Review* 95: 379–96.

Glazerman S, Levy DM, Myers D (2003). Nonexperimental versus experimental estimates of earnings impacts. *Annals of the American Academy of Political and Social Science* 589: 63–93.

Goldsmith ML (1946). *The Road to Penicillin: A History of Chemotherapy*. Drummond, London.

Goldthorpe JH (1999). *Causation, Statistics and Sociology*. Twenty-ninth Geary Lecture, Nuffield College, Oxford. Published by the Economic and Social Research Institute, Dublin, Ireland.

Goldthorpe JH (2000). *On Sociology: Numbers, Narratives, and Integration of Research and Theory*. Oxford University Press.

Goldthorpe JH (2001). Causation, statistics, and sociology. *European Sociological Review* 17: 1–20.

Gordis L (2004). *Epidemiology*. 3rd ed. Elsevier Saunders, Philadelphia.

Green DP, Shapiro I (1994). *Pathologies of Rational Choice Theory: A Critique of Applications in Political Science*. Yale University Press.

Grodstein F, Stampfer MJ, Manson JE et al (1996). Post menopausal estrogen and progestin use and the risk of cardiovascular disease. *New England Journal of Medicine* 335: 453–61.

Grogger J (1995). The effect of arrests on the employment and earnings of young men. *Quarterly Journal of Economics* 110: 51–71.

Hajnal J (1955). The prospects for population forecasts. *Journal of the American Statistical Association* 50: 309–22.

Hare R (1970). *The Birth of Penicillin and the Disarming of Microbes*. Allen & Unwin, London.

Hart HLA, Honoré AM (1985). *Causation in the Law*. 2nd ed. Oxford University Press.

Heckman JJ (1976). The common structure of statistical models of truncation, sample selection and limited dependent variables and a simple estimator for such models. *Annals of Economic and Social Measurement* 5: 475–92.

Heckman JJ (1978). Dummy endogenous variables in a simultaneous equation system. *Econometrica* 46: 931–59.

Heckman JJ (1979). Sample selection bias as a specification error. *Econometrica* 47: 153–61.

Heckman JJ (2000). Causal parameters and policy analysis in economics: A twentieth century retrospective. *The Quarterly Journal of Economics* 115: 45–97.

Hedström P, Swedberg R, eds. (1998). *Social Mechanisms*. Cambridge University Press.

Hendry DF (1980). Econometrics—alchemy or science? *Economica* 47: 387–406. Reprinted as chapter 1 in DF Hendry (2000). *Econometrics—Alchemy or Science?* Blackwell, Oxford.

Henschke CI, Yankelevitz DF, Libby DM et al (2006). The International Early Lung Cancer Action Program Investigators. Survival of patients with stage I lung cancer detected on CT screening. *New England Journal of Medicine* 355: 1763–71.

Hercberg S et al (2004). The SU.VI.MAX study: A randomized, placebo-controlled trial of the health effects of antioxidant vitamins and minerals. *Archives of Internal Medicine* 164: 2335–42.

Hodges JL Jr, Lehmann E (1964). *Basic Concepts of Probability and Statistics*. Holden-Day, San Francisco. 2nd ed. reprinted by SIAM, Philadelphia (2005).

Hofferth SL (1984). A comment on "social determinants of age at first birth." *Journal of Marriage and the Family* 46: 7–8.

Hofferth SL, Moore KA (1979). Early childbearing and later economic well-being. *American Sociology Review* 44: 784–815.

Hofferth SL, Moore KA (1980). Factors affecting early family formation: A path model. *Population and Environment* 3: 73–98.

Hoffman SD, Foster EM, Furstenberg FF Jr (1993). Reevaluating the costs of teenage childbearing. *Demography* 30: 1–13. Discussion, 281–96.

Holland PW (1986). Statistics and causal inference. *Journal of the American Statistical Association* 8: 945–70 (with discussion).

Holland PW (1988). Causal inference, path analysis, and recursive structural equation models. In C Clogg, ed. *Sociological Methodology 1988*, American Sociological Association, Washington, DC, chapter 13.

Hoover KD (2008). Causality in economics and econometrics. In S Durlauf and LE Blume, eds. *The New Palgrave Dictionary of Economics*. 2nd ed. Macmillan.

Hosmer DW, Lemeshow S (2000). *Applied Logistic Regression*. 2nd ed. Wiley.

Hotelling H (1927). Differential equations subject to error, and population estimates. *Journal of the American Statistical Association* 22: 283–314.

Howard-Jones N (1975). *The Scientific Background of the International Sanitary Conferences 1851–1938*. World Health Organization, Geneva.

Hubbard R, Vetter DE, Little EL (1998). Replication in strategic management: Scientific testing for validity, generalizability, and usefulness. *Strategic Management Journal* 19: 243–54.

Humphreys P, Freedman DA (1996). The grand leap. *British Journal for the Philosophy of Science* 47: 113–23.

Humphreys P, Freedman DA (1999). Are there algorithms that discover causal structure? *Synthese* 121: 29–54.

Hurwicz L (1950). Least-squares bias in time series. In TC Koopmans, ed. *Statistical Inference in Dynamical Economic Models*. Wiley, New York, pp. 365–83; also see p. 272.

IARC (1986). *Tobacco Smoking*. International Agency for Research on Cancer, Monograph 38, Lyon. Distributed by Oxford University Press.

Ioannidis JPA (2005). Contradicted and initially stronger effects in highly cited clinical research. *Journal of the American Medical Association* 294: 218–28.

Jacobs D, Carmichael JT (2002). The political sociology of the death penalty. *American Sociological Review* 67: 109–31. The quote, slightly edited, is from note 7, p. 117. The model is given on p. 116, although some of the details are unclear.

Jencks C, Phillips M, eds. (1998). *The Black-White Test Score Gap*. Brookings Institution Press, Washington, D.C.

Kahneman D, Slovic P, Tversky A, eds. (1982). *Judgment under Uncertainty: Heuristics and Biases*. Cambridge University Press.

Kahneman D, Tversky A (1974). Judgment under uncertainty: Heuristics and bias. *Science* 185: 1124–31.

Kahneman D, Tversky A (1996). On the reality of cognitive illusions. *Psychological Review* 103: 582–91.

Kahneman D, Tversky A, eds. (2000). *Choices, Values, and Frames*. Cambridge University Press.

Keefe FJ, Affleck G, Lefebvre J, Underwood L, Caldwell DS, Drew J, Egert J, Gibson J, Pargament K (2001). Living with rheumatoid arthritis: The role of daily spirituality and daily religious and spiritual coping. *The Journal of Pain* 2: 101–10.

Keynes JM (1939). Professor Tinbergen's method. *The Economic Journal* 49: 558–68.

Keynes JM (1940). Comment [on Tinbergen's reply]. *The Economic Journal* 50: 154–56.

King G, Keohane RO, Verba S (1994). *Designing Social Inquiry: Scientific Inference in Qualitative Research*. Princeton University Press.

Klein LR (1951). Estimating patterns of savings behavior from sample survey data. *Econometrica* 19: 438–54.

Kunz R, Oxman AD (1998). The unpredictability paradox: Review of empirical comparisons of randomised and non-randomised clinical trials. *British Medical Journal* 317: 1185–90.

Labrie F et al (2004). Screening decreases prostate cancer mortality: 11-year follow-up of the 1988 Quebec prospective randomized controlled trial. *Prostate* 59: 311–18.

Larzalere RE, Kuhn BR, Johnson B (2004). The intervention selection bias: An underrecognized confound in intervention research. *Psychological Bulletin* 130: 289–303.

Last JM (2001). *A Dictionary of Epidemiology*. 4th ed. Oxford University Press.

Lawless JF (2003). *Statistical Models and Methods for Lifetime Data*. 2nd ed. Wiley-Interscience.

Lawlor DA, Smith GD, Bruckdorfer KR et al (2004). Those confounded vitamins: What can we learn from the differences between observational vs randomised trial evidence. *Lancet* 363: 1724–27.

Leamer EE (1978). *Specification Searches*. Wiley.

Legendre AM (1805). *Nouvelles méthodes pour la détermination des orbites des comètes*. Courcier, Paris. Reprinted by Dover, New York (1959).

Lehmann EL (1991a). *Testing Statistical Hypotheses*. 2nd ed. Wadsworth & Brooks/Cole. 3rd ed., with JP Romano, Springer (2005).

Lehmann EL (1991b). *Theory of Point Estimation*. Wadsworth & Brooks/Cole. 2nd ed., with G Casella, Springer (2003).

Lehmann EL (2004). *Elements of Large-Sample Theory*. Springer.

Lehmann EL (2006). *Nonparametrics*. 2nd ed., with HJM d'Abrera, Springer.

Lieberson S (1985). *Making it Count*. University of California Press, Berkeley.

Lieberson S, Lynn FB (2002). Barking up the wrong branch: Alternatives to the current model of sociological science. *Annual Review of Sociology* 28: 1–19.

Liu TC (1960). Under-identification, structural estimation, and forecasting. *Econometrica* 28: 855–65.

Lomborg B (2001). *The Skeptical Environmentalist: Measuring the Real State of the World*. Cambridge University Press.

Lord, F (1953). On the statistical treatment of football numbers. *American Psychologist* 8: 750-51.

Loudon I. (2000). *The Tragedy of Childbed Fever*. Oxford University Press.

Lucas RE Jr. (1976). Econometric policy evaluation: A critique. In K Brunner and A Meltzer, eds. *The Phillips Curve and Labor Markets*, vol. 1 of the

Carnegie-Rochester Conferences on Public Policy, supplementary series to the *Journal of Monetary Economics*, North-Holland, Amsterdam, pp. 19–64 (with discussion).

Lu-Yao G, Yao S-L (1997). Population-based study of long-term survival in patients with clinically localised prostate cancer. *Lancet* 349: 906–10.

Mackie J (1974). *The Cement of the Universe*. Oxford University Press. Revised in 1980, reprinted in 2002.

Mahoney J, Rueschemeyer D (2003). *Comparative Historical Analysis in the Social Sciences*. Cambridge University Press.

Malthus TR (1798). *An Essay on the Principle of Population*. London, printed for J. Johnson, in St. Paul's Church-Yard.

Mamaros D, Sacerdote B (2006). How do friendships form? *Quarterly Journal of Economics* 121: 79–119.

Manski CF (1995). *Identification Problems in the Social Sciences*. Harvard University Press.

McKim VR, Turner SP, eds. (1997). *Causality in Crisis? Proceedings of the Notre Dame Conference on Causality*. University of Notre Dame Press.

Meehl PE (1954). *Clinical versus Statistical Prediction: A Theoretical Analysis and a Review of the Evidence*. University of Minnesota Press, Minneapolis.

Meehl PE (1978). Theoretical risks and tabular asterisks: Sir Karl, Sir Ronald, and the slow progress of soft psychology. *Journal of Consulting and Clinical Psychology* 46: 806–34.

Meehl PE, Waller NG (2002). The path analysis controversy: A new statistical approach to strong appraisal of verisimilitude. *Psychological Methods* 7: 283–337 (with discussion).

Mill JS (1843). *A System of Logic, Ratiocinative and Inductive*. Longmans, Green, Reader, and Dyer, London. 7th ed (1868).

Miller ER III et al (2005). Meta-analysis: High-dosage vitamin E supplementation may increase all-cause mortality. *Annals of Internal Medicine* 142: 37–46.

Nelson RR, Winter SG (1982). *An Evolutionary Theory of Economic Change*. Harvard University Press.

Neyman J (1923). Sur les applications de la théorie des probabilités aux experiences agricoles: Essai des principes. *Roczniki Nauk Rolniczych* 10: 1–51, in Polish. English translation by DM Dabrowska and TP Speed (1990), *Statistical Science* 5: 465–80 (with discussion).

Ní Bhrolcháin M (2001). "Divorce effects" and causality in the social sciences. *European Sociological Review* 17: 33–57.

Oakes MW (1990). *Statistical Inference*. Epidemiology Resources, Inc. Chestnut Hill, MA.

Oakland GB (1950). An application of sequential analysis to whitefish sampling. *Biometrics* 6: 59–67.

Pate AM, Hamilton EE (1992). Formal and informal deterrents to domestic violence: The Dade county spouse assault experiment. *American Sociological Review* 57: 691–97.

Pearl J (1995). Causal diagrams for empirical research. *Biometrika* 82: 669–710 (with discussion).

Pearl J (2000). *Causality: Models, Reasoning, and Inference*. Cambridge University Press.

Pearl R, Reed LJ (1920). On the rate of growth of the population of the United States since 1790 and its mathematical representation. *Proceedings of the National Academy of Science* 6: 275–88.

Pearson K (1911). *The Grammar of Science*. 3rd ed. Adam and Charles Black, London.

Pearson K, Lee A (1903). On the laws of inheritance in man. *Biometrika* 2: 357–462. They give the joint distribution, with heights rounded to the nearest inch. We added uniform noise to get continuous data.

Perneger, TV (1998). What's wrong with Bonferroni adjustments? *British Medical Journal* 316 1236–38.

Petitti DB (1994). Coronary heart disease and estrogen replacement therapy. Can compliance bias explain the results of observational studies? *Annals of Epidemiology* 4: 115–18.

Petitti DB (1998). Hormone replacement therapy and heart disease prevention: Experimentation trumps observation. *Journal of the American Medical Association* 280: 650–52.

Petitti DB (2002). Hormone replacement therapy for prevention. *Journal of the American Medical Association* 288: 99–101.

Pilkey OH, Pilkey-Jarvis L (2006). *Useless Arithmetic*. Columbia University Press.

Pisano E et al (2005). Diagnostic performance of digital versus film mammography for breast-cancer screening. *New England Journal of Medicine* 353: 1773–83.

Platt J (1996). *A History of Sociological Research Methods in America*. Cambridge University Press.

Powers DE, Rock DA (1999). Effect of coaching on SAT I: Reasoning test scores. *Journal of Educational Measurement* 36: 93–118.

Pratt JW, Schlaifer R (1984). On the nature and discovery of structure. *Journal of the American Statistical Association* 79: 9–33 (with discussion).

Pratt JW, Schlaifer R (1988). On the interpretation and observation of laws. *Journal of Econometrics* 39: 23–52.

Quetelet A (1835). *Sur l'homme et le développement de ses facultés, ou Essai de physique sociale*. Bachelier, Paris. English translation by R Knox (1842), Chambers, Edinburgh. Reprinted by Burt Franklin, New York (1968).

Rao CR (1973). *Linear Statistical Inference and its Applications*. 2nd ed. Wiley. Chapter 6 discusses likelihood techniques.

Raufman JP (1998). Cholera. *American Journal of Medicine* 104: 386–94.

Redelmeier DA, Greenwald JA (2007). Competing risks of mortality with marathons: Retrospective analysis. *British Medical Journal* 335: 1275–77.

Rindfuss RR, Bumpass L, St. John C (1980). Education and fertility: Implications for the roles women occupy. *American Sociological Review* 45: 431–47.

Rindfuss RR, Bumpass L, St. John C (1984). Education and the timing of motherhood: Disentangling causation. *Journal of Marriage and the Family* 46: 981–84.

Rindfuss RR, St. John C (1983). Social determinants of age at first birth. *Journal of Marriage and the Family* 45: 553–65.

Rodgers RC, Maranto CL (1989). Causal models of publishing productivity in psychology. *Journal of Applied Psychology* 74: 636–49.

Rosenberg CE (1962). *The Cholera Years*. Chicago University Press.

Rothman KJ (1990). No adjustments are needed for multiple comparisons. *Epidemiology* 143–46.

Rubin D (1974). Estimating causal effects of treatments in randomized and nonrandomized studies. *Journal of Educational Psychology* 66: 688–701.

Ruffin MT (1999). Screening for prostate cancer. *Journal of Family Practice* 48: 581–82.

Scheffé H (1956). Alternative models for the analysis of variance. *Annals of Mathematical Statistics* 27: 251–71.

Schneider M, Teske P, Marschall M (1997). Institutional arrangements and the creation of social capital: The effects of public school choice. *American Political Science Review* 91: 82–93.

Schneider M, Teske P, Marschall M (2002). *Choosing Schools: Consumer Choice and the Quality of American Schools*. Princeton University Press.

Semmelweis I (1860). *The Etiology, Concept, and Prophylaxis of Childbed Fever*. English translation by KC Carter (1983), University of Wisconsin Press.

Sen AK (2002). *Rationality and Freedom*. Harvard University Press.

Shadish WR, Cook TD, Campbell DT (2002). *Experimental and Quasi-Experimental Designs for Generalized Causal Inference*. Houghton Mifflin, Boston.

Shaffer J (1991). The Gauss-Markov theorem and random regressors. *The American Statistician* 45: 269–73.

Shapiro S, Venet W, Strax P, Venet L (1988). *Periodic Screening for Breast Cancer: The Health Insurance Plan Project and its Sequelae, 1963–1986*. Johns Hopkins University Press, Baltimore.

Shaw DR (1999). The effect of TV ads and candidate appearances on statewide presidential votes, 1988–96. *American Political Science Review* 93: 345–61.

Sims CA (1980). Macroeconomics and reality. *Econometrica* 48: 1–47.

Smith GCS, Pell JP (2004). Parachute use to prevent death and major trauma related to gravitational challenge: Systematic review of randomised controlled trials. *British Medical Journal* 327: 1459–61.

Smith RA (2003). Ideology masquerading as evidence-based medicine: The Cochrane review on screening for breast cancer with mammography. *Breast Diseases: A Yearbook Quarterly* 13: 298–307.

Snow J (1855). *On the Mode of Communication of Cholera*. Churchill, London.

Reprinted by Hafner, New York (1965).

Sobel ME (1998). Causal inference in statistical models of the process of socioeconomic achievement—A case study. *Sociological Methods & Research* 27: 318–48.

Sobel ME (2000). Causal inference in the social sciences. *Journal of the American Statistical Association* 95: 647–51.

Spirtes P, Glymour C, Scheines R (1993). *Causation, Prediction, and Search*. Springer Lecture Notes in Statistics, no. 81. 2nd ed., MIT Press (2000).

Stevens SS (1946). On the theory of scales of measurement. *Science* 103: 677–80.

Steiger JH (2001). Driving fast in reverse. *Journal of the American Statistical Association* 96: 331–38.

Stigler SM (1986). *The History of Statistics*. Harvard University Press.

Stouffer SA (1955). *Communism, Conformity, and Civil Liberties*. Doubleday.

Stone R (1993). The assumptions on which causal inferences rest. *Journal of the Royal Statistical Society* Series B 55: 455–66.

Sundt TM (1987). Was the international randomized trial of extracranial-intracranial arterial bypass representative of the population at risk? With editorial, comments by Goldring et al, reply by Barnett et al. *New England Journal of Medicine* 316: 809–10, 814–24. See EC/IC Bypass Study Group (1985).

Terris M, ed. (1964). *Goldberger on Pellagra*. Louisiana State University Press.

Timberlake M, Williams KR (1984). Dependence, political exclusion, and government repression: Some cross-national evidence. *American Sociological Review* 49: 141–46.

Tinbergen J (1940). On a method of statistical business-cycle research. A reply [to Keynes]. *The Economic Journal* 50: 141–54.

Truett J, Cornfield J, Kannel W (1967). A multivariate analysis of the risk of coronary heart disease in Framingham. *Journal of Chronic Diseases* 20: 511–24.

US Department of Education (1987). *High School and Beyond Third Follow-Up (1986) Sample Design Report*. Office of Educational Research and Improvement, Center for Education Statistics. Washington, DC.

http://nces.ed.gov/pubsearch/pubsinfo.asp?pubid=88402

US Preventive Services Task Force (2002). Screening for prostate cancer: Recommendation and rationale. *Annals of Internal Medicine* 137: 915–16.

Verhulst PF (1845). Recherches mathématiques sur la loi d'accroissement de la population. *Nouveaux mémoires de l'Académie Royale des Sciences et Belles-Lettres de Bruxelles* 18: 1–38.

Victora CG, Habicht JP, Bryce J (2004). Evidence-based public health: Moving beyond randomized trials. *American Journal of Public Health* 94: 400–405.

Vinten-Johansen P, Brody H, Paneth N, Rachman S (2003). *Cholera, Chloroform, and the Science of Medicine*. Oxford University Press.

Virtamo J et al (2003). Incidence of cancer and mortality following alpha-tocopherol and beta-carotene supplementation: a postintervention follow-up. *Journal of the American Medical Association* 290: 476–85.

Walsh C (2003). *Antibiotics: Actions, Origins, Resistance*. ASM Press, Washington, DC.

White H (1980). A heteroskedasticity-consistent covariance matrix estimator and a direct test for heteroskedasticity. *Econometrica* 48: 817–38.

Widder DV (1946). *The Laplace Transform*. Princeton University Press.

Wilde ET, Hollister R (2007). How close is close enough? Evaluating propensity score matching using data from a class size reduction experiment. *Journal of Policy Analysis and Management* 26: 455–77.

Winkelstein W Jr (1995). A new perspective on John Snow's communicable disease theory. *American Journal of Epidemiology* 142 (9 Suppl) S3–9.

Wright PG (1928). *The Tariff on Animal and Vegetable Oils*. Macmillan.

Writing Group for the Women's Health Initiative Investigators (2002). Risks and benefits of estrogen plus progestin in healthy postmenopausal women: Principal results from the women's health initiative randomized controlled trial. *Journal of the American Medical Association* 288: 321–33.

Yule GU (1899). An investigation into the causes of changes in pauperism in England, chiefly during the last two intercensal decades. *Journal of the Royal Statistical Society* 62: 249–95 (with discussion).

Yule GU (1900). On the association of attributes in statistics: With illustrations from the material of the childhood society, &c. *Philosophical Transactions of the Royal Society of London*. Series A 194: 257–319.

Yule GU (1925). The growth of population and the factors which control it. *Journal of the Royal Statistical Society* 88: 1–62 (with discussion).

Yule GU (1926). Why do we sometimes get nonsense-correlations between time series? *Journal of the Royal Statistical Society* 89: 1–69 (with discussion). This paper and the previous one were Yule's presidential addresses.

Prior publication

Plainly, this book draws on many sources. Work of others is acknowledged (I hope) in the text, and in chapter end notes. Furthermore, I've cannibalized many of my own publications—

Chapter 1. Freedman-Pisani-Purves (2007), Freedman-Petitti-Robins (2004), Freedman (1991, 1997, 1999, 2004, 2005). Table 1 is from FPP, copyright by WW Norton.

Chapter 2. Freedman-Pisani-Purves (2007), especially for figures 1 and 2, table 1, and exercise B8. These are copyright by WW Norton.

Chapter 5. Freedman (1983) and Freedman-Pisani-Purves (2007) for the discussion of data snooping.

Chapter 6. Freedman (1987, 1991, 1995, 1997, 1999, 2004, 2005).

Chapter 8. Freedman and Peters (1984abc, 1985), especially for table 1; Freedman, Rothenberg, and Sutch (1983).

Chapters 9–10. Freedman (1997, 1999, 2004, 2005).

Permission to reproduce copyright material is gratefully acknowledged.

出版之前

坦白地说,本书利用了许多资源.其他人的工作(我希望)都在课文中以及每章的结尾札记中表示了感谢.而且,我选用了许多我自己的出版物——

第 1 章. Freedman-Pisani-Purves(2007),Freedman-Pisani-Robins(2004),Freedman(1991,1997,1999,2004,2005).表 1 来自 FPP,版权属于 WW Norton.

第 2 章. Freedman-Pisani-Purves(2007),特别是图 1、图 2、表 1 和练习 B8.版权属于 WW Norton.

第 5 章. Freedman(1983)及 Freedman-Pisani-Purves(2007)关于数据窥视的讨论.

第 6 章. Freedman(1987,1991,1995,1997,1999,2004,2005).

第 8 章. Freedman and Peters(1984abc,1985),特别是表 1;Freedman, Rothenberg, and Sutch(1983).

第 9~10 章. Freedman(1997,1999,2004,2005).

对重印有版权的材料允许表示衷心的感谢.

部分练习答案

第 1 章

练习组 A

1. 在表 1 中，死于其他原因的，在全部处理组中（扫描的和拒绝扫描的）有 837 人，在控制组中有 879 人．没有多少区别．

   评论．（ⅰ）各组大小相同，因此我们既可以看数目，也可以看比率．（ⅱ）死亡数目的不同相对来说是小的，统计上并不显著．

2. 这个比较是有偏的．控制组包括了如果被邀请则可能接受扫描的妇女，因此和扫描组是可比的．但是控制组还包括了可能会拒绝扫描的妇女．后者较贫穷、受的教育较少、患乳腺癌的风险较少．（仅包括遵从研究者处理计划的对象的比较称为"符合方案分析"（per-protocol analysis），一般来说是有偏的．）

3. 自然实验．Lambeth 公司把移动其管道的事实（ⅰ）设立了与 Southwark & Vauxhall（表 2）的比较并且（ⅱ）使得对于 Lambeth 顾客及 Southwark & Vauxhall 顾客死亡率的区别，除了两群体之间在水源上的区别之外很难解释．比如，人们一般并不基于水的滋味来选择两家供水公司．如果他们的确是这样，那么自我选择和混杂因素会是大问题．取水点的改变使得我们可以把数据看成来自一个随机化控制实验的结果．

4. 观测研究．因此需要回归来调整．

5. （ⅰ）如果 -0.755，则在外救济防止贫困．

   （ⅱ）如果 $+0.005$，则在外救济对贫困没有实际影响．

6. （ⅰ）$E(S_n) = n\mu$，$\text{var}(S_n) = n\sigma^2$．

   （ⅱ）$E(S_n/n) = \mu$，$\text{var}(S_n/n) = \sigma^2/n$．

7. （ⅰ）$E(S_n) = np$，$\text{var}(S_n) = np(1-p)$．

   （ⅱ）$E(S_n/n) = p$，$\text{var}(S_n/n) = p(1-p)/n$．

   注意．对于许多目标来说，方差的大小和单位都不对．因此需要取平方根以得到标准误差．

8. 大数定律说，对于大样本，样本均值会接近总体均值．更专业一些，令 $X_1, X_2, \cdots$ 为独立同分布的，而且 $E(X_i) = \mu$．那么，以概率 1，

   $$(X_1 + X_2 + \cdots + X_n)/n \to \mu.$$

9. 逆因果关系也能说得过去：在关节不疼时，对象感觉到宗教对应方法有效．

10. 关联和因果关系不同．最大的问题是混杂因素，而且很容易上当．另一方面，关联常常是一个好的线索．有时，你能够基于观测数据做出非常严格的因果论述．看课文的讨论和例子．

    评论．如果对实验和观测研究的内容不熟悉，你可能想读 Freedman-Pisani-Purves（2007）的第 1、2、9 章．关于意向处理及符合方案分析，看 Freedman（2006b）．

第 2 章

练习组 A

1. (a) 错. 儿子很可能矮些: 一半对一半的机会是
$$33.9 + 0.514 \times 72 \doteq 70.9 \text{ 英寸}.$$
为此, 利用 (b) 计算的回归线.

    (b) 斜率是 $0.501 \times 2.81/2.74 \doteq 0.514$. 截距为
$$68.7 - 0.514 \times 67.7 \doteq 33.9 \text{ 英寸}.$$
RMS 误差为 $\sqrt{1-0.501^2} \times 2.81 \doteq 2.43$ 英寸.

    评论. SD 线说儿子比父亲高 1 英寸. 然而, 是回归线而不是 SD 线找出了竖直带的中心, 回归线比 SD 线要平坦一些——"回归效应". 如果对相关和回归的内容不熟悉, 你可能想读 Freedman-Pisani-Purves(2007) 的第 8~12 章.

2. 按照模型, 如果重量 $x_i = 0$, 度量的长度为 $Y_i = a + \varepsilon_i \neq a$. 简言之, 由于测量误差, a 不能被直接观测. 进行 10 次测量, 平均是 a 加上 10 个 ε_i 的平均. 这也不是 a, 但接近一些.

3. 如果取 $\hat{a} = 439.01, \hat{b} = 0.05$, 残差为 $-0.01, 0.01, 0.00, 0.00, -0.01, -0.01$. RMS 误差为较好的统计量. 它大约是 0.008cm. MSE 为 0.00007cm^2. 错误的大小和单位. (残差并未加到 0 上, 因为 $\hat{a}, \hat{b}$ 是四舍五入了的.)

4. 用相关系数 r 描述左边那个散点图. 中间的是 U 形的, 而右边的有两群聚集在一起的点: r 不能揭示这些数据特征. 如果怀疑, 读 Freedman-Pisani-Purves(2007) 的第 8 章.

练习组 B

1. 在方程 (1) 中, 方差应用于数据. 在 (4) 中相关系数也是.
2. 这些是估计.
3. 回归线是 $y = 439.0100 + 0.0495x$.
4. 数据.
5. 35/12 起初是可看成为数据列表 $\{1, 2, 3, 4, 5, 6\}$ 的方差. 如果你随机从该列表中取一个数, 这就是随机变量, 它的方差为 35/12.
6. 期望值是 $180 \times 1/6 = 30$, 它为第一个填空. 方差为 $180 \times (1/6) \times (5/6) = 25$. 但是 $\sqrt{25} = 5$ 为第二个填空.
7. 期望值是 $1/6 = 0.167$. 方差为 $(1/6) \times (5/6)/250 = 0.000556$. SE 为 $\sqrt{0.000556} = 0.024$, 期望值为第一个填空. SE——而不是方差——为第二个填空.
8. (a) "1" 的数目的观测值为 17. 期望值为 $100 \times 1/4 = 25$. SE 为 $\sqrt{100 \times (1/4) \times (3/4)} = 4.33$. 观测的 "1" 的数目低于期望值 1.85 个 SE. 排除 "'1' 的数目".

    "2" 的数目的观测值为 54. 期望值为 $100 \times 1/2 = 50$. SE 为 $\sqrt{100 \times (1/2) \times (1/2)} = 5$. 观测的 "2" 的数目高于期望值 0.8 个 SE; "'2' 的数目"为填空值.

    (b) "5" 的数目的观测值为 29. 期望值为 25. SE 为 4.33. 观测的 "5" 的数目高于期望值 0.92 个 SE. 排除 "'5' 的数目".

所取数目之和的观测值为 $17+108+145=270$. 盒子的平均是 2.5；SD 为 1.5. 和的期望值为 $100\times 2.5=250$. 和的 SE 为 $\sqrt{100}\times 1.5=15$. 观测值高于期望值 1.33 个 SE；"所取数目之和"为填空值.

如果对这些背景知识不熟悉，你可以阅读 Freedman-Pisani-Purves(2007) 的第 17 章.

9. 模型.

10. a 和 b 为不可观测的参数；ε_i 为不可观测的随机变量；Y_i 为可观测随机变量.

11. 一个随机变量的观测值.

12. (a) $\sum_1^n (x_i - \overline{x}) = \left(\sum_1^n x_i\right) - n\overline{x} = n\overline{x} - n\overline{x} = 0$.

(b) 把它平方出来：
$$\sum_1^n (x_i - c)^2 = \sum_1^n [(x_i - \overline{x}) + (\overline{x} - c)]^2$$
$$= \sum_1^n [(x_i - \overline{x})^2 + (\overline{x} - c)^2 + 2(x_i - \overline{x})(\overline{x} - c)].$$

但是根据 (a)，$\sum_1^n [2(x_i - \overline{x})(\overline{x} - c)] = 2(\overline{x} - c) \sum_1^n (x_i - \overline{x}) = 0$. 而且
$$\sum_1^n (\overline{x} - c)^2 = n(\overline{x} - c)^2.$$

(c) 利用 (b)：$(\overline{x} - c)^2 \geqslant 0$，在 $c = \overline{x}$ 得到关于 c 的最小值.

(d) 在 (b) 中使 $c = 0$.

13. 样本均值，见 12(c).

14. 部分 (a) 从方程 (4) 得到. 部分 (b) 从方程 (5) 得到. 部分 (c) 从方程 (1) 得到. 对于部分 (d)，
$$(x_i - \overline{x})(y_i - \overline{y}) = x_i y_i - \overline{x} y_i - x_i \overline{y} + \overline{x}\,\overline{y}.$$

因此，
$$\text{cov}(x, y) = \frac{1}{n} \sum_{i=1}^n (x_i y_i - \overline{x} y_i - x_i \overline{y} + \overline{x}\,\overline{y})$$
$$= \frac{1}{n} \sum_{i=1}^n x_i y_i - \overline{x} \frac{1}{n} \sum_{i=1}^n y_i - \overline{y} \frac{1}{n} \sum_{i=1}^n x_i + \overline{x}\,\overline{y}$$
$$= \frac{1}{n} \sum_{i=1}^n x_i y_i - \overline{x}\,\overline{y} - \overline{x}\,\overline{y} + \overline{x}\,\overline{y}$$
$$= \frac{1}{n} \sum_{i=1}^n x_i y_i - \overline{x}\,\overline{y}.$$

部分 (e). 在 (d) 中用 $y = x$，并且利用 (c).

对练习 15~16 不给出答案.

17. (a) $P(X_1 = 3 | X_1 + X_2 = 8)$ 等于
$$\frac{P(X_1 = 3, X_2 = 5)}{P(X_1 + X_2 = 8)} = \frac{1/36}{5/36} = 1/5.$$

(b) $P(X_1 + X_2 = 7 | X_1 = 3) = P(X_2 = 4 | X_1 = 3) = 1/6$.
(c) 条件地，X_1 为 1，2，3，4 或 5 的概率相等，因此条件期望为 3.
一般来说，$P(A|B) = P(A \cap B)/P(B)$. 如果 X_1 和 X_2 独立，以 X_1 为条件不会改变 X_2 的分布. 练习 17 是为第 4 章做准备. 如果这部分内容不熟悉，你可能想读 Freedman-Pisani-Purves(2007) 的第 13～15 章.

18. $|x_i - c|$ 的每一项关于 c 都是连续的. 和也是. 假定 $x_1 < x_2 < \cdots < x_n$ 而且对 $m > 0$，$n = 2m + 1$. ($m = 0$ 的情况很容易，分别来做.) 中位数为 x_{m+1}. 对 $m+1 \le j < n$，固定 j. 令 $x_j < c < x_{j+1}$. 现在，
$$f(c) = \sum_{i=1}^{j}(c - x_i) + \sum_{i=j+1}^{n}(x_i - c).$$
因此，f 在开区间 (x_j, x_{j+1}) 为线性的，有斜率 $j - (n-j) = 2j - n > 0$. ($c > x_n$ 的情况类似，在此省略.) 这就是 f 增加到中位数右边的原因. 斜率随着 f 增加，因此 f 是下凸的. 在 c 左边的情况省略.

第 3 章

练习组 A

1. r_i 是 $1 \times n$，c_j 是 $n \times 1$，而 $r_i \times c_j$ 为 $A \times B$ 的第 ij 个元素.

对练习 2～4 不给出答案. 练习 2 是对于非交换性（non-commutativity）的一种解释：如果 f，g 是映射，很少有 $f(g(x)) = g(f(x))$.

5.
$$M'M = \begin{pmatrix} 14 & -9 \\ -9 & 18 \end{pmatrix}; \quad MM' = \begin{pmatrix} 10 & 7 & 7 \\ 7 & 5 & 6 \\ 7 & 6 & 17 \end{pmatrix}.$$

两个矩阵有同样的迹. 事实上，当两个乘积都有定义时，trace(AB) = trace(BA)，正如后面要讨论的（练习 B11）.

6. $\|u\| = \sqrt{6} = 2.45$，$\|v\| = \sqrt{21} = 4.58$. 向量不正交：$u'v = v'u = 1$. 外积为
$$uv' = \begin{pmatrix} 1 & 2 & 4 \\ 2 & 4 & 8 \\ -1 & -2 & -4 \end{pmatrix}.$$

迹为 1. 再一次 trace(uv') = trace$(v'u)$.

练习组 B

对练习 2～8 及 11～13 不给出答案.

1. 伴随矩阵为 $\begin{pmatrix} 2 & 1 & -7 \\ -2 & 1 & 5 \\ 2 & -1 & -1 \end{pmatrix}$.

9. (a) 在范围 $1, \cdots, m$ 中选择一个 i，在范围 $1, \cdots, p$ 中选择一个 k. MN 的第 ik 个元素为
$$q = \sum_j M_{ij} N_{jk}.$$
因此 q 为 $(MN)'$ 的第 ki 个元素. q 也是 $N'M'$ 的第 ki 个元素.

(b) 对于第一个断言，如所要求的那样，$MNN^{-1}M^{-1}=MI_{p\times p}M^{-1}=MM^{-1}=I_{p\times p}$. 对于第二个断言，如所要求的那样，$(M^{-1})'M'=(MM^{-1})'=I'_{p\times p}=I_{p\times p}$，为了第一个等式，利用（a）.

10. 令 c 为 $p\times 1$. 假定 X 的秩为 p. 为什么 $X'X$ 的秩为 p？如果 $X'Xc=0_{p\times 1}$，那么，根据提示，$c'X'Xc=0 \Rightarrow \|Xc\|^2=0 \Rightarrow Xc=0_{n\times 1} \Rightarrow c=0_{p\times 1}$，这是因为 X 的秩为 p. 反过来，假定 $X'X$ 的秩为 p. 为什么 X 的秩为 p？如果 $Xc=0_{n\times 1}$，那么 $X'Xc=0_{p\times 1}$，因此 $c=0_{p\times 1}$，这是因为 $X'X$ 的秩为 p.

    回顾术语. 假定 M 是 $m\times n$ 的. 只要对任何 n 向量 c，$Mc=0_{m\times 1}$ 导致 $c=0_{n\times 1}$，则 M 的列是线性独立的⊖（linearly independent）；对行也类似. 与此对照，当存在一个 n 向量 $c\neq 0_{n\times 1}$ 使得 $Mc=0_{m\times 1}$ 时，M 的列是线性相关的（linearly dependent）. 例如，如果 M 的第一列全为零，或者第一列等于第二、三列之差，那么 M 是线性相关的. 假定 X 为 $n\times p$，$n\geqslant p$. 如果 X 的秩为 p，则它是满秩（full rank），即 X 的列是线性独立的.

14. 仅对（l）和（m）给出答案

    （l）不对：X 有行秩 p，因此有一个非平凡的 $n\times 1$ 的向量 c，使得 $c'X=0_{1\times p} \Rightarrow X'c=0_{p\times 1} \Rightarrow XX'c=0_{n\times 1}$，因此 XX' 不是可逆的.

    （m）不对：X 不是方阵，因为 $p<n$，而且仅有方阵会是可逆的.

    评论. 结合起来，(h)~(k) 表明当 $Y-X\gamma \perp X$ 时，$\|Y-X\gamma\|$ 被最小化. 这有时称为"投影定理".

15. 由于 X 是列向量，$X'Y=X\cdot Y$ 及 $X'X=\|X\|^2$，代入关于 $\hat{\beta}$ 的公式.

16. 代入 15. 就从更一般的结果导出 2B12(c).

17. f 是把 Y 回归到 M 时的残差向量. 因此，根据 14(g)，$f\perp M$. 同样，g 是把 N 回归到 M 时的残差向量. 因此，$g\perp M$. 然后，e 是 f 和 g 的线性组合，因此 $e\perp M$. 而且 $e\perp g$：根据 15，e 是把 f 回归到 g 时的残差向量. 因此 $e\perp g+M\hat{\gamma}_2=N$. 因此，$e\perp X=(MN)$. 几乎得到结果了：$Y=M\hat{\gamma}_1+f=M\hat{\gamma}_1+g\hat{\gamma}_3+e=M\hat{\gamma}_1+(N-M\hat{\gamma}_2)\hat{\gamma}_3+e=M(\hat{\gamma}_1-\hat{\gamma}_2\hat{\gamma}_3)+N\hat{\gamma}_3+e$，$e\perp X$. 根据 14(k)，证毕.

    评论. 这个结果有时被计量经济学者称为"Frisch-Waugh"定理. 再有把原来的向量 Y 回归到 g 上和 f 回归到 g 上有同样效果，这是因为 $M\perp g$.

18. 秩为 1，因为有一自由列（或行）.

练习组 C

对练习 1~4 不给出答案.

5. 第一个断言由前一个练习得到，但有一直接推理：$c'U-E(c'U)=c'[U-E(U)]$，因此，
$$\text{var}(c'U) = E\{c'[U-E(U)][U-E(U)]'c\}$$
$$= c'E\{[U-E(U)][U-E(U)]'\}c.$$

   对第二个断言，$U+c-E(U+c)=U-E(U)$，因此
$$[U+c-E(U+c)][U+c-E(U+c)]' = [U-E(U)][U-E(U)]'.$$

   取期望.

⊖ 也称为线性无关. ——译者注.

评论. 练习 1~5 能够推广到任意维.

6. U 为一个标量随机变量, 而 $E(U)$ 为固定的 3×1 向量. 均值是一回事, 而期望是另一回事, 虽然"均值"常常意味着期望.

7. 哪一个命题都不对: $P(\xi\perp\zeta)=1$ 并不意味着 $\xi\perp\!\!\!\perp\zeta$, 而且 $\xi\perp\!\!\!\perp\zeta$ 并不意味着 $P(\xi\perp\zeta)=1$. (记号: $\perp\!\!\!\perp$ 意味着独立.)

   评论. 假定 ζ 有一个概率密度, 这样, 对于任意的 6 维超平面 H, $P(\zeta\in H)=0$. 如果 $P(\xi\perp\zeta)=1$, 那么 ξ 和 ζ 不能独立, 因为 $P(\zeta\in x^\perp\mid\xi=x)=1$, 这里 $x^\perp$ 为正交于 x 的向量的 6 维超平面. 以 ξ 为条件改变了 ζ 的分布.

8. $\text{var}(\xi)=E\{[\xi-E(\xi)]^2\}$, $\text{cov}(\xi,\zeta)=E\{[\xi-E(\xi)][\zeta-E(\zeta)]\}$. 但 $E(\xi)=E(\zeta)=0$.

9. $\text{cov}(\xi)=E\{[\xi-E(\xi)][\xi'-E(\xi')]\}$. 但 $E(\xi)=E(\xi')=0$.

10. (a) 对. 该对子是同分布的, 因此有同样的协方差.

    (b) 错. $\text{cov}(\xi_i,\zeta_i)$ 是从联合分布计算出来的一个理论量. 作为对照, $\frac{1}{n}\sum_{i=1}^{n}(\xi_i-\bar{\xi})(\zeta_i-\bar{\zeta})$ 是样本协方差. 评论: 当样本很大时, 样本协方差会接近理论协方差 $\text{cov}(\xi_i,\zeta_i)$.

11. (i) 对于 $-\infty<x<\infty$, $\frac{1}{|\sigma|}f\left(\frac{x-\mu}{\sigma}\right)$. 如果 $\sigma=0$, 则 $\sigma X+\mu\equiv\mu$, 因此"密度"是在 μ 的一个点质量.

    (ii) 对于 $0<x<\infty$, $\frac{f(\sqrt{x})+f(-\sqrt{x})}{2\sqrt{x}}$. 如果函数 f 是光滑的, (ii) 中的密度在 $x=0$ 是 $f'(0)$.

    计算可能令人迷惑. 我们将看当 $\sigma<0$ 时的 (i). 令 $Y=\sigma X+\mu$. 那么对于 $y^*=-(y-\mu)/|\sigma|$, 当 $X>y^*$ 时, $Y<y$. 因此 $P(Y<y)=\int_{y^*}^{\infty}f(x)\mathrm{d}x$. 关于 y 的微分, 利用链原理. Y 在 y 的密度为 $|\sigma|^{-1}f(y^*)$, $y^*=(y-\mu)/\sigma$.

练习组 D

1. 第一个矩阵是正定的, 第二个为非负定的.

2. 对 (a), 令 c 为 $p\times 1$ 向量. 那么 $c'X'Xc=\|Xc\|^2\geq 0$, 则 $X'X$ 为非负定的. 如果对于 $c\neq 0_{p\times 1}$, $c'X'Xc=0$, 那么, $Xc=0_{n\times 1}$ 而且 X 不满秩: 其列的一个线性组合为零. 矛盾. 因此 $X'X$ 为正定的. (参考练习 B10.) 部分 (b) 类似.

   评论. 如果 $p<n$, 那么 XX' 不能是正定的: 存在一个 $n\times 1$ 的向量 $c\neq 0_{n\times 1}$, 使得 $c'X=0_{1\times p}$; 那么, $c'XX'c=0$. 看练习 B14(1).

3. $\|Rx\|^2=(Rx)'Rx=x'R'Rx=x'x$.

4. 令 x 为 $n\times 1$ 并且 $x\neq 0_{n\times 1}$. 为表明 $x'Gx>0$, 定义 $y=R'x$. 那么 $y\neq 0_{n\times 1}$, 而且 $x=Ry$. 现在 $x'Gx=y'R'GRy=y'R'RDR'Ry=y'Dy=\sum_{i=1}^{n}D_{ii}y_i^2>0$.

   对练习 5~6 不给出答案.

7. 定理 3.1 表明 $G=RDR'$, 这里 R 是正交的, D 是对角线矩阵, 对角线元素均为正. 那么

$G^{-1}=RD^{-1}R'$，$G^{1/2}=RD^{1/2}R'$，并且 $G^{-1/2}=RD^{-1/2}R'$ 为正定的：练习 4~6.

8. 令 $\mu=E(U)$，是一个 3×1 向量. 那么 $\text{cov}(U)=E[(U-\mu)(U-\mu)']$，为 3×3 矩阵，称之为 M. 这样 $0\leq\text{var}(c'U)=c'Mc$ 而且 M 是非负定的. 看练习 3C5. 如果有一个 3×1 向量 $c\neq0$，使得 $c'Mc=0$，那么 $\text{var}(c'U)=0$，因此以概率 1 有 $c'U=E(c'U)=c'\mu$.

练习组 E

1. (a) 如提示定义 U. 于是 $\text{cov}(U)=G^{1/2}\text{cov}(V)G^{1/2}=G^{1/2}G^{1/2}=G$. 看练习 3C4：$G$ 为对称的.
   (b) 试 $\alpha+G^{1/2}V$.

2. 核对 $E(RU)=0$，并根据练习 3C3~4，$\text{cov}(RU)=R\text{cov}(U)R'=R\sigma^2 I_{n\times n}R'=\sigma^2 RR'=\sigma^2 I_{n\times n}$. 然后利用定理 3.2. （一个更直接的证明表明 RU 的密度等于 U 的密度，因为 R 在欧式 n 维空间中保持长度不变，为此需要积分中变量替换的公式.）

3. 如果 ξ 和 ζ 为联合正态的，第一个命题是对的；如果不是，则不对. 第二个命题是对的：如果 ξ 和 ζ 独立，它们的协方差为 0. （在本书中，除非另外说明，所有的期望、方差和协差等都存在.）

4. 回答略去.

5. $E(\xi+\zeta)=\alpha+\beta$. $\text{var}(\xi+\zeta)=\text{var}(\xi)+\text{var}(\zeta)+2\text{cov}(\xi,\zeta)=\sigma^2+\tau^2+2\rho\sigma\tau$，这里 ρ 是随机变量 ξ,ζ 间的相关系数. 任何联合正态变量的线性组合都是正态的.

6. 正面的期望值是 500. 方差是 $1000\times\frac{1}{2}\times\frac{1}{2}=250$. SE 是 $\sqrt{250}=15.81$. 范围 475~525 在标准单位为 -1.58 到 1.58，因此机会几乎为在 -1.58 到 1.58 之间正态曲线下面的面积，即 0.886.

   评论. 精确到三位小数，准确的机会为 0.893. 正态曲线是非常好的近似. 对硬币以及其他取整数的变量，如果范围确定为"包含"，你能够在右边加上 0.5 以及在左边减去 0.5 使得精确度更高. 这就是"连续性修正". 比如看 Freedman-Pisani-Purves(2007) 的第 18 章. 比方说，如果变量仅取偶数值，或者取分数值，问题就更复杂一些.

7. $\hat{p}=102/250=0.408$. $\widehat{\text{SE}}=\sqrt{0.408\times 0.592/250}=0.031$.
   注意. 方差有错误的大小和单位. 取方差平方根得到 SE.

8. (a) 0.031. (b) $0.408\pm 2\times 0.031$. 这就是 SE 的用处.

9. $\sigma^2=1/2$. 例如，如果 $x>0$，则 $P(Z<x)=0.5+0.5\Psi(x/\sqrt{2})$.

10. 这是练习 2 的一个特例.

第 4 章

练习组 A

1. 根据假定 (5)，(ii) 是对的，有可能 $\varepsilon\perp X$，但可能性不大.

2. 根据练习 3B14(g)，(i) 是对的. 因为 e 从 X 和 Y 计算的，(ii) 一般不对.

3. 不对. 除非程序上有错，使得 $e\perp X$. 这和 $\varepsilon\perp\!\!\!\perp X$ 无关.

   关于练习 1~3 的评论. 在本书中，正交（$\perp$）是关于一对（往往是确定的）向量的：如果 u,v 的内积为 0，则意味着它们之间的夹角为 $90°$，因此 $u\perp v$. 独立（$\perp\!\!\!\perp$）是关于随机变量或随机向量的：如果 $U \perp V$，则给定 U 时，V 的条件分布不依赖于 U. 如果 U, V 是随机向量，那么 $P(U \perp V) = 1$ 常常排除 $U \perp V$，因为 V 的表现依赖于 U. 在某些概率书中，如果 W_1 和 W_2 为随机变量，$W_1 \perp W_2$ 意味着 $E(W_1 W_2) = 0$，这也称为"正交性".

4. (a) $e \perp X$，因此 e 正交于 X 的第一列，意味着 $\sum_i e_i = 0$.

   (b) 不对，如果计算机的算术是对的，残差的和必须等于 0，它与模型背后的假定没有任何关系.

   (c) 按照中心极限定理（3.5 节），$\sum_i \varepsilon_i$ 大约是 $\sigma \sqrt{n}$.

5. 首先，$\varepsilon \perp X$，这样条件性就不是实质的了. 对于（i），$\varepsilon' \varepsilon = \sum_i \varepsilon_i^2$，因此 $E(\varepsilon' \varepsilon) = \sum_i E(\varepsilon_i^2)$. 但是 $E(\varepsilon_i) = 0$. 这样，$E(\varepsilon_i^2) = \mathrm{var}(\varepsilon_i) = \sigma^2$，$\sum_i E(\varepsilon_i^2) = n \sigma^2$. 看（4）及练习 3C8. 对于（ii）如以前那样，因为 $E(\varepsilon) = 0$，所以 $\mathrm{cov}(\varepsilon) = E(\varepsilon \varepsilon')$. 现在，$\varepsilon \varepsilon'$ 是一个 $n \times n$ 矩阵，它的第 ij 个元素为 $\varepsilon_i \varepsilon_j$. 如果 $i \neq j$，那么根据独立性，$E(\varepsilon_i \varepsilon_j) = E(\varepsilon_i) E(\varepsilon_j) = 0 \times 0 = 0$. 如果 $i = j$，那么和前面一样，$E(\varepsilon_i^2) = \mathrm{var}(\varepsilon_i) = \sigma^2$：看上面.

6. 表中的第二列（长度）应该是方程 (2.7) 的 Y_i 的观测值，$i = 1, 2, \cdots, 6$. 交叉参考：方程 (2.7) 是第 2 章的方程 (7).

7. 由方程 (1.1) 看出 $\beta = \begin{bmatrix} a \\ b \\ c \\ d \end{bmatrix}$，因此 $p = 4$. 其次，看表 1.3. 表中有 32 行，因此 $n = 32$. 方程中有一个截距，因此把一列 1 作为设计矩阵 X 的第一列. 从表 1.3 的每一个元素都减去 100. 在减了之后，表的第 2、3、4 列给出了设计矩阵 X 的第 2、3、4 列，表的第一列为 Y 的观测值.

设计矩阵的第一列都是 1，因此 $X_{41} = 1$. 第 4 个区会是 Chelsea. X 的第二列是 ΔOut，它刚好是表中的第二列. 因此 $X_{42} = 21 - 100 = -79$ 及 $Y_4 = 64 - 100 = -36$. ΔOut 系数的估计 $\hat{b}$ 将是 $\hat{\beta} = (X'X)^{-1} X'Y$ 的第二个元素，这是因为 b 是 β 的第二个元素，又因为 ΔOut 是方程 (1.1) 紧跟着截距的第二项.

多维散点图. 考虑分块矩阵 $(X \ Y)$，这里响应变量放在设计矩阵 X 右边. 如果 X 第一列是个常数，在后面忽略它. 其他 X 的列及 Y 定义了 p 个变量，相应于散点图的维数. $(X \ Y)$ 的 n 行相应于数据点. 在 2.2 节，有两个变量，因此在图 2.1 中做了一个二维散点图. 有 $n = 1078$ 个数据点. 儿子的身高表示为（很有噪声的）父亲身高的函数.（如果 X 的所有列为变量，好，有 $p + 1$ 个变量去操心.）

在练习 7 中，有 4 个变量，因此"散点图"是 4 维的. 三维相应于解释变量 ΔOut，ΔOld 和 ΔPop. 第 4 维相应于响应变量 ΔPaup. 响应变量 ΔPaup 形象地成为 ΔOut，ΔOld 和 ΔPop 的有噪声的函数. 在 R^4 中有 $n = 32$ 个点. 为了其他目的，把数据表示为 R^n 中的 4 个点是方便的，除了全是 1 的列之外，$(X \ Y)$ 的每一列为一个点. 这就是我们在方程 (2.1～2.4) 及定理 4.1 所做的. 这一章和后面将这样做很多次：n 维向量对于证明定理是方便的.

数学家喜欢在多维空间"图像化"事物. 进行足够的实践，你可能会熟悉它的. 然而，对于图像化数据，推荐二维的散点图：比如，Y 与所有的解释变量点图. 下面实验 3 解释了其他的诊断.

练习组 B

1. 正确.

2. （ⅰ）正确. （ⅱ）在数据收集之前，$\bar{Y}$ 是一个随机变量，此后，它是一个随机变量的观测值.

3. 正确.

4. （ⅰ）正确. （ⅱ）在数据收集之前，样本方差是一个随机变量，此后，它是一个随机变量的观测值.（在练习中，除以 n，为了某些目的，可能最好除以 $n-1$；通常，用哪个作为除数都没关系.）

5. $\hat{\beta}-\beta=(X'X)^{-1}X'\varepsilon$, $e=(I-H)\varepsilon$. 看方程 (8) 和 (17). 以 X 为条件. $(X'X)^{-1}X'\varepsilon$ 和 $(I-H)\varepsilon$ 的联合分布不依赖于 β：公式中没有 β.

6. 利用公式（10）和（11）. 参考后面实验 3.

7. 利用公式（10）和（11）. 参考后面练习 15.

8. 公式（ⅰ）是回归模型，有参数 β 和随机误差 ε.

9. （ⅰ）至少对于频率统计学来说是愚蠢的，参数没有协方差. （ⅱ）在 X 是固定时是对的，否则有麻烦. （ⅲ）是对的. （ⅳ）是错的. 给定 X，在左边有一个固定的量. 右边 $\hat{\sigma}^2$ 在给定 X 时还是随机的，因为 $\hat{\sigma}^2$ 通过 Y 依赖于 ε，而且 $\varepsilon \perp\!\!\!\perp X$. （ⅴ）是对的.

10. (b) 是对的. 如果方程中有一个截距，或者常数向量在 X 的列空间，则 (a) 是对的. 一般来说，(a) 是错的.

11. (a) 是愚蠢的，因为给定了 X，右边是随机的，而左边不是. (b) 是对的：$\hat{Y}=X\hat{\beta}$，因此 $E(\hat{Y}|X)=XE(\hat{\beta}|X)=X\beta$. (c) 是对的，因为 $E(\varepsilon|X)=0$.

12. 令 H 为帽子矩阵. 练习 3B9 表明 $H=I$. 因此 $\hat{Y}=HY=Y$. 注意：如果 $p<n$，这不对.

13. 令 $e=Y-X\hat{\beta}$ 为残差向量. 现在 $Y=X\hat{\beta}+e$. 但是 $\bar{e}=0$，因为 e 正交于 X 的第一列. 因此 $\bar{Y}=\bar{X}\hat{\beta}+\bar{e}=\bar{X}\hat{\beta}$. 当我们对行取平均时，$\hat{\beta}$ 能够看成为常数——对每一行都一样.（如果谈论期望，$\hat{\beta}$ 将不是常数.）

14. (a) $\mathrm{var}(\hat{\beta}_1-\hat{\beta}_2|X)=\mathrm{var}(\hat{\beta}_1|X)+\mathrm{var}(\hat{\beta}_2|X)-2\mathrm{cov}(\hat{\beta}_1,\hat{\beta}_2|X)$，即 $\sigma^2(X'X)^{-1}$ 的 1,1 元素，加上 2,2 元素，减去 2 倍的 1,2 元素. 这是非常有用的事实：例如看 6.3 节.

   (b) 根据定理 2, $E(c'\hat{\beta}|X)=c'E(\hat{\beta}|X)=c'\beta$. 其次，根据练习 3C4 和定理 3, $\mathrm{var}(c'\hat{\beta}|X)=c'\mathrm{cov}(\hat{\beta}|X)c=\sigma^2c'(X'X)^{-1}c$.

15. 设计矩阵有一列 1 及一列 X_i. 记之为矩阵 M. 用"括弧记号"是方便的. 比如 $\langle X\rangle=n^{-1}\sum_{1}^{n}X_i$，$\langle XY\rangle=n^{-1}\sum_{1}^{n}X_iY_i$，等等. 由练习 2B14(d)~(e)，把 var 和 cov 用于数据变量，

$$\langle X^2\rangle=\mathrm{var}(X)+\langle X\rangle^2,\quad \langle XY\rangle=\mathrm{cov}(X,Y)+\langle X\rangle\langle Y\rangle. \quad (*)$$

于是

$$M'M = \begin{pmatrix} n & \sum_i X_i \\ \sum_i X_i & \sum_i X_i^2 \end{pmatrix} = n \begin{pmatrix} 1 & \langle X \rangle \\ \langle X \rangle & \langle X^2 \rangle \end{pmatrix}$$

及

$$M'Y = n \begin{pmatrix} \langle Y \rangle \\ \langle XY \rangle \end{pmatrix}.$$

利用方程（*），容易核对

$$\det(M'M) = n^2(\langle X^2 \rangle - \langle X \rangle^2) = n^2 \mathrm{var}(X).$$

因此

$$(M'M)^{-1} = \frac{1}{n\mathrm{var}(X)} \begin{pmatrix} \langle X^2 \rangle & -\langle X \rangle \\ -\langle X \rangle & 1 \end{pmatrix}$$

及

$$(M'M)^{-1}M'Y = \frac{1}{\mathrm{var}(X)} \begin{pmatrix} \langle X^2 \rangle \langle Y \rangle & -\langle X \rangle \langle XY \rangle \\ -\langle XY \rangle & -\langle X \rangle \langle Y \rangle \end{pmatrix}.$$

现在整理一下. 斜率是 $(M'M)^{-1}M'Y$ 的第 2, 1 个元素, 为

$$[\langle XY \rangle - \langle X \rangle \langle Y \rangle]/\mathrm{var}(X).$$

根据（*），

$$\langle XY \rangle - \langle Y \rangle \langle Y \rangle = \mathrm{cov}(X, Y).$$

因此, 如所要求的,

$$\text{斜率} = \mathrm{cov}(X, Y)/\mathrm{var}(X) = rs_Y/s_X.$$

截距是 $(M'M)^{-1}M'Y$ 的第 1, 1 个元素, 为

$$[\langle X^2 \rangle \langle Y \rangle - \langle X \rangle \langle XY \rangle]/\mathrm{var}(X). \quad (**)$$

再次利用（*），由于有$\langle X \rangle^2 \langle Y \rangle$的项消掉了, 看到

$$\langle X^2 \rangle \langle Y \rangle - \langle X \rangle \langle XY \rangle = [\mathrm{var}(X) + \langle X \rangle^2] \langle Y \rangle - \langle X \rangle [\mathrm{cov}(X, Y) + \langle X \rangle \langle Y \rangle]$$
$$= \mathrm{var}(X) \langle Y \rangle - \langle X \rangle \mathrm{cov}(X, Y).$$

代入（**）, 如所要求的, 得到:

$$\text{截距} = \langle Y \rangle - [\langle X \rangle \mathrm{cov}(X, Y)/\mathrm{var}(X)] = \langle Y \rangle - \text{斜率} \cdot \langle X \rangle.$$

估计的斜率方差为 $(M'M)^{-1}$ 的第 2, 2 个元素的 σ^2 倍, 即如所要求的,

$$\sigma^2/[n\mathrm{var}(X)].$$

因为根据（*），$\langle X^2 \rangle = \mathrm{var}(X) + \langle X \rangle^2$, $(M'M)^{-1}$ 的第 1, 1 个元素为

$$\frac{\langle X^2 \rangle}{n\mathrm{var}(X)} = \frac{1}{n}\left[1 + \frac{\langle X \rangle^2}{\mathrm{var}(X)}\right].$$

乘以 σ^2 得到估计截距的方差, 这就完成了论证.（估计的方差……是应用方差于随机变量而不是数据.）

练习组 C

1. 我们知道 $Y = \hat{Y} + e$, 有 $e \perp X$. 因此, $e \perp \hat{Y}$, 这样, $\frac{1}{n}\sum_i \hat{Y}_i Y_i = \frac{1}{n}\sum_i \hat{Y}_i^2$. 因为 $Y = \hat{Y} +$

e 及 $\sum_i e_i = 0$,还知道 $\frac{1}{n}\sum_i \hat{Y}_i = \frac{1}{n}\sum_i Y_i$. 现在,利用练习 2B14,这里 cov 和 var 用于数据变量:

$$\mathrm{cov}(\hat{Y}, Y) = \left(\frac{1}{n}\sum_i \hat{Y}_i Y_i\right) - \left(\frac{1}{n}\sum_i \hat{Y}_i\right)\left(\frac{1}{n}\sum_i Y_i\right)$$
$$= \left(\frac{1}{n}\sum_i \hat{Y}_i^2\right) - \left(\frac{1}{n}\sum_i \hat{Y}_i\right)^2$$
$$= \mathrm{var}(\hat{Y}).$$

在 $\hat{Y}$ 和 Y 之间的相关系数平方为

$$\frac{\mathrm{cov}(\hat{Y},Y)^2}{\mathrm{var}(\hat{Y})\mathrm{var}(Y)} = \frac{\mathrm{var}(\hat{Y})^2}{\mathrm{var}(\hat{Y})\mathrm{var}(Y)} = \frac{\mathrm{cov}(\hat{Y})}{\mathrm{var}(Y)} = R^2.$$

供讨论的问题

1. 随机误差对于不同的对象是独立的;残差是独立的. 随机误差独立于设计矩阵 X;残差依赖于 X. 残差正交于 X,随机误差要投影到 X 上,至少有一些.

   比如,假定方程中有截距,即在 X 中有一列 1. 残差的和为 0;这产生了关于对象的独立性. 随机误差的和不会刚好为 0——没有正交性. 因为残差必须正交于 X,它们一般不独立于 X.

2. 如果方程中有截距,或者如果设计矩阵的列空间包含常数向量,残差的和必须是 0. 否则,残差的和通常不为 0.

3. (a) 是错的,而 (b) 是对的 (4.4 节). 术语:在回归模型 $Y = X\beta + \varepsilon$ 中,对第 i 个对象的扰动项为 ε_i.

4. 以 X 为条件,Y_i 是独立的,但不是同分布的. 比如,对于不同的 i,$E(Y_i|X) = X_i\beta$ 不同. 无条件地,如果 X 的行是 IID,则 Y_i 也一样;如果 X 的行独立而且有不同分布,则 Y_i 也一样.

5. 只要假定原始的方程正确,所有的断言都对. 以部分 (c) 为例,OLS 假定都还成立,额外变量的真实系数为 0. (我们默默地假定了新的设计矩阵还是满秩的.)

6. 计算机的确能够找到 $\hat{\beta}$,但是 $\hat{\beta}$ 估计什么?标准误差意味着什么?(回答很可能是:什么也不是.)

7. R^2 度量拟合优度. 它不度量有效性. 关于讨论和例子看课文.

8. 如果 $r = \pm 1$,那么第 2 列 $= c \times$ 第 1 列 $+ d$. 因为这些列有均值 0 和方差 1,$c = \pm 1$ 和 $d = 0$,因此秩为 1. 假定 $|r| < 1$. 令 $M = [u, v]$,即第 1 列为 u,第 2 列为 v. 那么

$$M'M = n\begin{bmatrix} 1 & r \\ r & 1 \end{bmatrix}, \det(M'M) = n^2(1-r^2), (M'M)^{-1} = \frac{1}{n}\frac{1}{1-r^2}\begin{bmatrix} 1 & -r \\ -r & 1 \end{bmatrix}.$$

这里,知道 $\sigma^2 = 1$,因此,

$$\mathrm{var}(\hat{a}) = \mathrm{var}(\hat{b}) = \frac{1}{n}\frac{1}{1-r^2},$$

$$\mathrm{var}(\hat{a} - \hat{b}) = \frac{1}{n}\frac{2(1+r)}{1-r^2} = \frac{1}{n}\frac{2}{1-r},$$

$$\operatorname{var}(\hat a+\hat b)=\frac{1}{n}\frac{2(1+r)}{1-r^2}=\frac{1}{n}\frac{2}{1+r}.$$

看练习 4B14(a). 如果 r 接近 1, 那么 $\operatorname{var}(\hat a+\hat b)$ 是合理的, 但其他则大得荒唐, 特别是 $\operatorname{var}(\hat a-\hat b)$. 当共线性很高时, 你不能分开变量的效应.

评论. 如果 r 接近于 -1, 那么 $a-b$ 为能够合理估计的参数. 当有若干解释变量时, 问题就是在每个变量和所有其他变量之间的多重 R^2. 如果这些 R^2 之一很大, 我们有共线性问题.

9. (a) 和 (b) 是错的, (c) 是对的.

10. 建立设计矩阵, 一列为 X, 另一列为 W, 而且没有一列 1, 即没有截距. 对每一个观测将有一行. 那么 OLS 假定满足. 这就是为什么不需要截距. 如果 X 和 W 是完全相关的, 计算机将会抱怨: 设计矩阵的秩仅仅为 1. 看问题 8.

术语. "拟合一个回归方程"、"拟合一个模型"、"运行一个回归"是计算 OLS 估计的 (稍微) 有色彩的同义词. 一个拟合的回归方程为 $y = x\hat\beta$, 这里 y 是标量, 而 x 是一个 $1\times p$ 的行向量. 这把 y 表示为 x 的一个线性函数.

11. 如果 W_i 独立于 X_i, 从方程去除它不会产生偏倚, 但是将可能增加抽样误差: 新的扰动项是 $W_i b + \varepsilon_i$, 比原来的有较大的方差. 如果 W_i 和 X_i 是独立的, Tom 的估计受制于删除变量偏倚 (omitted-variable bias), 因为扰动项 $W_i b + \varepsilon_i$ 和 X_i 相关.

关于偏倚的细节. 记 X 为其第 i 个坐标为 X_i 的向量, 对 Y 和 W 也一样. 由练习 3B15, Tom 的估计将是 $\tilde a = X\cdot Y/\|X\|^2$. 现在 $X\cdot Y = a\|X\|^2 + bX\cdot W + X\cdot\varepsilon$. 因此
$$\tilde a - a = bX\cdot W/\|X\|^2 + X\cdot\varepsilon/\|X\|^2.$$

根据大数定律, $X\cdot W \doteq nE(X_i W_i)$, 以及 $\|X\|^2 \doteq nE(X_i^2)$. 按照中心极限定理, $X\cdot\varepsilon$ 的大小差不多等于 $\sqrt{nE(X_i^2)E(\varepsilon_i^2)}$. 对于大样本, $X\cdot\varepsilon/\|X\|^2 \doteq 0$. Tom 有大小为 $bE(X_i W_i)/E(X_i^2)$ 的删除变量偏倚: 他的 Y 对 X 的回归得到删除变量 W 的效应.

12. 看 10 的答案.

13. 看 10 的答案.

14. 关于 $Q'Q$ 和 $Q'Y$ 极限性质的断言来自于大数定律. 例如, 在 $Q'Y/n$ 的第 2, 1 个元素为 $\frac{1}{n}\sum_{i=1}^{n}W_i Y_i \to E(W_i Y_i)$. 记 L 和 M 为极限矩阵, 因此 $Q'Q/n \to L$ 及 $Q'Y/n \to M$. 核对
$$L = \begin{pmatrix} 1 & c \\ c & c^2+d^2+e^2\sigma^2 \end{pmatrix}; \qquad M = \begin{pmatrix} a \\ ac + e\sigma^2 \end{pmatrix}.$$

例如, $M_{21} = ac + e\sigma^2$ 是因为
$$E(W_i Y_i) = E[(cX_i + d\delta_i + e\varepsilon_i)(aX_i + \varepsilon_i)] = ac + e\sigma^2.$$

现在 $\det L = d^2 + e^2\sigma^2$,
$$L^{-1} = \frac{1}{d^2+e^2\sigma^2}\begin{pmatrix} c^2+d^2+e^2\sigma^2 & -c \\ -c & 1 \end{pmatrix}; \qquad L^{-1}M = \begin{pmatrix} a - \dfrac{ce\sigma^2}{d^2+e^2\sigma^2} \\ \dfrac{e\sigma^2}{d^2+e^2\sigma^2} \end{pmatrix}.$$

当 Dick 包含了一个与误差项相关的变量，他的估计将会有内生性偏倚 (endogeneity bias)，在此例中它是 $-ce\sigma^2/(d^2+e^2\sigma^2)$.

外生变量是独立于误差项的，内生变量是依赖于误差项的．把内生变量放入回归方程不好．通常很难说明一个变量是内生的还是外生的，把额外变量放入方程是冒险的．第 9 章讨论处理内生变量的方法，但是这依赖于有很多已知是外生的变量．

对于 (c)，把另一个变量放入方程同样减少估计中的抽样误差，而且防止删除变量偏倚．另外，如果你放入额外变量，内生偏倚是可能的，而共线性可能是更大的麻烦．

15. 偏倚是可能的，标准误差是不可信的．令 $\{X_i, Y_i: i=1,\cdots,n\}$ 为样本．没有什么说明 $E(Y_i|X_i)=a+bX_i$．例如，假定在总体中，$y_i=x_i^3$．

    评论．由于大数定律，当 n 大时，偏倚将会是小的．即使那样，不要相信标准误差：原因请看 (10)．

16. 一个原因使肺癌率上升，而另一个原因使人口增加．这是关联，而不是因果关系．

    评论．男性肺癌死亡率从 1950 年到 1990 年飞速增加，从那之后又在下降，吸烟在 20 世纪 60 年代到达顶峰．女性开始吸烟晚，停止的也晚，他们的死亡率的高峰大约晚于男性 10 年．人口是稳定增长的．

    （：可能拥挤的人口对女性的影响比男性要大：）

17. 回答略去．

18. (i) 是模型，(ii) 是拟合的方程；b 是参数，而 0.755 是估计；ε_i 是不可观测的误差项，而 e_i 是可观测的残差．

    评论．在 (i)，ε_i 的"均值"是它的期望值，$E(\varepsilon_i)=0$；方差是 $E(\varepsilon_i^2)=\sigma^2$：我们谈论的是随机变量．在 (ii)，$e$ 的均值为 $\frac{1}{n}\sum_{i=1}^{n}e_i=0$，而方差是 $\frac{1}{n}\sum_{i=1}^{n}e_i^2$：我们谈的是数据．认真注意上下文能解决含糊不清．

19. 样本均值 (iv) 是 $E(X_1)$ 的一个无偏估计．

20. 除了 (c) 和 (e)，这些断言是对的．

21. 如果接受扫描的人和拒绝的人很不同，依据接受的处理的分析可能是严重偏倚的．意向处理分析是一种对策 (1.2 节)．

    评论．在该文章中的数据能够用来做意向处理分析（看下面表）．扫描对死亡率没有影响．正如 Ruffin(1999) 指出的，表面上，接受扫描的人受到疾病的风险要低于拒绝的．US Preventive Services Task Force(2002) 建议反对常规的 PSA 扫描．

	邀请组			控制组		
	男性数目	死亡数目	死亡率	男性数目	死亡数目	死亡率
扫描的	7 348	10	14	1 122	1	9
未扫描的	23 785	143	60	14 231	74	52
总数	31 133	153	49	15 353	75	49

数据来源于 Labrie et al (2004) 的图 4，死亡是由于前列腺癌．

22. 在表 1.1，拒绝者的比例比控制组的低．

第5章

练习组 A
答案略去．

练习组 B
1. 令 c 为 $p \times 1$，$G^{-1/2}Xc = 0$．那么根据 3D7，$Xc = 0$；因为 X 满秩，$c = 0$．因此，$G^{-1/2}X$ 满秩，根据 3B10，$X'G^{-1}X$ 也满秩．

练习组 C
1. 为在 GLS 的框架中设立这个，把那些 U 叠放在那些 V 之上：

$$Y = \begin{pmatrix} U_1 \\ U_2 \\ \vdots \\ U_m \\ V_1 \\ V_2 \\ \vdots \\ V_n \end{pmatrix}.$$

设计矩阵 X 是一个 $(m+n) \times 1$ 的由 1 组成的列向量．随机误差向量 ε 是 $(m+n) \times 1$ 的，如提示．参数 α 是标量．矩阵方程为 $Y = X\alpha + \varepsilon$．条件（2）不成立，因为 $\sigma^2 \neq \tau^2$．条件（7）成立．$(m+n) \times (m+n)$ 矩阵 G 在对角线之外为零．在对角线上，前 m 项都是 σ^2．后 n 项都是 τ^2．因此 G^{-1} 还是对角线矩阵．其前 m 项都是 $1/\sigma^2$，而后 n 项都是 $1/\tau^2$．核对

$$X'G^{-1}Y = \frac{1}{\sigma^2}\sum_{i=1}^{m}U_i + \frac{1}{\tau^2}\sum_{j=1}^{n}V_j$$

为一个标量，而且

$$X'G^{-1}X = \frac{m}{\sigma^2} + \frac{n}{\tau^2},$$

也是标量．利用（10）：

$$\hat{\alpha}_{\mathrm{GLS}} = \frac{\dfrac{m}{\sigma^2}\dfrac{1}{m}\sum_{i=1}^{m}U_i + \dfrac{n}{\tau^2}\dfrac{1}{n}\sum_{j=1}^{n}V_j}{\dfrac{m}{\sigma^2} + \dfrac{n}{\tau^2}}.$$

这是真的 GLS，而不是可行 GLS：方差矩阵 G 是给定的，而不是从数据估计出来的．注意 $\hat{\alpha}_{\mathrm{GLS}}$ 是一个加权平均：有较大方差的观测得到较少的权重．

如果 σ^2 和 τ^2 未知，它们能用样本方差估计，估计值代入上面的公式．现在有的就是可行 GLS，而不是真的 GLS．（这实际上是一步 GLS，可能需要迭代．）

2. 部分（a）就是定理 4.1：OLS 估计量使得误差平方和最小．部分（b）由（9）得到：$G_{ii} =$

部分练习答案

λc_i，而对角线之外的元素为零。$G^{-1/2}Y$ 的第 i 个坐标是 $Y_i/\sqrt{\lambda c_i}$. $G^{-1/2}X\gamma$ 的第 i 行为 $X_i\gamma/\sqrt{\lambda c_i}$. GLS 就是变换模型的 OLS. 为找到 GLS 估计，你需要找到使

$$\sum_i [(Y_i - X_i\gamma)/\sqrt{\lambda c_i}]^2 = \sum_i (Y_i - X_i\gamma)^2/(\lambda c_i)$$

最小的 γ；比较（9）. 部分（c）类似；这像例 1，$\Gamma_{ii}=c_i$，而在 $i\neq j$ 时，$\Gamma_{ij}=0$.

3. 为在 GLS 的框架中设立这个，令 Y 为那些 Y_{ij} 的叠放. 把对象 1 的 3 个观测值放到最上面，然后是对象 2 的 3 个观测值，…，在最下面为对象 800 的 3 个观测值. 如果我们写 $Y_{i,j}$ 而不是 Y_{ij}，可能稍微容易跟上数学：

$$Y = \begin{pmatrix} Y_{1,1} \\ Y_{1,2} \\ Y_{1,3} \\ Y_{2,1} \\ Y_{2,2} \\ Y_{2,3} \\ \vdots \\ Y_{800,1} \\ Y_{800,2} \\ Y_{800,3} \end{pmatrix}.$$

这个 Y 是 2400×1. 下面，参数向量 β 为叠放的 800 个固定效应 a_i，后面加上参数 b：

$$\beta = \begin{pmatrix} a_1 \\ a_2 \\ \vdots \\ a_{800} \\ b \end{pmatrix}.$$

这个 β 是 801×1. 设计矩阵 M 为 2400×801. 前 800 列有对每个对象的哑变量. 一个哑变量是 0 或 1. 比如，第 1 列是对于对象 1 的哑变量. 第 1 列关于对象 1 等于 1，对所有其他对象为 0. 这就是把 3 个 1 放在 2 397 个 0 上：

$$\begin{pmatrix} 1 \\ 1 \\ 1 \\ 0 \\ 0 \\ 0 \\ \vdots \\ 0 \\ 0 \\ 0 \end{pmatrix}.$$

第 2 列关于对象 2 等于 1，对所有其他对象为 0. 这就是叠放 3 个 0，然后 3 个 1，然后 2 394 个 0：

$$\begin{pmatrix} 0 \\ 0 \\ 0 \\ 1 \\ 1 \\ 1 \\ \vdots \\ 0 \\ 0 \\ 0 \end{pmatrix}.$$

如此下去，第 800 列关于对象 800 等于 1，对所有其他对象为 0. 第 800 列有 2 347 个 0 在 3 个 1 上面：

$$\begin{pmatrix} 0 \\ 0 \\ 0 \\ 0 \\ 0 \\ 0 \\ \vdots \\ 1 \\ 1 \\ 1 \end{pmatrix}.$$

设计矩阵中的第 801 列，也是最后一列为叠放的 Z_{ij}：

$$\begin{pmatrix} Z_{1,1} \\ Z_{1,2} \\ Z_{1,3} \\ Z_{2,1} \\ Z_{2,2} \\ Z_{2,3} \\ \vdots \\ Z_{800,1} \\ Z_{800,2} \\ Z_{800,3} \end{pmatrix}.$$

让我们称这个设计矩阵为 X(意外). 当你把所有部分放到一起，X 看上去就是这个样子：

部分练习答案

$$X = \begin{pmatrix} 1 & 0 & \cdots & 0 & Z_{1,1} \\ 1 & 0 & \cdots & 0 & Z_{1,2} \\ 1 & 0 & \cdots & 0 & Z_{1,3} \\ 0 & 1 & \cdots & 0 & Z_{2,1} \\ 0 & 1 & \cdots & 0 & Z_{2,2} \\ 0 & 1 & \cdots & 0 & Z_{2,3} \\ \vdots & \vdots & \ddots & \vdots & \vdots \\ 0 & 0 & \cdots & 1 & Z_{800,1} \\ 0 & 0 & \cdots & 1 & Z_{800,2} \\ 0 & 0 & \cdots & 1 & Z_{800,3} \end{pmatrix}.$$

矩阵方程为 $Y = X\beta + \varepsilon$. 在方程中哑变量相应于固定效应 a_i.

假定（2）不满足，因为不同的对象有不同的方差. 但是（7）可以. 2400×2400 协方差矩阵 G 为对角线的. 对角线前三个元素均为 σ_1^2，相应于对象 1. 下面 3 个均为 σ_2^2，相应于对象 2. 如此下去. 如果我们知道这些 σ，则可以用 GLS. 但是我们不知道，因此用可行 GLS.

（i）用 OLS 拟合，得到残差 e.

（ii）估计 σ_i^2. 比如 $\hat\sigma_1^2 = (e_1^2 + e_2^2 + e_3^2)/2$, $\hat\sigma_2^2 = (e_4^2 + e_5^2 + e_6^2)/2$, $\cdots$, $\hat\sigma_{800}^2 = (e_{2398}^2 + e_{2399}^2 + e_{2400}^2)/2$. 如果你计划由（14）得到 SE，最好用 2 而不是 3 作为除数，对于估计来说，除数不要紧.

（iii）用这些 $\hat\sigma_i^2$ 作为对角线元素以得到 $\hat G$.

（iv）利用（13）得到一步 GLS 估计量.

（v）如果需要，进行迭代.

练习组 D

1. $\hat\beta$ 为样本均值，$\hat\sigma^2$ 为样本方差，这里除数是 $n-1$ 而不是 n. 根据定理 2，样本均值和样本方差是独立的，$\hat\beta - \beta$ 的分布为 $N(0, \sigma^2/n)$，而 $\hat\sigma^2$ 的分布为 $\sigma^2 \chi_{n-1}^2/(n-1)$. 最后，$\sqrt{n}(\hat\beta - \beta)/\hat\sigma$ 为自由度为 $n-1$ 的 t 分布.

   评论.（i）$\hat\beta$ 的 $\widehat{SE}$ 为 $\hat\sigma/\sqrt{n}$.（ii）根据练习 4B5，$\hat\beta - \beta$ 和 $\hat\sigma^2$ 的联合分布不依赖于 β.（iii）当 $p=1$ 而且设计矩阵仅为一列 1 时，定理 2 给出了 IID 正态变量 $X_1, \cdots, X_n$ 的样本均值和方差的联合分布，这是 R. A. Fisher 的结果.（iv）没有正态性这个结果不成立. 然而，对于 $\hat\beta$ 和 t，当样本量合理大时，可使用中心极限定理. $\hat\sigma^2$ 的分布一般依赖于背景分布的 4 阶矩.

2. (a) 对：$3.79/1.88 \doteq 2.02$.

   (b) 对 $P < 0.05$. 如果你想计算 P，看后面的实验.

   (c) 错：$P > 0.01$.

   (d) 这很愚蠢. 在频率统计学中，概率应用到随机变量而不是参数. $b = 0$，或者 $b \neq 0$.

   (e) 如 (d).

   (f) 对. 这就是 P 值的意义. 和 (e) 比较.

(g) 对．这就是 P 值的意义．和（d）比较．
(h) 这很愚蠢．如（d）．置信区间是不同的游戏．
(i) 错：看 (j)～(k)．
(j) 对．你需要该模型去使概率计算合理化．
(k) 对．该检验假定模型 $Y_i=a+bX_i+Z_i\gamma+\varepsilon_i$ 及所有关于 ε_i 的条件．该检验仅仅问 $b=0$ 还是 $b\neq 0$．$b=0$ 的假设不适合该数据，另外的假设 $b\neq 0$ 也一样．

如果练习 2 覆盖不熟悉的内容，读 Freedman-Pisani-Purves(2007) 的第 26～29 章，置信区间是在第 21 及 23 章讨论的．

3. 该哲学家有些混淆．零假设应该包括关于模型的一个叙述．通常，零假设限制了模型中的一个参数．比如，关于哲学家的硬币有一个模型．抛硬币是独立的．在前 5000 次抛掷之中，每次以概率 p_1 得到硬币正面．在后 5000 次抛掷中，每次以概率 p_2 得到硬币正面．零假设：$p_1=p_2$．（这是限制．）备择假设：$p_1\neq p_2$．这里 p_1 和 p_2 是参数，和数据中的频数无关．数据是用来检验零假设，而不是阐明零假设．

如果 $|\hat{p}_1-\hat{p}_2|$ 比能够被"随机波动"所解释的大，我们拒绝零假设．估计 $\hat{p}_1$，$\hat{p}_2$ 是数据中的相对频数，而不是参数．该哲学家弄不清参数和估计之间的区别．

评论．零假设是关于模型的，或者是关于数据和一个模型之间的关系．看 Freedman-Pisani-Purves(2007) 的第 26 和 29 章．

4. 两个叙述都是错的．做出 $\beta_2\neq 0$ 的结论很安全，但如果你想知道它有多大，或 $\hat{\beta}_2$ 有多大，看 $\hat{\beta}_2$．由于 $t=\hat{\beta}_2/\hat{SE}$ 大，显著性水平 P 则小．这可能是因为 $\hat{\beta}_2$ 大或者 $\hat{SE}$ 小（或者二者都是）．关于更多的讨论，看 Freedman-Pisani-Purves(2007) 的第 29 章．

练习组 E

1. 利用 t 检验．这是回归问题，$p=1$．设计矩阵是一列 1．看练习 5D1．（F 检验也可以：$F=t^2$，有自由度 1 和 $n-1$．）

2. 这是伪装了的练习 1：$\delta_i=U_i-\alpha$．

3. 对于小的 n，除非误差是正态的，不要用 t 检验．对于充分大的 n，可用中心极限定理．
   评论．没有正态性，如果 n 小，你可能考虑"非参数方法"．看 Lehmann(2006)．

4. 利用 F 检验，$n=32$，$p=4$，$p_0=2$．（看例 3，那里 $p=5$．）误差需要是 IID，有 0 均值和有限方差．正态性有帮助，但不是根本的．

5. $\|X\hat{\beta}\|^2+\|e\|^2=\|Y\|^2=\|X\hat{\beta}^{(s)}\|^2+\|e^{(s)}\|^2$．

6. Georgia 的零假设有 $p_0=p-1$：除了截距，所有系数都为 0．她的 $\hat{\beta}^{(s)}$ 包含在 $p-1$ 个 0 上面叠加的 $\bar{Y}$．在 F 统计量的分子上，
$$\|X\hat{\beta}\|^2-\|X\hat{\beta}^{(s)}\|^2=\|X\hat{\beta}\|^2-n\bar{Y}^2=n\mathrm{var}(X\hat{\beta}):$$
练习 4B13．但是根据 (4.22～4.24)，$\mathrm{var}(X\hat{\beta})=R^2\mathrm{var}(Y)$ 及 $\mathrm{var}(e)=(1-R^2)\mathrm{var}(Y)$．$F$ 统计量的分子因此等于
$$\frac{\|X\hat{\beta}\|^2-\|X\hat{\beta}^{(s)}\|^2}{p-1}=\frac{n}{p-1}R^2\mathrm{var}(Y).$$
由于 $\bar{e}=0$，F 的分母为

$$\frac{\|e\|^2}{n-p} = \frac{n}{n-p}\mathrm{var}(e) = \frac{n}{n-p}(1-R^2)\mathrm{var}(Y).$$

因此

$$F = \frac{n-p}{p-1}\frac{R^2}{1-R^2}.$$

练习组 F

(1) 那些 $\hat{\beta}$ 不是独立的.

(2) $e \perp \hat{Y}$，因此 $\|Y\|^2 = \|\hat{Y}\|^2 + \|e\|^2$. 根据定义，

$$1 - R^2 = (\|Y\|^2 - \|\hat{Y}\|^2)/\|Y\|^2 = \|e\|^2/\|Y\|^2.$$

供讨论的问题

1. 令 $\varepsilon_i = X_i - E(X_i)$. 利用 OLS 拟合模型

$$\begin{pmatrix} X_1 \\ X_2 \\ X_3 \end{pmatrix} = \begin{pmatrix} 1 & 1 \\ 1 & 2 \\ 2 & 1 \end{pmatrix}\begin{pmatrix} \alpha \\ \beta \end{pmatrix} + \begin{pmatrix} \varepsilon_1 \\ \varepsilon_2 \\ \varepsilon_3 \end{pmatrix}.$$

没有截距.

2. F 检验假定模型的真实性，并且检验是否某些系数集合都是 0. 已给较大模型合适的条件下，F 检验能够用来看一个较小模型是否合适. (但是你如何检验较大的模型？不是用 F 检验？!?)

3. 两个断言一般都是错的. 如 (4.9) 表明的，$E(\hat{\beta}\mid X) - \beta = (X'X)^{-1}X'\gamma$. 这不会是 0，除非 $\gamma \perp X$. 按照 (4.10)，$\mathrm{cov}(\hat{\beta}\mid X) = (X'X)^{-1}X'GX(X'X)^{-1}$. 公式中没有 σ^2：ε_i 有不同的方差，它们出现在 G 的主对角线上.

如果你想要 (a) 和 (b) 正确，你需要 $\gamma \perp X$ 而且 $G = \sigma^2 I_{n\times n}$.

4. $\hat{\beta}_1$ 是有偏的，$\hat{\beta}_2$ 是无偏的. 这根据练习 3B17，但是这里有更好的推理. 令 $c \neq 0$. 假定对所有的 i，$\gamma_i = c$. 根据 (4.9)，在 $\hat{\beta}$ 中的偏倚是 $c(X'X)^{-1}X'1_{n\times 1}$. 令 u 为除了 $u_1 = 1$ 之外全部为 0 的 $p\times 1$ 向量. 那么 $c(X'X)^{-1}X'1_{n\times 1} = cu$，因为 $X'1_{n\times 1} = X'Xu$. 这源于事实 $Xu = 1_{n\times 1}$：X 的第一列都是 1.

评论. 有人认为 $E(\varepsilon_i) \neq 0$ 是无害的，仅仅使 β_1 有偏. 如果 $E(\varepsilon_i)$ 对所有的 i 相同，这没错. 否则，就有问题了. 这就是问题 3～4 所要传达的信息.

5. (a)、(b)、(c) 是对的：中心极限定理对 (c) 成立，因为你有 96 个自由度. (d) 不对：只有 4 个自由度，你需要正态误差来使用 t.

6. $\mathrm{cov}(X_i, Y_i) = 0$. 如果 Julia 把 Y 向 X 回归，除抽样误差之外，斜率将会是 0. 她将得出没有关系的结论. 这是因为她把直线拟合到曲线数据. 自然，如果把 Y_i 向 X_i 及 X_i^2 回归，她就会是英雄了.

7. X_i 都有同样的分布——均值为 μ 和方差为 2 的正态分布. X_i 是不独立的：它们都有 U. 它

们的均值 $\overline{X}=\mu+U+\overline{V}$ 是 $N\left(\mu,1+\frac{1}{n}\right)$. 于是，$|\overline{X}-\mu|$ 大约为 1. 其次，$X_i-\overline{X}=V_i-\overline{V}$，因此，$s^2$ 是 $V_1,\cdots,V_n$ 的样本方差，而 $s\sim\chi^2_{n-1}/(n-1)\doteq 1$. 因此，(e) 是错的：在 $\overline{X}$ 的样本误差比 $s/\sqrt{n}$ 大得多.

问题. (i) 虽然 U 不随对象改变，但它是随机变量. (ii) $\overline{V}$ 是平均而不是期望. 事实上，$\overline{V}$ 将有 $\pm 1/\sqrt{n}$ 的阶数，而 $E(\overline{V})$ 恰好为 0.

教益. 没有独立性，$s/\sqrt{n}$ 不怎么好.

8. 正如 7 表明的，(a) 是对的，(b) 是错的. 你需要假定独立性来实行通常的统计计算.

9. (a) 是对的. 对于充分大的样本，由于中心极限定理，正态性不那么重要. 然而，如前面练习所表明的，断言（b）是错误的——即使对于正态变量. 你需要假定独立性来实行通常的统计计算.

10. 社会科学家有些混淆. GLS 的全部意义就在于减少方差大的观测值的权重——并且总的来说，它们是远离它们的期望值的. 可行 GLS 试图模仿真正的 GLS：这意味着减少差异大的观测值的权重. 如果在 (13) 中的 $\hat{G}$ 对于 (7) 中的 G 是好的估计，那么 FGLS 很优秀，否则不然.

11. 把 Z 放入方程可能降低估计中的抽样误差，并且防止删除变量偏倚. 另一方面，如果你的确把 Z 放入，内生性偏倚是可能的.

（：删除变量偏倚+内生性偏倚=Scylla+Charybdis[⊖]：）

12. 有些不对. 样本均值的 SE 为 $\sqrt{110/25}\doteq 2.10$，这样，$t\doteq 5.8/2.1\doteq 2.76$ 及 $P\doteq 0.01$.

第 6 章

练习组 A

1. 回答省略.

2. a 是一个参数，数目都是估计值. 0.753 是方程 (3) 中的误差项 η 的标准差的一个估计.

3. 对. 变量是标准化的，残差自动地有 0 均值. 方差是均方. 用这些图，通常用 n 而不是 $n-p$ 来除；如果 n 大 p 小，则没有关系，这里就是这样的.

4. 以矩阵记号，拟合之后，得到 $Y=X\hat{\beta}+e$，这里 $e\perp X$. 因此 $\|Y\|^2=\|X\hat{\beta}\|^2+\|e\|^2$. 特别地，$\|e\|^2\leqslant\|Y\|^2$ 及 $\|e\|^2/n\leqslant\|Y\|^2/n$. 因为 Y 是标准化的，$\|Y\|^2/n=1$.
评论. (i) X 标准化是无关的. (ii) 如果除以 $n-p$ 而不是 n，则 $\mathrm{var}(e)$ 可能超过 1.

5. SD. 方差有错误大小 (2.4 节).

6. 这些箭头被假定所去除.（另一方面，如果你加上它们，然后从表 1 计算系数，它们会非常小.）在某种意义上可以有从 Y 到 U 的箭头，因为人们训练自己以得到某种工作.（一个献身的分析人员可能会加上"计划"作为推动教育和职业的隐变量来回答.）

7. 在文中涉及智力和动机——作为母亲的特征. 其他可能性包括种族、宗教、所住区域……

[⊖] Scylla 和 Charybdis 为希腊神话中位于西西里和意大利之间墨西拿海峡两岸的两个海怪，他们很接近，对过往航行的海员构成不可逃避的威胁. 用中文讲是腹背受敌的意思. ——译者注.

8. 当变量 Y_i 是起伏的时候，$Y=X\beta+\varepsilon$ 不是一个好的表示，因为 $X_i\beta+\varepsilon_i$ 通常能取很多不同的值——β 在变，ε_i 是随机可加的噪声——而 Y_i 仅取几个值.

练习组 B

1. v 是为数据，σ^2 是为随机变量.

2. 记模型为 $y_i=a+bx_i+\varepsilon_i$，对于 $i=1,\cdots,n$，ε_i 为 IID，有 0 均值及方差 σ^2. 拟合的方程为
$$y_i = \hat{a}+\hat{b}x_i+e_i. \qquad (*)$$
现在
$$v = \frac{1}{n}\sum_{i=1}^{n}(x_i-\overline{x})^2, \quad s^2 = \frac{1}{n}\sum_{i=1}^{n}e_i^2.$$
其次，$\overline{y}=\hat{a}+\hat{b}\overline{x}$，因为 $\overline{e}=0$. 那么 $y_i-\overline{y}=\hat{b}(x_i-\overline{x})+e_i$. 由于 $\overline{e}=0$ 及 $e\perp x$，在 x 和 y 之间的样本协方差为
$$\frac{1}{n}\sum_{i=1}^{n}(x_i-\overline{x})(y_i-\overline{y}) = \frac{1}{n}\sum_{i=1}^{n}(x_i-\overline{x})[\hat{b}(x_i-\overline{x})+e_i] = \hat{b}v.$$
类似地，y 的样本方差为 $\mathrm{var}(y)=\hat{b}^2v+s^2$. 标准化斜率是 x 和 y 之间的相关系数，即
$$\frac{\mathrm{cov}(x,y)}{\sqrt{\mathrm{var}(x)\mathrm{var}(x)}} = \frac{\hat{b}v}{\sqrt{v(\hat{b}^2v+s^2)}} = \frac{\hat{b}\sqrt{v}}{\sqrt{\hat{b}^2v+s^2}}.$$

3. 假定 b 是正的（正如对于弹簧所应该的）. 如果 σ^2 很小，(9) 的右边将几乎是 1，它意味着数据沿着一条直线. 这还可以，但没有关于弹簧弹性的信息.

练习组 C

1. -0.35 是一个估计. 它估计 (10) 中的参数 β_2.

不提供练习 2～4 的答案.

5. 起伏使得很难认定线性性质，看练习 A8.

6. $Y_i=\hat{a}+\hat{b}U_i+\hat{c}V_i+e_i$，因此，$\overline{Y}=\hat{a}+\hat{b}\overline{U}+\hat{c}\overline{V}$ 及 $Y_i-\overline{Y}=\hat{b}(U_i-\overline{U})+\hat{c}(V_i-\overline{V})+e_i$. 那么
$$\frac{Y_i-\overline{Y}}{s_Y} = \hat{b}\frac{s_U}{s_Y}\frac{U_i-\overline{U}}{s_U} + \hat{c}\frac{s_V}{s_Y}\frac{V_i-\overline{V}}{s_V} + \frac{e_i}{s_Y}.$$
标准化的系数为 $\hat{b}s_U/s_Y$ 及 $\hat{c}s_V/s_Y$.

评论. 如果你用 $n-p$ 来标准化 $\hat{\sigma}^2$，关于 $\hat{b}$ 的 t 统计量不变，它与是否标准化无关. 对 $\hat{c}$ 也一样. 如果你想要用标准化系数来估计参数，下面网站解释设置：
http://www.stat.berkeley.edu/users/census/standard.pdf

练习组 D

1. (a) $450+30=480$.   (b) $450+60=510$.
 (c) $450+30=480$.   (d) $450+60=510$.

评论. 你对两个对象得到同样结论. 假定是构造于响应方案之中的.

2. 她所需要的是关于辅导的小时数及对于被辅导者的数学 SAT 分数的观测数据的一个样本——**如果**她愿意假定响应方案及辅导小时数的外生性. 外生性是附加的假定. 她将运行数学

SAT 分数对辅导小时数的回归来估计参数.

评论.（ⅰ）响应方案和外生性是非常强的假定. 人们做实验是因为这些假定看上去不现实.（ⅱ）常数截距在这里特别不具吸引力. 某些研究人员可能试一个固定效应（fixed-effects）模型 $Y_{i,x}=a_i+bx+\delta_i$. 截距 a_i 随着被辅导者不同而不同，并且和个人能力有关. 没有重复测量则可能要假定 a_i 和对 i 的辅导量无关——虽然这个假定和 b 不变的假定一样，并非完全合理的. "无关"假定还能用于随机效应（random-effects）模型，那里 a_i 是从可能截距的总体中随机选择的. 这等价于开始的模型，a 是可能截距的平均，a_i-a 进入 δ_i 中. 在许多情况下，随机效应模型是凭幻想创造的（Berk and Freedman 2003）.

练习组 E

1. 应该有两个箭头，一个指向 X，一个指向 Y，分别代表方程中对 X 和 Y 的误差项. 曲线代表关联. 有两个方程：$X_i=a+bU_i+cV_i+\delta_i$ 及 $Y_i=d+eU_i+fX_i+\varepsilon_i$. 假定 δ 为 IID，有均值 0 和方差 σ^2；ε 为 IID，有均值 0 和方差 τ^2. δ 独立于 ε. 参数为 a, b, c, d, e, f 以及 σ^2, τ^2. 对许多对象 i，你需要 U_i, V_i, X_i, Y_i，而且 U, V 独立于 δ 和 ε（外生性）. 你把 X 对 U, V 回归，有一个截距，再把 Y 对 U, X 回归，也有一个截距. 没有理由标准化.

   对于因果推断，你需要假定响应方案：
   $$X_{i,u,v} = a + bu + cv + \delta_i, \qquad (*)$$
   $$Y_{i,u,v,x} = d + eu + fx + \varepsilon_i, \qquad (**)$$
   由于没有箭头从 V 指向 Y，在（**）的右边没有 v. 你需要关于误差项的通常假定以及外生性.

   你能够得到量化的结论：X 影响（或不影响）Y 依赖于 $\hat{f}$ 的显著性. 你能够得到量化的结论：如果 X 增加一个单位，在其他（即 U 和 V）都不变的情况下，Y 将增加 $\hat{f}$ 个单位.

2. 答案略去.

3. 你就是把 Z 回归到 X, Y. 不要标准化：比如，你想要估计 e. 按照响应方案，系数有一个因果解释. 看 6.4 节.

4. (a) 错：没有从 V 到 Y 的箭头. (b) 对. (c) 对. (d) 错.

5. (a) 利用 (17). 回答是 b.
   (b) 利用 (18). 回答是 $(13-12)d+(5-2)e=d+3e$.

   评论.（ⅰ）按照假定，干预不改变参数.（ⅱ）从数据估计的效应应该分别是 $\hat{b}$ 及 $\hat{d}+3\hat{e}$.

6. 不同意. 检验试图告诉你是否一个效应是零或者不是零. 它并不试图告诉你关于效应的大小. 看练习 5D4.

供讨论的问题

1. 你不能期望 Wang 先生会有多大改变. 这就是 0.57 所意味的. 如果你画一个数据的平均图（图 2.2），虚线斜着上去，多少遵循一条直线——回归线. 该线的斜率为 0.57. 因此，固定教育年份的某些数目，称之为 x，并比较两组女性：
   （ⅰ）所有丈夫教育水平为 x 年的妇女
   （ⅱ）所有丈夫教育水平为 $x+1$ 年的妇女
   第二组有较高的教育水平——平均大约多 0.57 年.（Freedman-Pisani-Purves, 2007, §10.2）.

2. (a) 对. (b) 对. (c) 对. (d) 对. (e) 错.

部分练习答案   185

计算机是个能干的机器. 无论假定是否成立, 它都运行回归. (在设计矩阵不满秩时, 即使计算机也会有麻烦.) 问题是这样的. 如果误差是不独立的, 计算机吐出来的 SE 会非常有偏 (4.4 节). 如果误差不是 0 均值, $\hat{\beta}$ 中的偏倚是另一个大问题.

3. (a) 国家, 72.
   (b) IID, 均值 0, 方差 σ^2, 独立于解释变量.
   (c) 没有数据不能得到 $\hat{a}$ 或者其他系数. 从相关系数你可以估计标准化的方程.
   (d) 对其他变量的控制使得符号相反.
   (e) 在标准化的方程和原始方程中, t 统计量和符号将是一样的, 你仅仅改变了尺度. 看练习 6C6.
   (f) 不清楚为什么这些假定有意义, 或者不清楚响应方案从何处来的. 我们谈论的是什么干预? 即使把所有这些不同意见放到一边, 把 CV 放到方程的右边是很奇怪的. 只能假定建模的人怎么想的, 即 CV 是由 PO 造成的, 如果是这样, 它是内生的. 如果你把 PO 仅仅回归到 FI 和 EN, 那么 FI 有很微小的有利的效应. 如果把 CV 回归到 PO, FI, EN (或者刚好到 FI 和 EN), 那么 FI 有很强的有利效应. 数据表明外国投资仅仅在你坚持一系列很任意设定的假定之下才是有害的.

4. 在同一个族群中, 找生活在同一个城镇的两个人 i 和 j: $\delta_i = Y_i - X_i\beta$, $\delta_j = Y_j - X_j\beta$, 而且由于 $Y_i = Y_j$, $\delta_i - \delta_j = (X_j - X_i)\beta$. 在这个模型中, 独立性不能成立. 标准误差和显著性水平不可靠. 分析是离谱的.

5. 该图可拆成 5 个回归方程. 第一个方程是 $GPQ = a\text{ABILITY} + \delta$. 第二个是 $PREPROD = b\text{ABILITY} + \varepsilon$. 下面的也类似. 关于误差项做出通常的假定. 箭头上的数目是方程中被估计的系数. 比如 $\hat{a} = 0.62$, $\hat{b} = 0.25$, 等等.

站在 Rodgers and Maranto 的立场, 好消息应该是没有箭头从 GPQ 直接指向 CITES, 以及从 GPQ 到 QFJ, 从 QFJ 到 PUBS 或 CITES 的路径系数很小. 即使你不是从"有声望的研究生院"得到博士学位, 人们也将会引用你的文章. 坏消息看来是 GPQ 通过 QFJ 对 CITES 有正的间接效应. 如果两个研究者在 SEX 和 ABILITY 上相等, 那么从 Podunk 大学[⊖]得到博士学位的人将得到较少的 CITES.

消息并不完全可信的. 首先, 这是一个非常奇特的例子. 谁是数据中的这 $86+76=162$ 个人? 其次, 这些度量的意义是什么? (比如 ABILITY 完全是基于间接证据——对象在哪里获得学士学位, 其他人如何看作为本科生的对象, 等等.) 再次, 为什么我们应该相信任何这些统计假定? 就以 PREPROD 为例, 它都是小的非负整数 $(0, 1, 2, \cdots)$, 主要是 0. 这个怎么能够成为回归方程左边的变量呢? 最后, 好了, 可能这已经足够了.

6. 数据是不一致的——度量误差. 令 a 是 A 的精确重量, b 是 B 的精确重量, 等等. 用对 1kg 的偏移 (即把重量减去 1kg) 作为度量要容易些, 因此, $a = 53\mu g$, b 是 B 的精确重量和 1kg 的差. 参数为 b, c, d. 表中的第一行说 $a + b - c - d + \delta_1 = 42$, 这里 δ_1 是度量误差. 因此 $b - c - d + \delta_1 = 42 - a = -11$. 表的第二行说 $a - b + c - d + \delta_2 = -12$, 因此 $-b + c - d + \delta_2 = -12 - a = -65$. 如此

⊖ Podunk University 是虚构的大学 (但有网站), 仅仅是个玩笑. ——译者注.

下去. 在天平左盘的重量带有加号, 右盘的带有减号. 建立下面的矩阵形式的回归模型:

$$Y \text{ 的观测值} = \begin{pmatrix} -11 \\ -65 \\ -43 \\ -12 \\ +36 \\ +64 \end{pmatrix}, Y = \begin{pmatrix} +1 & -1 & -1 \\ -1 & +1 & -1 \\ -1 & -1 & +1 \\ +1 & +1 & -1 \\ +1 & -1 & +1 \\ -1 & +1 & +1 \end{pmatrix} \begin{pmatrix} b \\ c \\ d \end{pmatrix} + \begin{pmatrix} \delta_1 \\ \delta_2 \\ \delta_3 \\ \delta_4 \\ \delta_5 \\ \delta_6 \end{pmatrix}.$$

在最后三行, A 是在右边, 你必须加 53 到差上, 而不是减. 假定 δ 是 IID, 有均值 0 和方差 σ^2——在这个应用中, 看来是相当合理的. OLS 给出 $\hat{b} = 33$, $\hat{c} = 26$, $\hat{c} = 44$. 所有 SE 都估计为 17. (设计矩阵有许多对称.) 单位为 μg.

评论. 你可以用计算器做回归, 但用计算机更容易.

7. 回答略去.

8. 分配到水平 0 处理的对象的平均响应为 α_0 的一个无偏估计. 这来自问题 7. 分配到水平 0 处理的对象是总体的一个简单随机样本, 而随机样本的平均是总体平均的一个无偏估计. 对 α_{10}, α_{50} 也类似. 如果不假定响应方案的一个函数形式, 你得不到 α_{75}——这是人们为什么建模的另一个理由. 另一方面, 如果你得到错误的函数形式……

9. 随机化不能说明模型的合理性. 为什么响应是线性的? 例如, 假定事实上 $y_{i,0} = 0$, $y_{i,10} = 0$, $y_{i,50} = 3$, $y_{i,75} = 3$. 存在某种使效应饱和的极限. 如果你对数据拟合一条直线, 你将看上去很傻. **如果**线性模型是正确的, 的确, 你能够外推到 75.

10. 如 9 一样. 更多的讨论, 看 Freedman(2006b, 2008a).

11. 如果 $E(X_i \varepsilon_i) = 0$, OLS 将是渐近无偏的. 如果 $E(\varepsilon_i \mid X_i) = 0$, OLS 将是刚好无偏的. 这些条件哪条也没有给出. 比如, 假定 $p = 1$, Z_i 为 IID $N(0, 1)$ 的. 令 $X_i = Z_i$, $\varepsilon_i = Z_i^3$, $Y_i = X_i \beta + \varepsilon_i = \beta Z_i + Z_i^3$, 这里 β 为标量. 按照练习 3B15 和大数定律, OLS 估计量为

$$\hat{\beta} = \frac{\sum_1^n X_i Y_i}{\sum_1^n X_i^2} = \beta + \frac{\sum_1^n Z_i^4}{\sum_1^n Z_i^2} \to \beta + \frac{E(Z_i^4)}{E(Z_i^2)}.$$

由于 $E(Z_i^4) = 3$, $E(Z_i^2) = 1$, 偏倚大约为 3. 看第 5 章的结尾札记.

12. 实验是最好的, 因为这使得混杂因素最小化. 然而实验又非常昂贵, 可能不道德或不可能去实施. 大自然的实验是其次好的, 但不易找到, 数据收集也是昂贵的. 建模是相对容易的: 你控制 (或者看上去你在控制) 许多混杂因素, 有时你在感兴趣的总体的好的截面上得到数据. 这一点是值得考虑的, 因为在实践中, 研究人员常常与非常古怪的数据打交道. 另一方面, 模型需要大量的很难理解而且不想核对的假定. 关于更多的例子和讨论, 请看课文.

13. 错. 计算机仅仅关心设计矩阵是否是满秩的.

14. $\hat{\varepsilon}$ 应该是 0, 因为根据定义, $\hat{Y} = X \hat{\beta}$.

15. OLS 假定不对, 因此关于 SE 的公式不可相信.

讨论. 在定义 $\varepsilon_i = X_i^4 - 3X_i^2$ 中 X_i^2 的系数使得 $E(\varepsilon_i) = 0$. 根据对称性, X_i 的奇数矩为零,

因此 $E(X_i\varepsilon_i)=0$. 这就是结果. ε_i 为 IID，而且 $E(X_i)=E(\varepsilon_i)=E(X_i\varepsilon_i)=0$. 因此，$E\{[Y_i-a-bX_i]^2\}=E\{[-a+(1-b)X_i+\varepsilon_i]^2\}=a^2+(b-1)^2+\mathrm{var}(\varepsilon_i)$ 在 $a=0$ 和 $b=1$ 时达到最小. 换言之，真实的回归直线有截距 0 和斜率 1. 样本回归线是真实回归线的估计. 但是 ε_i 完全依赖于 X_i. 所以 OLS 假定不成立. 事实上，当应用于斜率时，通常的 SE 公式差 3 到 4 倍. (这很容易从模拟看出，但解析的论证也是可能的.)

选择尺度因子 0.025 是为了得到高的 R^2，能够通过正态矩来计算它（看第 5 章的结尾札记.）渐近地，样本 R^2 为

$$\left[\frac{\mathrm{cov}(X_i,Y_i)}{\mathrm{SD}(X_i)\mathrm{SD}(Y_i)}\right]^2. \quad (*)$$

这来自于大数定律：X_i 的样本均值收敛到 $E(X_i)$，对 Y 的样本均值及二阶样本矩也一样. (*) 式的量等于

$$\frac{\mathrm{cov}(X_i,Y_i)^2}{\mathrm{var}(X_i)\mathrm{var}(Y_i)} = \frac{1}{1+0.025^2 E[(X_i^4-3X_i^2)^2]} = 0.9744.$$

结论：R^2 度量拟合优度，而不是模型假定的合理性. 其他的例子，看

http://www.stat.berkeley.edu/users/census/badols.pdf

16. 关系是因果的，但你的估计将是有偏的，除非 $\rho=0$.
17. 选择（i）和（iv），去掉其他的. 零假设和备择假设约束了模型中的参数. 看练习 5D3.
18. 24.6，$\sqrt{29.4}\doteq 5.4$. 取平方根来得到 SD.
19. 引言把偏倚和机会误差混淆了. 对于各种处理组和控制组的划分，平均起来两组是刚好平衡的，没有偏倚. 用随机化实验，没有混杂. 另一方面，对于任何具体的划分，很可能会是不平衡的. 这就是估计处理效应的机会误差的部分. 再者，观看大量的基线变量总是能够保证某些差别是"显著的"(5.8 节).
20. 没有. 利用 Gauss-Markov 定理（5.2 节）.

第 7 章

练习组 A

1. 不是偶然. 当随机变量独立时，似然函数是一个乘积，因此对数似然函数是一个和.

2. 不提供 (a) 的答案. 对 (b)，$P(U<y)=\int_{-\infty}^{y}\phi(z)\mathrm{d}z$ 及 $P(-U<y)=P(U>-y)=\int_{-y}^{y}\phi(z)\mathrm{d}z$，这里 ϕ 是标准正态密度. 积分是在 ϕ 下面的面积，由于 ϕ 是对称的，面积因此相等. 更正式地，在第二个积分中做变量替换，令 $w=-z$.

3. MLE 是 S/n，这里 S 是 Binomial(n, p). 这仅仅是渐近正态. 均值为 p，方差为 $p(1-p)/n$.

4. MLE 是 S/n，这里 S 是 Poisson$(n\lambda)$. 这仅仅是渐近正态. 均值为 λ，方差为 λ/n. 注意：S/n 不是 Poisson.

   评论. 正态、Poisson 和二项例子是在"均值参数化"（mean paralization）下的指数族. 在这些情况，MLE 是无偏的，而定理的选项（i）给出精确的方差. 一般来说，MLE 是有偏的，而且定理仅给出近似的方差.

5. $P\{\theta U/(1-U)>x\}=P\{U>x/(\theta+x)\}=1-[x/(\theta+x)]=\theta/(\theta+x)$，因此密度为 $\theta/(\theta+x)^2$. 这是

构造 7.1 节例 4 中的随机变量的一种方式.

6. 似然为 $\theta^n / \prod_1^n [(\theta + X_i)^2]$. 因此

$$L_n(\theta) = n\log\theta - 2\sum_1^n \log(\theta + X_i).$$

那么，如所需要的，

$$L'_n(\theta) = \frac{n}{\theta} - 2\sum_1^n \frac{1}{\theta + X_i}.$$

$$\theta'_n(\theta) = n - 2\sum_1^n \frac{\theta}{\theta + X_i}$$

$$= n - 2\sum_1^n \left(1 - \frac{X_i}{\theta + X_i}\right) = -n + 2\sum_1^n \frac{X_i}{\theta + X_i}.$$

但是 $X_i/(\theta+X_i)$ 为 θ 的递减函数. 最后，当 θ 趋于 0 时，$\theta L'_n(\theta)$ 趋于 n，而当 θ 趋于 ∞ 时，$\theta L'_n(\theta)$ 趋于 $-n$. 因此 $\theta L'_n(\theta)=0$ 刚好有一个根.

7. 中位数是 θ.

8. Fisher 信息量为 $\theta^{-2} - 2\theta \int_0^\infty (\theta + x)^{-4} dx$.

9. 令 $S = X_1 + \cdots + X_n$. 对 λ 的 MLE 为 S/n，因此，对 θ 的 MLE 为 $(S/n)^2$. 这是有偏的：
$$E[(S/n)^2] = [E(S/n)]^2 + \text{var}(S/n) = \lambda^2 + (\lambda/n) = \theta + (\sqrt{\theta}/n).$$

10. MLE 为 $\sqrt{S/n}$. 有偏的.

    评论. 一般来说，如果 $\hat{\lambda}$ 是参数 λ 的 MLE，而且 f 是光滑的 $1-1$ 函数，$f(\hat{\lambda})$ 为 $f(\lambda)$ 的 MLE. 然而，即使 $\hat{\lambda}$ 是无偏的，你将期望 $f(\hat{\lambda})$ 的偏倚，除非 f 是线性的. 对于数学类的，如果 X 是具有有限均值的非常数正随机变量，那么 $E(\sqrt{X}) < \sqrt{E(X)}$. 一般地，如果 f 是严格上凸的，$E(f(X)) < f(E(X))$；这是 Jensen 不等式.

11. 利用 MLE. 似然函数为

$$\prod_{i=1}^{20} \exp(-\beta i) \frac{(\beta i)^{X_i}}{X_i!}.$$

你写下对数似然函数，简化，微分，设导数为 0，然后解：$\hat{\beta} = \sum_{i=1}^{20} X_i / \sum_{i=1}^{20} i = \sum_{i=1}^{20} X_i / 210$.

评论. 在这个及下一个练习中，随机变量是独立的，但是不同分布. 正如课文所注，定理 1 覆盖这种情况，虽然关于渐近方差的选择（i）和（ii）要更复杂些. 比如（i）成为 $\{-E_{\theta_0}[L''_n(\theta_0)]\}^{-1}$.

12. 对数似然函数 $L(\alpha, \beta)$ 为

$$-\frac{1}{2}[(X-\alpha-\beta)^2 + (Y-\alpha-2\beta)^2 + (Z-2\alpha-\beta)^2 + 3\log(2\pi)].$$

使 L 最大和使残差平方和最小是一样的.（还看问题 5.1 的讨论.）

评论. 在具有 IID $N(0, \sigma^2)$ 误差及固定满秩设计矩阵的 OLS 模型中，对于 β 的 MLE 和

OLS 的估计量相同，因此是无偏的（定理 4.2）．对于 σ^2 的 MLE 是残差的均方，除以 n 而不是 $n-p$，因此是有偏的（定理 4.4）．

13. $c(\theta)=\theta$：这使得 $\sum_{j=0}^{\infty} P_\theta\{X_i=j\}=1$．利用 MLE 来估计 θ．（你应该写下对数似然函数，然后对它微分．）

14. $L_n(\theta)=-\sum_{1}^{n}|X_i-\theta|-2\log n$．这在 θ 为中位数时最大（因为和最小）．看练习 2B18．

练习组 B

1. 所有论述都是对的，但除了(c)：概率为 0．

2. (a) X_i 是对象 i 的 1×4 协变量向量，即 1，ED_i，INC_i，MAN_i．而 β 为在 probit 模型中的 4×1 参数向量：看课文．

   (b) 随机，隐．

   (c) U_i 应该是 IID $N(0,1)$ 并独立于协变量．

   (d) 和，项，对象．

3. 错．概率的差为
$$\Phi(0.29)-\Phi(0.19)=0.61-0.57=0.04.$$

练习组 C

1. $E(X)=\mu$，因此 μ 是可估计的，估计量是 X．其次，$\mathrm{var}(X)=\sigma^2$．X 的分布确定 σ^2，因此 σ^2 是可识别的．注意：

   (i) $\mathrm{var}(X)$ 不是从 X 计算的，而是从 X 的分布计算的．

   (ii) 我们仅有一个 X，不是 X 的一个样本．

2. 两个参数都是可估计的：$E(X_1)=\alpha$，$E[(X_2-X_1)/9]=\beta$．（你用 OLS 应该得到较小的方差，但练习仅要求无偏估计量．）

3. 如果秩为 p，那么 β 是可估计的——利用 OLS——因此是可识别的．如果秩为 $p-1$，将会有 $\gamma\neq 0_{p\times 1}$ 及 $X\gamma=0_{n\times 1}$．如果 β 是 γ 的任意倍数，对 $Y=X\beta+\varepsilon=\varepsilon$ 得到同样的分布，因此 β 不是可识别的．这就是秩条件的重要性之所在．

4. 令 δ_i 为 IID，有均值 0 和方差 σ^2．令 $\varepsilon_i=\mu_i+\delta_i$．那么 $Y=(X\beta+\mu)+\delta$．因此 $X\beta+\mu$ 是可估计的．但是其部分 $X\beta$ 和 μ 不能被分开．因此 β 不能识别．

   让我们更慢些．为 β 和 μ 分别选择值 $\beta^{(1)}$ 和 $\mu^{(1)}$．然后，为 β 选择另一个值 $\beta^{(2)}\neq\beta^{(1)}$．令
$$\mu^{(2)}=X\beta^{(1)}+\mu^{(1)}-X\beta^{(2)},$$
   这样 $X\beta^{(1)}+\mu^{(1)}=X\beta^{(2)}+\mu^{(2)}$．称共同值为 λ．

   下面，考虑一位可怜的统计学家，他知道 Y 的分布，但不知道我们用来产生该分布的参数．他无法弄清 $(\beta^{(1)},\mu^{(1)})$ 和 $(\beta^{(2)},\mu^{(2)})$ 之间的区别．第一个选择是，Y 为正态的，$E(Y)=\lambda$，$\mathrm{cov}(Y)=\sigma^2 I_{n\times n}$．第二个选择是，$Y$ 为正态的，$E(Y)=\lambda$，$\mathrm{cov}(Y)=\sigma^2 I_{n\times n}$．对于两个选择，$Y$ 的分布是一样的．这就是为什么 β 不可识别．（μ 也一样不能．）

   对于回归模型，$E(\varepsilon\mid X)=0_{n\times 1}$ 的条件是重要的．这个条件使得 $\mu=0_{n\times 1}$，这样 β 就可以从 Y 的分布识别了．（回忆，X 是固定的、满秩的、可观测的；误差项 ε 是不可观测的，如参数

β, μ, σ^2 一样.)

5. p^3 是可识别的. 如果 $p^3 \neq q^3$, 那么 $p \neq q$ 而且
$$P_p(X_1 = 1) \neq P_q(X_1 = 1).$$

然而, p^3 不是可估计的. 为证明, 令 g 为一些 0 和 1 的对子的函数. 那么 $E_p\{g(X_1, X_2)\}$ 为
$$p^2 g(1,1) + p(1-p)g(1,0) + (1-p)pg(0,1) + (1-p)^2 g(0,0).$$

这是 p 的一个二次函数, 不是三次的.

6. 两个独立正态变量的和是正态的, 因此 $U+V$ 为 $N(0, \sigma^2 + \tau^2)$. 这样, $\sigma^2 + \tau^2$ 是可识别的, 甚至是可估计的——试试 $(U+V)^2$ 作为估计量——回忆 $E(U) = E(V) = 0$. 但是 σ^2 和 τ^2 分开来不是可识别的. 如果你想要加一些到 σ^2, 你必须从 τ^2 减去同样的量, 这不会改变 $U+V$ 的分布.

7. 如果 W 是 $N(\mu, 1)$ 及 $X \sim |W|$, 那么 $E(X^2) = E(|W|^2) = E(W^2) = \mu^2 + 1$.

8. 这个问题远超出本书范围, 但是这里为感兴趣的读者给出论证的梗概.

$|\mu|$ **不是可估计的.** 令 f 为一个在 $(-\infty, \infty)$ 上的 Borel 函数. 用归谬法, 假定对于所有的 μ 有 $E[f(\mu+Z)] = |\mu|$, Z 为 $N(0,1)$: 能够设立 $\sigma^2 = 1$. 因此
$$E[f(\mu+Z)] = \frac{1}{\sqrt{2\pi}} \int_{-\infty}^{\infty} f(\mu+z) \exp(-z^2/2) dz = |\mu|. \qquad (*)$$

令 $g(x) = f(x) e^{-x^2/2}$. 设 $(*)$ 中的 $x = \mu + z$, 则有
$$\int_{-\infty}^{\infty} e^{\mu x} g(x) dx = \sqrt{2\pi} e^{\mu^2/2} |\mu|. \qquad (**)$$

目的是表明 $(**)$ 的左边是 μ 的光滑函数, 这在 $\mu = 0$ 是不可能的: 看看方程的右边! 我们计划对方程 $(**)$ 的左边利用差商做关于 μ 的微分, 用在 $\mu + h$ 的值减去在 μ 的值, 这里 $0 < h < 1$. 以 $0 < x < \infty$ 开始. 由于 $h \to e^{hx}$ 对于每个 x 是 h 的递增下凸函数,
$$0 < \frac{e^{(\mu+h)x} - e^{\mu x}}{h} = e^{\mu x} \frac{e^{hx} - 1}{h} < e^{\mu x}(e^x - 1) < e^{(\mu+1)x}. \qquad (\dagger)$$

类似地, 对于每个 $x < 0$, 函数 $h \to -e^{hx}$ 是递增的及上凸的, 因此
$$0 < \frac{e^{\mu x} - e^{(\mu+h)x}}{h} = e^{\mu x} \frac{1 - e^{hx}}{h} < e^{\mu x} |x| < e^{(\mu-1)x}. \qquad (\ddagger)$$

方程 $(**)$ 说, 对于所有的 μ, $x \to e^{\mu x} g(x) \in L^1$. 因此对于所有的 μ, $x \to e^{\mu x} g^+(x) \in L^1$ 及 $x \to e^{\mu x} g^-(x) \in L^1$, 这里 g^+ 是 g 的正的部分, 而 g^- 是负的部分. 于是 $x \to e^{\mu \pm 1} x g^{\pm}(x) \in L^1$ 对于所有符号的选择成立. 分别对 4 种情况应用控制收敛定理: (i) g^+ 在正半实线, (ii) g^+ 在负半实线, (iii) g^- 在正半实线, (iv) g^- 在负半实线. 可使用方程 $(\dagger)$ 和 $(\ddagger)$. 结论是, 我们能够在积分号下微分:
$$\frac{\partial}{\partial \mu} \int_{-\infty}^{\infty} e^{\mu x} g(x) dx = \int_{-\infty}^{\infty} e^{\mu x} x g(x) dx.$$

这里右边的积分绝对收敛. 如果你再看 $(**)$, 出现一个矛盾: $|\mu|$ 不能在 0 微分. 结论: $|\mu|$ 是不可估计的.

从样本量为 1 的样本, σ^2 不是可估计的. 令 f 为一个在 $(-\infty, \infty)$ 上的 Borel 函数. 用归谬法, 假定对于所有的 μ, σ, 有 $E[f(\mu + \sigma Z)] = \sigma^2$. 令 $g(x) = f(-x)$, 那么对于所有的

部分练习答案

μ, σ, 也有 $E[g(\mu+\sigma Z)]=\sigma^2$. 因此，不失一般性，可假定 f 是对称的：如果不是，用 $[f(x)+g(x)]/2$ 代替 f. 考虑 $\mu=0$ 的情况. Laplace 变换的唯一性定理说几乎处处 $f(x)=x^2$. 但是现在有了矛盾，因为 $E[(\mu+\sigma Z)^2]=\mu^2+\sigma^2$ 而不是 σ^2. 关于唯一性定理，看 Widder(1946) 第 243 页.

评论. 令 Z 为 $N(0,1)$. 练习 8 第一部分的一种较容易的方式可能问是否有一个函数 f, 使得对于所有的实数 μ 及所有的 $\sigma \geq 0$, 有 $E[f(\mu+\sigma Z)]=|\mu|$. 不存在这样的 f. （我们仅仅利用 $\sigma=1$ 证明了一个较强的断言.）为证明较弱的断言——可能容易些——取 $\sigma=0$, 得到对于所有的 x, $f(x)=|x|$. 然后，取 $\mu=0$, $\sigma=1$ 来得到矛盾. （这个简洁的论证来自于 Russ Lyons.）

练习组 D

大多数回答被省略了. 对于练习 1，最后一步为 $P\{F(X)<y\}=P\{X<F^{-1}(y)\}=F(F^{-1}(y))=y$. 对练习 7，分布是 logistic. 对练习 11，一个回答在提示中有梗概. 这里是来自于 Russ Lyons 的更漂亮的解. 令 φ 如练习 9,

$$L_n(\beta) = \sum_i \varphi(X_i\beta) + (\sum_i X_i Y_i)\beta,$$

最后一项关于 β 是线性的. 如果 x, x^* 为实数，那么由练习 9,

$$\varphi\left(\frac{x+x^*}{2}\right) \geq \frac{\varphi(x)+\varphi(x^*)}{2}, \tag{†}$$

如果 $x \neq x^*$, 不等式是严格的. 令 $\beta \neq \beta^*$. 根据 (†),

$$\sum_i \varphi\left(X_i \frac{\beta+\beta^*}{2}\right) \geq \sum_i \frac{\varphi(X_i\beta)+\varphi(X_i\beta^*)}{2}. \tag{‡}$$

如果 X 满秩，则有一个 i, $X_i\beta \neq X_i\beta^*$, 使得 (‡) 中的不等式必须是严格的. 回忆：如果 $f[(x+x^*)/2] \geq [f(x)+f(x^*)]/2$, f 是上凸的；如果该不等式在 $x \neq x^*$ 是严格的，则 f 是严格上凸的. 如果 f 是光滑的，那么当 $f''(x)<0$ 时，f 是严格上凸的.

一个有用的公式：在练习 10 的条件下，求 MLE 的似然方程为

$$\sum_{i=1}^n X_i[Y_i - p_i(\beta)] = 0, \text{这里 } p_i = \frac{(X_i\beta)}{1+\exp(X_i\beta)}.$$

练习组 E

1. 0.777 是对参数 α 的一个估计. 这个数目是在 probit 尺度. 其次，0.041 是方程 (1) 的另一个参数的估计，即哑变量 FEMALE (X_i 中的一个协变量) 的系数.

2. 该数是在 probit 尺度. 在其他情况不变时，父母有某种大学教育的学生比父母有大学学位的学生毕业的可能性要少. （看 Evans and Schwab 的表 1 来找到省略的类别.）可能性要少多少呢？估计是 0.204, 为 probit 尺度.

3. (a) α.

    (b) 随机，隐.

    (c) 关于不同的对象 i, U_i, V_i 作为对子为 IID 的. 它们为二元正态的. 每个有均值 0 和方差 1. 它们独立于两个方程中的所有协变量，即 IsCat 和 X. 但是 U_i 和 V_i 在对象 i 内是相关的. 为将来的参考，记相关系数为 ρ.

4. 0.859 估计两方程模型的参数 α. 这被设想为告诉你天主教学校效应的. 参数 ρ 的估计为 -0.053:看上面的 3(c). 这个相关较小而且不显著, 因此, 如果模型正确, 选择的效应是微不足道的.

   评论. 练习 1 的 0.777 及练习 4 的 0.859 看上去都是估计同一参数 α. 为什么它们不同? 练习 1 是关于单方程模型, 而练习 4 是关于两方程模型. 模型是不同的. 两个估计类似是因为 $\hat{\rho}$ 接近 0.

5. 和, 项, 学生.

6. 因子为
$$P\{U_{77} < -X_{77}b \text{ 及 } V_{77} > -X_{77}\beta\} = \int_{-X_{77}\beta}^{\infty} \int_{-\infty}^{-X_{77}b} \phi(u,v) du dv.$$
没有 a 是因为这个学生不是天主教的. 没有 α 是因为该学生没进天主教学校.

7. 因子为
$$P\{U_{4039} < -a - X_{4039}b \text{ 及 } V_{4039} < -X_{4039}\beta\} = \int_{-\infty}^{-X_{4039}\beta} \int_{-\infty}^{-a-X_{4039}b} \phi(u,v) du dv.$$

   记号. 积分从内向外读. 考虑 $\int_0^2 \int_0^1 \phi(u,v) du dv$. 首先, 你关于 u 在范围 $[0, 1]$ 积分. 然后你关于 v 在 $[0, 2]$ 上积分. 你可能必须斜视来区别 a 与 α, 以及 b 与 β.

8. ρ 是在 ϕ 中: 看方程 (15).

9. 大概, 这两个数字互换了——排印错误.

10. 这是数据的标准差——不是标准误差:
$$\sqrt{0.97 \times 0.03} = 0.17.$$
标准差是对定量数据的有用概括, 而不用于那些 0 和 1.

11. 除非设计矩阵有些怪异, MLE 将接近真实值, 这样你就掌握了 α, β. 但是即使你知道 α, β, 你也不知道隐变量. 比如, 假定对象 i 进天主教学校并且毕业了. 按照模型, $V_i > -C_i \alpha - X_i \beta$. 这对 V_i 是非常大范围的可能值. 考虑到这一点, probit 模型就不如回归模型令人满意了.

供讨论的问题

1. MLE 一般是偏倚的, 但不总是. 在 7.1 节的正态、二项及 Poisson 例子中, MLE 是无偏的. 但是看练习 7A9~10 及后面实验 11.

   评论. 当样本量大的时候, 偏倚是小的, 随机误差也是一样. (有正则条件……)

2. 响应变量是在协变量的条件下独立. 协变量允许对不同对象相关. 协变量必须是线性无关的, 即完全的共线性是不允许的: 如果一个变量是其他变量的线性组合, 参数则不是可识别的. 协变量不一定是统计独立的, 不必是正交的. 从建模者的角度, 这就是很大的优势: 即使当原因以各种方式混在一起时, 你也能够分开那些效应.

3. (a)、(b)、(c) 是对的, 但 (d) 是错的. 如果模型不对, 参数估计可能是没有意义的. (我们估计什么?) 即使是有意义的, 估计很可能是偏倚的. 我们不能信任计算机打印出来的标准误差.

4. (a) 错的. (b) 对的. (c) 错的. (d) 对的. (e) 错的. (f) 对的.

评论. 关于（a）和（b），模型允许天主教学校的效应为 0. 数据是用来拒绝这个假设的. 如果模型是对的，数据表明这个效应是大的和正的.

5. 违背了独立性. 也违背了一个更加基本的假定，即一个对象的响应仅仅依赖于这个对象的协变量及分配.

6. (a) c. 你能够用最大似然法估计方程.（这里，辅导是二元的——你或者得到它，或者没有，响应 Y 是连续的.）

(b) 响应方案是 $Y_{i,x}=cx+V_i\beta+\sigma\varepsilon_i$，这里 $x=1$ 意味着辅导，而 $x=0$ 意味着没有辅导. 按照问题给出的设定，大自然产生了 U, V, δ, ε. 如果 $U_i\alpha+\delta_i>0$，大自然设定 $X_i=1$ 及 $Y_i=Y_{i,x_i}=c+V_i\beta+\sigma\varepsilon_i$：对象 i 是被辅导的，在 SAT 上分数为 Y_i. 如果 $U_i\alpha+\delta_i<0$，大自然设定 $X_i=0$ 及 $Y_i=Y_{i,x_i}=V_i\beta+\sigma\varepsilon_i$：对象 i 没有被辅导的，在 SAT 上分数为 Y_i. 这两种形式的 Y_i 差一个 c，即辅导的效应.（你仅仅能看其中之一.）

(c) 所关心的是自我选择. 如果聪明的孩子选择辅导，仅拟合响应方程，我们将过分估计辅导的效应. 分配方程（如果正确的话）帮助我们调整自我选择. 参数 ρ 捕获 X_i 和 ε_i 间的相依性. 除了输出变量（SAT 成绩）是连续的之外，这就像 Evans and Schwab.

(d) 在选择方程中，隐变量的尺度不是可识别的，因此 Powers and Rock 把它设为 1. 看课文（7.2 节）. 在响应方程中，有一个尺度参数 σ.

评论. Powers and Rock 表明，没有任何调整，辅导的效应很小. 他们的表建议，混杂因素使得未调整的效应过分估计. 总的来说. 该论文是善于游说的及令人感兴趣的.

7. (a) 一个哑变量是 0 或者 1（6.6 节）：D_{1992} 对在 1992 年的观测值为 1，而对其他观测值为 0，1992 年的情况有些特殊.

(b) 不. 你必须考虑交互作用. 如果共和党在 t 年在 i 州买了 500GRP，那么 Rep. TV 上升 5，而他们的选票份额上升

$$5\times[0.430+0.066\times(\text{Rep. }AP-\text{Dem. }AP)+0.032\times UN+0.006\times RS],$$

这里 Rep. AP 为在 t 年及 i 州估计的，其他变量也一样.

评论. 所有其他因素保持不变，而且暂停对模型的不信任. Shaw(1999, p.352) 解释说，系数 0.430 意味着 500GRP 的 TV 时间购买产生 2.2% 的投票增长.

8. 利用 logistic 回归而不是 OLS，因为响应变量是二元的. 对于第 i 个对象，如果在研究期间经历心脏病，则令 $Y_i=1$，否则 $Y_i=0$. 样本量为

$$n=6224+27034=33258.$$

变量的数目是 $p=8$，因为这有一个截距、一个处理变量及 6 个协变量. 设计矩阵 X 是 33258×8. 它的第 i 行 X_i 为

$$[1\ \text{HRT}_i\ \text{AGE}_i\ \text{HEIGHT}_i\ \text{WEIGHT}_i\ \text{CIGS}_i\ \text{HYPER}_i\ \text{HICHOL}_i],$$

这里：

如果对象 i 在 HRT，$\text{HRT}_i=1$，否则 $\text{HRT}_i=0$.

AGE_i 是对象 i 的年龄.

HEIGHT_i 是对象 i 的身高.

WEIGHT_i 是对象 i 的体重.

如果对象 i 吸烟，$CIGS_i=1$，否则 $CIGS_i=0$.

如果对象 i 有高血压，$HYPER_i=1$，否则 $HYPER_i=0$.

如果对象 i 胆固醇高，$HICHOL_i=1$，否则 $HICHOL_i=0$.

该统计模型说，给定 X，Y 是独立的，而且

$$\log \frac{P\{Y_i = 1 \mid X\}}{1 - P\{Y_i = 1 \mid X\}} = X_i \beta.$$

关键的参数是 HRT 的系数 β_2. 研究人员想要 $\hat{\beta}_2$ 为负的（HRT 减少风险）而且统计显著. SE 将从观测的信息估计. 然后做一个 t 检验.

该模型对控制混杂因素是必要的. 对于因果推断，我们还想要一个响应方案及外生性假定. 所有通常的问题是未决定的. 为什么是这些变量及这个函数形式？为什么系数对不同对象是常数？等等.

评论. Salient 没有的变量是对收入这样的地位的度量. 而且很可能是那些更加关心健康的女性选则要求医药监管的 HRT. 在这个例子中，实验证据表明，观测数据是误导的（看本章的结尾札记）.

9. 在一个实验中，研究人员分配对象到处理组或控制组. 在一个观测研究中，对象自己分配自己（或者被某第三方分配）. 大问题是混杂. 可能的解决办法包括分层和建模. 看课文的讨论和例子.

10. 在处理组成功的比例是 α^T 的一个无偏估计. 在控制组成功的比例是 α^C 的一个无偏估计. 差是 $\alpha^T - \alpha^C$ 的一个无偏估计.

11. 每个模型假定其本身尺度的线性可加效应——看看公式. 随机化不会证实任何模型合理. 为什么它不管其他的可能性，证实一个而不是其他的？仅仅作为一个例子，处理可能帮助女性而不是男性. 没有哪个模型允许这种可能. 当然，你能够——可能应该——不用任何像 logit 或 probit 那样的方法来分析数据：看第 1 章，特别是表 1 和表 2. 还看 Freedman (2006b, 2008a, 2008c).

12. 不是好主意. 这里一个孩子的结果可能依赖于邻居孩子的分配. （疟疾是一个传染病，由疟蚊传染.）

13. 到目前看上去还好.

14. 分层可能是更好的运作方式——较少的假定. 另一方面，群体可能是非齐性的. 用更多的协变量来定义较小的群体，你可能没有足够的数据. 此外，使用分层则无法估计对于其他协变量的取值会发生些什么.

15. 最大似然是一个大样本方法. 有 400 个观测值，她还行. 有 4 个观测值，建议是，再想想.

16. 引言可能有些混淆. 当计算 OLS 的标准误差时，White 的修正是考虑到异方差性的一种方式（第 5 章结尾札记）. 与 MLE 的联系并不显然. Y_{it} 在给定 X 时将是异方差的，这是因为 $\text{avr}(Y_{it} \mid X) = P(Y_{it}=0 \mid X) \times [1 - P(Y_{it}=0 \mid X)]$ 将依赖于 i 和 t. 如果模型正确——这完全是另一个问题——MLE 自动考虑到对于不同的 i 和 t 时 $P(Y_{it}=0 \mid X)$ 的差别.

评论. 研究人员可能在想 Huber 的关于标准误差的"三明治估计量"，它对于某种类型的误规范是稳健的，虽然 MLE 那时可能会是非常偏倚的. 看 Freedman (2006a).

17. 看上去像不可识别的.

18. 即使模型是正确的,而且 $c>0$,在国家 i 和第 t 年的左翼势力的组合效应为
$$a \times \text{LPP}_{it} + b \times \text{TUP}_{it} + c \times \text{LPP}_{it} \times \text{TUP}_{it}, \qquad (*)$$
它能够是负的. 这依赖于 a, b, c 的大小及 LPP_{it} 和 TUP_{it}. 可能最终右翼有点道理.
评论. (ⅰ) 以 Garrett 的模型,在多数国家中,在大多数年份,左翼势力的组合效应 $(*)$ 降低了增长率——和他的观点相反. (ⅱ) ε_{it} 是随机误差,均值为 0,表面上 Garrett 把这些误差看成是对时间为 IID 的,但是允许关于国家的协方差.

19. 在这个练习中,LPP,TUP 及交互作用没有关系——它们包含在 Z 中了. 为产生 Garrett 的设计矩阵 M,它是 350×24 的,是如练习 5C3 那样堆叠数据而成,1 号国家有 25 个观测,按照年的次序排在上面,然后是 2 号国家的,…… M 的前 14 列是国家哑变量,α_i 是对国家 i 的哑变量的系数. 取 L 为 24×24 的矩阵,其主对角线都是 1,第一列的 14 个元素也都是 1,所有其他元素都是 0. 你应该核对 ML 给出了 Beck 的设计矩阵. 现在
$$[(ML)'(ML)]^{-1}(ML)'Y = [L'(M'M)L]^{-1}L'M'Y$$
$$= L^{-1}(M'M)^{-1}(L')^{-1}L'M'Y$$
$$= L^{-1}(M'M)^{-1}M'Y.$$

如果 β 是 Garrett 的参数向量而 β^* 为 Beck 的,那么 $\hat{\beta}^* = L^{-1}\hat{\beta}$,因此 $\hat{\beta} = L\hat{\beta}^*$. (更直接的论证也是可能的.)

20. 在 1999 年,统计学家比 1899 年较少信任误差的正态分布. (在 2099 年将会如何?) Yule 对 Robert 爵士做了个小欺骗. 如果 OLS 模型成立,OLS 估计是无偏的. 但是为什么模型成立? 模型的选择是一个有些主观的事情,超越了数据——特别是当包含有因果关系时.

第 8 章

练习组 A

1. 对.

2. 这些叙述都是对的,说明了自助法的思想. (比如,除以 99 而不是 100 可能会更好,但我们不准备卷入到这一类的细节.)

3. (a) $\sigma\sqrt{5000}$. (b) $\sqrt{V}/\sqrt{100}$. (c) $\sqrt{V}$.
   (b) 的理由:$\overline{X}_{\text{ave}}$ 是 100 个 IID 而且样本方差为 V 的 $\overline{X}_{(k)}$ 的平均. 在 (c),不需要"大约."

练习组 B

1. 选择 (ⅱ). 看课文.

2. 参数为 10 个区域截距 a_j 及 5 个系数 b, c, d, e, f. 这些是不可观测的. 随机误差 $\delta_{t,j}$ 也一样. 否则,所有的都是可观测的了.

3. 对于 1975 年的扰动项可能会是不同的,能源消费可能会是不同的.

4. 0.281 是参数 f 的一步 GLS 估计.

5. 对于估计 d, e, f,一步 GLS 是偏倚的:比较 (A) 列和 (C) 列. 比如,在 $\hat{f}$ 中的偏倚是高度显著的,而且在大小上可和 $\hat{f}$ 的 SE 相比较. 并非微不足道的.

6. 偏倚的. 比较列 (D) 和 (E):看课文.

7. 偏倚的，虽然不像代入 SE 那样坏．比较列（D）和（F）：看课文．

8. 以这样小的样本，自助法不可靠．可能要用 40 个观测值．但是用 4 个?!? 可能 Paula 需要其他的主意．

9. 对所有的 i，$\varepsilon_i = Y_i - a - bY_{i-1}$．如果 $1 \leqslant i < n$，那么 $Y_i = X_{i+1,2}$ 及 $Y_{i-1} = X_{i,2}$ 能够由 X 计算出来．因此 $\varepsilon_h \perp X$，但是较早的 ε_i 完全依赖于 X．

第 9 章

练习组 A

1. a_1 应该是正的．供应随着价格增加．作为对照，a_2 和 a_3 是负的．当劳动力和原料价格增长时，供应走低．

2. b_1 应该是负的．当价格上升时需求下降．其次，b_2 应该是负的．当补充品增加时需求下降．你不会在 10 美元一片的烤面包上涂黄油，这是因为你本来就不想吃这片烤面包．最后 b_3 应该是正的．当替代品价格增加时，需求增加．当橄榄油每英两花费 50 美元时，你不会考虑它，而去吃黄油．

3. 供求定律是作为一个假定来建立在模型中的：Q_t 和 P_t 分别为保证市场供求平衡的数量和价格．由解第 i 年的供应和需求方程来得到，即找到供应曲线和需求曲线的交点．看图 1 及方程（2）、（3）．

   供应曲线是上凸的但不是严格上凸的．（它是线性的．）需求曲线是下凸的，但不是严格下凸的．（它也是线性的．）为此及其他理由，经济学家宁愿用下面那样的对数线性方程：
   $$\log Q = a_0 + a_1 \log P + a_2 \log W + a_3 \log H + \delta_t,$$
   $$\log Q = b_0 + b_1 \log P + b_2 \log F + b_3 \log O + \varepsilon_t.$$

4. 方程（2a）是有关的：(2b) 说消费者会如何反应．简化形式的方程（3a）和（3b）说，如果我们操纵外生变量 W_t，H_t，F_t，O_t，数量和价格将如何反应．注意，P_t 没有出现在（3a）的右边，而 Q_t 没有出现在（3b）的右边．

练习组 B

1. 对于（a），令 c 为 $p \times 1$．那么 $c'Z'Zc = \|Zc\|^2 \geqslant 0$．如果 $c'Z'Zc = 0$，那么 $Zc = 0$ 及 $Z'Zc = 0$，因此 $c = 0$，此因 $Z'Z$ 满秩（已给的）．这样，$Z'Z$ 为正定．(a) 的其余部分遵从练习 3D7．对于（b），矩阵 $(Z'Z)^{-1}$ 是正定的，因此
   $$c'X'Z(Z'Z)^{-1}Z'Xc \geqslant 0.$$
   等式要求 $Z'Xc = 0$，因此 $c = 0$，此因 $Z'X$ 满秩（已给的）．这样，$X'Z(Z'Z)^{-1}Z'X$ 是正定的，因此是可逆的（练习 3D7）．

2. (a) 和 (b) 是对的，(c)、(d) 和 (e) 是错的．

   评论．以大样本，样本均值将会几乎和 $E(U_i)$ 相同，而样本方差将会几乎和 $\text{var}(U_i)$ 相同．但是概念是不同的，特别是对于小的和中等的样本量，因此数目也不同（2.4 节）．

练习组 C

1. 没有进一步的想法不要做这个．按照模型，价格和数量是内生的．即使这样，你也可能想用 OLS 做拟合（9.8 节），但你必须考虑内生性偏倚．

2. 叙述（a）、（b）、（c）所有都是错的，除非有某些消去的奇迹出现. OLS 残差正交于 X, 但 IVLS 不是 OLS. 根据定义（14），叙述（d）是对的.

3. OLS 总是给出较好的拟合：看练习 3B14(j). 你仅仅在下面情况下做 IVLS：存在你相信的模型，你想要估计该模型的参数，你关心内生性偏倚.
   （：OLS 可能是通常的，但它使平方最小[⊖]；）

4. 有偏的. IVLS 不是真正的 GLS. 我们假装 $Z'X$ 是常数. 但这是不对的，至少不严格. 当样本量增加时，偏倚（如果有福气）变小.

5. 根据 9.2 节的假定（ii），$p \times p$ 矩阵 $Z'X$ 满秩. 因此，$Z'X$ 是可逆的. 根据（10），
$$\hat{\beta}_{\text{IVLS}} = [X'Z(Z'Z)^{-1}Z'X]^{-1}X'Z(Z'Z)^{-1}Z'Y$$
$$= (Z'X)^{-1}(Z'Z)(X'Z)^{-1}X'Z(Z'Z)^{-1}Z'Y$$
$$= (Z'X)^{-1}Z'Y.$$

注意. 这仅当 $q = p$ 时适用. 否则 $Z'X$ 不是方阵.

6. 从（10），
$$\hat{\beta}_{\text{IVLS}} = [X'Z(Z'Z)^{-1}Z'X]^{-1}X'Z(Z'Z)^{-1}Z'Y = QY,$$
这里
$$Q = [X'Z(Z'Z)^{-1}Z'X]^{-1}X'Z(Z'Z)^{-1}Z'.$$
现在，$QX = I_{p \times p}$, $Y = X\beta + \delta$, 因此，$QY = \beta + Q\delta$. 因为 Q 是常数（而不是随机的），
$$\text{cov}\{\hat{\beta}_{\text{IVLS}} \mid Z\} = \sigma^2 QI_{n \times n}Q' = \sigma^2 QQ' = \sigma^2 [X'Z(Z'Z)^{-1}Z'X]^{-1}.$$
计算 QQ' 是直接但又繁琐的.

评论. （i）这个练习仅仅想要表明定义 $\widehat{\text{cov}}(\hat{\beta}_{\text{IVLS}} \mid Z)$ 的方程（13）的动机. （ii）什么真正使得 9.8 节的定理 1 中的这个定义合理化. （iii）如果你想要使得练习 6 更加有数学味，假定 X 恰好是外生的（这样，IVLS 是不必要的弯子）；以 X 和 Z 为条件.

练习组 D

1. $0.128 - 0.042 - 0.0003 \times 300 + 0.092 + 0.005 \times 11$
   $+ 0.015 \times 12 - 0.046 + 0.277 + 0.041 + 0.336 = 0.931.$

2. $-0.042 - 0.0003 \times 300 + 0.092 + 0.005 \times 11$
   $+ 0.015 \times 12 - 0.046 + 0.277 + 0.041 + 0.336 = 0.803.$

评论. 在练习 1 和练习 2 中，父母生活在地区 1，这样普遍的选择哑变量为 0：其系数（−0.035）不进入计算. 去教堂的频数是在 1 到 7 的尺度度量，"从不"记为 1. 0.931 的确太令人不安地接近于 1 了……

3. 差为 0.128. 这是学校选择的"效应".

4. 被估计的期望的概率. 把估计代替（23）中的参数，用期望值 0 来代替隐变量 V_i.

5. 学校大小比方程中的其他数目要大得多. 比如，$-0.3 \times 300 = -90$. 如果系数是 -0.3，我们将会看到大量的负概率.

[⊖] 这里原文为 "OLS may be ordinary, but it makes the least of the squares", 利用了 OLS 为 "Ordinary Least Squares" 的缩写的事实. ——译者注.

6. 不. 左边的变量必须是概率, 而不应是 0-1 变量. Schneider et al 的方程 (2) 是关于估计, 而不是建模假定.

7. 某些数目是散布在样本和整体之间, 但存在真正的不连续情况, 比如在第 4 区的父母教育水平上. 在样本中, 有 65% 的人有中学或中学以上的教育, 而对照的总体只有 48%. (在 65% 上面的 SE 约为 $100\% \times \sqrt{0.48 \times 0.52/333} \doteq 3\%$; 这不是一个机会的效应.) Schneider et al 收集了收入的数据, 但决定不去用它. 为什么不? 如同在模型中那样, 干预在该文章中并不清楚. 着重点在估计方法.

练习组 E

1. 推荐在做 IVLS 的研究者 3: 练习 C5. 研究者 1 做的是 OLS, 它是有偏的. 研究者 2 有些混淆. 为继续, 需要某些 X_i, Z_i, ε_i 和 Y_i 的协方差矩阵的记号. 这是一个 4×4 矩阵. 在 (*) 的左边 3×3 的角上显示了记号和假定. 比如, σ^2 用于表示 $\mathrm{var}(\varepsilon_i)$, ψ 表示 $\mathrm{cov}(X_i, Z_i)$, θ 表示 $\mathrm{cov}(X_i, \varepsilon_i)$. 因为 Z_i 为外生的, $\mathrm{cov}(Z_i, \varepsilon) = 0$. 最后一行 (或列) 是用数学导出的. 比如, $\mathrm{var}(Y_i) = \beta^2 \mathrm{var}(X_i) + \mathrm{var}(\varepsilon_i) + 2\beta \mathrm{cov}(X_i, \varepsilon_i) = \beta^2 + \sigma^2 + 2\beta\theta$

$$\begin{array}{c c c c c} & X_i & Z_i & \varepsilon_i & Y_i \\ X_i & \begin{pmatrix} 1 & \psi & \theta & \beta+\theta \\ \psi & 1 & 0 & \beta\psi \\ \theta & 0 & \sigma^2 & \sigma^2+\beta\theta \\ \beta+\theta & \beta\psi & \sigma^2+\beta\theta & \beta^2+\sigma^2+2\beta\theta \end{pmatrix} \\ Z_i \\ \varepsilon_i \\ Y_i \end{array} \quad (*)$$

对于研究者 2, 设计矩阵 M 有一列 X 和一列 Z, 这样

$$M'M/n \doteq \begin{pmatrix} 1 & \psi \\ \psi & 1 \end{pmatrix}, \quad M'Y/n \doteq \begin{pmatrix} \beta+\theta \\ \beta\psi \end{pmatrix},$$

$$\begin{pmatrix} 1 & \psi \\ \psi & 1 \end{pmatrix}^{-1} = \frac{1}{1-\psi^2} \begin{pmatrix} 1 & -\psi \\ -\psi & 1 \end{pmatrix},$$

$$(M'M)^{-1} M'Y \doteq \begin{pmatrix} \beta + [\theta/(1-\psi^2)] \\ -\theta\psi/(1-\psi^2) \end{pmatrix}.$$

当 n 大时, 研究者 2 建议的关于 β 的估计的偏倚为 $\theta/(1-\psi^2)$. 一个更容易的计算表明 OLS 的偏倚为 θ. 关于 IVLS 估计量的渐近性质, 看第 8 节的例 1.

2. 在 Z 和 ε 之间的相关系数是不可识别的, 因此 Z 不能用来作为一个工具. 这里是一些细节. 最基本的是 X_i, Z_i, ε_i 的联合分布. (这些是联合正态分布, 均值为 0, 而且作为三元组为 IID 的.) 联合分布被其 3×3 协方差矩阵确定. 在这个矩阵中, $\mathrm{var}(X_i), \mathrm{var}(Z_i)$ 和 $\mathrm{cov}(X_i, Z_i)$ 总是可以由数据来确定 (n 是大的). 让我们认为它们是已知的. 为简单起见, 取 $\mathrm{var}(X_i) = \mathrm{var}(Z_i) = 1$, $\mathrm{cov}(X_i, Z_i) = \frac{1}{2}$. 在 X_i, Z_i, ε_i 的联合分布中有三个参数:

$$\mathrm{cov}(X_i, \varepsilon_i) = \theta, \quad \mathrm{cov}(Z_i, \varepsilon_i) = \phi, \quad \mathrm{var}(\varepsilon_i) = \sigma^2.$$

因此, X_i, Z_i, ε_i 的协方差矩阵为

$$\begin{array}{ccc} X_i & Z_i & \varepsilon_i \end{array}$$

$$\begin{array}{c} X_i \\ Z_i \\ \varepsilon_i \end{array} \begin{bmatrix} 1 & \frac{1}{2} & \theta \\ \frac{1}{2} & 1 & \phi \\ \theta & \phi & \sigma^2 \end{bmatrix}. \tag{†}$$

系统中另一个随机变量是 Y_i，它是由 X_i，Z_i，ε_i 及另一个参数 β 构造的：$Y_i = \beta X_i + \varepsilon_i$. 我们现在能够做出系统中的一个完全的参数表：

(ⅰ) $\text{cov}(X_i, \varepsilon_i) = \theta$,

(ⅱ) $\text{cov}(Z_i, \varepsilon_i) = \phi$,

(ⅲ) $\text{var}(\varepsilon_i) = \sigma^2$,

(ⅳ) β.

随机变量 ε_i 不是可观测的. 观测值为 X_i，Z_i，Y_i. X_i，Z_i，Y_i 的联合分布确定了其 3×3 协方差矩阵，或者被该协方差矩阵所确定（定理 3.2）. 这个矩阵能够从 4 个参数计算出来：

$$\begin{array}{c} X_i \\ Z_i \\ Y_i \end{array} \begin{bmatrix} 1 & \frac{1}{2} & \beta + \theta \\ \frac{1}{2} & 1 & \frac{1}{2}\beta + \phi \\ \beta + \theta & \frac{1}{2}\beta + \phi & \beta^2 + \sigma^2 + 2\beta\theta \end{bmatrix}. \tag{‡}$$

例如，矩阵的第 2，3 个元素（第 3，2 个元素为重复）假定为 $\text{cov}(Y_i, Z_i)$. 核对一下. 已给 $E(X_i) = E(Z_i) = E(Y_i) = E(\varepsilon_i) = 0$. 因此

$$\text{cov}(Y_i, Z_i) = E(Y_i Z_i) = E[(\beta X_i + \varepsilon_i)Z_i],$$

它是

$$\beta E(X_i Z_i) + E(Z_i \varepsilon_i) = \beta \text{cov}(X_i, Z_i) + \text{cov}(Z_i, \varepsilon_i) = \frac{1}{2}\beta + \phi.$$

X_i, Z_i, Y_i 的联合分布确定了下面三项，或者被下面三项所确定：

(a) $\beta + \theta$,

(b) $\frac{1}{2}\beta + \phi$,

(c) $\beta^2 + \sigma^2 + 2\beta\theta$.

这就是所有你需要在矩阵（‡）中填上的，这就是所有能从关于 X_i，Z_i，Y_i 的数据中得到，无论 n 有多大. 三个已知的：(a)、(b)、(c). 4 个未知的：$\theta, \phi, \sigma^2, \beta$. 引人注目地不可识别. 为了说明，从下表中的第二列参数值开始.

	1	2	3
θ		$\frac{1}{2}$	$\frac{3}{2}$
ϕ		0	$\frac{1}{2}$
σ^2		1	3
β		2	1

那么 (a)$\beta+\theta=2.5$, (b)$\frac{1}{2}\beta+\phi=1.0$, (c)$\beta^2+\sigma^2+2\beta\theta=7.0$. 现在, 如第三列所显示, 把 ϕ 增加到 $\frac{1}{2}$. 为 β 选择一个使 (b) 不变的新值, 为 θ 选择一个使 (a) 不变的新值, 为 σ^2 选择一个使 (c) 不变的新值. 这些新的值显示在表的第三列. 这两列导致 (a)、(b)、(c) 有同样的数目, 因此导致了 X_i, Z_i, Y_i 的同样联合分布. 这就已经证明了不可识别性, 还有许多其他可能选择. 在第二列, Z 是外生的: $\text{cov}(Z_i, \varepsilon_i)=\phi=0$. 在第三列, Z 是内生的: $\text{cov}(Z_i, \varepsilon_i)\neq 0$. 外生性不能从观测值的联合分布来确定. 这是外生性假定的全部的麻烦.

评论. (ⅰ) 这个练习类似于前一个. 在那个练习中, 因为 Z_i 被给定是外生的, $\text{cov}(Z_i, \varepsilon_i)=0$; 这里 $\text{cov}(Z_i, \varepsilon_i)=\phi$ 是一个重要的参数, 因为 Z_i 很可能是内生的. 那里 $\text{cov}(X_i, Z_i)=\psi$ 是一个自由变量; 这里, 我们选择 $\psi=\frac{1}{2}$ (没有特别理由). 那里, 我们展示了 $X_i, Z_i, \varepsilon_i, Y_i$ 的 4×4 协方差矩阵; 这里, 我们展示了两个 3×3 的协方差矩阵. 如果你取 $\phi=0$ 和 $\psi=\frac{1}{2}$, 矩阵 (∗)、(†)、(‡) 都将就绪.

(ⅱ) 对于一个离散选择模型的类似例子, 看
  http://www.stat.berkeley.edu/users/census/socident.pdf

(ⅲ) 有大量的关于工具变量的计量经济理论化结果. 这里把它浓缩了. 如果你愿意假定某些变量是外生的, 你能够检验其他变量的外生性.

3. 这个方法是不一致的: 无论你有多少数据, 它都给出错误的回答. 这是因为你以仅有的 $q-p$ 个自由度来估计 σ^2.

讨论. 原则上, 你能够为下面的 $q=2$ 和 $p=1$ 的模型做每一件事. 令 $(U_i, V_i, \delta_i, \varepsilon_i)$ 对 i 为 IID 的. 该四元组是联合正态的. 每个变量有均值 0 和方差 1. 虽然 $U_i, V_i, (\delta_i, \varepsilon_i)$ 为独立的, $E(\delta_i \varepsilon_i)=\rho\neq 0$. 令 $X_i=U_i+V_i+\varepsilon_i$ 及 $Y_i=X_i\beta+\delta_i$. 未知参数为 ρ 和 β. 观测值为 U_i, V_i, X_i, Y_i. 内生变量 X_i 能够以 U_i, V_i 为工具. 当 n 大的时候, $\beta_{\text{TVLS}}\doteq\beta$, 来自 (4) 的残差向量几乎和 δ 一样. 现在你必须根据 (6) 得到残差向量的极限性质, 并且表明它即使对于巨大样本来说也是相当随机的. 关于相关的 $q=p=1$ 例子的细节, 看
  http://www.stat.berkeley.edu/users/census/ivls.pdf

供讨论的问题

1. 很棒的广告. 完美的"前置期偏倚的例子". 较早查出意味着查处后的生命较长, 这是因为诊断点是一个时间上向后的运动, 但无论如何, 我们想多活些日子. 比如说, 如果对一个不可治的病的探查技术改进了, 那就增加了在诊断后的生存几率, 但不增加寿命. 没有用.

2. 另一个出色的前置期偏倚的例子. 关于其讨论, 看 Freedman(2008b).

3. 回答. 也不是一个好的研究. 如果总体相当, 而且探测率对高密度乳房较高, 它应该对非高密度乳房来说较小 (正如能够从原来文章证实的那样). 而且, 数字乳腺造影可能找出不可治疗的癌症. 数字乳腺造影有显著的实践优点, 但这个研究没有提出充分理由.

4. 更多的分子没有分母. 有多少案例证人证词导致正当的判决? 其他类证据的误差率是多少?

5. 假定马拉松赛跑在 C 县的 R 路进行于 T 时间段. 在该时间段封路. 想法是, 如果没有马拉松赛, 在 T 时间段的 R 路上会有车辆行驶, 因而有额外的交通意外. 数字仅仅在县级才有. 假定控制是完美的 (令人怀疑的假定). 那么, 我们知道, 意外会在 C 县于时间段 T 发生, 但是仅对马拉松而言. 这大于实际意外的数目. 该研究把差别归结于在 T 时间段的 R 路上假定没有马拉松而可能发生的交通上.

    逻辑是有瑕疵的. 比如, 在该县其他地方的人可能在时间段 T 决定不开车以避开由于马拉松而导致的堵塞, 或者他们可能被迫由于堵塞而低速驾驶, 这也减少交通意外. 要弄清楚, 可能有符合这样异议的论证. 但是总体来说, 该文章看上去是乐观的.

    至于标题, 为什么我们要比较跑步和驾驶? 比较走路或读书会如何?

6. (a) 控制和病例在处理下是匹配的, (比如) 平均年龄依赖于处理. 年龄数据在文章中报告了, 但是从控制组的生存率来看, 结论是非常明显的.

    (b) 看 (a).

    (c) 手术医生较愿意在相对健康的病人身上开刀. 如果你有严重的 (比如) 心脏问题, 外科医生不大可能推荐手术. 这样, 病例一般来说比年龄匹配的控制健康些.

    (d) 不. 看 (c). 这就是为什么需要随机控制的实验.

    评论. 这是一篇非常好的文章, 而且作者的关于数据的解释——没有做练习时自然会犯的错误——是完全明智的作者还做出关于意向处理分析与接受的处理之间的有趣的比较.

7. 哪一个公式都不好. 这是一个比例估计,
$$(Y_1 + \cdots + Y_{25})/(X_1 + \cdots + X_{25}).$$
这里, X_i 是在村庄 i 的登记选民的数目, Y_i 是投给 Megawati 的票数. 当投一个硬币 n 次时, 我们不是数正面次数来估计 p, 因此 $\hat{p}(1-\hat{p}/n)$ 是不相关的.

8. (a) 误差应该是 IID, 有 0 均值, 而且独立于解释变量的.

    (b) 估计 $\hat{b}$ 应该是正的: 参数 b 说明和年轻人相比, 岁数较大的人更快活多少. 估计 $\hat{c}$ 应该是正的: c 说明和未婚的人相比, 已婚的人更快活多少. 估计 $\hat{a}$ 应该是正的: 收入增加 1% 将导致快乐度有 d 点的增加.

    (c) 给定线性假定, 这不是问题.

    (d) 现在在年龄哑元和婚姻哑元之间有几乎完全共线性, 因此 SE 很可能非常大.

    (e) Times 有些混淆了, 谁能够埋怨他们呢? (i) 给定模型假定下的计算可能是严格的, 那些假定是从哪里来的? 比如, U_i 为什么应该分成两个叉? 为什么在 35 分界? 为什么取对数收入? 等等. (ii) 计算机的复杂性和方法的复杂性除了犯编程错误之外不能保证任何事情.

9. 方程形式、参数值、控制变量的值, 以及扰动项必须在干预下不变 (6.4 节).

10. 不同意. 随机误差在一个假定的原因中有使其系数向零偏倚的倾向; 在混杂因素中的随机误差有相反的倾向. 对于有几个假定原因和混杂因素的情况, 偏倚的方向就不易预测了. 如果度量误差是非随机的, 几乎任何事情都会发生.

11. 如果 (24) 是对的, 则 (25) 不对, 反过来也一样. 看看那些误差项. 比如 $\varepsilon_{i,t} = \delta_{i,t} - \delta_{i,t-1}$. 如果那些 δ 是 IID 的, ε 就不是. 反过来, $\delta_{i,t} = \varepsilon_{i,t} + \varepsilon_{i,t-1} + \cdots$. 如果那些 ε 是 IID, δ 就不是.

12. (a) 模型是错的. (b) 第三方建议非齐性应该放入模型. 这就增加了附加的一层复杂性, 也许不能把握住关键.
13. 是对的. 在你已经试了几个模型之后, P 值没什么意义, 而且已经几乎确保你找到一个好看但是没有意义的模型了. 看 5.8 节和 Freedman(2008d).
14. 把（ⅰ）填入第一个空中,（ⅱ）填入第二个.
15. 把（ⅰ）填入第一个空中,（ⅱ）填入第二个.
16. 错: 你需要响应方案.
17. 解释变量独立于误差项.
18. 有时可能. 例如, 如果我们知道误差是 IID 的, 残差图可能驳倒线性假定.
19. 有时可能. 统计假定可能是在某种程度上可检验的, 但怎么和因果关系扯上边呢? 一般来说, 证明假定比否定假定要难得多.
20. 这变得越来越难了.
21. 噢! U_i 对于要求是多余的. 应该（ⅰ）以外生变量为条件,（ⅱ）假定 Y_i 为条件独立,（ⅲ）变换左边或者右边. 有一个解决办法:
$$\text{prob}(Y_i = 1 \mid G, X) = \Lambda(\alpha + \beta G_i + X_{i\gamma}), 这里 \Lambda(x) = e^x/(1 + e^x).$$
另一个方法是用隐变量来构建模型（7.3 节）. 隐变量 U_i 应该对 i 独立, 有共同的分布函数 Λ, 而且独立于那些 G 和 X. 再者,
$$Y_i = 1 \quad 当且仅当 \quad \alpha + \beta G_i + X_{i\gamma} + U_i > 0.$$
但是, 这样就要去掉 "prob".
22. 关于对子是独立的假定构造在对数似然之中, 否则为什么求和? 这是一个怪异的假定, 特别是 i 同时在 (i, j) 及 (i, k) 之中. 而且, 为什么 Posson??
23. 不. 内生偏倚通常会散布, 影响 $\hat{a}, \hat{b}, \hat{c}$. 对于如何应付这个及其他类似问题的步骤, 看
http://www.stat.berkeley.edu/users/census/biaspred.pdf
24. 答案的位置和问题的位置匹配.

F	F	F	T
T	F	F	F
F	F	F	F
F	F	T	
F	F	F	
F	T	F	F
F			
F			
F			

25. (a) 因为三元组 $(X_i, \delta_i, \varepsilon_i)$ 对 i 是 IID 的, 对象是 IID 的.
    (b) 因为所有变量期望为 0, 不需要截距.
    (c) 方程 (28) 不是好的因果模型. 方程主张 W 是 Y 的原因. 相反, Y 导致 W.
    先为 (d) 和 (e) 做准备

把 $\lim \sum_{i=1}^{n} X_i Y_i$ 记为 $[XY]$，等等．显然，

$$[XX] = 1, \quad [XY] = b, \quad [YY] = b^2 + \sigma^2, \quad [WX] = bc,$$
$$[WY] = c(b^2 + \sigma^2), \quad [WW] = b^2 c^2 + c^2 \sigma^2 + \tau^2.$$

(d) 因此关于 (26) 和 (27) 的渐近 R^2 分别是

$$\frac{b^2}{b^2 + \tau^2} \quad \text{和} \quad \frac{c^2(b^2 + \sigma^2)}{c^2(b^2 + \sigma^2) + \tau^2}. \tag{$*$}$$

可以计算关于 (28) 的渐近 R^2，但要有耐心（看下面）．这里有较好的论证．(28) 的 R^2 必须比 (27) 的 R^2 要大．事实上，根据简单的回归方程，R^2 是对称的．特别地，(27) 的 R^2 和 ($*$) 的 R^2 一样：

$$Y_i = fW_i + v_i. \tag{$*$}$$

但是，(28) 的 R^2 比 ($*$) 的 R^2 要大：额外的变量是有帮助的．这样，正如所说的，(28) 的 R^2 比 (27) 的 R^2 大．现在固定 b 和 τ^2 为任何方便的值．使得 σ^2 足够大来得到较小的关于 (26) 的 R^2．然后，使得 c 足够大来得到 (27) 的一个大的 R^2，因而得到 (28) 的 R^2．

(e) 如果我们拟合 (28)，除以 n 的乘积矩矩阵收敛到

$$\begin{pmatrix} b^2 c^2 + c^2 \sigma^2 + \tau^2 & bc \\ bc & 1 \end{pmatrix}.$$

该矩阵的行列式为 $c^2 \sigma^2 + \tau^2$．逆为

$$\frac{1}{c^2 \sigma^2 + \tau^2} \begin{pmatrix} 1 & -bc \\ -bc & b^2 c^2 + c^2 \sigma^2 + \tau^2 \end{pmatrix}.$$

于是，OLS 估计量的极限为

$$\frac{1}{c^2 \sigma^2 + \tau^2} \begin{pmatrix} 1 & -bc \\ -bc & b^2 c^2 + c^2 \sigma^2 + \tau^2 \end{pmatrix} \begin{pmatrix} b^2 c + c\sigma^2 \\ b \end{pmatrix}.$$

因此

$$\hat{d} \to \frac{c\sigma^2}{c^2 \sigma^2 + \tau^2}, \quad \hat{e} \to \frac{b\tau^2}{c^2 \sigma^2 + \tau^2}.$$

评论．把效应放到方程的右边并不少见，而且经常导致 R^2 虚高．特别地，R^2 并不度量因果模型的合理性．R^2 仅仅度量关联强度．

计算机实验

引言

实验是这个课程的一个关键部分：计算描述了某些主要思想．在伯克利，实验（lab）是在 UNIX 环境下为 MATLAB 设置的．UNIX 的提示符（通常）为百分号（％）．在提示符后键入 `matlab`．一会儿，MATLAB 就会载入．它的提示符为 ≫．如果在提示符后键入 `edit`，你会得到一个程序编辑器．为视窗系统（WINDOWS）所做的改变是很清楚的：你可以从开始菜单运行 MATLAB，并且由点击工具栏的一个图标来得到程序编辑器．目录的名字可能不同．

不要在诸如文档（WORD）等文字处理包中写 MATLAB 程序或者生成数据文件，因为会被格式化成一些 MATLAB 无法辨认的古怪字符．（你可能绕过这一点，为什么自找麻烦？）在 UNIX 中，`gedit` 是一个直通程序编辑器．在视窗系统中，你可能用 `notepad`（记事本）或者 `wordpad`（写字板），虽然 TextPad 较好：

$$\text{http://www.textpad.com}$$

如果在 MATLAB 提示符后键入 `helpdesk`，你会得到基于浏览器的帮助工具，还有演示和辅导．如果你仅希望得到关于特别命令的帮助，在 MATLAB 提示符后键入 `help`，接着是命令的名字．比如，`help load`．如果你知道命令名字，这就行得通……

从命令提示符，MATLAB 是交互式地运行，以这种方式你可以做很多事情．每过一会儿，你可能想要把命令存在一个文本文件中．这种文件称为"脚本文件"．很容易通过脚本文件来编辑和发现程序问题．脚本文件以 .m 为后缀，比如 `demolab.m`．如果你的系统中有这个文件，在 MATLAB 提示符后键入 `demolab`，MATLAB 会执行该文件中的所有命令．（有一个讨厌的技术性细节：该文件必须在你的工作目录中，或者在你的搜索路径上：点击 File，然后凭直觉进行，或者，如果什么都失败了，在 MATLAB 提示符后键入 `help path` 以便参考说明书．）

在 `demolab.m` 中有大量有用的 MATLAB 功能，其中包括"函数文件"，它是这个课程以后需要的特别脚本文件．有些人喜欢读计算机说明，MATLAB 有相当好的说明书．或者你只是坐在键盘前随便玩玩．有些人喜欢看命令：对于他们，附在后面附录中的 `demolab.m` 正合适．

当你运行完 MATLAB 时，键入 `exit` 来结束你的任务，或者退出窗口．（在 UNIX 中，退出一个窗口比关闭它更加彻底．）噢，顺便说一下，如果你的程序发狂了，而且你想终止它，怎么办？仅仅按 Ctrl+C 键．这将使你回到提示符．（要有耐心，可能需要一分钟来使 MATLAB 注意到这个干扰．）

在这个实验中所用的数据和例子代码可从下面网站获得：

$$\text{http://www.stat.berkeley.edu/users/census/data.zip}$$

数值

计算机一般做"IEEE 算术",它并不是精确的算术. 有一个舍入误差. MATLAB 通常精确到 10^{-12}. 虽然它能够,但它很少比 10^{-16} 更好. 这里是某输出:

```
≫(sqrt(2))^2- 2
ans=
   4.4409e- 016
≫(sqrt(4))^2- 4
ans =
   0
```

4.4409e- 016 是 MATLAB 写 4.4409×10^{-16} 的方式. 这是舍入误差.

实验 1

汇总统计量和简单回归

在这个实验中,你将计算关于 Yule 数据的某些描述统计量并做简单回归. 数据在表 1.3 中,也在下面文件中

yule.dat

你需要从每个记录减去 100 以得到百分比的变化. 关于更多的信息,参看第 1 章,或者看 yuledoc.txt.

1. 计算 ΔPaup, ΔOut, ΔPop, ΔOld 的均值和 SD.
2. 计算在 ΔPaup, ΔOut, ΔPop 和 ΔOld 之间的所有 6 个相关系数.
3. 做出 ΔPaup 对 ΔOut 的散点图.
4. 运行 ΔPaup 在 ΔOut 上的回归,即找到回归线的斜率和截距. 你可能还计算残差的 SD.
有用的 MATLAB 命令:`load, mean, std, corrcoef, plot(u, v, 'x')`.

实验 2

MATLAB 的练习

1. 产生一个 4×3 的矩阵 X 和 4×1 的向量 Y:

$$X = \begin{pmatrix} 1 & -1 & 1 \\ 1 & 2 & 3 \\ 4 & 5 & 6 \\ 7 & 8 & 9 \end{pmatrix}, \quad Y = \begin{pmatrix} 1 \\ 2 \\ 3 \\ 4 \end{pmatrix}.$$

2. 计算 $X'X$, $X'Y$, $\det X'X$, $\operatorname{rank} X$, $\operatorname{rank} X'X$.
3. 计算 $(X'X)^{-1}$.
4. 写成单独一行 MATLAB 代码来计算

$$\hat{\beta} = (X'X)^{-1}X'Y.$$

报告 $\hat{\beta}$ 以及代码.

5. 令
$$A = \begin{bmatrix} 1 & 3 & 5 & 7 \\ -1 & 2 & 9 & -3 \\ 6 & 3 & 0 & 33 \end{bmatrix}.$$

计算 trace AX 和 trace XA. 评论?

有用的 MATLAB 代码：A', AB, A-B, A* B, det, inv, rank, trace, size. 为产生一个矩阵，键入 Q=[1 2 3; 4 5 6]，或者做成两行：

```
Q= [1  2  3
    4  5  6]
```

实验 3

重复 Yule 的回归

在这个实验中，你将对都市区会（1871—1881）重复 Yule 的回归. 看第 1 章. 在表 1.3 所报告的值上固定设计矩阵 X.（从每个记录减去 100 以得到百分比变化.）数据在文件 yule.dat 之中. 文件 yuledoc.txt 给出了变量名字. Yule 假定，对于 32 个都市区会 i，

$$\Delta \text{Paup}_i = a + b \times \Delta \text{Out}_i + c \times \Delta \text{Old}_i + d \times \Delta \text{Pop}_i + \varepsilon_i.$$

现在假定误差 ε_i 是 IID 的，均值为 0，方差为 σ^2.

1. 估计 a, b, c, d 和 σ^2.
2. 计算那些 SE.
3. 这些 SE 是精确的还是近似的？
4. 画出残差对拟合值的散点图.（这经常是有用的诊断：如果你看到一个模式，那么模型有些问题. 你还能绘出残差对其他变量或者时间等的散点图.）

　　有用的 MATLAB 命令：ones(32, 1), [AB].

　　额外加分. 如果你得到与 Yule 不同的回答，为什么会是这样？

实验 4

用 MATLAB 模拟

1. 在有均值 $\mu = 15$ 及方差 $\sigma^2 = 100$ 的 32 个 IID 正态变量上模拟观测值.
2. 计算该数据的样本均值 $\overline{X}$ 和样本 SD $\hat{\sigma}$.
3. 重复 1 和 2 部分 1000 次.
4. 点出这 1000 个 $\overline{X}$ 的直方图. 评论？
5. 点出这 1000 个 $\hat{\sigma}$ 的直方图. 评论？
6. 点出这 1000 个 $(\overline{X}, \hat{\sigma})$ 对子的散点图. 评论？
7. 计算这 1000 个 $\overline{X}$ 的 SD. 这个和 $\sigma/\sqrt{32}$ 比较如何？评论？

　　有用的 MATLAB 命令：rand, randn, for…end, hist(x, 25).

MATLAB 喜欢矩阵．它讨厌循环．你的代码应该包括像下面这样的两行：

```
FakeData= randn(32,1000);
Aves= mean(FakeData);
```

放进分号，或者你将很花时间地看着随机数目在屏幕上滚动．

随机数

尽管表面上看计算机没有随机因素，MATLAB 产生"伪随机数"，它们由一些聪明的数值方法产生，看上去相当随机，但实际上是完全确定性的．一个后果可能使你感到意外．对于该软件的任一版本，如果你刚开始一次 MATLAB 的运行，而且键入 rand(1)，你将总是得到同样的数目．（对于 3.1 版本，答案是 0.9501．）特别地，你可能得到和进行实验 4 的所有其他学生完全一样的结果．（看上去并不随机，对吧！）如果你在乎这个问题，一个迂回的办法是在做模拟之前，跳过某些随机数——键入 x= rand(abcd, 1);，这里 abcd 是你电话号码的后 4 位数．

实验 5

t 检验第 1 部分

Yule 的模型描述在第 1 章和实验 3 中．固定设计矩阵 X 于表 1.3 的值上．（从每个记录减去 100 以得到百分比变化．）假定误差 ε_i 为 IID $N(0, \sigma^2)$，这里 σ^2 是一个（未知）参数．做零假设为 $b=0$ 的 t 检验．你的结论是什么？如果你在皇家统计学会的会议上和 Yule 辩论，你会站在 $b=0$ 的立场上，让他被机会变化而欺骗吗？

t 检验第 2 部分

在这一部分实验中，你将做模拟以研究

$$t = \hat{b} / \widehat{SE}$$

在零假设 $b=0$ 下的分布．

1. 设定 Yule 方程（实验 3）的参数如下：$a=-40$，$b=0$，$c=0.2$，$d=-0.3$，$\sigma=15$．如第 1 部分那样固定设计矩阵 X．
2. 产生 32 个 $N(0, \sigma^2)$ 误差，并把它们代入方程
$$\Delta \text{Paup}_i = -40 + 0 \times \Delta \text{Out}_i + 0.2 \times \Delta \text{Old}_i - 0.3 \times \Delta \text{Pop}_i + \varepsilon_i,$$
以得到 ΔPaup_i 的模拟值，这里 $i=1, \cdots, 32$．
3. 对模拟的 ΔPaup 做到 ΔOut，ΔOld 和 ΔPop 上的回归．计算 $\hat{b}$，$\widehat{SE}$ 及 t．
4. 重复 2 和 3 部分 1000 次．
5. 画出 1000 个 $\hat{b}$ 的直方图、1000 对 $(\hat{b}, \hat{\sigma})$ 的散点图及 1000 个 t 的直方图．
6. $\hat{b}$ 的理论分布是什么？$\hat{\sigma}^2$ 呢？t 呢？t 的理论分布和正态分布有多接近？
7. 计算 1000 个 $\hat{b}$ 的均值和 SD．这个均值和真实的 b 比如何？（在模拟里"真实"．）这个 SD 和 $\hat{b}$ 的真实 SE 比较如何？

你仅需要计算 $(X'X)^{-1}$ 一次，而计算 $\hat{\sigma}^2$ 多次．如果你用更多的矩阵和较少的循环，你的代码将会运行得更快．（按照他们的说法，把你的代码向量化．）试下面的：

```
beta= [- 400.2- .3]'
sigma= 15
betaSim= X\(X* beta* ones(1,1000)+ sigma* randn(32,1000));
```

反斜杠算符做最小二乘拟合．

为了讨论．如果你设不同的参数，有关系吗？比如，你可以试 $a=10$，$b=0$，$c=0.1$，$d=-0.5$，$\sigma=25$．如果 $b=0.5$ 呢？如果 $\varepsilon_i \sim \sigma \times (\chi_5^2-5)/\sqrt{10}$ 呢？在这个实验中，模拟是为了检验的水平．如何做模拟以得到检验的势？（下面定义水平和势．）

题外话．做 1000 对 $(\hat{a}, \hat{b})$ 的散点图．什么对该模式负责？

假设检验

在实验 5 的第 2 部分涉及水平（size）和势（power）．为回顾这些思想，并把它们放入上下文，令 θ 为一个参数（或者参数向量）．记 $\mathcal{P}_\theta$ 为模型中随机变量的参数为 θ 时的概率分布．零假设为 θ 的一个集合；备择假设为 θ 的一个（与零假设）不交集合．令 T 为检验统计量．如果 $T>k$，我们拒绝零假设，这里 k 是临界值（critical value），它的选择使得对所有的零假设中的 θ 满足 $\mathcal{P}_\theta(T>k) \leq \alpha$．这里 α 就是该检验的水平（level 或 size）．势等于当 θ 属于备择假设时的 $\mathcal{P}_\theta(T>k)$ 的值．这将部分地依赖于 k 和 θ．

依照 Neyman-Pearson 的观点，理想的检验是当水平（当零假设正确时拒绝零假设的机会）固定时，使得势（即当零假设错误时拒绝零假设的机会）最小．

在实验 5 的 t 检验中，参数向量 θ 为 a，b，c，d，σ^2．零假设为 $b=0$ 时的 θ 值．备择假设为 $b \neq 0$ 时的 θ 值．检验统计量 T 是个意外，为 $|t|$．如果你希望 $\alpha=0.05$，选择 $k \doteq 2$．更确切地说，在正态误差下，你想要的 k 使得在有 28 个自由度的 t 分布密度下在 $\pm k$ 之外的面积等于 0.05．对这个谜语的答案为 $2.0484\cdots\cdots$．为了我们的目的，不值得注意额外的精度：$k \doteq 2$ 就行了．

观测的显著性水平 P 或者 P_{obs} 为 $\mathcal{P}_\theta(T>T_{obs})$，这里 T_{obs} 是检验统计量的观测值．如果你把 T_{obs} 想象成随机的（即在实际数据之前），那么 P_{obs} 就是随机的．在实验 5 和许多类似的问题中，如果 θ 满足零假设，那么 P_{obs} 为在 $[0,1]$ 上是均匀的，即对于 $0<p<1$，$\mathcal{P}_\theta(P_{obs}<p)=p$．如果零假设为 $b=0$ 对备择假设的 $b>0$，那么 $T=t$ 而不是 $|t|$，而且 P_{obs} 当 $b=0$ 时是均匀的．如果 $b<0$，那么对于 $0<p<1$，$\mathcal{P}_\theta(P_{obs}<p)<p$．对于单边零假设，$P_{obs}$ 一般是在假定 $b=0$ 时计算的（最坏的可能情况）．

实验 6

F 检验第 1 部分

Yule 的模型在第 1 章及实验 3 得到解释．固定设计矩阵 X 于表 1.3 的值．（从每个记录减去 100 以得到百分比改变．）假定误差 ε_i 为 IID 的 $N(0, \sigma^2)$ 分布．检验 $c=d=0$ 的零假设．

如在 5.7 节解释的那样利用 F 检验.

1. 利用 OLS 来拟合大的和小的模型到 Yule 的数据,并且计算对检验所需要的平方和: $\|e\|^2$, $\|X\hat{\beta}\|^2$, $\|X\hat{\beta}^{(s)}\|^2$.

2. 计算 F 统计量. 你得到什么结论?

3. $\|Y\|^2 = \|X\hat{\beta}^{(s)}\|^2 (\|X\hat{\beta}\|^2 - \|X\hat{\beta}^{(s)}\|^2) + \|e\|^2$ 对吗? 巧合还是数学事实?

MATLAB 提示. X(:, 1:2) 取出 X 的前两列. 冒号很有用.

F 检验第 2 部分

这一部分实验,你将用模拟来研究用于检验零假设 $c=d=0$ 的 F 统计量的分布. 你应该考虑两种方式来设参数:

（ⅰ）$a=8$, $b=0.8$, $c=0$, $d=0$, $\sigma=15$

（ⅱ）$a=13$, $b=0.8$, $c=0.1$, $d=-0.3$, $\sigma=10$

如第 1 部分那样固定设计矩阵 X. 从每一个参数集合模拟数据以得到 F 的分布.

例如,让我们看看（ⅰ）. 产生 32 个 ε 并利用方程
$$\Delta\text{Paup}_i = 8 + 0.8 \times \Delta\text{Out}_i + \varepsilon_i$$
来得到 ΔPaup 的模拟数据. 计算 F. 重复 100 次,并且做 F 的直方图. 你能够取这些 ε 为 IID $N(0, 15^2)$.

对（ⅱ）重复. 哪个参数集合满足零假设,哪个满足备择假设? 什么模拟告诉你水平,什么告诉你势?

为讨论. 如果你在（ⅰ）中设不同参数,有关系吗? 比如,你能够试 $a=13$, $b=1.8$, $c=0$, $d=0$, $\sigma=25$. 如果你在（ⅱ）中设不同参数,有关系吗? 如果误差不是正态,则如何?

向量化代码

这些日子,计算机非常非常地快. 可能不用花时间来写紧凑的代码. 另一方面,如果你要做大的模拟,而且它的运行像糖浆一样,甩掉循环是个好主意. 如果你有嵌套循环,使得最内部的循环尽可能地有效率.

实验 7

共线性

在这个实验中,你将用模拟来查看共线性的效果. 作为开始,你可能考虑 $r=0.3$,这里共线性不大,及 $r=0.99$,这里共线性很强. 如果你感觉有抱负,还可试试 $r=-0.3$ 和 $r=-0.99$.

1. 对 100 个 IID 二元正态分布的 (ξ_i, ζ_i) 进行模拟,这里 $E(\xi_i)=E(\zeta_i)=0$, $E(\xi_i^2)=E(\zeta_i^2)=1$, $E(\xi_i\zeta_i)=0$. 利用 randn(100, 2).

2. 作为数据,这些列不会刚好有均值 0,方差 1,或者 0 相关.（为什么不会?）冷静一下,好好考虑.

(a) 把 ξ 标准化,使它有均值 0 和方差 1:记为 U.

(b) 把 ζ 向 U 回归. 不需要截距. (利用反斜杠算符 \ 来做回归.) 令 e 为残差向量. 这样 $e \perp U$. 标准化 e, 使其有均值 0 和方差 1. 称之为 W.

(c) 令 r 为你要的相关系数. 设 $V = rU + \sqrt{1-r^2}W$.

(d) 核对: U 和 V 有均值 0, 方差 1, 以及相关系数 r——精确. (精确? 或者有舍入误差?)

3. 对 $i=1, \cdots, 100$, 模拟 $Y_i = U_i + V_i + \varepsilon_i$, 这里 ε_i 为 IID $N(0,1)$ 的. 利用 randn(100, 1) 得到这些 ε.

4. 拟合没有截距的方程

$$Y_i = \hat{a} U_i + \hat{b} V_i + 残差$$

到你模拟的数据.

5. 重复 1000 遍, 保持 U 和 V 固定.

6. 画出 $\hat{a}$, $\hat{b}$, $\hat{a}+\hat{b}$ 和 $\hat{a}-\hat{b}$ 的直方图.

7. 有 4 个感兴趣的参数: a, b, $a+b$, $a-b$. 什么是它们的真实值? 哪个参数最容易估计? 最难的呢? 简单讨论.

为额外得分. 为什么在 2(b) 你不需要截距? 在 3 呢? 在第 4 步重新产生 (U, V) 而不是保持它们固定, 有关系吗?

MATLAB 提示. std(x) 由 $n-1$ 做除数, 但 std(x, 1) 由 n 做除数. 你怎么做实验都行: 只要前后一致即可.

实验 8

路径图

在这个实验中, 你将重复 Blau and Duncan 在图 6.1 中的部分路径模型. 方程 (6.3) 用父亲的职业、儿子的教育、儿子的第一份工作来解释儿子的职业. 变量被标准化了. 相关系数如表 6.1 所示.

1. 估计 (6.3) 中的路径系数及误差项的标准差. 你的结果如何和图 6.1 中的结果做比较?
2. 对估计的路径系数计算 SE. (假定有 20 000 个对象.)

实验 9

更多的路径图

在这个实验中, 你将重复 Gibson 的路径图, 它用庶民和精英的容忍度来解释镇压 (6.3 节). 在庶民和精英的容忍度得分之间的相关系数为 0.52; 在庶民的容忍度得分和镇压得分之间的相关系数为 -0.26; 在精英的容忍度得分和镇压得分之间的相关系数为 -0.42. (容忍度得分取的是州内平均.)

1. 利用 6.1 节的方法计算在图 6.2 中的路径系数.
2. 估计 σ^2. Gibson 有所有州的镇压得分. 他有 36 个州的庶民容忍度得分和 26 个州的精英容忍度得分. 你可以假定相关是基于 36 个州的, 这会低估 SE 一些, 但你需要决定 p 是 2 还是 3.

计算机实验

3. 计算估计的 SE.
4. 计算两个路径系数差的 SE. 你将需要协方差矩阵的非对角线元素：看练习 4B14(a). 评论结果.

  注. Gibson 用加权最小二乘，这个实验不用加权，但是看
   http://www.stat.berkeley.edu/users/census/repgibson.pdf.

实验 10

最大似然

在这个实验中，你将通过把对数似然做数值最大化来计算 MLE. 假定 X_i 对 $i=1, 2, \cdots, 50$ 是 IID 的. 它们的共同密度函数为 $\theta/(\theta+x)^2$, $0<x<\infty$. 参数 θ 是未知的正常数. 看 7.1 节例 4. X_i 的数据在文件 mle.dat 之中. 这是一个复杂的实验，它可能需要两周来做.

1. 写下对数似然的公式；作为 θ 的函数画出它的图.
2. 利用数值最大化，找出 MLE $\hat\theta$. 最好用参数 $\phi=\log\theta$. 如果 ϕ 是实数，$\theta=e^\phi>0$，因此对 θ 为正的约束满足，不需要对 ϕ 加约束.
3. 得出 $\hat\theta$ 的标准误差. (看定理 7.1 和练习 7A8.)

  一些有用的 MATLAB 命令：fminsearch, log, exp.

  fminsearch 做最小化. (虽然稍有点容易搞乱，但使 $-f$ 最小和使 f 最大一样.) 利用语法

  phiwant= fminsearch(@ negloglike, start, [], x)

这里，phiwant 是你想要的使得负对数似然最小的参数值. 关于 θ 的 MLE 是 exp(phiwant). 符号 @ 是 MATLAB 描述函数的方式. fminsearch 在开始点 start 附近寻找 negloglike 的最小值. 数据的对数中位数是 start 的一个好选择. 这个特别的负对数似然函数有一个唯一的最小值 (练习 7A6). 用对数中位数的原理为练习 7A7，加上 $\phi=\log\theta$ 的事实. 在中位数或对数中位数开始并**不是**一个普遍的诀窍. 有些版本的 MATLB 可能回避 @：如果这样，试试

  phiwant= fminsearch('negloglike', …)

你必须写 negloglike.m. 这是一个从 phi 和 x 计算负对数似然的一个函数文件，这里 phi 是参数 $\log\theta$，而 x 是你从 mle.dat 得来的数据. 利用 fminsearch 把数据 x 送到 negloglike.m. 它并不把参数 phi 送到 negloglike.m：MATLAB 将在 phi 上实现最小化. negloglike.m 的第一行应该是

  function negll= negloglike(phi, x)

文件的其他部分是从 phi 和 x 计算负似然函数 negll 的 MATLAB 代码. 在 negloglike.m 的最后，你需要一行代码，设 negll 为你从 phi 和 x 计算出来的值.

  恰好来说明语法，这里是从 u 计算 $(u+\cos u)^2$ 的函数.

  function youpluscosyoutoo= fun(u)
  youpluscosyoutoo= (u+ cos(u))^2;

你会把这两行代码存为 fun.m. 如果在 MATLAB 提示符，或者在某些其他的 m 文件，你键入 fun(3)，MATLAB 将返回 $(3+\cos 3)^2=4.0401$. 如果你键入

```
fminsearch(@ fun, 1)
```
MATLAB 将返回 -0.7391，这是使得 $(u+\cos u)^2$ 最小的 u. 搜寻开始于 1.

实验 11

为 MLE 的模拟

在这个实验中，你将研究在实验 10 中模型的 θ 的最大似然估计 $\hat\theta$ 的分布. 你应该能够重新利用你的大部分代码. 这可能是用循环的一个情况.

1. 产生 50 个在 $[0, 1]$ 上均匀分布的 IID 变量 U_i. 设 $\theta=25$, $X_i=\theta U_i/(1-U_i)$. 按照练习 7A5. 你现在有一个来自分布 $\theta/(\theta+x)^2$ 的大小为 50 的样本.
2. 用数值最大化的方法找到 MLE $\hat\theta$.
3. 重复 1 000 次.
4. 对这 1 000 个 $\hat\theta$ 的实现画出直方图.
5. 计算这 1 000 个 $\hat\theta$ 的实现的均值和 SD. 这个 SD 与 $1/\sqrt{50 \cdot I_\theta}$ 相比如何？(Fisher 信息量 I_θ 在练习 7A8 中计算了.) 评论？
6. 为额外加分. 令 $t=(\hat\theta-25)/\widehat{SE}$, 这里 $\widehat{SE}$ 或者是在 5 中由 Fisher 信息量得出，或者是从观测的信息量得出. 哪一个 t 的版本更像正态分布？
7. 双倍或放弃额外加分. 如果你把 θ 加倍从 25 扩大到 50. Fisher 信息量将如何？观测的信息量呢？

实验 12

logit 模型

在这个实验中，你将利用来自 2001 年人口普查的数据拟合一个 logit 模型. 数据在 `pac01.dat` 中. 这个数据包括 13 803 名在美国太平洋的 5 个州[○]中年龄不小于 16 岁的个体. 变量和文件形式在同一路径中的 `pac01doc.txt` 中有解释.

如果一个人被雇用，而且正在工作，因变量 Y 为 1(LABSTAT 为 1)；否则为 0. 解释变量为年龄、性别、种族和教育水平. 应该用到下面的范畴：

年龄：16~19，20~39，40~64，65 或以上.

性别：男性，女性. (这没有多少选择.)

种族：白种，非白种.

教育水平：不是中学毕业，中学教育，多于中学教育.

对于模型中的基本个体，选择一个男性、非白种、年龄在 16~19 岁的没有从中学毕业的人.

1. 设计矩阵有多大？
2. 利用 `fminsearch` 来拟合模型；报告参数估计.

○ 美国人口普查中的太平洋州 (Pacific states) 包括 Alaska、California、Hawaii、Oregon、Washington 等有太平洋海岸线的 5 个州. ——译者注.

3. 利用观测的信息量估计那些 SE.
4. 该模型关于就业情况说明什么？
5. 为什么教育用哑元而不是作为定量变量的 EDLEVEL？
6. 为讨论. 为什么女性不那么可能有 LABSTAT=1? 超过 4 的 LABSTAT 和这个问题有关吗？

fminsearch 从什么地方开始搜寻？读 7.2 节！如何计算对数似然函数及其导数？做练习 7D 9～10.

MATLAB 提示. 如果 U 和 V 是 $m \times n$ 的矩阵，那么 U<V 是一个 $m \times n$ 的 0 和 1 的矩阵：只要 U(i, j)< V(i, j)，位置 (i, j) 就是 1.

数值最大化

数值最大化可能是棘手的. 参数越多就越麻烦. 作为对算法的部分核对，你能够从几个不同地方开始最大化. 另一个有用的主意是：如果计算机告诉你最大值在 [1.4517 0.5334 0.8515…], 再从如 [1.5 0.5 0.8…] 那样的附近点进行搜索.

实验 13

联立方程

在这个实验中，你将拟合一个有两个联立方程的模型. 模型是 Rindfuss et al 为了确定女性的教育水平（ED）和首育年龄（AGE）而提出的. 模型描述于 9.5 节；变量定义在表 9.1 中. 下面为相关矩阵. 仍然看

rindcor.dat

在 rindcor.dat, 右上三角都是 0：MATLAB 能够以这种方式读文件. 关于这些 0, 你可能需要做什么.

	OCC	RACE	NOSIB	FARM	REGN	ADOLF	REL	YCIG	FEC	ED	AGE
OCC	1.000										
RACE	−0.144	1.000									
NOSIB	−0.244	0.156	1.000								
FARM	−0.323	0.088	0.274	1.000							
REGN	−0.129	0.315	0.150	0.218	1.000						
ADOLF	−0.056	0.150	−0.039	−0.030	0.071	1.000					
REL	0.053	−0.152	0.014	−0.149	−0.292	−0.052	1.000				
YCIG	−0.043	0.030	0.028	−0.060	−0.011	0.067	−0.010	1.000			
FEC	0.037	0.035	0.002	−0.032	−0.027	0.018	−0.002	0.009	1.000		
ED	0.370	−0.222	−0.328	−0.185	−0.211	−0.157	−0.012	−0.171	0.038	1.000	
AGE	0.186	−0.189	−0.115	−0.118	−0.177	0.111	0.098	−0.122	0.216	0.380	1.000

如果你决定接受任务，那么你的任务是估计解释 ED 和 AGE 的标准化方程的参数. 变量

是标准化为均值 0 和方差 1 的,因此方程不需要截距. 你没有原始数据,但是还能够用 IVLS(9.2 节)和 IISLS(9.4 节). IVLS 可能要容易些. 你必须把方程(9.10)变成可用的形式. 比如,$Z'X/n$ 成为在工具变量和解释变量之间的 $p \times p$ 相关阵. 看 6.1 节.

记住下标令人心烦. 有一个有用的 MATLAB 技巧. 把变量从 1 到 11 标号:OCC 是 #1, $\cdots$, AGE 是 #11. 例如,令 X 包含变量中的 11, 2 到 8, 及 1(即 AGE, RACE, $\cdots$, YCIG, OCC). 你如何从方程组所有变量的相关矩阵 C 得到 X 的相关阵 M?没有什么是比较容易的. 你载入 rindcor.dat 以得到 C,并且填上上三角部分. 然后键入

```
idx= [11 2: 8 1];
M= C(idx', idx);
```

(这里,idx 就是一个名字,即 X 中变量的 ID 号码.)例如,令 Z 包含变量中的 9, 2 到 8, 及 1(即 FEC, RACE, $\cdots$, YCIG, OCC). 你如何得到 Z 和 X 之间的相关矩阵 L 呢?你定义 idz, 这是你的工作,然后键入 L= C(idz', idx). 对于 Z 的每一个变量,在 L 中有一行,对于 X 的每一个变量,在 L 中有一列.

关于控制变量(OCC,$\cdots$,FEC)的系数的任何评论?

为额外加分

1. Rindfuss et al 重印在书后. 如果你的结果不同于文章中的(表 2),为什么会是这样?
2. 找出渐近 SE,提示:在方程(9.14)中,
$$\| Y - X\hat{\beta}_{IVLS} \|^2 = \| Y \|^2 + \beta'_{IVLS}(X'X)\hat{\beta}_{IVLS} - 2(Y'X)\hat{\beta}_{IVLS}.$$

实验 14 及更广泛的内容

附加的题目

额外的实验能够基于数据窥视模拟(5.8 节,第 5 章的结尾札记);关于供讨论的问题,有第 4 章的 10~15 题,第 5 章的第 6 题,或者第 6 章的 3、6、15 题;关于自助法的第 8 章例 4;9.8 节的 IVLS 模拟. 重复产生表 8.1 也是值得做的. 然而,要做相当分量的编程来重复第 F 列,而最后的程序代码可能运行得非常非常之慢:应该用小量的自助法重复来检验代码. 一个有趣的补充问题:什么是 β 的最好的估计量,OLS 还是一步 GLS?在研究生课程中,有一个对实验 5 的有用补充.

t 检验第 3 部分

假定在 Yule 背后数据的真正模型为
$$\Delta Paup_i = a + b_1 \times \Delta Out_i + b_2 \times (\Delta Out_i)^2 + c \times \Delta Pop_i + d \times \Delta Old_i + \varepsilon_i, \qquad (†)$$
这里 ε_i 为 IID $N(0, \sigma^2)$,$\sigma = 10$. 然而,Yule 拟合线性模型时把 b_2 限制为 0,也就是说,他假定
$$\Delta Paup_i = a + b \times \Delta Out_i + c \times \Delta Pop_i + d \times \Delta Old_i + \varepsilon_i. \qquad (‡)$$
$|b_2|$ 必须是多大才能通过对(‡)的残差图来发现这个错误?

在所有其他参数都是固定的情况:$a = 13$, $b_1 = 0.8$, $c = -0.3$, $d = 0.1$,试着回答这个问题. 为 b_2 选择一个值,并且从正态分布产生 32 个误差 ε_i. 利用这个模型来构造关于 $\Delta Paup$ 的模拟数据. 现在,回归模拟的 $\Delta Paup$ 到 ΔOut, ΔPop, ΔOld,并且画出残差图. 对于每个 b_2

的试验值，你需要做若干图．（为什么？）
1. 标准误差包括了模型设置的误差吗？
2. 在 Yule 模型（‡）中系数的标准误差度量了在预测干预结果中的不确定性吗？
3. 有什么含义？
4. 如果你知道对于（‡）的仅有候选为（†），你在这两个设置之间将如何做出决定．

术语．一个"设置"（specification）说什么变量进入模型，函数形式是什么，关于扰动项（或隐变量）应该做什么假定；如果数据是由某种其他方式产生的，这就是"设置误差"或者"误设置"．

统计软件包

组织这些实验是帮助你了解拟合模型时在背后发生了什么．而组织统计软件包则帮助你以最少的忙乱拟合标准模型，虽然软件设计者关于"忙乱"对其他人的意义有其自己的想法．推荐的软件包包括 MATLAB 的统计工具箱（statistics toolbox）、R、SAS．比如在 MATLAB 版本 13 中，你能够用下面命令拟合一个 probit 模型：

`glmfit (X, [Y ones(n, 1)], 'binomial', 'probit')`

这里 X 是设计矩阵，Y 是响应变量．MATLAB 把 `[Y ones(n, 1)]` 看成为对 n 个二项分布变量的描述，每个在一次试验中有 0 或 1 次成功．在 `[Y ones(n, 1)]` 中的第一列告诉软件成功的数目，而第二列告诉它试验次数．在该代码中有一个怪癖：你不能放一列 1 到 X 中．MATLAB 将为你做这个，而且两列 1 太多了．在 1.9.0 版的 R 中，

`glm(Y~ X1+ X2, family= binomial(link= probit))`

将拟合一个 probit 模型．和上面一样，响应变量为 Y．有两个独立变量 X1 和 X2．再一次为你提供截距．有波浪号的公式 `Y~ X1X2` 仅仅是 R 对自己描述一个模型的方式：因变量为 Y；有两个解释变量 X1 和 X2．而 `family= binomial(link= probit)` 告诉软件你有一个二项分布响应变量并且想拟合一个 probit 模型．（在你实际做这个之前，请阅读 *An Introduction to R*——在 R 的控制台点击 `Help`(帮助)，然后点击 `Manuals`(手册)．

关于那些统计表呢？MATLAB 统计工具箱有"cdf"和"icdf"函数，它代替了印制的正态，t，F 以及一打其他经典分布表．在 R 中，核对在 *An Introduction to R* 中 "R as a set of statistical table"⊖ 那一节．现在，在印制的统计表中查找就像利用计算尺做乘法一样．

⊖ R 手册是英文的．——译者注．

附录　MATLAB 代码样本

这个程序有你在这学期所需要的大多数内容。它载入后面列入的数据文件 small.dat。它调用也是列在后面的函数文件 phi.m。

A script file—demolab.m

```
% demolab.m
% a line that starts with a percent sign
% is a comment
% at the UNIX prompt, type matlab...
% you will get the matlab prompt, >>
%
% you can type edit to get an editor
%
% help to get help
%
% helpdesk for a browser-based help facility
%
% emergency stop is ...  control-c
%
% how to create matrices

x=[1 2
3 4
5 6]

y=[3 3
4 3
3 1]

disp('CR means carriage-return-- the "enter" key')
qq=input('hit cr to see some matrix arithmetic');

% this is a way for the program to get input,
% here it just waits until you press the enter key,
% so you can look at the screen...

% names can be pretty long and complicated

twice_x=2*x
x_plus_y=x+y
transpose_x=x'
```

```
transpose_x_times_y=x'*y

qq=input('hit cr to see determinants and inverses');

determinant_of_xTy=det(x'*y)
inverse_of_xTy=inv(x'*y)

disp('hit cr to see coordinatewise multiplication,')
qq=input('division, powers...  ');

x_dotstar_y=x.*y
x_over_y=x./y
x_squared=x.^2

qq=input('hit cr for utility matrices ');

ZZZ=zeros(2,5)
WON=ones(2,3)
ident=eye(3)

disp('hit cr to put matrices together--')
qq=input('concatenation-- use [ ] ');

concatenated=[ones(3,1) x y]

qq=input('hit cr to graph log(t) against t ... ');

t=[.01:.05:10]';
% start at .01, go to 10 in steps of .05

plot(t,log(t),'x')
disp('look at the graph!!!')
disp(' ')
disp(' ')

disp('loops')
disp('if ... then ... ')
disp('MATLAB uses == to test for equality')
disp('MATLAB will print the perfect squares')
disp('from 1 to 50')
qq=input('hit cr to go ...  ');

for j=1:50 %sets up a loop
```

```
    if j==fix(sqrt(j))^2

        found_a_perfect_square=j
        % fix gets rid of decimals,
        % fix(2.4)=2, fix(-2.4)=-2

    end %gotta end the "if"

end %end the loop
% spaces and indenting make the code easier to read

qq=input('hit cr to load a file and get summaries');

load small.dat
ave_cols_12=mean(small(:,1:2))
SD_cols_12=std(small(:,1:2))

% small(:,1) is the first column of small...
% that is what the colon does
% small(:,1:2) is the first two columns
% matlab divides by n-1 when computing the SD

u=small(:,3);
v=small(:,4);

% the semicolon means, don't print the result

qq=input('hit cr for a scatterplot...  ');
plot(u,v,'x')

correlation_matrix_34=corrcoef(u,v)
% look at top right of the matrix
% for the correlation coefficient

disp('hit cr to get correlations')
qq=input('between all pairs of columns ');

all_corrs=corrcoef(small)

qq=input('hit cr for simulations ');

uniform_random_numbers=rand(3,2)
normal_random_numbers=randn(2,4)

disp('so, what is E(cos(Z)|Z>0) when Z is N(0,1)?')
```

```
qq=input('hit cr to find out ');
Z=randn(10 000,1);
f=find(Z>0);
EcosZ_given_Z_is_positive=mean(cos(Z(f)))
trickier=mean(cos(Z(Z>0)))

disp('come let us replicate,')
qq=input('might be sampling error, hit cr ');
Z=randn(10000,1);
f=find(Z>0);
first_shot_was=EcosZ_given_Z_is_positive
replicate=mean(cos(Z(f)))

disp('guess there is sampling error...')

disp(' ')
disp(' ')
disp(' ')

disp('MATLAB has script files and function files ')
disp('mean and std are function files,')
disp('mean.m and std.m ')
disp('there is a function file phi.m')
disp('that computes the normal curve')

qq=input('hit cr to see the graph ');
u=[-4:.05:4];
plot(u,phi(u))
```

A function file—phi.m

```
% phi.m
% save this in a file called  phi.m
% first line of code has to look like this...
function y=phi(x)

y=(1/sqrt(2*pi))*exp(-.5*x.^2);
% at the end, you have to compute y--
% see first line of code
```

small.dat

1	2	2	4
4	1	3	8.5
2	2	5	1
8	9	7.5	0.5
3	3	4	2
7	7	0.5	3

参考论文

Political Intolerance and Political Repression During the McCarthy Red Scare

James L. Gibson, University of Houston

Abstract

I test several hypotheses concerning the origins of political repression in the states of the United States. The hypotheses are drawn from the elitist theory of democracy, which asserts that repression of unpopular political minorities stems from the intolerance of the mass public, the generally more tolerant elites not supporting such repression. Focusing on the repressive legislation adopted by the states during the McCarthy era, I examine the relationships between elite and mass opinion and repressive public policy. Generally it seems that elites, not masses, were responsible for the repression of the era. These findings suggest that the elitist theory of democracy is in need of substantial theoretical reconsideration, as well as further empirical investigation.

Over three decades of research on citizen willingness to "put up with" political differences has led to the conclusion that the U.S. public is remarkably intolerant. Though the particular political minority that is salient enough to attract the wrath of the public may oscillate over time between the Left and the Right (e.g., Sullivan, Pierson, and Marcus 1982), generally, to be much outside the centrist mainstream of U.S. politics is to incur a considerable risk of being the object of mass political intolerance.

At the same time, however, U.S. public policy is commonly regarded as being relatively tolerant of political minorities. Most citizens believe that all citizens are offered tremendous opportunities for the expression of their political preferences (e.g., McClosky and Brill 1983, 78). The First Amendment to the U.S. Constitution is commonly regarded as one of the most uncompromising assertions of the right to freedom of speech to be found in the world ("Congress shall make no law . . ."). Policy, if not public opinion, appears to protect and encourage political diversity and competition.

The seeming inconsistency between opinion and policy has not gone unnoticed by scholars. Some argue that the masses are not nearly so intolerant as they seem, in part due to biases in the questions used to measure intolerance (e.g., Femia 1975) and in part because the greater educational opportunity of the last few decades has created more widespread acceptance of political diversity (e.g., Davis 1975; Nunn, Crockett, and Williams 1978). Most, however, are willing to accept at face value the relative intolerance of the mass public and the relative tolerance of public policy but to seek reconciliation of the seeming contradiction by turning to the processes linking opinion to policy. Public policy is tolerant in the United States because the processes through which citizen preferences are linked to government action do not faithfully translate intolerant opinion inputs into repressive policy outputs. Just as in so many other substantive policy areas, public policy concerning the rights of political minorities fails to reflect the intolerant attitudes of the mass public.

Instead, the elitist theory of democracy asserts, policy is protective of political minorities because it reflects the preferences of elites, preferences that tend to be more tolerant than those of the mass public. For a variety of reasons, those who exert influence over the policymaking process in the United States are more willing to restrain the coercive power of the state in its dealings with political opposition groups. Thus there is a linkage between policy and opinion, but it is to *tolerant elite opinion*, not to *intolerant mass opinion*. Mass opinion is ordinarily not of great significance; public policy reflects elite opinion and is consequently tolerant of political diversity. The democratic

James L. Gibson, 1988, Political Intolerance and Political Repression During the McCarthy Red Scare, *American Political Science Review* 82 (2): 511–29. © American Political Science Association, published by Cambridge University Press, reproduced with permission.

character of the regime is enhanced through the political apathy and immobility of the masses, according to the elitist theory of democracy.[1]

The elitist theory nonetheless asserts that outbreaks of political repression—when they occur—are attributable to the mass public. While the preferences of ordinary citizens typically have little influence over public policy—in part, perhaps, because citizens have no real preferences on most civil liberties issues—there are instances in which the intolerance of the mass public becomes mobilized. Under conditions of perceived threat to the status quo, for example, members of the mass public may become politically active. In the context of the general propensity toward intolerance among the mass public, mobilization typically results in demands for political repression. Thus, the elitist theory of democracy hypothesizes that political repression flows from demands from an activated mass public.

The theory of "pluralistic intolerance"—recently proposed by Sullivan, Piereson, and Marcus (1979, 1982) and Krouse and Marcus (1984)—provides a nice explanation of the process through which mass intolerance is mobilized (see also Sullivan et al. 1985). The theory asserts that one of the primary causes of political repression is the *focusing* of mass intolerance on a specific unpopular political minority. To the extent that intolerance becomes focused, it is capable of being mobilized. Mobilization results in demands for political repression, demands to which policy makers accede. The authors claim support for their theory from recent U.S. history:

"During the 1950s, the United States was undoubtedly a society characterized by considerable consensus in target group selection. The Communist Party and its suspected sympathizers were subjected to significant repression, and there seemed to be a great deal of support for such actions among large segments of the political leadership as well as the mass public.... The political fragmentation and the proliferation of extremist groups in American politics since the 1950s has undoubtedly resulted in a greater degree of diversity in target group selection. If this is the case, such a situation is less likely to result in repressive action, even if the mass public is roughly as intolerant as *individuals* as they were in the 1950s (Sullivan, Piereson, and Marcus 1982, 85, emphasis in original)."

Thus both the elitist theory of democracy and the theory of pluralistic intolerance are founded upon assumptions about the linkage between opinion and policy.

Despite the wide acceptance of the elitist theory of democracy, there has been very little empirical investigation of this critical linkage between opinion and policy.[2] Consequently, this research is designed as an empirical test of the policy implications of the widespread intolerance that seems to characterize the political culture of the United States. Using data on elite and mass opinion and on public policy in the states, the linkage hypothesis is tested. My focus is on the era of the McCarthy Red Scare, due to its political and theoretical importance. Thus I assess whether there are any significant policy implications that flow from elite and mass intolerance.

Public Policy Repression
Conceptualization

A major impediment to drawing conclusions about the linkage between political intolerance and the degree of repression in U.S. public policy is that rigorous conceptualizations and reproducible operationalizations of policy repression do not exist. Conceptually, I define *repressive public policy* as statutory restriction on *oppositionist political activity* (by which I mean activities through which citizens, individually or in groups, compete for political power [cf. Dahl 1971]) upon some, but not all, competitors for political power.[3] For example, policy outlawing a political party would be considered repressive, just as would policy that requires the members of some political parties to register with the government while not placing similar requirements on members of other political parties. Though there are some significant limitations to this definition, there is utility to considering the absence of political repression (political freedom) as including unimpaired opportunities for all full citizens

1. to formulate their preferences
2. to signify their preferences to their fellow citizens and the government by individual and collective action
3. to have their preferences weighted equally in the conduct of the government, that is, weighted with no discrimination because of the content or source of the preference (Dahl 1971, 1–2).

That is the working definition to be used in this research.

Operationalizing Political Repression—the 1950s

There have been a few systematic attempts at measuring political repression as a policy output of government. Bilson (1982), for instance, examined the degree of freedom available in 184 polities, using as a measure of freedom the ratings of the repressiveness developed by Freedom House. Dahl provides system scores on one of his main dimensions of *polyarchy* (opportunities for political opposition) for 114 countries as they stood in about 1969 (Dahl 1971, 232). In their various research reports Page and Shapiro (e.g., 1983) measure civil rights and civil liberties opinions and policies in terms of the adoption of specific sorts of public policy. Typically, however, the endogenous concept in most studies of state policy outputs is some sort of expenditure variable. (See Thompson 1981 for a critique of this practice.) These earlier efforts can inform the construction of a measure of political repression in the policy outputs of the American states.

The measure of policy repression that serves as the dependent variable in this analysis is an index indicating the degree of political repression directed against the Communist party and its members during the late 1940s and 1950s. A host of actions against Communists was taken by the states, including disqualifying them from public employment (including from teaching positions in public schools); denying them access to the ballot as candidates, and prohibiting them from serving in public office even if legally elected; requiring Communists to register with the government; and outright bans on the Party. Forced registration was a means toward achieving these ends.

Of the fifty states, twenty-eight took none of these actions against Communists.[4] Two states—Arkansas and Texas—banned Communists from the ballot and from public employment, as well as banning the Party itself and requiring that Communists register with the government. Another five states adopted all three measures against the Communists, but did not require that they register with the government. Pennsylvania, Tennessee, and Washington did not formally bar Communists from public employment but did outlaw the party and forbade its members from participating in politics. The remaining twelve states took some, but not all, actions against the Communists. From these data, a simple index of political repression has been calculated. The index includes taking no action, banning Communists from public employment, banning Communists from running candidates and holding public office, and completely banning Communists and the Communist Party. A "bonus" score of .5 was given to those states requiring that Communists register with the government.[5] Table 1 shows the scores of the individual states on this measure.

This measure can rightly be considered to be a valid indicator of political repression by the states.[6] In asserting this I do not gainsay that the state has the right—indeed, the obligation—to provide for its internal security. Consequently, statutes that prohibit such actions as insurrection do not necessarily constitute political repression. For instance, Texas made it unlawful to "commit, attempt to commit, or aid in the commission of any act intended to overthrow" the Texas government (Art. 6689-3A, Sec. 5). This section proscribes action, not thought or speech, and is therefore not an appropriate measure of political repression. However, the next subsection of the statute made it illegal to "advocate, abet, advise, or teach by any means any person to commit" a revolutionary act. Indeed, even conspiracy to advocate is prohibited (Art. 6889-3A, Sec.5 [3]). This is indeed a constraint on the speech of political minorities and therefore is treated as repressive. As the action prohibited moves beyond a specific, criminal behavior, the line between repressive and nonrepressive legislation becomes less clear. Gellhorn (1952) commented,

"Traditionally the criminal law has dealt with the malefactor, the one who himself committed an offense. Departing from this tradition is the recent tendency to ascribe criminal potentialities to a body of persons (usually, though not invariably, the Communists) and to lay restraints upon any individual who can be linked with the group. This, of course, greatly widens the concept of subversive activities, because it results, in truth, in forgetting about activities altogether. It substitutes associations as the objects of the law's impact. Any attempt to define subversion as used in modern statutes must therefore refer to the mere possibility of activity as well as to present lawlessness." (p. 360)

There can be little doubt as to the effectiveness of this anti-Communist legislation. Not only were the Communist Party U.S.A. and other Communist parties essentially eradicated, but so too were a wide variety of non-Communists. It has been estimated that of the work force of 65 million, 13 million were affected by loyalty and security programs during the McCarthy era (Brown 1958). Brown calculates that over 11 thousand individuals were fired as a result of government and private loyalty programs. More than 100 people were convicted under the federal Smith Act, and 135 people were cited for contempt by the House Un-American Activities Committee. Nearly one-half of the social science professors teaching in universities at the time expressed medium or high apprehension about possible adverse repercussions to them as a result of their political beliefs and activities (Lazarsfeld and Thielens 1958). Case studies of local and state politics vividly portray the effects of anti-Communist legislation on progressives of various sorts (e.g., Carleton 1985). The "silent generation" that emerged from McCarthyism is testimony enough to the widespread effects—direct and indirect—of the political repression of the era (see also Goldstein 1978, 369–96).

Nor was the repression of the era a function of the degree of objective threat to the security of the state. Political repression was just as likely to occur in states with virtually no Communists as it was to occur in states with large numbers of Communists.[7] The repression of Communists bore no relationship to the degree of threat posed by local Communists.

It might seem that the repression of Communists, though it is clearly repression within the context of the definition proffered above, is not necessarily "antidemocratic" because the objects of the repression are themselves "antidemocrats." To repress Communists is to preserve democracy, it might be argued. Several retorts to this position can be formulated. First, for democracies to preserve democracy through nondemocratic means is illogical because democracy refers to a set of means, as well as ends (e.g., Dahl 1956, 1961, 1971; Key 1961; Schumpeter 1950). The means argument can also be judged in terms of the necessity of the means. At least in retrospect (but probably otherwise as well), it is difficult to make the argument that the degree of threat to the polity from Communists in the 1940s and 1950s in any way paralleled the degree of political repression (e.g., Goldstein 1978). Second, the assumption that Communists and other objects of political repression are "antidemocratic" must be considered as an empirical question itself in need of systematic investigation. As a first consideration, it is necessary to specify which Communists are being considered, inasmuch as the diversity among those adopting—or being assigned—the label is tremendous. Merely to postulate that Communists are antidemocratic is inadequate. Third, the repression of Communists no doubt has a chilling effect on those who, while not Communists, oppose the political status quo. In recognizing the coercive power of the state and its willingness to direct that power against those who dissent, the effect of repressive public policy extends far beyond the target group.

Public Opinion Intolerance

Conceptualization

"Political tolerance" refers to the willingness of citizens to support the extension of rights of citizenship to all members of the polity, that is, to allow political freedoms to those who are politically different. Thus, "tolerance implies a willingness to 'put up with' those things that one rejects. Politically, it implies a willingness to permit the expression of those ideas or interests that one opposes. A tolerant regime, then, like a tolerant individual, is one that allows a wide berth to those ideas that challenge its way of life" (Sullivan, Pierson, and Marcus 1979, 784). Thus, political tolerance includes support for institutional guarantees of the right to oppose the existing regime, including the rights to vote, to participate in political parties, to organize politically and to attempt political persuasion. Though there may be some disagreement about the operationalization of the concept, its conceptual definition is relatively noncontroversial (see Gibson and Bingham 1982).

Operationalization

The simple linkage hypothesis is that where the mass public is more intolerant, state public policy is more repressive. Though the hypothesis is simple,

Table 1. Political Repression of Communists by American State Governments

State	Banned from Public Employment	Banned from Politics	Banned Outright	Scale Score
Arkansas	Yes	Yes	Yes	3.5
Texas	Yes	Yes	Yes	3.5
Arizona	Yes	Yes	Yes	3.0
Indiana	Yes	Yes	Yes	3.0
Massachusetts	Yes	Yes	Yes	3.0
Nebraska	Yes	Yes	Yes	3.0
Oklahoma	Yes	Yes	Yes	3.0
Pennsylvania	No	Yes	Yes	3.0
Tennessee	Yes	Yes	Yes	3.0
Washington	No	Yes	Yes	3.0
Alabama	Yes	Yes	No	2.5
Louisiana	Yes	Yes	No	2.5
Michigan	Yes	Yes	No	2.5
Wyoming	Yes	Yes	No	2.5
Florida	Yes	Yes	No	2.0
Georgia	Yes	Yes	No	2.0
Illinois	Yes	Yes	No	2.0
California	Yes	No	No	1.0
New York	Yes	No	No	1.0
Delaware	No	No	No	.5
Mississippi	No	No	No	.5
New Mexico	No	No	No	.5
Alaska	No	No	No	.0
Colorado	No	No	No	.0
Connecticut	No	No	No	.0
Hawaii	No	No	No	.0
Iowa	No	No	No	.0
Idaho	No	No	No	.0
Kansas	No	No	No	.0
Kentucky	No	No	No	.0
Maryland	No	No	No	.0
Maine	No	No	No	.0
Minnesota	No	No	No	.0
Missouri	No	No	No	.0
Montana	No	No	No	.0
North Carolina	No	No	No	.0
North Dakota	No	No	No	.0
New Hampshire	No	No	No	.0
New Jersey	No	No	No	.0
Nevada	No	No	No	.0
Ohio	No	No	No	.0
Oregon	No	No	No	.0
Rhode Island	No	No	No	.0
South Carolina	No	No	No	.0
South Dakota	No	No	No	.0
Utah	No	No	No	.0
Vermont	No	No	No	.0
Virginia	No	No	No	.0
West Virginia	No	No	No	.0
Wisconsin	No	No	No	.0

Note: The scale score is a Guttman score. A "bonus" of .5 was added to the scale added to the scale if the state also required that Communists register with the government. See note 4 for details of the assignments of scores to each state.

deriving measures of mass intolerance is by no means uncomplicated. Indeed, the study of state politics continually confronts the difficulty of deriving measures of state public opinion. Though there are five general alternatives—ranging from simulations to individual state surveys—the only viable option for estimating state-level opinion intolerance during the McCarthy era is to aggregate national surveys by state.

The source of the opinion data is the Stouffer survey, conducted in 1954. This survey is widely regarded as the classic study that initiated inquiry into the political tolerance of elites and masses (even though earlier evidence exists, e.g., Hyman and Sheatsley 1953). Two independent surveys were actually conducted for Stouffer: one by the National Opinion Research Center (NORC) and the other by the American Institute for Public Opinion (AIPO-Gallup). This design was adopted for the explicit purpose of demonstrating the accuracy and reliability of public opinion surveys based on random samples. Each agency surveyed a sample of the mass public and of the political elites.[8]

Stouffer created a six-point scale to indicate political intolerance (see Stouffer 1955, 262–69). The index is a Guttman scale based on the responses to fifteen items concerning support for the civil liberties of Communists, socialists, and atheists (see Appendix for details). The items meet conventional standards of scalability and are widely used today as indicators of political tolerance (e.g., Davis 1975; Nunn, Crockett, and Williams 1978; McCutcheon 1985; and the General Social Survey, conducted annually by NORC).

The process of aggregating these tolerance scores by state is difficult because the states of residence of the respondents in the Stouffer surveys were never entered in any known version of the data set. Through an indirect process, using the identity of the interviewer and the check-in sheets used to record the locations (city and state) of the interviews conducted by each interviewer, state of residence could be ascertained for the NORC half of the Stouffer data set. The respondents were aggregated by state of residence to create summary indicators of the level of intolerance in each of the states. The Appendix reports the means, standard deviations, and numbers of cases and primary sampling units for this tolerance scale for the states represented in the NORC portion of the Stouffer survey. Evidence that this aggregation process produces reasonably valid state-level estimates of political intolerance is also presented.

Aggregating the elite interviews to the state level is in one sense more perilous and in another sense less perilous. With a considerably small number of subjects (758 in Stouffer's NORC sample), the means become more unstable. On the other hand, the aggregation is not done for the purpose of estimating some sort of elite population parameter. The elites selected were in

no sense a random sample of state elites, so it makes little sense to try to make inferences from the sample to some larger elite population. Instead, the elite samples represent only themselves. The Appendix reports the state means, standard deviations, and numbers of cases.

There is a moderate relationship between elite and mass opinion in the state ($r = .52$). To the extent that we would expect elite and mass opinion in the states to covary, this correlation serves to validate the aggregate measures of opinion. The substantive implications of this correlation are considered below.

The Simple Relationship between Opinion and Policy

Figure 1 reports the relationships between mass and elite political intolerance and the adoption of repressive public policies by the states. There is a modest bivariate relationship during the McCarthy era between mass opinion and repressive public policy. In states in which the mass public was more intolerant, there tended to be greater political repression, thus seeming to support the elitist theory. However, the relationship is somewhat stronger between elite opinion and repression. From a weighted least squares analysis incorporating both elite opinion and mass opinion, it is clear that it is elite preferences that most influence public policy. The *beta* for mass opinion is –.06; for elite opinion, it is –.35 (significant beyond .01).[9] Thus political repression occurred in states with relatively intolerant elites. Beyond the intolerance of elites, the preferences of the mass public seemed to matter little.

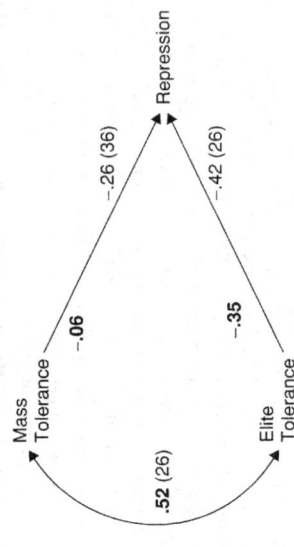

Figure 1. Relationships between Opinion and Policy

Note: Boldfaced entries are bivariate correlation coefficients, with pairwise missing data deletion. The nonboldfaced entries are standardized regression coefficients from a weighted least squares analysis using listwise missing data deletion. The numbers of caste are shown in parentheses.

Table 2. The Influence of Elite and Mass Opinion on the Repression of Communists (Percentages)

Action	Elite Opinion Less Tolerant		Elite Opinion More Tolerant	
	Mass Opinion Less Tolerant	Mass Opinion More Tolerant	Mass Opinion Less Tolerant	Mass Opinion More Tolerant
Adopted repressive legislation	71	100	33	39
Did not adopt repressive legislation	29	0	67	62
Total	100	100	100	101*
Number of cases	7	3	3	13

* Does not total 100 because of rounding error.

recently shown significant intolerance within their elite samples, there is enough intolerance among these state elites to make them the driving force in the repression of Communists. Thus it is plausible that elite intolerance was largely responsible for the repressive policies of the era.

At the same time, there is little evidence that the communism issue was of burning concern to the U.S. public. For instance, Stouffer reported that "the number of people who said [in response to an open-ended question] that they were worried either about the threat of Communists in the United States or about civil liberties was, even by the most generous interpretation of occasionally ambiguous responses, *less than 1%*" (Stouffer 1955, 59, emphasis in original). Only one-third of the subjects reported having talked about communism in the United States in the week prior to the interview, despite the fact that the Army-McCarthy hearings were in progress during a portion of the survey period. Stouffer asserted, "For most people neither the internal Communist threat nor the threat to civil liberties was a matter of universal burning concern. Such findings are important. They should be of interest to a future historian who might otherwise be tempted, from isolated and dramatic events in the news, to portray too vividly the emotional climate of America in 1954" (Stouffer 1955, 72).

The issue of communism in the United States was of much greater concern to the elites. Nearly two-thirds of them reported having talked about communism in the United States during the week prior to the interview. When asked how closely they followed news about Communists, fully 44% of the mass sample responded "hardly at all," while only 13% of the elite sample was as unconcerned (Stouffer 1955, 84). Just as elites typically exhibit greater knowledge and concern about public issues, they were far more attentive to the issue of domestic Communists.

Thus it is difficult to imagine that the repression of the 1950s was inspired by demands for repressive public policy from a mobilized mass public. Indeed, the most intense political intolerance was concentrated within that segment of the mass public *least* likely to have an impact on public policy (see also Gibson 1987). There can be no doubt that the mass public was highly intolerant in its attitudes during the 1950s. Absent issue salience, however, it is difficult to imagine that the U.S. people had mobilized sufficiently to have created the repression of the era.[12]

The actual effect of mass opinion may be masked a bit in these data, however. Perhaps it is useful to treat mass intolerance as essentially a constant across the states during the McCarthy era. Because the mass public was generally willing to support political repression of Communists, elites were basically free to shape public policy. In states in which the elites were relatively tolerant, tolerant policy prevailed. Where elites were relatively less

Table 2 reports a cross-tabulation of policy outputs with elite and mass opinion. The opinion variables have been dichotomized at their respective means. Though the number of cases shown in this table is small—demanding caution in interpreting the percentages—the data reveal striking support for the conclusion that elite opinion, not mass opinion, determines public policy. In eight of the ten states in which elites were relatively less tolerant, repressive legislation was adopted. In only six of the sixteen states in which elites were relatively more tolerant was repressive legislation passed. Variation in mass opinion makes little difference for public policy.[10]

It is a little surprising that elite opinion has such a significant impact on policy repression. After all, elites tend to be relatively more tolerant than the masses. Indeed, this finding is the empirical linchpin of the elitist theory of democracy.[11] This leads one to wonder just how much intolerance there was among the elites in the Stouffer data.

The survey data in fact reveal ample evidence of elite intolerance. For instance, fully *two-thirds* of the elites were willing to strip admitted Communists of their U.S. citizenship (Stouffer 1955, 43). Indeed, one reading of the Stouffer data is that elites and masses differed principally on the degree of proof of Communist party membership necessary before repression was thought legitimate. Much of the mass public was willing to accept a very low level of proof of party membership (e.g., innuendo), while many elites required a legal determination of Communist affiliation. Once convinced of the charge, however, elites were very nearly as intolerant of Communists as members of the mass public. Just as McClosky and Brill (1983) have more tolerant, repression resulted. In neither case did mass opinion *cause* public policy. Instead, policy was framed by the elites. Nonetheless, the willingness of the mass public to accept repressive policies was no doubt important. Thus, the policy-making process need not be seen as a "demand-input" process with all its untenable assumptions but rather can be seen as one in which the preferences of the mass public—perhaps even the political culture of the state—set the broad parameters of public policy. In this sense, then, mass political intolerance "matters" for public policy.

We must also note that even if the broader mass public has little influence upon public policy, specialized segments of the public may still be important. For instance, there is some correlation ($r = .31$) between the number of American Legion members in the state and political repression.[13] Since the American Legion had long been in the forefront of the crusade against communism (see, e.g., American Legion 1937), it is likely that greater numbers of members in the state translated into more effective lobbying power. Thus particular segments of the mass public can indeed be mobilized for repressive purposes.

I should also reemphasize the strong correlation between elite opinion and mass opinion. This correlation may imply that elites are responsive to mass opinion or that they mold mass opinion or that elite opinion is shaped by the same sort of factors as shape mass opinion. Though it is not possible to disentangle the causal process statistically, there is some evidence that both elite and mass opinion reflect the more fundamental political culture of the state. The correlation between a measure of Elazar's state-level political culture and mass intolerance is $-.68$; for elite opinion the correlation is $-.66$. In states with more traditionalistic political cultures *both* mass and elites tend to be more intolerant. Moreover, there is some direct relationship between political culture and political repression ($r = .31$). Perhaps elite and mass preferences generally reflect basic cultural values concerning the breadth of legitimate political participation and contestation. In the moralistic political culture everyone should participate; only professionals should be active in the individualistic culture; and only the appropriate elite in traditionalistic political cultures (Elazar 1972, 101–2). Perhaps the political culture of the state legitimizes broad propensities toward intolerance, propensities that become mobilized during political crises.

One might also look at the data in Figure 1 from a very different perspective. Rather than mass opinion causing public policy, perhaps mass opinion *is caused by* policy (cf. Page, Shapiro, and Dempsey 1987). To turn the elitist theory on its head, it is quite possible that the U.S. mass public is intolerant precisely because they have been persuaded and reinforced by policy. Through the intolerance of U.S. public policy,

citizens learn that it is acceptable, if not desirable, to repress one's political enemies. Though I do not gainsay that there are significant norms in U.S. society supportive of political tolerance (see Sniderman 1975), in practice citizens have been taught by federal and state legislation that Communists should *not* be tolerated. It is not surprising that many citizens have learned the lesson well.[14]

This argument is somewhat at variance with those who argue that greater exposure to the dominant cultural norms in the United States contributes to greater political tolerance. If the norms are tolerant, then greater exposure should create tolerance. But greater awareness of *repressive* norms—as expressed in public policies—should be associated with greater *intolerance*. Thus the result of political activism, high self-esteem, and other qualities that make us assimilate social norms will vary according to the nature of the norms (see Sullivan et al. 1985).

The norms of U.S. politics are at once tolerant and intolerant. Certainly, no one can doubt that support for civil liberties is a widely shared value. The key question, however, is "civil liberties for whom?" The U.S. political culture has long distinguished between "true Americans" and others and has always been willing to deny civil liberties to those who are "un-American." Foreign "isms" have repeatedly become the bogeymen in ideological conflict in the United States. Thus, citizens learn that civil liberties are indeed important to protect, but only for those who have a "legitimate" right to the liberty.

Thus the initial evidence is that political repression during the McCarthy era was most likely initiated by elites even if the mass public in most states would have acquiesced. These findings are not compatible with the elitist views that mass intolerance threatens democracy and that elites are the carriers of the democratic creed.

The Political Culture of Intolerance and Repression

These findings may very well be limited to the specific historical era of McCarthyism. Due to the unavailability of historical data on elite and mass opinion it is difficult to judge whether earlier outbreaks of political repression can also be attributed to elite intolerance. Building on the discussion of political culture above, however, it is possible to give this issue further consideration.

Following World War I roughly one-half of the U.S. states adopted criminal syndicalism statutes.[15] For example, the statute adopted by California shortly after World War I defined the crime as "any doctrine or precept advocating, teaching or aiding and abetting the commission of crime, sabotage (which word is hereby defined as meaning willful and malicious physical

At the same time, however, public opinion may not be completely irrelevant. Tolerance opinion strongly reflects the political cultures of the states, and, at least in the 1950s, political culture was significantly related to levels of political repression. Opinion is important in the policy process because it delimits the range of acceptable policy alternatives. It may well be that mass opinion is manipulated and shaped by elites; nonetheless, those who would propose repressive policies in California face a very different set of political constraints than those who propose repressive policies in Arkansas. This is not to say that repression is impossible—indeed, California has a long history of significant levels of political repression—but rather that the task of gaining acceptance for repression is different under differing cultural contexts.

For over three decades now, political scientists have systematically studied public policy and public opinion. Significant advances have been made in understanding many sorts of state policy outputs, and we have developed a wealth of information about political tolerance. To date, however, little attention has been given to repression as a policy output, and even less attention has been devoted to behavioral and policy implications of tolerance attitudes. The failure to investigate the linkage between opinion and policy is all the more significant because one of the most widely accepted theories in political science—the elitist theory of democracy—was developed on the basis of an assumed linkage between opinion and policy. I hope that this research, though only a crude beginning, will serve as an early step in continuing research into these most important problems of democracy.

Appendix: Measurement and Aggregation Error in the State-Level Estimates of Mass Political Intolerance

Measurement

The measure of political tolerance employed here is an index originally constructed by Stouffer. He used fifteen items to construct the scale. Eleven of the items dealt with communists; two with atheists (those who are against all churches and religion); and two with socialists (those favoring government ownership of all railroads and all big industries). Stouffer reported a coefficient of reproducibility of .96 for the scale, a very high level of reliability. He also reported that reproducibility was approximately the same at all educational levels.

I decided to use Stouffer's scale even though it includes items on atheists and socialists (1) in order to maintain comparability to Stouffer's research, (2) because an identical scale was created from a survey in 1973 that is very useful for assessment of aggregation error, and (3) because the scale is so reliable. Stouffer had a strong view of what his scale was measuring.

damage or injury to physical property), or unlawful acts of force and violence or unlawful methods of terrorism as a means of accomplishing a change in industrial ownership or control, or effecting any political change" (Calif. Statutes, 1919. Ch. 188, Sec. 1, p. 281). Though no opinion data exist for the 1920s, it is possible to examine the relationship between state-level political culture and political repression during this earlier era.

The correlation between state political culture and the adoption of criminal syndicalism statutes is .40 ($N = 50$) indicating once again that more traditionalistic states were more likely to engage in political repression. That this correlation is slightly stronger than the coefficient observed for the 1950s might speak to the breakdown of homogeneous state cultures as the population became more mobile in the twentieth century. In any event, we see in this correlation evidence that the more detailed findings of the McCarthy era may not be atypical.[16]

Discussion

What conclusions about the elitist theory of democracy and the theory of pluralistic intolerance does this analysis support? First, I have discovered no evidence that political repression in the U.S. stems from demands from ordinary citizens to curtail the rights and activities of unpopular political minorities. This finding differs from what is predicted by the elitist theory of democracy. Second, I find some evidence of elite complicity in the repression of the McCarthy era, a finding that is also incompatible with the elitist theory. Generally, then, this research casts doubt on the elitist theory of democracy.

Nor are these findings necessarily compatible with the theory of pluralistic intolerance advocated by Sullivan, Pierson, and Marcus. Though political intolerance in the 1950s was widespread and highly focused, there seems to have been little direct effect of mass opinion on public policy. Like the elitist theory of democracy, the theory of pluralistic intolerance places too much emphasis on mass opinion as a determinant of public policy.

The "demand-input" linkage process implicitly posited by these theories is probably their critical flaw. Early public opinion research that found high levels of mass political intolerance too quickly assumed that mass intolerance translated directly into public policy. The assumption was easy to make since little was known of the processes linking opinions with policy. As linkage research has accumulated, however, the simple hypothesis relating opinion to policy has become increasingly untenable. The justification for studying mass political tolerance therefore cannot be found in the hypothesis that survey responses direct public policy.

Table A-1. State Mean Tolerance Scores, Mass Public, and Elites, NORC Stouffer Survey, 1954

State	Mass Public				Elites		
	Mean	Standard Deviation	Number of Cases	Number of PSUs	Mean	Standard Deviation	Number of Cases
California	4.47	1.50	174	4	5.09	1.43	65
Missouri	4.44	1.20	18	2	5.45	.69	11
New Jersey	4.41	1.43	61	2	4.90	1.28	60
Washington	4.33	1.44	52	2	5.14	.66	14
Iowa	4.26	1.42	23	1	—	—	—
Wisconsin	4.24	1.56	41	2	5.44	.87	25
Massachusetts	4.22	1.47	81	2	4.51	1.21	41
New York	4.21	1.40	273	6	5.06	1.08	81
Oregon	4.20	1.47	15	1	—	—	—
Colorado	4.13	1.46	23	1	5.29	1.33	14
Connecticut	4.12	1.17	17	1	5.17	.83	12
Nebraska	4.06	1.24	16	1	4.40	1.35	10
Minnesota	3.92	1.43	64	3	5.33	.96	27
Ohio	3.83	1.57	103	4	5.02	1.04	54
Illinois	3.81	1.55	86	2	4.97	1.39	39
Nevada	3.77	1.61	31	1	—	—	—
North Dakota	3.76	1.46	41	1	5.17	1.27	12
Pennsylvania	3.75	1.41	179	6	4.77	1.29	43
Michigan	3.75	1.34	163	4	4.92	1.26	38
Kansas	3.64	1.26	59	2	—	—	—
Florida	3.61	1.43	84	2	4.46	1.47	24
New Hampshire	3.58	1.71	19	1	5.36	1.03	11
Maryland	3.45	1.46	51	2	—	—	—
Idaho	3.45	1.65	22	1	5.15	1.07	13
Oklahoma	3.43	1.44	67	3	5.31	.85	13
Virginia	3.40	1.68	15	1	—	—	—
Indiana	3.36	1.32	129	5	4.61	1.40	36
Alabama	3.32	1.27	37	2	4.30	1.46	27
Texas	3.28	1.05	156	5	4.30	1.49	40
Louisiana	3.27	1.34	26	1	4.33	1.67	12
North Carolina	3.17	1.17	65	3	3.60	1.90	10
Tennessee	2.98	1.62	44	2	—	—	—
Georgia	2.86	1.39	50	3	—	—	—
Kentucky	2.86	1.25	22	1	4.77	1.39	26
West Virginia	2.34	.90	29	2	—	—	—
Arkansas	1.79	1.27	19	1	—	—	—
Average	3.65	1.40	65	2.3	4.88	1.22	29

He asserted, "But again let it be pointed out, this scale does not measure... tolerance *in general*. It deals only with attitudes toward certain types of nonconformists or deviants. It does not deal with attitudes toward extreme rightwing agitators, toward people who attack minority groups, toward faddists or cultists, in general, nor, of course, toward a wide variety of criminals. For purposes of this study, the tolerance of nonconformity or suspected nonconformity is *solely* within the broad context of the Communist threat" (Stouffer 1955, 54, emphasis in original).

The Stouffer measures of tolerance have recently been criticized (e.g., Sullivan, Pierson, and Marcus 1982). Perhaps the most fundamental aspect of this criticism is the assertion that the Stouffer items measure tolerance only for a specific group and thus are not generalizable. Because Stouffer was concerned only about intolerance of Communists, his findings may be time-bound; as the objects of mass displeasure evolve, the Communist-based approach to tolerance becomes less relevant and useful. This difficulty does not affect my analysis of policy and opinion from the 1950s, however, because Communists were probably a major disliked group for nearly all citizens in the survey. For instance, only 256 out of 4,933 of the mass respondents were willing to assert that someone believing in communism could still be a loyal U.S. citizen. Even if Communists were not the least-liked group for all U.S. citizens, they were certainly located in the "disliked-enough-not-to-tolerate" range for nearly everyone. Thus the Stouffer measure of tolerance is a valid and reliable indicator.

Aggregation Error

Table A-1 reports the state-level means, standard deviations, and numbers of cases for the aggregation of elite and mass opinion. Not all states are included in Table A-1 because survey respondents were not located in every state. Since the Stouffer survey was not designed to be aggregated by state, it is necessary to try to determine whether there is any obvious bias in the state-level estimates. A few empirical tests can be conducted that, while not assuaging all doubts about the aggregation process, may make us somewhat more comfortable about using the state means.

The Stouffer survey was replicated in 1973 by Nunn, Crockett, and Williams (1978). Their survey was very nearly an exact replication of the Stouffer survey. In terms of the indicators of tolerance, it was an exact replication. Nunn, Crockett, and Williams were even extremely careful to reproduce Stouffer's scaling methodology in creating a summary index of intolerance (pp. 179–91). Thus it is possible to aggregate the same scale variable by state and derive a measure of political tolerance for the early 1970s.

With completely independent samples (including independent sampling frames), one would not expect that there would be much of a correlation between the Stouffer and the Nunn, Crockett, and Williams state-level estimates. Chance fluctuations in the distributions of primary sampling units (PSUs) per

The correlation between elite opinion in the 1950s and elite opinion in the 1970s is .25 (.28 with a minimum-number-of-respondents requirement). That the correlation is not higher is a bit worrisome, although it is not difficult to imagine that there is greater flux in elite opinion over the two decades separating the two surveys than there is in mass opinion. Moreover, there were some slight differences in the composition of the elite samples drawn in 1954 and 1973.

As a means of assessing the validity of the aggregation of elite opinion, it is possible to compare elite tolerance with other elite attitudes. Erikson, Wright, and McIver (1987) have developed a separate measure of the degree of liberalism of state elites. The measure summarizes the ideological positions of the state's congressional candidates, state legislators, political party elites, and national convention delegates. As an overall index of the liberalism-conservatism of state elites, they take the average score of the Democrats and the Republicans. Thus each state receives a score indicating the degree of liberalism-conservatism of state elites. Though most of the indicators are drawn from the 1970s, the authors believe this to be a more stable attribute of state elites. According to their index, the most conservative elites are found in Mississippi; the most liberal elites are found in Massachusetts.

The correlation of state elite conservatism and political tolerance is $-.46$ ($N = 26$) for the Stouffer elites and $-.22$ ($N = 29$) for the Nunn, Crockett, and Williams elites. Though liberalism-conservatism is conceptually distinct from political tolerance, some solace can be taken in this correlation. The aggregation process seems not to have introduced unexpected or obviously biased estimates of state-level elite opinion.

state would tend to attenuate the correlation between the state-level estimates. (The average number of PSUs in Stouffer's NORC survey is 2.3; for the Nunn, Crockett, and Williams survey it is 7.8.) Yet the correlation between the estimates from the two surveys is a remarkable .63 ($N = 29$). If I were to exclude the 1973 estimate for Connecticut, an estimate that shows that state to be quite intolerant, then the correlation increases to .77 ($N = 28$). It is difficult to imagine an explanation for this correlation other than that it is due to a common correlation with the true score for the state.

I have also investigated the relationship between state sample size and number of primary sampling units and aggregation error. I first assumed that differences between the t_1 and t_2 estimates of state opinion were due to aggregation error. The residuals resulting from regressing t_2 opinion on t_1 opinion represent this error; if squared, the residuals represent the total amount of error. The correlations between the squared residuals and t_1 sample size and number of PSUs are $-.30$ and $-.27$. The correlations between the residuals and t_2 sample size and number of PSUs are $-.29$ and $-.29$. These correlations indicate that aggregation error is larger in states in which the number of subjects and number of PSUs is smaller—a not unexpected finding. However, since the relationships are modest, they do not undermine the basic aggregation procedure.

Another bit of evidence supporting the aggregation process comes from the correlations of tolerance and political culture. The correlation between Elazar's measure of political culture and average state tolerance in the 1950s is $-.68$. This correlation enhances my confidence in the utility of the state-level estimates.

Another, very different tack that can be taken is to estimate the error associated with the aggregation process. For each survey, I aggregated the proportion of the respondents having twelve or more years of formal education. These percentages can be compared to census estimates of the level of education in the state. The comparison is not perfect due to two considerations. First, the census data are themselves population estimates drawn from survey samples. Second, the census reports the percentage of residents over the age of twenty-five with twelve or more years of education. I assume that those with twelve or more years of education have a high school degree, although this might not be true for every single respondent. Moreover, it is not possible to isolate those respondents twenty-five years and older in the Stouffer survey. Nonetheless, the correlation for the 1950s data between the survey and census estimates of education is a substantial .72 ($N = 36$). While this correlation does not speak directly to the utility of the state-level estimates of tolerance, it does suggest that aggregation from the survey to the state is not completely inappropriate.

References

The American Legion. 1937. *Isms: A Review of Alien Isms, Revolutionary Communism, and their Active Sympathizers in the United States*. 2d Edition. Indianapolis: author.

Bachrach, Peter. 1967. *The Theory of Democratic Elitism: A Critique*. Boston: Little, Brown.

Berelson, Bernard R., Paul F. Lazarsfeld, and William N. McPhee. 1954. *Voting*. Chicago: University of Chicago Press.

Bilson, John F. O. 1982. Civil Liberty: An Econometric Investigation. *Kyklos* 35:94–114.

Brown, Ralph S. 1958. *Loyalty and Security*. New Haven: Yale University Press.

Campbell, Donald T., and Donald W. Fiske. 1959. Convergent and Discriminant Validity by the Multitrait-Multimethod Matrix. *Psychological Bulletin* 56:81–105.

Carleton, Donald E. 1985. *Red Scare!* Austin: Texas Monthly.

Chafee, Zechariah, Jr. 1967. *Free Speech in the United States.* Cambridge: Harvard University Press.

Dahl, Robert A. 1956. *A Preface to Democratic Theory.* Chicago: University of Chicago Press.

Dahl, Robert A. 1961. *Who Governs?* New Haven: Yale University Press.

Dahl, Robert A. 1971. *Polyarchy: Participation and Opposition.* New Haven: Yale University Press.

Davis, James A. 1975. Communism, Conformity, Cohorts, and Categories: American Tolerance in 1954 and 1972–73. *American Journal of Sociology* 81:491–513.

Dowell, Eldridge. 1969. *A History of Criminal Syndicalism Legislation in the United States.* New York: Da Capo.

Dye, Thomas R. 1976. *Who's Running America: Institutional Leadership in the United States.* Englewood Cliffs, NJ: Prentice Hall.

Dye, Thomas R., and Harmon Zeigler. 1987. *The Irony of Democracy: An Uncommon Introduction to American Politics.* 7th ed. Monterey, CA: Brooks/Cole.

Elazar, Daniel. 1972. *American Federalism: A View from the States.* 2d ed. New York: Harper & Row.

Erikson, Robert S. 1976. The Relationship between Public Opinion and State Policy: A New Look Based on Some Forgotten Data. *American Journal of Political Science* 22:25–36.

Erikson, Robert S., Gerald C. Wright, Jr., and John P. McIver. 1987. Political Parties, Public Opinion, and State Policy. Presented at the annual meeting of the Midwest Political Science Association, Chicago.

Femia, Joseph V. 1975. Elites, Participation, and the Democratic Creed. *Political Studies* 27:1–20.

Gellhorn, Walter, ed. 1952. *The States and Subversion.* Ithaca, NY: Cornell University Press.

Gibson, James L. 1987. Homosexuals and the Ku Klux Klan: A Contextual Analysis of Political Intolerance. *Western Political Quarterly* 40: 427–48.

Gibson, James L., and Richard D. Bingham. 1982. On the Conceptualization and Measurement of Political Tolerance. *American Political Science Review* 76: 603–20.

Gibson, James L. and Richard D. Bingham. 1984. *Skokie, Nazis, and the Elitist Theory of Democracy.* *Western Political Quarterly* 37:32–47.

Glazer, Nathan. 1961. *The Social Basis of American Communism.* New York: Harcourt, Brace & World.

Goldstein, Robert Justin. 1978. *Political Repression in Modern America.* Cambridge, MA: Schenkman.

Hanushek, Eric A., and John E. Jackson. 1977. *Statistical Methods for Social Scientists.* New York: Academic.

Holbrook-Provow, Thomas M., and Steven C. Poe. 1987. Measuring State Political Ideology. *American Politics Quarterly* 15:399–416.

Hyman, Herbert H., and Paul B. Sheatsley. 1953. Trends in Public Opinion on Civil Liberties. *Journal of Social Issues* 9:6–16.

Jenson, Carol E. 1982. *The Network of Control: State Supreme Courts and State Security Statutes, 1920–1970.* Westport, CT: Greenwood.

Key, Valdimir O., Jr. 1961. *Public Opinion and American Democracy.* New York: Alfred A. Knopf.

Klehr, Harvey. 1984. *The Heyday of American Communism: The Depression Decade.* New York: Basic Books.

Klingman, David, and William W. Lammers. 1984. The "General Policy Liberalism" Factor in American State Politics. *American Journal of Political Science* 28:598–610.

Kornhauser, William. 1959. *The Politics of Mass Society.* Glencoe, IL: Free Press.

Krouse, Richard, and George Marcus. 1984. Electoral Studies and Democratic Theory Reconsidered. *Political Behavior* 6:23–39.

Lazarsfeld, Paul, and Wagner Thielens, Jr. 1958. *The Academic Mind.* Glencoe, IL: Free Press.

Library of Congress. Legislative Reference Service. 1965. *Internal Security and Subversion: Principal State Laws and Cases.* Prepared by Raymond J. Celanda. Washington: GPO.

Lipset, Seymour Martin. 1960. *Political Man.* New York: Doubleday.

McClosky, Herbert. 1964. Consensus and Ideology in American Politics. *American Political Science Review* 58:361–82.

McClosky, Herbert, and Alida Brill. 1983. *Dimensions of Tolerance: What Americans Believe about Civil Liberties.* New York: Russell Sage Foundation.

McCutcheon, Allan L. 1985. A Latent Class Analysis of Tolerance for Nonconformity in the American Public. *Public Opinion Quarterly* 49:474–88.

Nunn, Clyde Z., Harry J. Crockett, Jr., and J. Allen Williams, Jr. 1978. *Tolerance for Nonconformity.* San Francisco: Jossey-Bass.

Page, Benjamin I., and Robert Y. Shapiro. 1983. Effects of Public Opinion on Public Policy. *American Political Science Review* 77:175–90.

Page, Benjamin I., Robert Y. Shapiro, and Glenn R. Dempsey. 1987. What Moves Public Opinion? *American Political Science Review* 81:23–43.

Prendergast, William B. 1950. State Legislatures and Communism: The Current Scene. *American Political Science Review* 44:556–74.

Prothro, James W., and Charles M. Grigg. 1960. Fundamental Principles of Democracy: Bases of Agreement and Disagreement. *Journal of Politics* 22: 276–94.

1. The elitist theory of democracy is actually an amalgam of the work of a variety of theorists, including Berelson, Lazarsfeld, and McPhee (1954); Kornhauser (1959); Lipset (1960); and Key (1961). The most useful analysis of the similarities and differences among the theories can be found in Bachrach 1967. Some elite theorists emphasize the dominance and control of public policy by elites, while other theorists emphasize the antidemocratic tendencies of the mass public. The single view most compatible with the hypotheses tested in this article is Kornhauser's (1959). The hypotheses are also to be found in Dye and Zeigler 1987 (see also Dye 1976). Earlier empirical work on the tolerance of elites and masses includes Berelson, Lazarsfeld, and McPhee 1954; Lipset 1960; Prothro and Grigg 1960; and McClosky 1964. A more recent analysis of some of the propositions of elitist theory can be found in Gibson and Bingham 1984.

2. Linkage research is fairly common in other areas of substantive policy (e.g., Erikson 1976; Weissberg 1978), but the only rigorous investigation of civil liberties is that of Page and Shapiro (1983). They assessed the relationship between change in opinion and change in policy, and found that in eight of nine policy changes in the area of civil liberties there was opinion-policy congruence. They also found that state policies were more likely to be congruent with opinion than national policies, although the relationship did not hold in the multivariate analysis. Though their analysis was conducted at the national level, their findings seem to suggest that political repression results from demands from the mass public.

3. This is similar to Goldstein's definition, "Political repression consists of government action which grossly discriminates against persons or organizations viewed as presenting a fundamental challenge to existing power relationships or key governmental policies, because of their perceived political beliefs" (1978, xvi).

4. The source for these data is a 1965 study requested by a subcommittee of the Committee on the Judiciary in the U.S. Senate. See also Library of Congress, Legislative Reference Service, 1965; Gellhorn 1952; and Prendergast 1950. Care must be taken in using the Legislative Reference Service data because there are a variety of errors in the published report. Corrected data, based on an examination of all of the relevant state statutes, are available from the author.

The scores shown in Table 1 reflect actions taken by the state governments between 1945 and 1965. The decision to limit the policy measures to this period is based on the desire to have some temporal proximity between

Rosenstone, Steven J. 1983. *Forecasting Presidential Elections.* New Haven: Yale University Press.

Schumpeter, Joseph. 1950. *Capitalism, Socialism, and Democracy.* New York: Harper & Row.

Shannon, David A. 1959. *The Decline of American Communism: A History of the Communist Party of the United States since 1945.* Chatham, NJ: Chatham Bookseller.

Sniderman, Paul M. 1975. *Personality and Democratic Politics.* Berkeley: University of California Press.

Stouffer, Samuel A. 1955. *Communism, Conformity, and Civil Liberties.* Garden City. NY: Doubleday.

Sullivan, John L., James Pierson, and George E. Marcus. 1979. A Reconceptualization of Political Tolerance: Illusory Increases, 1950s-1970s. *American Political Science Review* 73:781-94.

Sullivan, John L., James Pierson, and George E. Marcus. 1982. *Political Tolerance and American Democracy.* Chicago: University of Chicago Press.

Sullivan, John L., Michal Shamir, Patrick Walsh, and Nigel S. Roberts. 1985. *Political Tolerance in Context: Support for Unpopular Minorities in Israel, New Zealand, and the United States.* Boulder, CO: Westview.

Thompson, Joel C. 1981. Outputs and Outcomes of State Workmen's Compensation Laws. *Journal of Politics* 43:1129-52.

U.S. Congress. Senate. Committee on the Judiciary. 1956. *The Communist Party of the United States of America: What It Is. How It Works.* 84th Cong., 2d sess., S. Doc. 117.

Weissberg, Robert. 1978. Collective versus Dyadic Representation in Congress. *American Political Science Review* 72:535-47.

Wright, Gerald C., Jr., Robert S. Erikson, and John P. McIver. 1985. Measuring State Partisanship and Ideology with Survey Data. *Journal of Politics* 47:469-89.

Notes

This research has been conducted through the generous support of the National Science Foundation, SES84-21037. NSF is not responsible for any of the interpretations or conclusions reported herein. For research assistance, I am indebted to David Romero, James P. Wenzel, and Richard J. Zook. This is a revised version of a paper delivered at the 1986 annual meeting of the American Political Science Association, Washington, D.C., 1986. Several colleagues have been kind enough to comment on an earlier version of this article, including Paul R. Abramson, David G. Barnum, Lawrence Baum, James A. Davis, Thomas R. Dye, Heinz Eulau, George E. Marcus, John P. McIver, Paul M. Sniderman, Robert Y. Shapiro, and Martin P. Wattenberg. I am also indebted to Patrick Bova, librarian at NORC, for assistance with the Stouffer data.

5. These three items scale in the Guttman sense. That is, nearly all of the states outlawing the Communist party also denied it access to the ballot and public employment. Nearly all of the states that denied Communists access to the ballot as candidates also made them ineligible for public employment. The registration variable does not, however, exhibit this pattern of cumulativeness. Registration seems to have been a means of enforcing a policy goal such as banning membership in the Party. Because registration can raise Fifth Amendment self-incrimination issues, some states chose not to require it. Statutes requiring registration are treated for measurement purposes as representing a greater degree of commitment to political repression, and for that reason the "bonus" points were added to the basic repression score.

6. Validity means not only that measures of similar concepts converge; measures of dissimilar concepts must also diverge (Campbell and Fiske 1959). Thus it is useful to examine the relationship between the repression measures and measures of other sorts of policy outputs. Klingman and Lammers (1984) have developed a measure of the "general policy liberalism" of the states. General policy liberalism is a predisposition in state public policies toward extensive use of the public sector and is thought to be a relatively stable attribute. I would expect that political repression is not simply another form of liberalism, and indeed it is not. The correlation between general policy liberalism and political repression during the 1950s is only −.18. Moreover, the relationship between repression and a measure of New Deal social welfare liberalism policy (see Holbrook-Provow and Poe 1987; Rosenstone 1983) is only −.22. Repression occurred in states with histories of liberalism just about as frequently as it did in states typically adopting conservative policies. Thus the measure of repression is not simply a form of political liberalism, a finding that contributes to the apparent validity of the measure.

7. This conclusion is based on figures compiled by Harvey Klehr on the size of the Communist Party U.S.A. during the 1930s (Klehr 1984, tbl. 19.1 and personal communication with the author, 21 May 1986). The data are from the Party's own internal record. Klehr believes the data to be reasonably reliable, and others seem to agree (see, e.g., Glazer 1961, 208, n. 3; and Shannon 1959, 91). There is also a strong relationship between Party membership and votes for Communist candidates for public offices in the 1936 elections (as compiled by the American Legion 1937, 44), as well as a strong relationship with FBI estimates of Party membership in the states in 1951 (U.S. Senate, Committee on the Judiciary 1956, 34).

8. Stouffer defined elites as those who hold certain positions of influence and potential influence in local politics. The elite sample was drawn from those holding the following positions: community chest chairman; school board presidents; library committee chairmen; Republican county chairmen; Democratic county chairmen; American Legion commanders; bar association presidents; chamber of commerce presidents; PTA presidents; women's club presidents; DAR regents; newspaper publishers; and labor union leaders.

9. Weighted least squares was used because I could not assume that the variances of the observations were equal. Following Hanushek and Jackson (1977, 151–52), I weighted the observations by the square root of the numbers of respondents within the state. The r-square from this analysis is .14. The regression equation with unstandardized coefficients is: $Y = 7.31 - .14$(mass opinion) $- 1.11$(elite opinion).

10. The data in Table 2 suggest that where the state elites are relatively less tolerant, increases in mass tolerance are associated with an increase in political repression. Caution must be exercised in interpreting the percentages, however, due to the small number of cases available. The data reveal that in five of the seven states with a relatively less tolerant mass public, repressive legislation was adopted, while in all three of the states with a relatively more tolerant mass public repressive legislation was adopted. In the context of the numbers of cases, I did not treat this difference as substantively significant.

11. It might be argued that elite opinion serves only to neutralize intolerant mass opinion. This suggests an interactive relationship between elite and mass opinion. Tests of this hypothesis reveal no such interaction. The impact of elite opinion on public policy is not contingent upon the level of tolerance of the mass public in the state.

12. Though it is a bit risky to do so, it is possible to break the policy variable into time periods according to the date on which the legislation was adopted. A total of sixteen states adopted repressive legislation prior to 1954; ten states adopted repressive legislation in 1954 or later. The correlations between pre-1954 repression and mass and elite tolerance, respectively, are −.05, and −.35. Where elites were more intolerant, policy was more repressive. Mass intolerance seems to have had little impact on policy.

The correlations change rather substantially for the post-1954 policy measure. There is a reasonably strong correlation between mass intolerance and repression ($r = -.32$) but little correlation with elite intolerance ($r = -.13$). If one were willing to draw conclusions based on what are surely relatively unstable correlations, based on limited numbers of observations, one might conclude that early efforts to restrict the political freedom of Communists were directed largely by elites, while later efforts were more likely to involve the mass public. The initiative for political repression therefore was with the elites, though the mass public sustained the repression once it was under way.

At the same time, however, the slight correlation between pre-1954 policy and mass intolerance suggests that mass opinion was not shaped by public policy. Where policy was more repressive, opinion was not more intolerant. The close temporal proximity here should give us pause in overinterpreting this correlation, however.

13. Note that Stouffer found that the leaders of the American Legion were the most intolerant of all leadership groups surveyed (Stouffer 1955, 52). Indeed, the commanders interviewed were only slightly less intolerant than the mass public.

14. At the same time, it should be noted that U.S. citizens became substantially more tolerant of Communists by the 1970s (e.g., Davis 1975; Nunn, Crockett, and Williams 1978). This too might reflect changes in public policy, as well as elite leadership of opinion. As the U.S. Supreme Court invalidated some of the most repressive state and federal legislation of the McCarthy era, and as U.S. political leaders (including Richard Nixon) sought improved foreign relations with Communist nations, it became less appropriate to support the repression of Communists. These comments illustrate, however, the difficulty of sorting out the interrelationships of opinion and policy and also reveal that many efforts to do so border on nonfalsifiability.

15. Between 1917 and 1920, twenty-four states adopted criminal syndicalism statutes. There is some ambiguity in published compilations about the number of states with such laws. Dowell (1969) lists twenty states with such legislation, not counting the three states that adopted but then repealed syndicalism laws. Dowell apparently overlooked Rhode Island, at least according to the compilations of Chafee (1967) and Gellhorn (1952). On the other hand, neither Chafee nor Gellhorn listed Colorado or Indiana as having such statutes (though Chafee did list the states that had repealed their legislation). This latter problem is in part a function of determining whether specific statutes should be classified as banning criminal syndicalism. By 1937, three states had repealed their statutes (although one of these—Arizona—apparently did so inadvertently during recodification). As of 1981, seven of these states still had the statutes on their books, and one additional state—Mississippi—had passed such legislation (Jenson 1982, 167–75). For purposes of this analysis, Dowell's twenty-three states and Rhode Island are classified as having criminal syndicalism laws as of 1920.

16. It should also be noted that political culture is fairly stably related to mass political intolerance. Estimates of state opinion were derived from Roper data on an item about loyalty oaths asked in a 1937 survey. Opinion in more traditionalistic states was more supportive of mandatory loyalty oaths ($r = -.44$, $N = 47$). Similarly, the correlation between political culture and the state aggregates from the Stouffer replication in 1973 (see the Appendix) is $-.58$ ($N = 35$). These coefficients are nothing more than suggestive, but they do suggest that political intolerance is a relatively enduring attribute of state political culture.

Finishing High School and Starting College: do Catholic Schools Make a Difference?

William N. Evans, University of Maryland, Project Hope, and National Bureau of Economic Research
Robert M. Schwab, University of Maryland*

Abstract

In this paper, we consider two measures of the relative effectiveness of public and Catholic schools: finishing high school and starting college. These measures are potentially more important indicators of school quality than standardized test scores in light of the economic consequences of obtaining more education. Single-equation estimates suggest that for the typical student, attending a Catholic high school raises the probability of finishing high school or entering a four-year college by thirteen percentage points. In bivariate probit models we find almost no evidence that our single-equation estimates are subject to selection bias.

William N. Evans and Robert M. Schwab, 1995, Finishing High School and Starting College: Do Catholic Schools Make a Difference?, *The Quarterly Journal of Economics* 110 (4): 94–74. © 1995 by the President and Fellows of Harvard College and the Massachusetts Institute of Technology, reproduced with permission.

* We wish to thank Michael Cheng, Kamala Rajamani, Andrew Kochera, and Sheila Murray for excellent research assistance, and Lawrence Katz and two anonymous referees for helpful comments. We gratefully acknowledge the National Science Foundation which has supported this work under grant SBR9409499.

I. Introduction

More than ten years ago, James Coleman and his colleagues launched a national debate over the relative quality of public and Catholic schools [Coleman and Hoffer 1987; Coleman, Hoffer, and Kilgore 1982]. Based on their analysis of the High School and Beyond (*HS&B*) data, they concluded that Catholic school students scored significantly higher than public school students on standardized tests, even after controlling for differences in family characteristics. Catholic schools in their study appeared to be particularly effective with minority students.

Almost immediately, the Coleman results generated tremendous interest among both policy analysts and academics. Academic journals devoted special issues to their research on at least six different occasions (*Harvard Education Review* in 1991; *Phi Beta Kappa* in 1981; *Education Researcher* in 1981; and *Sociology of Education* in 1982, 1983, and 1985). Critics raised a number of issues about their work. Several papers showed that the estimated magnitude of the Catholic school effect was very sensitive to the choice of other independent variables (Lee and Bryk 1988; Noell 1982]. A number of papers questioned whether the results were driven by a selection bias. Since parents decide whether to send their children to public or Catholic schools, it is inappropriate to estimate the effect of Catholic schools on test scores with a single-equation model that treats school choice as an exogenous variable [Goldberger and Cain 1982]. Others argued that the increase in test scores between sophomore and senior years was so small that the Coleman results had little relevance in the debate over school choice [Murnane 1984; Alexander and Pallas 1985; Witte 1992].[1] Based on his review of the Coleman work and subsequent studies, Cookson [1993, p. 181] concluded that "...once the background characteristics of students are taken into account, student achievement is not directly related to private school attendance. The effects that were reported by Coleman and his associates are too small to be of any substantive significance in terms of incrementally improving student learning."

Most of Coleman's work and virtually all of the research that followed focused on the effects of Catholic schools on test scores.[2] In some ways it is surprising that test scores have received so much attention while other important education outcomes have not. Test scores have obvious limitations. It has often been argued that standardized tests in general may be culturally, racially, and sexually biased. Teachers may "teach to the test" and thus inflate scores [Henig 1994]. On the other hand, students often gain little by doing well on an exam and thus may not take the exam seriously. Standardized tests can only measure a student's ability to deal with a particular type of question and cannot measure a student's creativity or deeper problem-solving skills. The particular test included in the original Coleman work was a short and relatively simple exam, and the results may not be indicative of school performance. Perhaps most importantly, there is little evidence that raising test scores has important economic consequences. The impact of test scores on wages, for example, appears to be modest.[3]

This suggests that we consider alternative criteria to evaluate schools that have important economic consequences. Card and Krueger [1994] argue that measures of educational attainment such as completing high school and going on to college are particularly useful measures of schools' success. Unlike test scores, there is a great deal of evidence on the benefits of additional education. Only 65 percent of young male high school dropouts were employed in 1986 as compared with 85 percent of high school graduates [Markety 1988]. Between 1980 and 1985 the unemployment rate for males without a high school diploma was 35 percent higher than the rate for high school graduates and five times as large as the rate for college graduates [Murphy and Topel 1987]. The unemployment rate for young black males without high school degrees was over 40 percent for most of the 1980s. Wages and earnings are substantially lower for those high school dropouts who do find work. In 1987 the median yearly income for 25-to-34 year-old male full-time workers with a high school degree was 21.2 percent larger than the value for those who had not finished high school [Levy and Murnane 1992]. Hashimoto and Raisian [1985] and Weiss [1988] found that an extra year of education that leads to a high school degree has a much larger impact on wages than does an additional year of school that does not lead to a degree. Real wages for young male high school dropouts declined by 23 percent between 1979 and 1988, while young male college graduates experienced a 7 percent real wage increase over the same period [Bound and Johnson 1992]. High school dropouts are far more likely to commit crimes [Thornberry, Moore, and Christenson 1985] and to use illegal drugs [Mensch and Kandel 1988].

Thus, the debate over Catholic schools seems to have missed outcomes with important economic implications. In this paper we have gone back to the HS&B data and looked at the impact of a Catholic school education on the probability of, first, finishing high school, and, second, starting college. We have paid particular attention to the issue of selection bias. If students with more ability or students from families that place a higher value on education are more likely to attend Catholic schools, then single-equation models would overstate the effects of a Catholic school education. Therefore, the appropriate model must take this endogeneity into account. Because both of our outcome measures and the treatment variable (a Catholic school dummy) are dichotomous, we estimate a set of bivariate probit models.

Our major conclusions are as follows. We find a great deal of support for the argument that Catholic schools are more effective than public schools. Single-equation estimates suggest that for the typical student, attending a Catholic high school raises the probability of finishing high school or entering a four-year college by thirteen percentage points. Unlike single-equation estimates of the effect of Catholic schools on test scores, these results are qualitatively important and are robust. This Catholic school effect is very large. It is twice as large as the effect of moving from a one- to a two-parent family and two and one-half times as large as the effect of raising parents' education from a high school dropout to a college graduate. In models where we treat the decision to attend a Catholic school as an endogenous variable, we find almost no evidence of selection bias. Bivariate probit estimates of the average treatment effect of Catholic schools on high school graduation and entering college are very similar to single-equation probit estimates.

Our bivariate probit model is properly identified if there is at least one variable that is correlated with whether or not a student attends a Catholic school but is uncorrelated with a student's unobserved propensity to graduate from high school or start college. In most of our work we have used as our instrument a dummy variable that equals 1 if the student is from a Catholic family and 0 otherwise. The credibility of our bivariate probit results obviously hinges on our assumption that high school students who are Catholic are no more likely to graduate from high school or to begin college than students who are not Catholic. As we argue below, once we control for other observed factors, it appears that being Catholic is not an important determinant of most economic outcomes. We also present tests of overidentifying restrictions that indicate that our instruments are valid and additional results where we use the religious composition of the population in the county where a student attends school as an alternative instrument.

In the next section we describe the HS&B data set and the basic variables we have used in our analysis. In Section III we present single-equation probit estimates of high school completion and college entrance models. In that section we also present a number of sensitivity tests of our single-equation model. In Section IV we present bivariate probit models that treat the decision to attend a Catholic school as an endogenous variable. We present a brief summary and conclusions in the final section of the paper.

II. Data

Most of the data for our study were drawn from the HS&B survey, which began in the spring of 1980. The original sample was chosen in two stages. Over 1100 secondary schools were selected in the first stage. In the second up to 36 sophomores and 36 seniors were selected from each of the sample

Table I. Summary Statistics: High School and Beyond Data Set

Variable name	Definition	Catholic school mean and (std. dev.)	Public school mean and (std. dev.)
High School Graduate	0-1 dummy variable, = 1 if student graduated from high school by February of 1984	0.97 (0.17)	0.79 (0.41)
College Entrant	0-1 dummy variable, = 1 if first postsecondary school attended was 4-year college	0.55[a] (0.50)	0.32[a] (0.47)
Catholic Religion	0-1 dummy variable, = 1 if the student is Catholic	0.79 (0.41)	0.29 (0.45)
% Catholic in County	Percent of the population in the county where the student attends school that is Catholic	31.65 (13.17)	22.37 (16.82)
Female	0-1 dummy variable, = 1 if student is female	0.56 (0.50)	0.50 (0.50)
Black	0-1 dummy variable, = 1 if student is black	0.15 (0.36)	0.13 (0.34)
Hispanic	0-1 dummy variable, = 1 if student is Hispanic	0.22 (0.41)	0.22 (0.41)
White	0-1 dummy variable, = 1 is student is white, non-Hispanic	0.61 (0.49)	0.58 (0.49)
Other Race	0-1 dummy variable, = 1 if student is other race	0.02 (0.15)	0.06 (0.24)
Family Income Missing	0-1 dummy variable, = 1 if family income is not reported	0.22 (0.41)	0.23 (0.42)
Family Income < $7000	0-1 dummy variable, = 1 if family income < $7000	0.03 (0.16)	0.07 (0.26)
Family Income $7000–$12,000	0-1 dummy variable, = 1 if family income ≥ $7000 and < $12,000	0.07 (0.26)	0.11 (0.31)
Family Income $12,000–$16,000	0-1 dummy variable, = 1 if family income ≥ $12,000 and < $16,000	0.12 (0.32)	0.15 (0.35)
Family Income $16,000–$20,000	0-1 dummy variable, = 1 if family income ≥ $16,000 and < $20,000	0.14 (0.35)	0.15 (0.35)
Family Income $20,000–$25,000	0-1 dummy variable, = 1 if family income ≥ $20,000 and < $25,000	0.16 (0.36)	0.13 (0.33)
Family Income $25,000–$38,000	0-1 dummy variable, = 1 if family income ≥ $25,000 and < $38,000	0.13 (0.33)	0.09 (0.29)
Family Income ≥ $38,000	0-1 dummy variable, = 1 if family income ≥ $38,000	0.14 (0.35)	0.07 (0.25)
Parent Education Missing	0-1 dummy variable, = 1 if parents' education not reported	0.09 (0.29)	0.19 (0.40)
Parent High School Dropout	0-1 dummy variable, = 1 if parents' highest education < high school graduate	0.23 (0.42)	0.30 (0.46)
Parent High School Graduate	0-1 dummy variable, = 1 if parents' highest education is high school graduate	0.19 (0.39)	0.20 (0.40)
Parent Some College	0-1 dummy variable, = 1 if parent's highest education is some college	0.28 (0.45)	0.19 (0.39)

schools. Certain types of schools, including public schools with high percentages of minority students and Catholic schools with high percentages of Hispanic students, were oversampled. The original HS&B sample included more than 30,000 sophomores and 28,000 seniors. Follow-up surveys of a stratified random sample of the original sophomore cohort were conducted in 1982, 1984, and 1986. Our sample is drawn from the 13,683 students who were sophomores in 1980 and who were included in both the 1982 and 1984 follow-ups. We eliminated 389 students who attended private non-Catholic schools or whose education level in 1984 is unknown. Thus, our final sample includes 13,294 observations.

HS&B contains information on a wide range of topics including individual and family background, high school experiences, and plans for the future. Each student was also given a series of cognitive tests that measured verbal and quantitative ability. The sophomore cohort completed these tests in the initial 1980 survey and again in the first follow-up in 1982 (when most were seniors).[4] School questionnaires, which were completed by an official in each participating school, provided information about dropout rates, staff, educational programs, facilities, and services.

Table I presents definitions and summary statistics for some of the important variables we have used in our study.[5] We classify students as public or Catholic school students based on the school they attended as sophomores. Our study focuses on two measures of educational attainment: high school completion and the decision to begin college. We constructed both variables from the 1984 follow-up data when many of the 1980 HS&B sophomores would have been out of high school for two years. HIGH SCHOOL GRADUATE is a dummy variable that equals 1 if the student had completed high school by 1984. COLLEGE ENTRANT is a dummy variable that equals 1 if the student had enrolled in a four-year college by February of 1984 (and did not first enroll in a two-year college or a vocational training program). Since graduating high school is a precondition for starting college, all of our work defines the COLLEGE ENTRANT variable for only those students who have a high school degree.[6]

Most of the family characteristics require little explanation. As can be seen in Table I, data on family income and parents' education are missing in a significant number of cases. We suspect that these values are missing in a nonrandom sample of the population. For example, graduation rates among students where the parents' education is missing are ten percentage points lower than the rate for students where the education variable is available.[7] We looked at a number of strategies to deal with this missing data problem including the estimation of a model suggested by Griliches, Hall, and Hausman [1978] in which we treat nonreporting as an endogenous variable.

Table I shows that, compared with Catholic school students, public school students were more than seven times as likely to drop out of high school and were just over half as likely to start college. That table also indicates that the characteristics of Catholic school students suggest that they were more likely to succeed in school. Public school students scored lower on standardized tests and were far more likely to be eighteen years of age or older, to come from low-income families, to have parents who had not finished high school, and to live without their father. The basic question in this paper is whether Catholic schools still have an important impact on high school graduation and college entrance once we control for the effects of these measured differences across students as well as any unmeasured differences. Our sample includes significant numbers of Catholic students who attend public schools and non-Catholic students who attend Catholic schools, thus leaving open the possibility that we can separate the effects of religion from the effects of a religious education.

One simple yet informative test is to compare education outcomes across broad demographic and ability groups.[8] These results parallel the discussion in Coleman and Hoffer [1987, Chapter 4]. In Table II graduation and college entrance rates are computed by ability, family income, parents' education, sex, and race. The table shows that the probability that a public school student will graduate varied dramatically across groups. Among Catholic school students, however, these differences were small. For example, the graduation rate for public school students whose parents were high school dropouts was fourteen percentage points lower than the rate for public school students whose parents were college graduates. Among Catholic school students this difference was only four percentage points. As a consequence, the difference in graduation rates between Catholic and public school students is smallest among students with high test scores from high income, well-educated families. However, even for those groups, Catholic school students graduated at higher rates than their public school counterparts.

As one would expect, there is far more heterogeneity across across demographic groups in college entrance rates. Across all groups, however, Catholic school students were more likely to begin college. As with the high school graduation rates, the differences across sectors declines as ability, family income, and parents' education increase, but there are still large differences in college matriculation rates even for the top categories in all groups.[9]

III. Probit Models of Educational Attainment

The literature on the effect of Catholic schools on the probability of graduating from high school and going to college has rarely gone beyond the sort of

Variable name	Definition	Catholic school mean and (std. dev.)	Public school mean and (std. dev.)
Parent College Graduate	0-1 dummy variable, = 1 if parents' highest education is college graduate	0.21 (0.41)	0.11 (0.31)
Single Mother	0-1 dummy variable, = 1 if student's household is headed by single mother	0.12 (0.32)	0.15 (0.35)
Single Father	0-1 dummy variable, = 1 if student's household is headed by single father	0.03 (0.17)	0.05 (0.21)
Natural Mother/Stepfather	0-1 dummy variable, = 1 if student lives with natural mother and stepfather	0.04 (0.19)	0.06 (0.24)
Both Natural Parents	0-1 dummy variable, = 1 if student lives with both natural parents	0.76 (0.43)	0.62 (0.48)
Other Family Structure	0-1 dummy variable, = 1 if student's household has other structure	0.06 (0.24)	0.12 (0.32)
Age 16	0-1 dummy variable, = 1 if student is ≤16 years of age in February of 1982	0.03 (0.17)	0.03 (0.17)
Age 17	0-1 dummy variable, = 1 if student is 17 years of age in February of 1982	0.63 (0.48)	0.49 (0.50)
Age 18	0-1 dummy variable, = 1 if student is 18 years of age in February of 1982	0.32 (0.47)	0.40 (0.49)
Age 19+	0-1 dummy variable, = 1 if student is 19 years of age or older	0.02 (0.15)	0.08 (0.26)
Attends Religious Services Regularly	0-1 dummy variable, = 1 if student attends church at least twice a month	0.69 (0.46)	0.44 (0.50)
Attends Religious Services Occasionally	0-1 dummy variable, = 1 if student attends church occasionally	0.17 (0.38)	0.23 (0.42)
Never Attends Religious Services	0-1 dummy variable, = 1 if student never attends church	0.13 (0.34)	0.33 (0.47)
10th Grade Test Score	Student's sophomore score on standardized exam	30.06 (14.63)	24.53 (15.87)
Test Score Missing	0-1 dummy variable, = 1 if sophomore test score is missing	0.08 (0.28)	0.16 (0.37)
No. of obs.		10,767	2527

a. The COLLEGE ENTRANT means are conditional on having completed high school.

In the end we fell back on a straightforward approach of defining income and parents' education in terms of a set of dummy variables and including "missing data" as a category. We chose the highest income and highest education groups as reference categories in order to facilitate the interpretation of the results.

where Y_i^* is the net benefit a student receives from graduating high school, X_i is a vector of individual characteristics, C_i is a Catholic school dummy variable, and ϵ_i is a normally distributed random error with zero mean and unit variance. Students will only graduate from high school if the expected net benefits of completion are positive, and thus the probability that a student finishes high school is

$$\text{prob}[Y_i = 1] = \text{prob}[X_i\beta + C_i\delta + \epsilon_i > 0] = \Phi[X_i\beta + C_i\delta], \quad (2)$$

where $\Phi[\ ]$ is the evaluation of the standard normal cdf.

In all of our high school graduation and college entrance probit models, we use the set of individual and family characteristics listed in Table I, dummy variables for urban and rural schools, and three indicators for census regions. Maximum likelihood estimates of the high school completion and college entrance models are reported in columns 1 and 3 of Table III. To measure the qualitative importance of all our right-hand-side variables, we report the marginal effect $\partial \text{prob}(Y_i = 1)/\partial X_i$ for a reference individual in columns 2 and 4.[10] For the *CATHOLIC SCHOOL* dummy variable, we also report at the bottom of Table III the "average treatment effect" which is the average difference between the probability that a student would graduate from high school if he or she attended a Catholic high school and the probability that student would graduate if he or she attended a public school. Thus, if n is the sample size and β and δ are the maximum likelihood estimates of the parameters in equation (2), then the average treatment effect equals $(1/n) \sum_i [\Phi(X_i\beta + \delta) - \Phi(X_i\beta)]$. We use the "delta" method to calculate the variance of the marginal effects and average treatment effects.

The results in Table III show that Catholic school students have a substantially higher probability of completing high school and entering a four-year college than do public school students. Our reference individual's probability of finishing high school would be twelve percentage points higher if she went to a Catholic school than if she went to a public school. The probability that she would enter college would be fourteen percentage points higher. To place these results in perspective, the impact of Catholic schools on high school completion is more than two and one-half times larger than the effect of moving from the lowest to the highest income group, 50 percent larger than the effect of moving from the lowest to the highest parents' education category, and three times as large as the impact of moving from a family headed by a single female to a two-parent family. The estimated marginal effects for *CATHOLIC SCHOOL* reported in Table III are roughly equal to the average treatment effects for the entire sample.[11]

Table II. Educational Outcomes of High School Students by School Type

Sample	HIGH SCHOOL GRADUATE		COLLEGE ENTRANT[a]	
	Public schools	Catholic schools	Public schools	Catholic schools
Full sample	0.79	0.97	0.32	0.55
Sophomore Test Score Missing	0.71	0.98	0.22	0.50
Sophomore Test First Quartile	0.63	0.91	0.11	0.25
Sophomore Test Second Quartile	0.80	0.96	0.19	0.40
Sophomore Test Third Quartile	0.89	0.98	0.37	0.56
Sophomore Test Fourth Quartile	0.95	0.99	0.62	0.78
Parent Education Missing	0.65	0.92	0.16	0.40
Parent H.S. Dropout	0.77	0.95	0.22	0.41
Parent H.S. Degree	0.82	0.97	0.30	0.54
Parent Some College	0.87	0.98	0.44	0.62
Parent College Graduate	0.91	0.99	0.61	0.67
Family Income Missing	0.74	0.97	0.25	0.48
Family Income < $7000	0.64	0.91	0.19	0.36
Family Income $7000–$12000	0.76	0.92	0.23	0.44
Family Income $12000–$16000	0.81	0.98	0.29	0.51
Family Income $16000–$20000	0.84	0.97	0.33	0.49
Family Income $20000–$25000	0.84	0.96	0.38	0.57
Family Income $25000–$38000	0.87	0.99	0.47	0.70
Family Income ≥ $38000	0.86	0.98	0.52	0.66
Female	0.80	0.97	0.33	0.53
Male	0.78	0.97	0.31	0.58
Black	0.76	0.95	0.33	0.62
Hispanic	0.76	0.93	0.21	0.45
White	0.81	0.99	0.35	0.56
Other Race	0.84	0.98	0.38	0.56

a. The *COLLEGE ENTRANT* means are conditional on having completed high school.

simple cross tabulations in Table II. In this section we extend this literature by examining the student's decision to complete high school or enter college by estimating a set of probit models.

A. Single-Equation Probit Models

In the high school graduation version of this model, let the indicator variable $Y_i = 1$ if student i completes high school, and let $Y_i = 0$ otherwise. The choice problem is described by the latent variable model.

$$Y_i^* = X_i\beta + C_i\delta + \epsilon_i, \quad (1)$$

Table III. Probit Estimates of HIGH SCHOOL GRADUATE and COLLEGE ENTRANT Models

Independent variable[a]	HIGH SCHOOL GRADUATE Probit coefficient	HIGH SCHOOL GRADUATE Marginal effect[b]	COLLEGE ENTRANT Probit coefficient	COLLEGE ENTRANT Marginal effect[b]
Catholic School	0.777 (0.056)	0.117 (0.014)	0.384 (0.032)	0.144 (0.012)
Female	0.041 (0.029)	0.006 (0.004)	0.021 (0.026)	0.008 (0.010)
Black	0.132 (0.045)	0.020 (0.007)	0.170 (0.042)	0.064 (0.014)
Hispanic	0.080 (0.037)	0.012 (0.006)	−0.160 (0.036)	−0.060 (0.014)
Other Race	0.346 (0.067)	0.052 (0.011)	0.316 (0.060)	0.118 (0.022)
Family Income Missing	−0.111 (0.068)	−0.017 (0.010)	−0.382 (0.055)	−0.143 (0.021)
Family Income < $7000	−0.300 (0.078)	−0.045 (0.012)	−0.484 (0.080)	−0.181 (0.030)
Family Income $7000–$12,000	−0.121 (0.073)	−0.018 (0.011)	−0.408 (0.063)	−0.153 (0.024)
Family Income $12,000–$16,000	−0.035 (0.072)	−0.005 (0.011)	−0.319 (0.056)	−0.119 (0.021)
Family Income $16,000–$20,000	0.000 (0.070)	0.000 (0.010)	−0.283 (0.055)	−0.106 (0.020)
Family Income $20,000–$25,000	−0.035 (0.072)	−0.005 (0.011)	−0.196 (0.055)	−0.073 (0.021)
Family Income $25,000–$38,000	0.037 (0.077)	0.006 (0.012)	−0.025 (0.057)	−0.009 (0.021)
Parent Education Missing	−0.730 (0.061)	−0.110 (0.013)	−0.916 (0.052)	−0.342 (0.020)
Parent High School Dropout	−0.522 (0.058)	−0.078 (0.011)	−0.855 (0.043)	−0.320 (0.017)
Parent High School Graduate	−0.375 (0.060)	−0.056 (0.011)	−0.602 (0.044)	−0.225 (0.015)
Parent Some College	−0.204 (0.062)	−0.031 (0.010)	−0.290 (0.042)	−0.108 (0.016)
Single Mother	−0.255 (0.041)	−0.038 (0.007)	−0.060 (0.042)	−0.023 (0.016)
Single Father	−0.421 (0.063)	−0.063 (0.010)	−0.269 (0.069)	−0.101 (0.026)
Natural Mother/Stepfather	−0.286 (0.056)	−0.043 (0.009)	−0.263 (0.060)	−0.098 (0.023)
Other Family Structure	−0.155 (0.048)	−0.023 (0.007)	−0.060 (0.053)	−0.023 (0.020)
Age 16	0.611 (0.089)	0.092 (0.015)	0.655 (0.115)	0.245 (0.043)
Age 17	1.025 (0.050)	0.154 (0.014)	0.718 (0.087)	0.268 (0.033)
Age 18	0.699 (0.050)	0.105 (0.012)	0.603 (0.088)	0.225 (0.033)
Attends Religious Services Regularly	0.321 (0.035)	0.048 (0.006)	0.299 (0.035)	0.112 (0.014)
Attend Religious Services Occasionally	0.082 (0.039)	0.012 (0.006)	0.115 (0.041)	0.043 (0.015)
Intercept	0.388 (0.093)		−0.683 (0.107)	
Average treatment effect of Catholic School	0.130 (0.007)		0.132 (0.011)	
Log Likelihood	−5155.26		−3297.87	

Asymptotic standard errors are in parentheses. The number of observations in the HIGH SCHOOL GRADUATE and COLLEGE ENTRANT models is 13,294 and 10,983, respectively.

a. Other exogenous variables include dummy variables for urban and rural schools, plus three regional dummy variables.

b. Marginal effects are calculated for a seventeen-year old white female, living with both natural parents where at least one parent has a high school degree and family income is between $16,000 and $20,000, attends church regularly, and lives in a suburban area in the south.

The other results in Table III are consistent with the literature in this field. Females, students from wealthier families, students with better educated parents, and students living with both natural parents are all more likely to graduate from high school and enter college. Students who are at least eighteen are far more likely to drop out of high school, largely because these students are more likely to have repeated a grade, a clear signal that they have struggled in school. The results on student age may also reflect, in part, the fact that compulsory education laws are not binding for older students [Angrist and Krueger 1991]. The effects of family income on high school graduation is large for students from families with incomes below $12,000 (conditional on parents' education), but increases in income beyond $12,000 seem to have little additional impact on the chances that a student will graduate. In contrast, the probability of college entrance increases monotonically as income rises. The results also show that although in the raw data blacks and Hispanics drop out at higher rates than do whites, once we control for

Table IV. Probit Estimates of *HIGH SCHOOL GRADUATE* and *COLLEGE ENTRANT* Models

Model	Additional exogenous variables[a]	HIGH SCHOOL GRADUATE				COLLEGE ENTRANT			
		No. of obs.	Probit coefficient on CATHOLIC SCHOOL	Marginal effect[b]	Average treatment effect	No. of obs.	Probit coefficient on CATHOLIC SCHOOL	Marginal effect[b]	Average treatment effect
(1)		13,294	0.777 (0.056)	0.117 (0.014)	0.130 (0.007)	10,983	0.384 (0.032)	0.144 (0.012)	0.132 (0.011)
(2)	10th GRADE TEST SCORE	11,379	0.632 (0.061)	0.093 (0.013)	0.100 (0.008)	9,567	0.367 (0.036)	0.125 (0.012)	0.111 (0.011)
(3)	10th GRADE TEST SCORE and a dummy variable for missing test score	13,294	0.722 (0.059)	0.112 (0.014)	0.120 (0.007)	10,983	0.392 (0.034)	0.135 (0.012)	0.120 (0.011)
(4)	Measures of peer groups[c]	13,294	0.726 (0.058)	0.129 (0.016)	0.123 (0.007)	10,983	0.308 (0.034)	0.107 (0.012)	0.104 (0.012)
(5)	Dummy variables for whether family owns a calculator, encyclopedia, more than 50 books, or a typewriter	10,797	0.710 (0.062)	0.097 (0.014)	0.111 (0.007)	9,266	0.337 (0.035)	0.130 (0.013)	0.117 (0.012)
(6)	Dummy variables for whether family owns a calculator, encyclopedia, more than 50 books, or a typewriter, and dummy variables for whether these values are missing	13,294	0.764 (0.057)	0.106 (0.013)	0.128 (0.007)	10,983	0.382 (0.032)	0.146 (0.012)	0.130 (0.012)
(7)	State dummy variables	13,294	0.826 (0.058)	0.132 (0.016)	0.136 (0.007)	10,983	0.415 (0.034)	0.134 (0.011)	0.140 (0.012)
(8)	All of the variables in models (3), (4), (6), and (7)	13,294	0.735 (0.061)	0.137 (0.019)	0.120 (0.007)	10,983	0.369 (0.037)	0.111 (0.011)	0.108 (0.012)

Asymptotic standard errors are in parentheses.
a. Other right.hand-side variables include those listed in Table III.
b. Marginal effects are calculated for the individual defined in Table III. The medium public school test scores and average public school values for the peer group measures are used in the appropriate models. For models (5), (6), and (8), individuals are assumed to own all items listed. The reference state used in models (7) and (8) is the state with the most observations in the sample.
c. A set of seven variables that measure the percent of students in a high school whose parents fall into four education categories and whose family falls into three income categories.

B. Potential Omitted Variables Bias

In this section we ask whether our basic results are robust. Our primary concern here is that we have omitted important (measurable) characteristics of the student that are correlated with the Catholic school variable and that, as a consequence, we have overstated the benefits of a Catholic school education. The results of some of these sensitivity tests are shown in Table IV. We reproduce the basic results from Table III in the first line of Table IV.

We begin by asking whether including measures of student ability or achievement would change our basic finding. While we would certainly expect to find that better students are more likely to finish high school and start college, we are hesitant to include measures of ability or achievement in our basic model since they are potentially endogenous variables. Here we set these concerns aside for the moment and include in line (2) the student's sophomore score on the *HS&B* exams in the basic probit models. Not surprisingly, test score is an excellent predictor of both measures of educational attainment. The *t*-statistic on the test score variable is over 13 in both models. Including test score reduces the average treatment effect of Catholic schools from 13.0 percentage points in the dropout model to 10.0 and from 13.2 to 11.1 in the college model. While the effect of Catholic schools is still large in the second line of Table IV, we would argue that these models probably understate the true effect of Catholic schools. The sophomore test score is missing for over 1900 students. It is more likely to be missing for public school students and for students with the highest ex post probability of dropping out.[12] Excluding these observations from the data set would then drag the Catholic school coefficient downward. To illustrate this point more clearly, in line (3) we set the test score equal to zero if the score is missing and include a dummy that equals 1 if the score is missing but equals 0 otherwise. In this specification, including test scores has little impact on our basic conclusions. The average treatment effects in line (3) are very close to the average treatment effects in line (1).[13]

We noted above that Catholic school students are more likely to come from two-parent, high income, well-educated families; i.e., they have "better" observed characteristics. Moreover, they attend schools with peers who, on average, also have better observed characteristics. A number of authors have found that a range of social outcomes is correlated with the quality

observed characteristics these groups are actually more likely to finish high school.

measures of home inputs into education and indicators for missing values, and 50 state dummy variables. Including all 67 of these variables decreases the average treatment effect of a Catholic education on high school completion and college entrance by 8 and 17 percent, respectively. For both dependent variables, however, the average treatment effect is still more than ten percentage points. Our results, therefore, appear to be robust to rather different model specification.

C. Catholic School Selectivity

Public schools must accept virtually all students who live within their attendance boundaries, and in general it is very difficult for most public schools to expel a student. Catholic schools, on the other hand, are free to select their students and to expel students because of poor behavior or poor academic performance. Thus, part of the Catholic school effect we have found could be due to the way Catholic schools choose their students. They are in a better position than public schools to avoid students who in the end are likely to drop out.[19]

The bivariate probit models we present in the next section of the paper can address this question. But we can also present some evidence on this point within our single-equation framework. *HS&B* asked school officials whether their schools used entrance exams as part of the admissions process and whether there was a waiting list for the school. If school selection does play an important role in explaining the success of Catholic schools, then we would expect Catholic schools that use entrance exams or that have waiting lists to have lower dropout rates than other Catholic schools. To test this hypothesis, we interacted the Catholic school dummy variable with these school characteristics. The results are presented in Table V. In both instances we do not find a pattern that is consistent with the school selection hypothesis. In all of the models in Table V, we are unable to reject the hypothesis that there is no difference in graduation or college entrance rates across types of Catholic schools.

D. Definition of the Dependent Variables

As a final sensitivity test in this section, we asked whether our results are robust to alternative definitions of the dependent variables. We have reestimated our models allowing for more inclusive measures of high school graduation and college completion. For example, we have estimated models where we count those with GED's and those who received diplomas after February of 1984 as high school graduates. Counting these students as high school graduates increases the sample average graduation rate to 90.4 percent

of the peer group.[14] Therefore, it is possible that we have overstated the effects of Catholic schools by ignoring peer group effects. We have calculated a set of seven peer group measures for each school in our sample using data from all students in the first wave of *HS&B* (and thus in many cases these peer group measures are based on 72 students). Our peer group measures equal the proportion of students in a school whose parents fall into four education categories and whose family falls into three income categories.[15] In line (4) of Table IV we include these peer group measures in our basic probit. Although a number of the peer variables are statistically significant and ,indicate that better peer groups do increase the probability of completing high school and entering college, the coefficients on the *CATHOLIC SCHOOL* dummy variable and the average treatment effects change very little.[16]

A number of previous studies have found that measures of the family's inputs into education are important determinants of a student's score on standardized exams [Coleman, Hoffer, and Kilgore 1982; Coleman and Hoffer 1987; Noell 1982]. Coleman, for example, includes indicators for whether the student's family owns a calculator, an encyclopedia, more than 50 books, or a typewriter. As the results in line (5) indicate, including these variables does reduce the impact of a Catholic school education, but the Catholic school effect remains quite large. However, as with the test score data, there are many missing observations for these variables. Letting the indicator variables equal zero if the value is missing and including four dummy variables that equal one if the variable is missing, we see in line (6) that these four family measures have little impact on the average treatment effect.[17]

Given the variation in state labor market conditions, compulsory schooling laws and state support for higher education, it is possible that there are strong state effects in the models we have estimated. If these state effects are correlated with the probability of attending a Catholic high school, they may have led us to overstate the impact of a Catholic education on educational attainment. *HS&B* does not identify the state in which a student lives. We can, however, identify all of the students who live in the same state (although we do not know which state that is). The Local Labor Market Indicators for *HS&B* (1980–1982) supplemental file reports local labor market statistics at the county, MSA, and state level for the years 1980–1982. There are 51 unique values for the product of all state level unemployment rates for the three years. In line (7) of Table IV we include 50 state dummy variables in the basic probit models. The marginal and average treatment effects in this fixed-effects model are very similar to the estimates in line (1).[18]

Finally, we run one large model that includes the test scores and a dummy for missing test scores, the seven peer group measures, the four and decreases the Catholic school average treatment effect to eight percentage points. Given the recent work of Cameron and Heckman [1993], who found that students earning a GED have poorer labor market outcomes than regular high school graduates, it is not clear that equating these two groups is appropriate. We also counted those who entered two-year colleges and those entering any college after February of 1984 as college entrants. This change in definition increases the mean of the dependent variable to 60 percent, but the Catholic school average treatment effect remains roughly twelve percentage points.[20]

IV. Testing for Selectivity Bias

All of the single-equation models we presented in the previous section treat the decision to attend Catholic schools as exogenous. As Goldberger and Cain [1982] and others argue (and Coleman acknowledges), selectivity bias is potentially the most serious problem in the literature on the effectiveness of private schools. The following example illustrates the nature of the error that could arise. Consider a child whose parents care a great deal about his welfare. We would expect this child to do well in school for two reasons. First, his parents will see that he attends a better than expected school and will be more willing to pay the cost of sending him to a private school. Second, he will succeed in part because of factors that cannot be observed but are under his parents' control. They will spend more time reading to him, they will stress the importance of good grades, and they will see that he does his homework. A single-equation model would mistakenly attribute all of this child's success to his private school. More formally, our results would be biased because the school choice variable in the high school completion and college entrance equations would be correlated with the error term. Similar problems will arise if Catholic schools are able to screen potential students on factors such as a personal interview or they expel students on the basis of poor behavior and academic performance.

A. A Bivariate Probit Model

In this section we outline a simple bivariate probit model that allows for these possibilities. Following the latent variable model in equation (1), suppose that the net benefits of attending Catholic school C_i^* can be written as

$$C_i^* = Z_i \gamma + \mu_i, \quad (3)$$

where Z_i is a vector of observables and μ_i is a random error. A family will enroll a child in a Catholic school if the net benefits are positive; i.e., if $C_i^* > 0$. To allow for the possibility that the unobserved determinants of a

Table V. Probit Estimates of *HIGH SCHOOL GRADUATE* AND *COLLEGE ENTRANT* Models

Independent variables[a]	% of Catholic school students	HIGH SCHOOL GRADUATE				COLLEGE ENTRANT			
		Probit coefficient	Marginal effect[b]	Probit coefficient	Marginal effect[b]	Probit coefficient	Marginal effect[b]	Probit coefficient	Marginal effect[b]
Catholic Schools with Entrance Exams	0.842	0.778 (0.064)	0.117 (0.014)			0.388 (0.036)	0.145 (0.013)		
Catholic Schools without Entrance Exams	0.158	1.059 (0.178)	0.159 (0.030)			0.333 (0.072)	0.124 (0.027)		
Catholic Schools with Waiting Lists	0.512			0.850 (0.087)	0.128 (0.018)			0.378 (0.044)	0.141 (0.016)
Catholic Schools without Waiting Lists	0.488			0.782 (0.081)	0.118 (0.016)			0.379 (0.044)	0.141 (0.016)
−2 log likelihood test[c]		2.40		0.36		0.52		0.02	

Asymptotic standard errors are in parentheses. Answers to the entrance exam and waiting list questions were missing in some cases. The number of observations (mean of dependent variable) in the *HIGH SCHOOL GRADUATE* and *COLLEGE ENTRANT* models is 13,033 (0.821) and 10,735 (0.373), respectively.
a. Other right-hand-side variables include those listed in Table III.
b. The marginal effect is calculated for the individual described in Table III.
c. The test statistic is the statistic required to test the equality of the coefficients on the two types of Catholic schools. The test is asymptotically distributed as a χ^2 with one degree of freedom. The 95 percent critical value is 3.84.

Table VI. Maximum Likelihood Estimates of *HIGH SCHOOL GRADUATE* and *COLLEGE ENTRANT* Bivariate Probit Model Using *CATHOLIC RELIGION* as an Instrument

Model	Other variables[b] in X_i	MLE estimates of bivariate probit model				2SLS estimate of coefficient on *CATHOLIC SCHOOL*
		Coefficient on *CATHOLIC SCHOOL*	Marginal effect[c]	Average treatment effect	ρ	

High School Graduate[a]

Model	Other variables	Coeff. CATHOLIC SCHOOL	Marginal effect	Avg. treatment effect	ρ	2SLS
(1)		0.777 (0.056)	0.117 (0.014)	0.130 (0.007)		0.096[d] (0.008)
(2)		0.859 (0.115)	0.133 (0.022)	0.141 (0.014)		0.127 (0.024)
(3)	10th Grade Test Score and Test Missing	0.678 (0.126)	0.078 (0.018)	0.114 (0.017)	−0.053 (0.067)	0.103 (0.024)
(4)	10th Grade Test Score, Test Missing, State Effects	0.911 (0.121)	0.142 (0.027)	0.144 (0.015)	0.028 (0.072)	0.114 (0.024)
(5)	10th Grade Test Score, Test Missing, and State Effects	0.746 (0.132)	0.124 (0.028)	0.121 (0.016)	−0.050 (0.072)	0.134 (0.030)

College Entrant[a]

Model	Other variables	Coeff. CATHOLIC SCHOOL	Marginal effect	Avg. treatment effect	ρ	2SLS
(6)		0.384 (0.032)	0.144 (0.012)	0.132 (0.011)		0.137[d] (0.011)
(7)		0.288 (0.079)	0.109 (0.033)	0.098 (0.028)	0.067 (0.049)	0.148 (0.030)
(8)	10th Grade Test Score and Test Missing	0.211 (0.083)	0.078 (0.034)	0.064 (0.026)	0.124 (0.052)	0.098 (0.024)
(9)	10th Grade Test Score, Test Missing, State Effects	0.341 (0.084)	0.110 (0.032)	0.115 (0.029)	0.056 (0.053)	0.092 (0.024)
(10)	10th Grade Test Score, Test Missing, and State Effects	0.277 (0.090)	0.071 (0.026)	0.082 (0.027)	0.113 (0.046)	0.098 (0.028)

Asymptotic standard errors are in parentheses.
a. Models (1) and (6) are single-equation estimates from Table III. To estimate models (4), (5), (9), and (10), we deleted all states with no Catholic school students. The high school completion and college entrance models contain 10,120 and 8470 observations, respectively. Both models contain data from twenty states. Models (1), (2), and (3) contain 13,294 observations, and models (6), (7), and (8) contain 10,983 observations.
b. Other exogenous variables include those listed in Table III
c. Marginal effects are calculated for the individual defined in Table III
d. Estimated *CATHOLIC SCHOOL* coefficient from a linear probability model.

student's performance and the unobserved determinants of a family's decision to enroll their teenager in a Catholic school are correlated, we assume that ϵ_i and μ_i are distributed bivariate normal, with $E[\epsilon_i] = E[\mu_i] = 0$, $\text{var}[\epsilon_i] = \text{var}[\mu_i] = 1$ and $\text{cov}[\epsilon_i, \mu_i] = \rho$. Because both decisions we model are dichotomous, there are four possible states of the world ($Y_i = 0$ or 1 and $C_i = 0$ or 1). The likelihood function corresponding to this set of events is therefore a bivariate probit.

This system is identified if at least one variable in Z_i is not contained in X_i. Initially, we use as our instrument a dummy variable *CATHOLIC RELIGION* that equals 1 if the student reports that she is Catholic and 0 otherwise. Subsequently, we consider alternative instruments such as whether a student attends school in a predominantly Catholic area and a set of instruments that we form by interacting *CATHOLIC RELIGION* with religious attendance variables. We look at the validity of these variables as instruments below.

The bivariate probit results are summarized in Table VI. We repeat the basic single-equation results from Table III in lines (1) and (6) of Table VI. In lines (2) and (7) we present the maximum likelihood (MLE) bivariate probit estimates using *CATHOLIC RELIGION* as an instrument and the same right-hand variables we use in the basic single-equation models. In both the high school graduate and college entrance models, the MLE estimates of the marginal effect of Catholic schools and the average treatment effect are quite close to the single-equation estimates. The MLE estimate of the correlation coefficient ρ is negative in the high school completion model and positive in the college model, but in both cases the estimate is small, imprecise, and thus statistically insignificant.

In the remainder of Table VI we look at the impact of adding state effects and tenth grade test scores (variables that appeared to be important when we looked at them in Table IV) to the bivariate probit model. These additional variables have little impact on our basic conclusions in the dropout model. The estimated average treatment effect in lines (3)–(5) is similar to the average treatment effect in (2). Our estimates of ρ are always statistically insignificant. Adding tenth grade test scores to the college models (regardless of whether we include state effects as well) reduces the average treatment effect and leads to an estimate of ρ which is positive and significantly different from zero. Even in these models, however, attending a Catholic high school increases the probability of entering college by more than seven percentage points.

The last column of Table VI presents estimates of a somewhat different econometric model. Although the bivariate probit model is straightforward to estimate, the model is substantially more complicated than a standard two-stage least squares (2SLS) model one could estimate if all potentially endogenous variables were continuous. Fortunately, Angrist [1991] has shown that instrumental variable estimation is a viable alternative to the bivariate probit model. In the notation of equation (1) Angrist showed in a

Monte Carlo study that if we ignore the fact that the dependent variable is dichotomous and estimate

$$Y_i = X_i\beta + C_i\delta + \epsilon_i \quad (4)$$

with instrumental variables (IV), the IV estimate of δ is very close to the estimated average treatment effects calculated in a bivariate probit model. A comparison of the third and fifth columns of Tables VI illustrate the Angrist result. The 2SLS estimates of the Catholic school effect and the average treatment effect are very similar in all of the models we have presented in that table. We will take advantage of this result below where we focus on the validity of our instruments.

B. The Validity of the Instruments

If *CATHOLIC RELIGION* is a valid instrument, then (i) it must be a determinant of the decision to attend a Catholic School, but (ii) it must not be a determinant of the decision to drop out of high school or to start college; i.e., it must not be correlated with the error term ϵ_i. Not surprisingly, it is easy to show that it meets the first test. In a probit model that explains the probability that a student will attend a Catholic school, the t-statistic on the *CATHOLIC RELIGION* variable is 36.3. In a simple OLS model where *CATHOLIC SCHOOL* is regressed on *CATHOLIC RELIGION*, the R^2 is 0.16.

Thus, the credibility of our bivariate probit results turns on our assumption that high school students who are Catholic are no more likely to graduate from high school or to begin college than otherwise identical students who are not Catholic. There is little evidence from other studies that would suggest that there are important differences in the education levels of Catholics and non-Catholics. Taubman [1975, Table 3, p. 179], for example, found that the level of education of Jews and Protestants was not significantly different from the level of education of Catholics. Using the data appendix in Tomes [1984], we find that Catholics and non-Catholics have virtually the same average years of education (12.88 versus 12.64, respectively). However, in the raw *HS&B* data (that is, without accounting for variables that are correlated with the Catholic religion variable), Catholic students are more likely to finish high school and to go to college. In the full sample, 88.4 percent of Catholics graduated from high school as compared with 79.0 percent of non-Catholics. Among students who finished high school, 42.8 percent of Catholics entered college as compared with 33.5 percent of non-Catholics. These differences could lead us to estimate of the effect of a Catholic school education that is large but possibly misleading.

The following simple calculation makes this point clear. With our discrete instrument and assuming a bivariate linear model where the only right-hand-side variable is *CATHOLIC SCHOOL*, we can generate an instrumental variable estimate for the *CATHOLIC SCHOOL* effect through a comparison of means. Using the results in Wald [1940], the instrumental variable estimate is simply the difference in graduation rates for Catholics and non-Catholics, divided by the difference in the probability that Catholics and non-Catholics attend Catholic high schools. In the full sample, 39.1 percent of Catholics and 6.4 percent of non-Catholics go to Catholic schools. Thus, the Wald instrumental variable estimate for the impact of Catholic schools on the dropout model is $(.884 - .790)/(.392 - .064) = .287$. For the sample that has completed high school, 43.1 percent of Catholics and 7.8 percent of non-Catholics are in Catholic high schools, implying a Wald estimate for the college entrance model of $(.428 - .335)/(.431 - .078) = .263$.

These raw numbers suggest that, on average, Catholics are better educated than non-Catholics. This will pose a problem for our estimation if, *after controlling for other observed characteristics*, the Catholic religion instrument is correlated with a student's unobserved propensity to graduate from high school or enter college. The most straightforward way to address this issue is to include *CATHOLIC RELIGION* in the single-equation probits we discussed in Table III. We recognize that this is not a formal test since if the correct specification is a bivariate probit then single-equation models are misspecified, but it does offer a clear sense of the patterns in the data. If we include *CATHOLIC RELIGION* in a single-equation dropout model, its estimated coefficient is positive but statistically insignificant. The estimated marginal effect of the *CATHOLIC RELIGION* variable in that model is very small compared with the effect of going to a Catholic school. Although this is not a direct test of whether our instrument is valid, it does indicate that, as a group, Catholics are no different from non-Catholics.

We performed three further tests in order to explore this issue. First, we have constructed additional sets of instruments that recognize that there is heterogeneity in the demand for Catholic schools among Catholics. These models, for example, allow for the possibility that Catholics who attend church regularly are more likely to send their children to Catholic schools than are Catholics who rarely go to church. Second, following Neal [1994] and Hoxby [1994], we have used a very different instrument: the proportion of the population in the county where a student attends school that is Catholic.[21] They argue that it is probable that there will be more Catholic schools in predominantly Catholic areas and thus students (given their observable characteristics) who live in such areas are more likely to attend a Catholic school.[22] There is no reason, however, to suspect that the probability that a student will finish high school or start college depends on her

Table VII. System Estimates of *HIGH SCHOOL GRADUATE* and *COLLEGE ENTRANT* Models with Alternative Instruments

Instruments	Bivariate probit estimates of average treatment effect, *CATHOLIC SCHOOL*	2SLS estimate of *CATHOLIC SCHOOL*	Test of overidentifying restrictions, (d.o.f.), [95% critical value]
High School Graduate[a]			
(1) Catholic Religion	0.141 (0.014)	0.127 (0.024)	
(2) Catholic Religion × Attendance at Religious Services	0.141 (0.013)	0.107 (0.022)	3.29 (2) [5.99]
(3) % Catholic in County	0.114 (0.033)	0.130 (0.076)	
(4) Catholic Religion and % Catholic in County	0.139 (0.044)	0.127 (0.024)	0.10 (1) [3.84]
(5) Catholic Religion, % Catholic in County and Catholic Religion × % Catholic in County	0.137 (0.014)	0.127 (0.024)	0.84 (2) [5.99]
(6) % Catholic in County[b]	0.061 (0.038)	0.144 (0.373)	
College Entrant[a]			
(7) Catholic Religion	0.098 (0.028)	0.148 (0.030)	
(8) Catholic religion × Attendance at Religious Services	0.122 (0.127)	0.167 (0.027)	6.3 (2) [5.99]
(9) % Catholic in County	0.240 (0.053)	0.656 (0.093)	
(10) Catholic religion and % Catholic in County	0.115 (0.037)	0.161 (0.029)	33.7 (1) [3.84]
(11) Catholic Religion and Catholic Religion × % Catholic in County[c]	0.071 (0.028)	0.104 (0.031)	0.81 (1) [3.84]

Asymptotic standard errors are in parentheses. The number of observations in the *HIGH SCHOOL GRADUATE* and *COLLEGE ENTRANT* models is 13,294 and 10,983, respectively.
a. Other exogenous variables include those listed in Table III.
b. *CATHOLIC RELIGION* is included as an exogenous variable in the model.
c. % *CATHOLIC IN COUNTY* is included as an exogenous variable in the model.

neighbors' religion. Third, we have formed a final set of instruments by combining the Catholic religion and Catholic population variables. The models, like the models that incorporate church attendance, allow for heterogeneity among Catholics (e.g., Catholics who live in heavily Catholic neighborhoods are more likely to send their children to Catholic schools).

This research strategy is particularly attractive since it leads to several models that are overidentified. In those models, we can use Newey's [1985] method of moments specification tests to look at the internal consistency of the model; i.e., whether the variables we use as instruments can be excluded from the structural equation. In a 2SLS model the test statistic is constructed by regressing the estimated errors from the structural model of interest on all exogenous variables in the system. The number of observations times the uncentered R^2 from this synthetic regression is distributed as χ^2 with degrees of freedom equal to the number of instruments minus the endogenous right-hand-side variables in the structural equation of interest. Here again, we recognize that this is not a proper formal test. Although the Angrist [1991] result allows us to accurately estimate the average treatment effect via 2SLS, it is not clear that the assumptions necessary to perform the tests of overidentifying restrictions are met when both Y and C are discrete. This class of tests, however, is the best available diagnostic.

Table VII summarizes the estimates of models that rely on these alternative instruments. All of the models include the exogenous variables that we included in the basic versions of our probits presented in Table III. In lines (1) and (7) we repeat the estimates of the Catholic school effect from lines (2) and (7) in Table VI. For the *HIGH SCHOOL GRADUATE* models, we first interact Catholic religion with the religious attendance variables. Next, we use % *CATHOLIC IN COUNTY* as an instrument. We next use both *CATHOLIC RELIGION* and % *CATHOLIC IN COUNTY* as instruments, and then add the interaction of these variables to the previous model. Finally, in line (6) we use % *CATHOLIC IN COUNTY* as our instrument and include *CATHOLIC RELIGION* as a covariate in both the Catholic school and dropout equations.

Our estimates of the Catholic school effect from the bivariate probit models in lines (1)–(5) fall between 0.114 and 0.141. The 2SLS estimates are quite similar to the bivariate probit estimates in all cases. We cannot construct a test of overidentifying restrictions for the models in lines (1) and (3) since those models are exactly identified. For the other three models, however, all test statistics are well below their 95 percent critical value. The 2SLS estimate of the Catholic school effect in line (6) is consistent with our other estimates, though this effect is measured imprecisely (the standard error is more than ten times as large as the standard errors in most of the first five models). The bivariate probit estimate of model (6) is somewhat smaller than the other estimates in the upper panel of Table VII. It thus appears that our graduation results are fairly robust, though the results where we depend on *CATHOLIC RELIGION* as an instrument are estimated more precisely.

Table VIII. Heterogeneity of the Average Treatment Effect, HIGH SCHOOL GRADUATE Models

Sample	Number of obs.	Mean HIGH SCHOOL GRADUATE	Single-equation probit	Average treatment effect, CATHOLIC SCHOOL[a] Bivariate probit estimates with instructions: % CATHOLIC IN COUNTY	CATHOLIC RELIGION
White	7831	0.826	0.141 (0.007)	0.086 (0.039)	0.128 (0.016)
Black	1833	0.803	0.134 (0.019)	0.111 (0.101)	0.146 (0.044)
Urban[b]	3150	0.774	0.172 (0.016)	0.139 (0.069)	0.184 (0.037)
Suburban	6696	0.862	0.109 (0.008)	−0.003 (0.052)	0.120 (0.017)
Sophomore Test, First Quartile	2842	0.658	0.213 (0.025)	0.113 (0.145)	0.242 (0.051)
Sophomore Test, Second Quartile	2842	0.829	0.105 (0.016)	0.128 (0.066)	0.110 (0.087)
Sophomore Test, Third Quartile	2854	0.916	0.069 (0.010)	0.176 (0.039)	0.071 (0.020)
Sophomore Test, Fourth Quartile	2841	0.960	0.030 (0.007)	−0.217 (0.188)	0.012 (0.031)
Catholic	5104	0.884	0.107 (0.008)	0.328 (0.033)	
Non-Catholic	8190	0.790	0.145 (0.013)	0.072 (0.098)	

Asymptotic standard errors are in parentheses.
a. Other exogenous variables include those listed in Table III.
b. Schools in the South were deleted from this subsample because there were no urban Catholic schools.

The COLLEGE ENTRANT models in lines (7) through (10) parallel the graduation models in lines (1) through (4). The COLLEGE ENTRANT models are much more sensitive to the choice of instruments than are the HIGH SCHOOL GRADUATE models. In particular, versions of the model that use % CATHOLIC IN COUNTY as an instrument sometimes lead to results that are substantially different from the results we reported earlier. For example, in line (9) where we use % CATHOLIC IN COUNTY as the single instrument, the 2SLS estimate of CATHOLIC SCHOOL is implausibly large. The tests of overidentifying restrictions in the college model where we interact CATHOLIC RELIGION with the religious attendance variable is slightly larger than the critical value (the p-value is approximately 0.043), but the college model in line (10) clearly rejects the null hypothesis of internal consistency.

We suspect that the problem is that Catholics are likely to live in states where large numbers of students go on to college. To test this hypothesis, we used the data files from the 1980–1982 October Current Population Surveys and calculated state-level averages of the percent of 18 to 22 year-olds who are enrolled in college. The raw correlation between these values and the percent of the population in a state that is Catholic is 0.38 (p-value of 0.006). Because % CATHOLIC IN COUNTY may be capturing some unobserved state characteristics in the college models, in line (11) we included it as an exogenous variable and use CATHOLIC RELIGION and the interaction CATHOLIC RELIGION and % CATHOLIC IN COUNTY as instruments. In that model the estimated average treatment effect is 10.4 percent, and the statistic required for the test of overidentifying restrictions is well below the 95 percent critical value.

C. Heterogeneity in the Catholic School Effect

We have also explored the impact of Catholic schools on different subgroups of our sample, and thus, for example, we have estimated separate models for blacks and whites and Catholics and non-Catholics. When we divide the sample into Catholics and non-Catholics, we clearly cannot use % CATHOLIC RELIGION as an instrument and thus must rely on % CATHOLIC IN COUNTY to identify those bivariate probit models. As we showed in Table VII, % CATHOLIC IN COUNTY led to several implausible results in the college models. We therefore focus on high school graduation in this section of the paper.

Table VIII presents estimates of the average treatment effect of a Catholic school education for various subgroups. In the single-equation probits and bivariate probits where we use CATHOLIC RELIGION as an instrument, Catholic schools have a larger impact on students who have the lowest probability of finishing high school: blacks, students in urban areas, and students with low test scores. We still find, however, a large, statistically significant Catholic school effect for white and suburban students. These results are in contrast to Neal [1994], who found that Catholic schools raise the probability that urban black students will graduate but have little impact on other groups of students.

Some of these patterns emerge in bivariate probits where we use % CATHOLIC IN COUNTY as an instrument, though in general, these models are estimated less precisely. The effect on black and white students is similar, but the average treatment effect for blacks is not significantly different from zero. The pattern across test score groups is difficult to interpret, and the Catholic school effect for Catholics is implausibly large. In all, these results while the argument in favor of using % *CATHOLIC IN COUNTY* to identify the bivariate probit models is quite plausible, the actual gains from doing so are not as clear as we had first hoped.[23]

V. Summary and Conclusions

Spurred by the work of Coleman et al., academics and policymakers have been involved in a decade-long debate over the relative effectiveness of public and private schools. This debate has been waged largely over a single outcome measure: standardized test scores. But, as Card and Krueger [1992, p. 37] have argued, "success in the labor market is at least as important a yardstick for measuring the performance of the educational system as standardized tests." In this paper we have looked at two measures of education that are clearly linked to virtually every measure of success in the labor market: the decisions to finish high school and go to college. We find that teens enrolled in Catholic schools have a significantly higher probability of completing high school and starting college, and that the results appear to be robust, and that we cannot attribute the differences between sectors to sample selection bias. Catholic schools appear to have particularly large effects for urban students. This result has some potentially important policy implications given the concern over the quality of public schools in many inner cities. Most of our conclusions are consistent with other work on this problem including Neal [1994], who uses a different data set but a similar econometric approach, and Sander and Krautmann [1995] (which we learned of only after finishing the research for this paper), who use the same data set, a somewhat different econometric approach, and different instruments.

Our research leaves open a number of questions. First, it is possible that further analysis of the *HS&B* data or other data will make the Catholic school effect go away. For example, perhaps we have missed an important omitted variables problem or possibly a different approach to selectivity bias will yield different conclusions. Second, if Catholic schools are as effective as our results suggest, then we are left with a puzzle: why do not more families (particularly lower income Catholic families) make a fairly modest investment and send their children to a Catholic school? Third, if Catholic schools are more effective than public schools, we need to know more about the source of their effectiveness. Coleman et al. attribute this success to Catholic schools' emphasis on discipline, attendance, and homework. Our research does not address this issue, but it is an obvious next step. Finally, we need to know whether it will ever be possible to apply the lessons we learn from the Catholic schools to nonreligious private schools. In some ways, Catholic schools are like other private schools—they must meet the test of the market. But in other ways they are obviously fundamentally different, and it is not clear that they succeed because of the importance of religion or the discipline of competition.[24]

References

Alexander, Karl L., and Aaron M. Pallas, "School Sector and Cognitive Performance: When Is a Little a Little?" *Sociology of Education*, LVIII (1985), 115–28.

Angrist, Joshua D. "Instrumental Variables Estimation of Average Treatment Effects in Econometrics and Epidemiology," National Bureau of Economic Research, Technical Working Paper No. 115, November 1991.

Angrist, Joshua D., and Alan B. Krueger, "Does Compulsory Schooling Affect Schooling and Earnings?" *Quarterly Journal of Economics*, CVI (1991), 979–1014.

Bishop, John, "Achievement, Test Scores, and Relative Wages," in Marvin H. Kosters, ed., *Workers and Their Wages* (Washington, DC: AEI Press, 1991).

Bound, John, and George Johnson, "Changes in the Structure of Wages in the 1980's: An Evaluation of Alternative Explanations," *American Economic Review*, LXXXII (1992), 371–92.

Bryk, Anthony S., Valerie E. Lee, and Peter B. Holland, *Catholic Schools and the Common Good* (Cambridge, MA: Harvard University Press, 1993).

Cameron, Stephen V., and James J. Heckman, "The Nonequivalence of High School Equivalents," *Journal of Labor Economics*, XI (1993), 1–47.

Card, David, and Alan B. Krueger, "Does School Quality Matter? Returns to Education and the Characteristics of Public Schools in the United States," *Journal of Political Economy*, C (1992),1–40.

Card, David, and Alan B. Krueger, "The Economic Returns to School Quality: A Partial Survey," Working Paper No. 334, Industrial Relations Section, Princeton University, 1994.

Chubb, John E., and Terry M. Moe, *Politics, Markets, and America's Schools* (Washington, DC: The Brookings Institution, 1990).

Coleman, James S., and Thomas Hoffer, *Public and Private Schools: The Impact of Communities* (New York, NY: Basic Books, Inc. 1987).

Coleman, James S., Thomas Hoffer, and Sally Kilgore, *High School Achievement: Public, Catholic, and Private Schools Compared* (New York, NY: Basic Books, Inc., 1982).

Cookson, Peter W., Jr., "Assessing Private School Effects: Implications for School Choice," in Edith Hasell and Richard Rothstein, eds., *School Choice: Examining the Evidence* (Washington, DC: Economic Policy Institute, 1993).

Evans, William N., Wallace E. Oates, and Robert M. Schwab, "Measuring Peer Group Effects: A Study of Teenage Behavior," *Journal of Political Economy*, C (1992), 966–91.

Evans, William N., and Robert M. Schwab, "Who Benefits from Private Education: Evidence from Quantile Regressions," Department of Economics Working Paper, University of Maryland, August 1993.

Goldberger, Arthur S., and Glen C. Cain, "The Causal Analysis of Cognitive Outcomes in the Coleman, Hoffer and Kilgore Report," *Sociology of Education*, LV (1982), 103–22.

Griliches, Zvi, Bronwyn H. Hall, and Jerry A. Hausman, "Missing Data and Self-Selection in Large Panels," *Annals de l'INSEE*, XXX (1978), 137–76.

Hanushek, Eric A., Steven G. Rivkin, and Dean T. Jamison, "Improving Educational Outcomes While Controlling Costs," *Carnegie–Rochester Conference Series on Public Policy*, XXXVII (1992), 205–38.

Hashimoto, Masanori, and John Raisian, "Employment, Tenure and Earnings Profiles in Japan and the United States," *American Economic Review*, LXXV (1985), 721–35.

Henig, Jeffrey R., *Rethinking School Choice: Limits of the Market Metaphor* (Princeton, NJ: Princeton University Press, 1994).

Hoxby, Caroline M., "Do Private Schools Provide Competition for Public Schools?" Harvard University Department of Economics Working Paper, 1994.

Jencks, Christopher, and Susan E. Mayer, "The Social Consequences of Growing Up in a Poor Neighborhood," in Laurence E. Lynn, Jr, and Michael G. H. McGeary, eds., *Inner-City Poverty in the United States* (Washington, DC: National Academy Press, 1990).

Kane, Thomas J., and Cecilia Elena Rouse, "Labor Market Returns to Two-Year and Four-Year College: Is a Credit a Credit and Do Degrees Matter?" National Bureau of Economic Research, Working Paper No. 4268, January 1993.

Lee, Valerie E., and Anthony S. Bryk, "Curriculum Tracking as Mediating the Social Distribution of High School Achievement," *Sociology of Education*, LXI (1988), 78–94.

Levy, Frank, and Richard J. Murnane, "U. S. Earnings Levels and Earnings Inequality: A Review of Recent Trends and Proposed Explanations," *Journal of Economic Literature*, XXX (1992), 1333–81.

Markey, James P., "The Labor Market Problems of Today's High School Dropouts," *Monthly Labor Review*, CXI (1988), 36–43.

Mayer, Susan E., "How Much Does a High School's Racial and Socioeconomic Mix Affect Graduation and Teenage Fertility Rates," in Christopher Jencks and Paul E. Peterson, eds., *The Urban Underclass* (Washington, DC: The Brookings Institution, 1991) pp. 321–41.

Mensch, Barbara S., and Denise B. Kandel, "Dropping out of High School and Drug Involvement," *Sociology of Education*, LXI (1988), 95–113.

Murnane, Richard J., "A Review Essay—Comparisons of Public and Private Schools: Lessons from the Uproar," *Journal of Human Resources*, XIX (1984), 263–77.

Murphy, Kevin M., and Robert H. Topel, "The Evolution of Unemployment in the United States: 1968-1985," in Stanley Fischer, ed., *NBER Macroeconomic Annual: Vol. 2, 1987* (Cambridge, MA: MIT Press, 1987), pp. 11–58.

Neal, Derek, "The Effects of Catholic Secondary Schooling on Educational Attainment," University of Chicago, unpublished paper, July 1994.

Newey, Whitney K., "Generalized Methods of Moments Estimation and Testing," *Journal of Econometrics*, XXIX (1985), 229–56.

Noell, Jay, "Public and Catholic Schools: A Reanalysis of Public and Private Schools," *Sociology of Education*, LV (1982), 123–32.

Quinn, Bernard, et al. *Churches and Church Memberships in the United States, 1980* (Atlanta, GA: Glenmary Research Center, 1982).

Rouse, Cecilia E., "Democratization or Diversion? The Effect of Community Colleges on Educational Attainment," *Journal of Business and Statistics*, XIII (1995), 217–24.

Sander, William, and Anthony C. Krautmann, "Catholic Schools, Dropout Rates and Educational Attainment," *Economic Inquiry*, XXXIII (1995), 217–33.

Taubman Paul J., *Sources of Inequality in Earnings: Personal Skills, Random Events, Preferences Towards Risk and Other Occupational Characteristics* (Amsterdam: North-Holland Publishing Company, 1975).

Thornberry, Terence P., Melanie Moore, and R. L. Christenson, "The Effect of Dropping out of High School on Subsequent Criminal Behavior," *Criminology*, XXIII (1985), 3–18.

Tomes, Nigel, "The Effects of Religion and Denomination on Earnings and the Returns to Human Capital," *Journal of Human Resources*, XIX (1984), 472–88.

Wald, Abraham, "The Fitting of Straight Lines if Both Variables Are Subject to Error," *Annals of Mathematical Statistics*, XI (1940), 284–300.

Weiss, Andrew, "High School Graduation, Performance, and Wages," *Journal of Political Economy*, XCVI (1988), 785–820.

Witte, John F., "Understanding High School Achievement: After a Decade of Research, Do We Have Any Confident Policy Recommendations?" paper presented at the annual meeting of the American Political Science Association, August 1990.

Witte, John F., "Private School versus Public School Achievement: Are There Findings That Should Affect. the Educational Choice Debate?" *Economics of Education Review*, XI (1992), 371–394.

Notes

1. Henig [1994], for example, found that out of 125 questions in *HS&B* dealing with vocabulary, reading, mathematics, science, writing, and civics, public school students improved by 7.16 items (from 67.07 as sophomores to 74.23 as seniors), while Catholic school students improved by 8.98 items. Thus, even before accounting for differences in family characteristics, Coleman's Catholic school effect represents only 8.98 − 7.17 = 1.81 additional correct answers.

2. For example, Chubb and Moe [1990], in their 318-page analysis of school effective schools, use test scores as virtually their sole measure of school performance. Coleman does discuss differences in dropout rates briefly, but the analysis is limited to simple cross tabulations of the data. Neal [1994] and Sander and Krautmann [1995] are similar in some ways to this paper.

3. For a review of the effects of cognitive development on labor market performance, see Hanushek, Rivkin, and Jamison [1992] and Bishop [1991].

4. The test score we report is the sum of the "formula" score on the mathematics, vocabulary, and reading exams. Students received one point for each correct answer and lost a fraction of a point for each incorrect answer (where the fraction depends on the number of possible answers). The maximum possible score on the *10TH GRADE TEST SCORE* is 68.

5. All individual and school variables were constructed from either the composite variables in the *HS&B* data set or were taken from the base-year survey. The summary statistics in Table I are unweighted and thus do not represent an accurate picture of 1980 high school sophomores. We have not used sample weights in our econometric work.

6. The definition of these two outcome measures is not quite as straightforward as one might think. For example, we do not count students earning GED's as high school graduates. This is a reasonable restriction given recent work by Cameron and Heckman [1993], who find that graduates with GED's do not perform as well in the labor market as students with regular high school diplomas. Similarly, we do not count people who went to college long after graduating from high school and people who attended a two-year college as college students. Restricting our attention to students entering a four-year college is arguable given work by Kane and Rouse [1993] who find that credit hours from two- and four-year colleges are rewarded equally in the workforce. Rouse [1995] also finds that, on net, community colleges increase total years of schooling but do not alter the probability of obtaining an undergraduate degree. As we demonstrate later, these assumptions are not critical.

7. There is reason to believe that most of the missing income values are from families with low income. Students were given a breakdown of family income by thirds and asked in what portion of the income distribution does their family fall. Using sample weights from the second follow-up survey, a total of 29 percent and 27 percent of the students reported being in the top two-thirds of the income distribution, respectively, while only 13 percent said that their family was in the bottom third (the rest did not respond).

8. The test quartiles were calculated for the entire sample using second follow-up sample weights.

9. Bryk, Lee, and Holland [1993] found similar results for Catholic schools in their analysis of the *HS&B* test score data. Using quantile regression techniques, Evans and Schwab [1993] also found that the benefits of a Catholic education on test scores are concentrated among the least able students, students whose parents have little education and students from low-income families.

10. We calculated the marginal effects for the "average" public school student, who we defined as a seventeen-year-old white female, living with both natural parents, in a family where at least one parent has a high school diploma, family income is between $16,000 and $20,000, who attends religious services regularly, and who lives in a suburb in the south.

11. All of the college graduation models we present in this paper are estimated on the subsample of students who graduated from high school. Within the entire sample, 26 percent of the public school students and 53 percent of the Catholic school students entered college. The average treatment effect in the college model presented in Table III using the entire sample is 0.217 with a standard error of 0.020.

12. In our sample, the sophomore test score is missing for 20 percent of the public school students and 11 percent of the Catholic school students. High school completion rates are 84 percent for students with a valid test score, but only 74 percent for students without a score.

13. The marginal effects are calculated for the reference individual defined in Table III. In addition, we assume that this student's test score equals the median public school score in our sample. The marginal effects (standard errors) for the *10TH GRADE TEST SCORE* in the high school completion and college entrance models are 0.004 (0.0002) and 0.013 (0.001), respectively. These results suggest that a one-standard-deviation increase in the test score over the median value (about a fifteen-point increase) would increase high school completion and college entrance probabilities by six and twenty percentage points, respectively.

14. See Jencks and Mayer [1990] for a review of the literature on peer effects, and see Mayer [1991] for an estimate of the effects of peer groups on high school completion rates. Both of these studies are concerned with single-equation estimates of the effects of peers on the economic outcomes

of teens. Evans, Oates, and Schwab [1992] argue that because families can choose among schools and neighborhoods, a student's peer group is a potentially endogenous variable. We do not consider the endogeneity of the peer measures in this paper.

15. *HS&B* did collect information at the school level which could be used directly to form peer group measures. As with the test score data, however, these variables are missing for many schools (especially public schools). Although the peer group measures we constructed are based on a sample rather than a census of students from a high school, the large number of observations per school should provide us with a good approximation of the composition of the school. We have tested this argument by using this same procedure to construct a measure of the proportion of the students in a school who are black and comparing this estimate with the figure reported in the school survey. The correlation coefficient for these two series is 0.97.

16. The marginal effects are calculated for a student who has an average public school value of the peer group variables. Because of space limitations, we do not report the parameter estimates for all seven peer group measures in both models. We note that the peer group variables measuring parents' education tended to be more important determinants of high school completion and college entrance than measures of income. In fact, once we included parents' education, the peer measures for income became largely insignificant. The marginal effects (standard errors) for the peer group variables measuring parents' education in the high school completion model are as follows: % *PARENT EDUCATION LESS THAN HIGH SCHOOL* −0.24 (0.06), % *PARENT EDUCATION HIGH SCHOOL GRADUATE* −0.12 (0.05), % *PARENT EDUCATION SOME COLLEGE* −0.11 (0.04), % *PARENT EDUCATION COLLEGE* −0.20 (0.05). The corresponding values for the college entrance model are −0.63 (0.10), −0.35 (0.07), −0.57 (0.05), −0.50 (0.08). The reference group in both models is the percent of students in the school whose parents are college educated.

17. To calculate the marginal effects for these two models, we assume that the individual owned all four items.

18. We calculated marginal effects for a student who lived in the state with the most observations in our data set.

19. The evidence from the existing literature on the role of student selection in the success of Catholic schools is somewhat mixed. Bryk, Lee, and Holland [1993] argue that, in general, Catholic schools are not highly selective in their admissions. They find that the typical Catholic school accepts 88 percent of the students who apply. They also argue that contrary to widespread belief, very few students are expelled from Catholic schools for either academic or disciplinary grounds. On average, Catholic high schools dismiss fewer than two students per year. Witte [1990] presents evidence that Catholic schools do in fact screen admissions so that they are able to avoid students who are likely to do poorly. For example, he finds that 55.5 percent of Catholic school principals, as compared with only 8.4 percent of public school principals, indicated that prior academic record was an important factor in admission decisions.

20. These results are available upon request.

21. The Association of Statistics of American Religious Bodies (ASARB) provided us with data on the Catholic population by county. Their data are drawn from a survey of over 200,000 congregations and churches with total membership of nearly 115 million. See Quinn et al. [1982] for a discussion of these data. With the ASARB data and data from the 1980 Census, we then constructed an estimate of the percent Catholic at the county level. County identifiers are not available in the public use *HS&B* data. We have entered into an agreement with the U. S. Department of Education where we created a data set that included the percent Catholics in a county and county FIPS codes. The contractor for the *HS&B* data set then merged the data set we created with student identification numbers. In order to protect the confidentiality of the data, the percent Catholic in the county variable was grouped (0.0–4.9 percent, 5.0–9.9 percent, etc.) and top-coded at 70 percent.

22. This hypothesis is easily validated. In a first-stage probit model where *CATHOLIC SCHOOL* is the dependent variable, the coefficient on % *CATHOLIC IN COUNTY* is .001 with a standard error of 3.1×10^{-4}. To put this result into perspective, moving a student from the twenty-fifth percentile % *CATHOLIC IN THE COUNTY* to the seventy-fifth percentile increases the probability that the student will attend a Catholic school by ten percentage points.

23. Implicitly, we have treated % *CATHOLIC IN COUNTY* as an exogenous variable. It will be correlated with the error term in the outcome equations if, for example, families that care a great deal about education move to counties where many Catholics live in order to take advantage of the availability of Catholic schools or lower tuition as a member of the parish. This argument could explain the problems we have found when we try to use this variable as an instrument.

24. There is substantial disagreement over this issue in the literature. See, for example, Bryk, Lee, and Holland [1993] and Chubb and Moe [1990] for two very different views.

Education and Fertility: Implications for the Roles Women Occupy

Ronald R. Rindfuss, University of North Carolina
Larry Bumpass, University of Wisconsin
Craig St. John, University of North Carolina*

Abstract

The interplay between education and fertility has a significant influence on the roles women occupy, when in their life cycle they occupy these roles, and the length of time spent in these roles. The overall inverse relationship between education and fertility is well known; but little is known about the theoretical and empirical basis of this relationship. This paper explores the theoretical linkages between education and fertility and then examines the relationships between the two at three stages in the life cycle. It is found that the reciprocal relationship between education and age at first birth is dominated by the effect from education to age at first birth with only a trivial effect in the other direction. Once the process of childbearing has begun, education has essentially no direct effect on fertility; but it has a large indirect effect through age at first birth.

No factor has a greater impact on the roles women occupy than maternity. Whether a woman becomes a mother[1], the age at which she does so, and the timing and number of her subsequent births set the conditions under which other roles are assumed. Some may deplore this situation and it may be changing, but the dominance of motherhood continues to be a fact for the vast majority of women. While there is clearly variance in this role dominance, the assumption of nonfamilial roles varies markedly with the fact, timing, and extent of maternity.

Education is another prime factor conditioning female roles. Education is expected to impart values, aspirations, and skills which encourage and facilitate nonfamilial roles. It is possible that better educated women may assume less traditional role patterns than less-educated women with identical fertility histories. However, it is also likely that education affects women's roles through differing patterns of fertility. This paper discusses some of the possible linkages between education and fertility and reports analyses bearing on: (1) the relationship between education and age at first birth, (2) the effects of education on the timing of subsequent births, particularly on the experience of short birth intervals, and (3) educational differences in wanted family sizes.

Education–Fertility Linkage

Given the importance of the interplay between education and fertility for the roles women occupy in industrialized societies, there has been surprisingly little attention paid to the causal linkages between the two.[2] In part, this may be because the possible causal connection between fertility and education is exceedingly complex. Some have assumed that education affects fertility (e.g., Westoff and Ryder, 1977; Rindfuss and Sweet, 1977; Cho et al. 1970;

Ronald R. Rindfuss, Larry Bumpass, and Craig St. John, 1980, Education and Fertility: Implications for the Roles Women Occupy, *American Sociological Review* 45 (June), 431–47. © American Sociological Association, reproduced with permission.

* Direct all communication to: Ronald R. Rindfuss; Department of Sociology; Hamilton Hall 050A; University of North Carolina; Chapel Hill, N.C. 27514. This is a revised version of a paper presented at the annual meeting of the American Sociological Association, San Francisco, September, 1978. This analysis was supported in part by grants from the Spencer Foundation to Ronald R. Rindfuss, from the University Research Council of the University of North Carolina to Ronald R. Rindfuss, from a subcontract to Ronald Rindfuss of NICHD grant No. 10751, from the Graduate School of the University of Wisconsin-Madison to Larry Bumpass, by a Center for Population Research grant No. 05798 to the Carolina Population Center from the Center for Population Research of the National Institute of Child Health and Human Development, and by a Center for Population Research grant No. 05876 to the Center for Demography and Ecology of the University of Wisconsin from the Center for Population Research of the National Institute of Child Health and Human Development. The authors gratefully acknowledge the able research assistance of Barb Witt and Cheryl Knobeloch, and the comments of two anonymous reviewers.

Whelpton et al., 1966), and some have argued that fertility also affects education (Waite and Moore, 1978).

Most of the theory and research concerned with education and fertility conceptualizes both in terms of their end products: completed education and children ever born. In fact, children come one at a time (usually), and education is completed a year at a time, sometimes a course at a time. Children can come close together, or at intervals of 10, 15 or even 20 years. Formal schooling can be completed without interruption; or it can be completed after short or long interruptions (Davis and Bumpass, 1976). Models of education and fertility should reflect the fact that education and fertility are processes which take time to complete and which can intercept each other in complex ways.

The overall relationship between education and fertility has its roots at some unspecified point in adolescence, or perhaps even earlier. At this point aspirations for educational attainment as a goal in itself and for adult roles that have implications for educational attainment first emerge. The desire for education as a measure of status and ability in academic work may encourage women to select occupational goals that require a high level of educational attainment. Conversely, particular occupational or role aspirations may set standards of education that must be achieved. The obverse is true for those with either low educational or occupational goals. Also, occupational and educational aspirations are affected by a number of prior factors, such as mother's education, father's education, family income, intellectual ability, prior educational experiences, race, and number of siblings (for example, see Hout and Morgan, 1975).

Occupational and educational aspirations are also reciprocally related to evolving fertility preferences. These fertility preferences include both number and timing preferences, that is, whether a first birth is wanted ever and, if so, when. The number and timing preferences may be related if, for example, a desire for many children leads to a desire to begin childbearing as soon as possible (Bumpass and Westoff, 1970). Moreover, the preference for postponing a first birth may lead to interests in other areas which may then lead to a decision not to have any children. There is evidence that repeated postponement of the first birth is a typical pattern among those who are voluntarily childless (Veevers, 1973). Such preferences for timing are necessarily vague, but nonetheless important. Some young women may wish to have a baby as soon as possible, perhaps to establish an adult identity separate from their parents, or to fulfill strong nurturing needs. Such aspirations among young women are likely to have a negative effect on evolving role and educational aspirations. Similarly, a young woman who is sure she does not want to have a child any time soon, if at all, may expand her role and educational aspirations accordingly. Influences in the opposite direction operate as the threat of early fertility to educational attainment are recognized and fertility desires are adjusted accordingly.

Both of these preference sets (occupational and educational aspirations as well as fertility preferences) influence actual age and education at first birth through a set of intervening variables[3] that include the standard intermediate variables affecting exposure to intercourse, conception risk and gestation and parturition (Davis and Blake, 1956; Bongaarts, 1978).

Adolescents with higher educational and occupational goals may choose social patterns that are less likely to lead to early marriage, that is, "not wanting to go steady or get serious with boys," because they want to go to college. They may be less willing to engage in intercourse because of the threat of possible pregnancy to their educational or career plans. Sexually active adolescents with high educational aspirations may be more likely to try to control the risk of pregnancy through careful contraceptive use.

Adolescent women who desire early motherhood (and presumably early marriage) are likely to follow social patterns that lead to early intensive emotional involvement; and, when sexually active, this group may have relatively low motivation to avoid pregnancy. Such patterns may lead indirectly to lower educational achievement because of an early age at first birth.

Early marriage may have a direct effect on reducing educational attainment,[4] for example, when a girl leaves school in order to be married. These social patterns also have an indirect effect on education through factors affecting pregnancy and early age at first birth.

It should be noted that in the reciprocal relationship between education and age at first birth, the effects of education on age at first birth can only be the result of the intermediate variables discussed above (also, see Davis and Blake, 1956; Bongaarts, 1978) whereas the effect of age at first birth on education may also include a direct effect.

Both age and education at first birth can affect subsequent role and educational aspirations, and subsequent preferences for the timing and number of children. These subsequent aspirations and preferences are also reciprocally related. After the birth of their first child some women may find that they wish to reduce their fertility goals, increase their occupational goals, and return to school. Others who had planned on continuing their education may decide to have more children, or to quickly become pregnant again, either because of great satisfaction in the mother role, or because of a sense that it is an all-consuming role that precludes other options, or because they are not sure of what else to do.

Education, age at first birth, the possibly revised occupational and educational aspirations, as well as timing and number preferences all affect

Although not reported in detail here, wherever possible we have also examined data from the 1973 National Survey of Family Growth (FGS) (NCHS, 1978) (a national probability sample of 9,797 women under age 45 who had ever been married or who were never married mothers in 1973), and essentially comparable results were found in both data sets.

Education and Age at First Birth

In the absence of accurate data on the intermediate variables, the relationship between the fertility and educational processes can be conceptualized as a simple causal process. The aspirations, plans, and decisions (and "apparent" nondecisions) leading to an early first birth may result in lowered educational aspirations and achievement. Women who desire and obtain a high level of education may adjust their fertility preferences accordingly. Both the educational and the first birth process are affected by a set of exogenous factors reflecting background characteristics and characteristics of early adolescence. A model of these relationships is shown in Figure 1. The rationale for this set of exogenous variables, and their effects on education and age at first birth, is considered elsewhere (Rindfuss and St. John, 1979); in the present paper we concentrate only on the relationship between education and age at first birth. Table 1 indicates the measurement of these exogenous variables, and the Appendix reports the zero-order correlations among all the variables in Figure 1.

That the relationship between education and age at first birth should be viewed as potentially reciprocal is often overlooked: one direction of causation is usually emphasized to the exclusion of the other. For example, Jaffe (1977:22) asserts: "Pregnancy is the most common cause of school dropout among adolescent girls in the U.S." Others, however, contend that education determines age at first birth; and, further, that women who get pregnant while still in school do so to have an "acceptable" reason for dropping out of school (Cutright, 1973). Since there is considerable overlap in the time when women leave school and the time when they have their first child (median age at first birth is currently about 22, and, of recent cohorts, 25% have their first birth by the end of the 19th year), it is important to investigate the extent to which the educational attainment process and age at first birth process are reciprocally related.

The part of the model shown in Figure 1 of direct interest here is the relationship between education and age at first birth. We allow for a reciprocal relationship between these two variables, with each affected by other variables in the model as well. Age at first birth is computed from the date of respondent's birth and date of birth of respondent's first child. Education, as noted, is education at marriage, not education at first birth. In order to various aspects of the intermediate variables in a process similar to that elaborated above with respect to the period before the first birth. The period prior to the first birth includes an unmarried and sexually inactive period as well as a married interval for most women. For most (but not all) women, the period following the first birth begins within marriage. Some women will not yet be married and others will have married and separated or divorced by the time of the first birth. At the second birth, a woman may be never married, currently married, widowed, divorced or separated (Rindfuss and Bumpass, 1977). Marital instability is an important social factor in the social patterns category in each segment to the extent that it affects other intermediate variables such as frequency of intercourse, periods of abstinence, and use of contraceptives.

Fecundity is largely exogenous to the processes we are examining, though it has a clear effect on the timing of the first birth and may mediate the effect of age at first birth on subsequent fertility.

While these potential intersections in the relationship between education and fertility warrant more intensive study, that is not our purpose in this paper. The point we are attempting to make in the preceding discussion is that the observed relationship between completed education and completed family size is the cumulative outcome of a complex process that involves attitudes and decisions about both education and fertility that may change as time passes or as the woman moves from one stage to the next, and that it is necessary to examine empirically the various stages in the process.

Data

The data used are from the 1970 National Fertility Study (NFS), a multipurpose study based on a national probability sample of 6,752 ever married women under 45 years of age residing in the continental United States (Westoff and Ryder, 1977). Complete birth and pregnancy histories were obtained, thus permitting analysis of age at first birth and of birth intervals. Unfortunately, a complete educational history was not obtained. Only education at interview and education at marriage were obtained. This means that we have to use education at marriage as a proxy for education at first birth. For most women this is a reasonable proxy, since the correlation between age at first birth and age at first marriage is 0.74. In order to check the reasonableness of using education at marriage, we reran all the analyses using education at interview, and results were unaffected. However, it should be recognized that for younger mothers the first birth is likely to precede the first marriage. Finally, it should be noted that there were no questions asked about educational or occupational aspirations during the adolescent and young adult years.

as the result of a miscarriage before the first birth can be substantial since approximately one-fourth of the women who have one miscarriage before their first birth have two or more miscarriages before their first birth.

A miscarriage before the first birth should have no effect on education, except indirectly through age at first birth. This would occur only if the woman dropped out or was expelled from school prior to the miscarriage because of the pregnancy. If this were the case, then the miscarriage would be correlated with the disturbances in the education equation and would be unsuitable as an instrument. However, this is unlikely because the vast majority of miscarriages occur in the early months of a pregnancy, before it is obvious to observers that the woman is pregnant, and often before the woman knows that she is pregnant (see National Center for Health Statistics, 1966). If the woman is unmarried, she is unlikely to notify the school that she is pregnant until it becomes absolutely necessary. It is probably in part for this reason that unmarried women often do not seek prenatal care until very late in pregnancy (National Academy of Sciences, 1973). Furthermore, education should not have any effect on whether or not there is a miscarriage before the first birth. The only exception to this statement would involve a woman obtaining an induced abortion in order to complete her education. However, induced abortions are so grossly underreported in United States fertility surveys that reported miscarriages are essentially spontaneous miscarriages.

That respondent's father's occupation affects respondent's educational attainment is well known (Alexander and Eckland, 1974; Blau and Duncan, 1967; Kerckhoff and Campbell, 1977; Sewell and Hauser, 1977) and does not require further elaboration here. We also argue that father's occupation does not have a direct relationship with age at first birth. Rather, we would argue that the relationship is indirect through education. It can be expected that families of an orientation in which the father has a high status job would be more likely to encourage daughters to postpone the first birth than families of an orientation in which the father has a low status job. However, the most likely explicit and implicit justification for this encouragement would be to allow daughters time to complete their education, and thus the effect on age at first birth would be indirect. However, there may also be an intergenerational transmission of norms regarding age at first birth. (Leonetti [1978] provides a good example of this in the case of Japanese-Americans.) To the extent that socioeconomic status directly affects the intergenerational transmission of norms regarding age at first birth—that is, in addition to the indirect transmission through educational aspirations—then respondent's father's occupation would not be a suitable instrument for education. Recent work by Thornton (forthcoming) suggests that there is no direct transmission

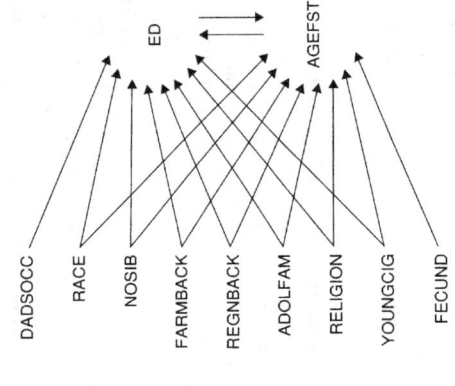

Figure 1. A Model of the Relationship between Educational Attainment and the Beginning of Motherhood.

$\widehat{ED} = b_0 + b_1 DADSOCC + b_2 RACE + b_3 NOSIB + b_4 FARMBACK + b_5 REGNBACK + b_6 ADOLFAM + b_7 RELIGION + b_8 YOUNGCIG + b_9 AGEFST + U$

$\widehat{AGEFST} = c_0 + c_1 RACE + c_2 NOSIB + c_3 FARMBACK + c_4 REGNBACK + c_5 ADOLFAM + c_6 RELIGION + c_7 YOUNGCIG + c_8 FECUND + c_9 ED + V$

estimate the reciprocal relationships between education and age at first birth, instrumental variables are needed for each of the two endogenous variables—that is, variables are needed which directly affect one of the endogenous variables but not the other, which are not causally determined by the endogenous variables, and which are not correlated with the unspecified source of the endogenous variable for which it is not an instrument (Duncan, 1975; Heise, 1975). As can be seen from Figure 1, fecundity is used as the instrument for age at first birth and respondent's father's occupation as the instrument for education. Fecundity is measured by whether or not the respondent had a miscarriage prior to her first birth.[5] A miscarriage before the first birth postpones the first birth in a direct and obvious way: it takes time to conceive again and carry that conception to successful parturition. It also gives the woman a second chance if she wants to contracept. The additional time involved of fertility norms from parental status. Instead, this influence was transmitted through the education of the offspring.

In order to examine our assumption that parental socioeconomic status does not have a direct effect on the transmission of norms regarding age at first birth, we examined the determinants of ideal age at first birth. The 1970 NFS included the following question:

"Q. 3: What do you think is the ideal age for a woman to have her *first* child?"

Although this question suffers from all the problems of "ideal" questions (Blake, 1966; Bumpass and Westoff, 1970; Rindfuss, 1974; Ryder and Westoff, 1969) as well as some problems specific to this question (Rindfuss and Bumpass, 1978), it does provide the best measure available for norms regarding age at first birth. Using a sample of recently married women in order to minimize the possibility that the responses to the question would be affected by the cumulative maternal experience of the woman, we find that, after other appropriate factors are controlled, father's occupation has no significant direct effect on the ideal age to have a first birth. This further supports Thornton's results and supports the theoretical argument that parental socioeconomic status influences age at first birth only indirectly through its effect on the offspring's educational aspirations, and thus supports the use of father's occupation as an instrument for education in our model.

However, somewhat less consistent support was found in an examination of the 1971 National Survey of Young Women data. Since father's occupation was not available, the relationship between father's education and ideal age at first birth was considered for this sample of teenagers 15–19 years of age. While most of the association is accounted for by educational aspirations, ideal age at first birth is 0.4 years lower among the children of high school graduates than among those of fathers who attended college, net of other factors. While this modest net effect of father's education cautions our theoretical position, we would expect the net effect of father's occupation on ideal age at first birth to be considerably weaker.

Before presenting the results, it is necessary to discuss some of the variables which are not included in Figure 1 and the possible biases their exclusion might introduce. The first is marriage. Although we recognized the role of age at marriage in the earlier discussion in this paper (especially since it is incorporated in sexual experience), it is age at first birth that is emphasized both here and in our analysis here. Clearly, age at first marriage and age at first birth are closely related, normatively and empirically. However, we feel that the first birth has greater consequences for the life style and roles of the woman (Rindfuss, 1979), and that the effects of the first birth are more

Table 1. Measurement of Variables in the Education and Age at First Birth Model

Variable Label	Variable Name	Units of Measurement	Description	Mean	Standard Deviation
DADSOCC	Respondent's father's occupation	Duncan's SEI scores	Missing data were given the mean value	30.209	21.370
RACE	Race of respondent	Dummy variable	Blacks are coded 1, all others 0	0.099	0.299
NOSIB	Respondent's number of siblings	Actual number is coded		3.889	3.035
FARMBACK	Respondent's farm background	Dummy variable	Coded 1 if respondent grew up on a farm, all others coded 0	0.330	0.470
REGNBACK	Region where respondent grew up	Dummy variable	Coded 1 if respondent grew up in South, all others coded 0	0.357	0.479
ADOLFAM	Household composition when respondent was 14	Dummy variable	Coded 1 if respondent lived with 0 or 1 of her parents at age 14, coded 0 if she lived with both parents at age 14	0.183	0.387
RELIGION	Respondent's religous preferences when growing up	Dummy variable	Coded 1 if Catholic, all others coded 0	0.231	0.421
YOUNGCIG	Whether respondent smoked at a young age	Dummy variable	Coded 1 is respondent smoked before 16, coded 0 otherwise	0.136	0.342
FECUND	Whether respondent had a miscarriage before the first birth	Dummy variable	Coded 1 if respondent had a miscarriage before the first birth; coded 0 otherwise	0.099	0.298
ED	Respondent's education	Years of schooling completed	This is education at first marriage	11.595	2.360
AGEFST	Respondent's age at first birth	Years		22.012	4.079

Note: Throughout, the usual practice of deleting missing data is followed permanent than those of first marriage. Marini (1978) has recently argued that age at marriage is more important than age at first birth in the transition to adulthood because age at marriage "usually sets a lower limit on the age at which first birth occurs." We disagree for the following reasons: In the first place, motherhood frequently precedes first marriage. (And this is more likely to be the case the younger the age at first birth.) Second, some people may initiate the serious consideration of marriage on the basis of when they want to begin parenthood, as reflected in the phrase "time to settle down and start a family." The high incidence of premarital intercourse argues against the notion that age at first marriage sets a lower bound on exposure to the risk of conception. Third, "becoming a parent" is the modal response of married parents to the question of what marks the transition to adulthood (Hoffman, 1978). Fourth, parenthood is more permanent than marriage, particularly for women since children tend to stay with the mother following a marital disruption. Preston (1975) has estimated that almost half of the current marriages will end in divorce; thus, women often move in and out of the wife role. Finally, and perhaps most importantly, motherhood roles more severely constrain other life options of a woman than do marital roles, especially during the early childbearing years. For these reasons, our emphasis is on age at first birth. Given the high correlation between age at first birth and age at first marriage, and given that both are affected by similar exogenous variables, we have not included both in the analysis. Furthermore, given the assumptions of the model, the exclusion of age at first marriage will not bias our estimates of the relative importance of the processes leading to educational attainment and to the first birth.

In order to allow women sufficient time to get married (and, thus, be eligible to be in the sample) and to have a first birth, the analysis of the education-age at first birth relationship will be limited to women aged 35–44. Most of those who will ever marry before the end of the reproductive period are married by age 35. For example, the proportion of women ever married increases from 0.873 at ages 25–29 to 0.926 at ages 30–34 to 0.941 at ages 35–39. But the proportion of women ever married increases only slightly to 0.946 at ages 40–44 (U.S. Bureau of the Census, 1972). The same holds true for first births. Most of those who will ever give birth do so by age 35. For example, 79.2% of the birth cohort of 1930–1934 had a live birth by ages 25–29, 87.7% did so by ages 30–34, and 90.2% had a live birth by ages 35–39. This percentage increased only slightly to 90.8% by ages 40–44. Less than 3% of the women in this birth cohort who had a live birth had it after age 35 (Heuser, 1976).

Childless women are excluded from this analysis at age at first birth. Only a small proportion (less than 10%) of the married women in these cohorts remained childless (Heuser, 1976). To the extent that postponement leads to voluntary childlessness (Veevers, 1973), this exclusion could lead to a weaker estimated effect of age at first birth than actually exists. However, childlessness in these cohorts was primarily a product of fecundity impairments.

The model shown in Figure 1 includes background characteristics, aspects of early adolescence, and the reciprocal relationship between education and age at first birth. Period factors are not included, and this needs to be kept in mind when interpreting our results. The respondents in this analysis were aged 35–44 in 1970. Taking 15 as the youngest age at first birth and 35 as the oldest means that these women were having their first births from 1941 to 1970. During this long period, there were a number of events affecting the timing of fertility, including World War II, the Korean War, and the Vietnam War. Those women who postponed their first birth were, of course, exposed to more of these period factors, which could affect the timing of their first birth. Since so little is known about the nature of period factors that affect the timing of fertility (Rindfuss et al., 1978), they cannot be explicitly included in the analysis. Furthermore, the younger women in our sample experienced the period factors at different ages than the older women in the sample. To see if this would affect our results, we ran the model separately for women aged 35–39 and 40–44. The results were virtually identical for the two groups.

The work of Easterlin (1962; 1966 and 1973) and others suggests that the financial status of the respondent's family of orientation while the respondent was an adolescent will affect the age at which she has her first child. Unfortunately, we do not have a direct measure of the respondent's parents' financial status while the respondent was an adolescent. However, a number of background variables in the model, such as race, number of siblings, farm background, regional background, and family composition when respondent was 14, indirectly control for the respondent's family's financial situation.

Further, the model shown in Figure 1 also does not include the labor force experiences of women. As noted earlier, labor force experiences and aspirations are likely to affect, and be affected by, childbearing and childbearing preferences. In fact, there is a long literature on this relationship (see Waite and Stolzenberg, 1976; and Smith-Lovin and Tickamyer, 1978, for recent summaries of this literature). Unfortunately, adequate labor force participation information is not available.

Estimation of the effects shown in Figure 1 was accomplished by using two-stage least squares regression analysis (Goldberger, 1964; Johnston, 1972). The estimates were made using ordinary least squares in two steps,

Table 2. Metric and Standardized Coefficients Measuring the Reciprocal Relationship between Education and Age at First Birth, 1970 NFS[a].

Independent Variable	Dependent Variable	Metric Coefficient	Standardized Coefficient
Education	Age at First Birth	0.741*	0.429*
Age at First Birth	Education	0.075	0.130

Correlation of Disturbances (U and V): −0.255

[a] N = 1,766.
* Significant at 0.05.

born to young mothers than whites (Rindfuss, 1977). In order to check for a potential interaction with race, we reran the analysis separately for whites and blacks.[6] The important point for the present analysis is that, for both blacks and whites, education has a strong and significant effect on age at first birth, but age at first birth has an insignificant effect on education. Thus, our results are unaffected by any racial interaction.

In the relationship between education and age at first birth, the principal direction of causality is from education to age at first birth. Those who have recently examined the relationship between education and age at first marriage have found corroborating results (Marini, 1978; Alexander and Eckland, 1978], namely, that education has a much stronger effect on age at first marriage than age at first marriage has on education. Given the sheer amount of time the mother role requires in contrast to the wife role, the timing of the first birth has greater consequences for the roles women occupy. Yet, it is interesting to note that (ignoring the differences between the samples used here and those used by Marini [1978] and Alexander and Eckland [1978]), age at first marriage appears to have a somewhat greater effect on education than age at first birth. Even though age at first birth has a greater effect on the roles occupied by women, age at first marriage could have a stronger effect on educational attainment because first marriage schedules are younger and more compact than first birth schedules. Thus, more marriages take place during the years in which women are in school.

The finding that age at first birth has only a very small effect on educational attainment may seem paradoxical, given the social policy concern with the pregnant girls who have to drop out of school and face reduced social opportunities as a consequence. Such a fate is unquestionably experienced by some women, particularly those among the 3% to 6% of the American cohort that have had a first birth before age 17. But the fact is that the vast majority of women do not get pregnant while they are enrolled in school. Even among those who do become mothers at ages at which society expects one to be in school, the direction of causality might run from education to fertility. Zelnik and Kantner (1978) and Ross (1978) suggest that a significant minority of premarital pregnancies were intentional. To further explore this issue, we compared the age at leaving school[7] with age at first birth for women who become mothers at age 17 or younger. If leaving school and the first birth occur in the same year, it is ambiguous which process dominates. But for those who left school more than a year before their first birth, one can assume that the educational process is affecting the fertility process. Surprisingly, more than 40% of the women who had a first birth at age 17 or less dropped out of school at least a year prior to becoming a mother—which suggests that even at the very young ages at motherhood, the fertility process

making the appropriate corrections as outlined by Hout (1977). The results are shown in Table 2.

This table shows only the results for the endogenous variables; results for the complete model are reported and discussed elsewhere (Rindfuss and St. John, 1979).

The effect of education on age at first birth is significant—both statistically and substantively. Each additional year of schooling results in the delay of the first birth by approximately three-quarters of a year. However, the effect of age at first birth on education is not statistically significant; and even if it were, the effect would be trivial substantively.

The results shown in Table 2 are based on the assumption of linear effects. It might be argued that the effect of age at first birth on education is not linear. The inclination to have a birth at a very young age may have more serious effects on educational plans than the preference to have a child at a later age. The potential conflict between school and motherhood is greatest at the younger ages at first birth. This suggests that a nonlinear age at first birth effect on education should be specified. Such a specification should force a difference of a year at the younger ages at first birth to be larger than a difference of a year at the older ages at first birth. We used three different transformations of age at first birth (AGEFST) to explore this possibility: (1) LN (AGEFST), (2) 1/AGEFST, and (3) 1/(AGEFST)². The model shown in Figure 1 was reestimated for each of these three transformations. In each case the results are the same as the linear model: age at first birth does not have a significant effect on educational attainment.

Furthermore, there is some evidence to suggest that the family building process may be different for whites and blacks. For example, blacks have higher illegitimacy rates than whites (NCHS, 1977), and blacks appear to rely more heavily on relatives to take temporary, but primary, care of children

Table 3. Differentials in the Proportion Experiencing Birth Intervals of 18 Months or Less, for All Second, Third and Fourth Birth Intervals Begun 1959–1968, by Education, Gross and Net[a] Percentages: 1970 NFS

Education at Marriage	Second Birth Interval			Third Birth Interval			Fourth Birth Interval		
	N	Gross	Net	N	Gross	Net	N	Gross	Net
Total	2612	25		2236	19		1551	17	
1–8	155	33	31	168	32	29	164	29	25
9–11	657	28	26	592	21	18	433	20	17
12	1218	24	23	1016	16	17	670	15	16
13–15	388	22	24	312	17	20	202	11	14
16+	194	20	29	149	16	21	82	13	18

[a] Adjusted through a dummy variable regression analysis for the effects of race, religion, region, age at first birth, marital status at first birth, contraceptive use before first birth, planning status of first birth and smoking before age 16.

is being affected by the educational process.[8] Further, there is longitudinal evidence showing a negative relation between educational aspirations and age at first birth (Marshall and Cosby, 1977; Card and Wise, 1978, Table 3), which suggests that many of those who have a first birth while they are of school age do so after deciding not to continue in school—and, perhaps, do so to justify dropping out of school. Finally, Haggstrom and Morrison (1979) find that among teenagers who do not drop out of high school, the effects of adolescent parenthood on subsequent educational aspirations are extremely small when other appropriate factors are controlled. All of this does not mean that fertility never truncates education, but only that it does so rarely. In the vast majority of the cases, education and educational aspirations determine age at first birth.

It is important that scientific discourse clarify the difference between a social policy concern that requires amelioration and the characterization of the overall process in which that concern is embedded.

Education and the Lengths of Birth Intervals

As discussed in the first section of this paper, we would expect to find a variety of reasons why women with more education would want to avoid very short birth intervals and we would expect them to be more effective at implementing their preferences. In this section we examine the relationship between education and the probability of having a short interbirth interval. Unlike the previous section, here, we assume that the direction of causality runs from education to the length of birth intervals.[9]

The birth history information contained in the 1970 NFS allows us to compute the length of each birth interval. Given the well-known difficulties involved in the analysis of birth intervals (see Bumpass et al., 1977, for a fuller discussion), we initially constructed life tables for each birth interval. These preliminary life tables were constructed for intervals begun in the period 1959–1968. By restricting the analysis to intervals begun in this period, we avoid a young-age-at-initiation bias (see Rindfuss and Bumpass, 1979).

The preliminary life table analyses showed the expected positive relationship between education and length of intervals. However, this conclusion is based on a bivariate analysis, and there are numerous other factors affecting the length of birth intervals (e.g., Bumpass et al., 1978), and the effects of these factors should be controlled. Unfortunately, the sample size of the 1970 NFS (or the 1973 FGS) is far too small to permit the simultaneous control of all these factors by using conventional life table techniques. Consequently, we used regression analysis to examine the probability of giving birth within a relatively short time interval—specifically, the probability of giving birth within 18 months of the previous birth. Because the life table

results suggested that the differences in interbirth interval length are greater between adjoining categories at the lower educational categories than at the higher educational categories, we used a variant of multiple regression analysis, Multiple Classification Analysis (Andrews et al., 1973), to see if this pattern continued when other factors were controlled. The results are summarized in Table 3.

Controlling for other factors that affect the length of interbirth intervals eliminates much of the relationship between education and the probability of having a short birth interval. Compare the gross and net columns for the second, third and fourth birth intervals.[10] The difference which remains after controlling for other variables is primarily between those with a grade school education and all others. Given that those with only a grade school education are a small proportion of the population, and since the proportion with only a grade school education is declining, the principal result to emerge from Table 3 is that, when the effects of other factors are controlled, the respondent's education at first marriage has essentially no effect on the probability of having a short second, third or fourth birth interval.[11]

Education and Fertility Preferences

As discussed earlier in this paper, educational preferences and fertility preferences affect each other; and, since neither is fixed, their interrelationship develops over time. To examine adequately this complex set of interrelationships would require longitudinal data of the kind not currently available. However, in the absence of the appropriate longitudinal data, it is still possible to examine part of the process by looking at the effect of education at

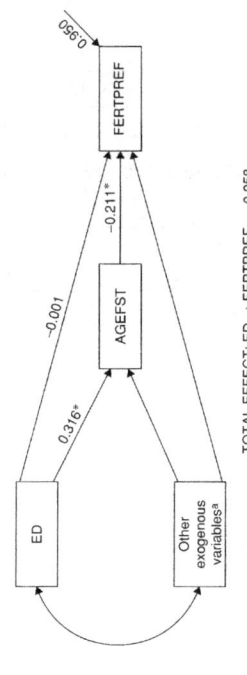

Figure 2. A Model[a] of the Relationship between Education and Marriage and Fertility Preferences (Standardized Coefficients)[b]

TOTAL EFFECT: ED → FERTPREF = -0.058

[a] The other exogenous variables in the model are: DADSOCC, RACE, NOSIB, FARMBACK, REGNBACK, ADOLFAM, RELIGION, YOUNGCIG, AND FECUND. See Table 1 for a description of the measurement of these variables.
[b] N = 1,551.
[c] Significant at 0.01.

The results are summarized in Figure 2. In order to focus on the education-fertility preference relationship, only the direct and indirect effects of education are shown. It can be seen that the direct effect of education on fertility preferences is trivial and insignificant. Virtually all of the effects of education at marriage on fertility preferences operates through age at first birth. Furthermore, the importance of age at first birth in influencing fertility preferences at time of interview should be underscored. Although it is not shown in Figure 2, age at first birth has a stronger direct effect on fertility preferences measured at time of interview than any of the listed exogenous variables. Thus, it appears that education affects fertility preferences by sorting women into various ages at first birth.

For approximately four-fifths of these women, education at first marriage is the same as education at interview; but one-fifth of these women have attended school, since their first marriage (Davis and Bumpass, 1976). For many women, this school attendance takes place a considerable time after the first marriage. For example, for women first married between 1951 and 1955 who returned to school after marriage, 62% last attended school 10 or more years after the first marriage. This additional schooling could affect fertility preferences, or could be affected by fertility preferences. We do not have the appropriate data to sort out these possibly reciprocal influences. But we did rerun the analysis in Figure 2 using education at interview instead of education at marriage, and the results are suggestive. The finding, as before, is that most of the relationships between education and fertility preferences operate through age at first birth. However, the direct relationship between education and fertility preferences is somewhat larger

marriage on fertility preferences at time of interview. Framed this way, the causal direction is essentially unambiguous.

Education at marriage can affect fertility preferences in two ways. First, education at marriage can have a direct effect on fertility preferences. Insofar as increased education makes a larger variety of roles available to women, we could expect education to have a direct and negative effect on fertility preferences. In addition, specific topics covered while in school might have a direct negative effect on fertility preferences. Second, education at marriage can have an indirect effect on fertility preferences through its effect on age at first birth. As shown earlier, higher levels of educational attainment result in older ages at first birth. An older age at first birth, in turn, leads to longer intervals between births (Bumpass et al., 1978). Thus, education leads to older ages at any given parity; and older ages at any given parity have a negative effect on the probability of wanting another child (Rindfuss and Bumpass, 1978).

The measure of fertility preferences used here, FERTPREF, is the sum of the number of "wanted" children the woman had had by the time of the interview plus the additional number of children she intended to have. For each live birth, the woman was asked a series of questions to determine whether or not, before that child was conceived, she wanted to have a birth of that order at some time during her reproductive life (see Westoff and Ryder, 1977, for a more detailed description). Such a series of questions minimizes the possibility of post factum rationalization of unwanted births (Rindfuss, 1974). The additional number intended is obtained from a question asking the respondent how many additional children she intended. This fertility preference measure is coded in numbers of children and has a mean of 2.9, and a standard deviation of 1.5.[12]

Because one of our interests is in the mediating effect of age at first birth, the sample being analyzed is limited to mothers, that is, women who have had at least one live birth. As in the previous two sections, in order to allow women sufficient time to get married and have a first birth, younger women are excluded from the analysis. The analysis in this section, like the age at first birth analysis, will be restricted to respondents aged 35-44 at the time of the interview. Because the full set of questions used in constructing our fertility preference measure was not asked of postmarried women (i.e., those widowed, divorced or separated at the time of the interview), the analysis will be limited to currently married women. Finally, for ease of presentation, the set of exogenous variables to be used here, in addition to education at first marriage, is exactly the same as those shown in Figure 1 and described in Table 1. We have experimented with other sets of exogenous variables and with other definitions of the sample, and the results are similar in all cases.

Appendix.

Zero Order Correlations Among Background Factors, Early Adolescent Characteristics, Education and age at First Birth: 1970 NFS, Women Aged 35–40 With 1 + Children

	DADS OCC	RACE	NOSIB	FARM BACK	REGN BACK	ADOL FAM	RELIGION	YOUNG CIG	FECUND	ED	AGEFST
DADSOCC	1.000										
RACE	−.144	1.000									
NOSIB	−.244	.156	1.000								
FARMBACK	−.323	.088	.274	1.000							
REGNBACK	−.129	.315	.150	.218	1.000						
ADOLFAM	−.056	.150	−.039	−.030	.071	1.000					
RELIGION	.053	−.152	.014	−.149	−.292	−.052	1.000				
YOUNGCIG	−.043	.030	.028	−.060	−.011	.067	−.010	1.000			
FECUND	.037	.035	.002	−.032	−.027	.018	−.002	.009	1.000		
ED	.370	−.222	−.328	−.185	−.211	−.157	−.012	−.171	.038	1.000	
AGEFST	.186	−.189	−.115	−.118	−.177	.111	.098	−.122	.216	.380	1.000

Note: Definitions, means and standard deviations for these variables are found in Table 1.

when education at interview is used than when education at first marriage is used. Without being able to sort out the potential reciprocal effects, we can only speculate that education after marriage operates to provide options that would not otherwise be available, or is itself a response to (or simultaneous with) a decision to terminate childbearing earlier than planned. This issue is something that warrants further examination.

Conclusion

To summarize, the reciprocal relationship between education and age at first birth is dominated by the effect from education to age at birth, with only a trivial effect in the other direction.

Once the process of childbearing has begun, education has essentially no direct effect on that process. Education has little direct effect on either the length of interbirth interval or on fertility preferences. Work by Vaughn and her colleagues (1977) shows that education has no direct effect on contraceptive efficacy. However, education has a significant indirect effect on these various components of fertility because it is the major determinant of age at the beginning of childbearing; in fact, education has a substantially greater influence on age at first birth than any other variable (Rindfuss and St. John, 1979). Thus, it is the postponing of motherhood that produces the oft-observed negative bivariate relationship between education and children ever born.

The powerful mediating effect of age at first birth is of interest in its own right. Older ages at first birth lead to longer interbirth intervals (Bumpass et al., 1978), more effective contraceptive use (Vaughn et al., 1977), and preferences for fewer children (as shown in the previous section of this paper).

These results, particularly if they are supported by future research on more recent cohorts, raise a set of interesting policy issues about which we can only speculate at present. Because the postponement of something is always more amenable to policy initiatives than its prevention, policies aimed at influencing age at first birth would be more likely to succeed than policies aimed at directly influencing children ever born. Furthermore, how adolescents spend their time has been accepted (although not universally) as something that governments can legitimately influence—the military draft system is the most obvious example.

We began with the observation that a major way education might affect the roles women occupy is through altering the structure of childbearing experience, given the dominance of mother roles. We conclude that such educational effects as we can identify are explicable more in terms of education's effect on age at first motherhood than in terms of other values or aspirations that might derive from advanced schooling.

References

Alexander, K. L. and B. K. Eckland. 1974. "Differences in the educational attainment process." *American Sociological Review* 39:668–82.

———. 1978. "Family formation and educational attainment: alternative models." Manuscript.

Andrews, F. M., J. N. Morgan, J. A. Sonquist, and L. Klem. 1973. *Multiple Classification Analysis*. Ann Arbor: Institute for Social Research.

Blake, J. 1966. "Ideal family size among white Americans: a quarter of a century's evidence." *Demography* 3:154–73.

Blau, P. M. and O. D. Duncan. 1967. *The American Occupational Structure*. New York: Wiley.

Bongaarts, J. 1978. "A framework for analyzing the proximate determinants of fertility." *Population and Development Review* 4:105–32.

Bumpass, L. L., R. R. Rindfuss, and R. B. Janosik. 1978. "Age and marital status at first birth and the pace of subsequent fertility." *Demography* 15:75–86.

Bumpass, L. L. and C. F. Westoff. 1970. *The Later Years of Childbearing*. Princeton: Princeton University Press.

Card, J. J. and L. L. Wise. 1978. "Teenage mothers and teenage fathers: the impact of early childbearing on the parents' personal and professional lives." *Family Planning Perspectives* 10:199–205.

Cho, L. J., W. H. Grabill, and D. J. Bogue. 1970. *Differential Current Fertility in the United States*. Chicago: Community and Family Study Center.

Cutright, P. 1973. "Timing the first birth: Does it matter?" *Journal of Marriage and the Family* 35:585.

Davis, K. and J. Blake. 1956. "Social structure and fertility: an analytic framework." *Economic Development and Cultural Change* 4:211–35.

Davis, N. J. and L. L. Bumpass. 1976. "The continuation of education after marriage among women in the United States: 1970." *Demography* 13:161–74.

Duncan, O. D. 1975. *Introduction to Structural Equation Models*. New York: Academic Press.

Easterlin, R. A. 1962. "The American baby boom in historical perspective." National Bureau of Economic Research, Occasional Paper 79. New York.

———. 1966. "On the relation of economic factors to recent and projected fertility changes." *Demography* 3:131–53.

———. 1973. "Relative economic status and the American fertility swing." Pp. 170–223 in Eleanor Bernert Sheldon (ed.), *Family Economic Behavior*. Philadelphia: J. B. Lippincott.

Funderburk, S. J., D. Guthrie and D. Meldrum. 1976. "Suboptimal pregnancy outcome among women with prior abortions and premature births." *American Journal of Obstetrics and Gynecology* 126:55–60.

Goldberger, A. S. 1964. *Econometric Theory*. New York: Wiley.

Haggstrom, G. W. and P. A. Morrison. 1979. "Consequences of parenthood in late adolescence: findings from the national longitudinal study of high school seniors." Paper presented at the annual meeting of the Population Association of America, Philadelphia, April.

Hout, M. 1977. "A cautionary note on the use of two-stage least squares." *Sociological Methods and Research* 5:335–46.

Hout, M. and W. R. Morgan. 1975. "Race and sex variations in the causes of the expected attainments of high school seniors." *American Journal of Sociology* 81:364–94.

Heise, D. R. 1975. *Causal Analysis*. New York: Wiley.

Heuser, R. L. 1976. *Fertility Tables for Birth Cohorts by Color*. Rockville, Md.: National Center for Health Statistics.

Hoffman, L. W. 1978. "Effects of the first child on the woman's role." Pp. 340–67 in W. B. Miller and L. F. Newman (eds.), *The First Child and Family Formation*. Chapel Hill: Carolina Population Center.

Holsinger, D. B. and J. D. Kasarda. 1976. "Education and human fertility: sociological perspectives." Pp. 154–81 in R. G. Ridker (ed.), *Population and Development*. Baltimore: Johns Hopkins University Press.

Jaffe, F. S. 1977. "View from the United States." Pp. 19–29 in D. Bogue (ed.), *Adolescent Pregnancy*. Chicago: Community and Family Study Center.

Johnston, J. 1972. *Econometric Methods*. 2nd ed. New York: McGraw-Hill.

Kantner, J. F. and M. Zelnik. 1972. "Sexual experiences of young unmarried women in the United States." *Family Planning Perspectives* 4:9–17.

Kerckhoff, A. C. and R. T. Campbell. 1977. "Black-white differences in the educational attainment process." *Sociology of Education* 50:15–27.

Leonetti, D. C. 1978. "The biocultural pattern of Japanese-American fertility." *Social Biology* 25:38–51.

Marini, M. M. 1978. "Transition to adulthood." *American Sociological Review* 43:483–507.

Marshall, K. P. and A. G. Cosby. 1977. "Antecedents of early marital and fertility behavior." *Youth and Society* 9:191–212.

National Academy of Sciences. 1973. *Infant Death: An Analysis by Maternal Risk and Health Care*. Washington, D. C.: National Academy of Science.

National Center for Health Statistics. 1966. *Infant, Fetal and Maternal Mortality, U. S., 1963*. Series 20, No. 3. Washington, D. C.: U. S. Government Printing Office.

———. 1977. *Vital Statistics of the United States, 1973, Volume 1—Natality*. Washington, D. C.: U. S. Government Printing Office.

———. 1978. "National survey of family growth, cycle I: sample design, estimation procedures, and variance estimation." *Vital and Health Statistics Series* 2, No. 76.

Preston, S. 1975. "Estimating the proportion of American marriages that end in divorce." *Sociological Methods and Research* 3:435–60.

Voss, P. R. 1977. "Social determinants of age at first marriage in the United States." Paper presented at the annual meeting of the Population Association of America, St. Louis, April.

Waite, L. J. and K. A. Moore. 1978. "The impact of an early first birth on young women's educational attainment." *Social Forces* 56:845–65.

Waite, L. J. and R. M. Stolzenberg. 1976. "Intended childbearing and labor force participation of young women: insights from nonrecursive models." *American Sociological Review* 41:235–52.

Westoff, C. F. and N. B. Ryder. 1977. *The Contraceptive Revolution*. Princeton: Princeton University Press.

Whelpton, P. K., A. A. Campbell, and J. E. Patterson. 1966. *Fertility and Family Planning in the United States*. Princeton: Princeton University Press.

Zelnik, Melvin and J. F. Kantner. 1978. "First pregnancies to women aged 15–19: 1976 and 1971." *Family Planning Perspectives* 10:11–20.

Notes

1. Here, and throughout the paper, we use the term "mother" in its social rather than biological sense. The biological mother is the female who gives birth to the child. The social mother need not be the biological mother, but, typically, the two are the same. It is the social mother that has primary responsibility for the care and nurture of the child. This role need not be occupied by a female, but, typically, it is. Also, the word "children" throughout this paper is used in its social, rather than biological, sense.

2. The work of Holsinger and Kasarda (1976) for developing countries is an exception.

3. In actual practice, we know of no case where all the intermediate variables are adequately measured. Models are evaluated as if there were direct effects, with researchers unable to specify the precise nature of the social and economic effects on fertility as they operate through the intermediate variables.

4. Note, however, that Voss (1977) finds a negative effect of age at first marriage on educational attainment. Marini (1978) argues, and we agree, that this finding of Voss is the result of the lack of an adequate instrument for age at first marriage.

5. There is some evidence that a history of miscarriage greatly increases the chance that subsequent conceptions will be terminated by a miscarriage (Funderburk et al., 1976; Shapiro et al., 1971). Given the unreliability with which fetal losses are reported in pregnancy histories (Bumpass and Westoff, 1970) and given the fact that very early miscarriages are often unnoticed by the woman, we experimented with alternative and more complex measures of fecundity which incorporated information from the woman's history subsequent to the first birth. However, the simple measure of whether or not the

Rindfuss, R. R. 1974. *Measurement of Personal Fertility Preferences*. Ph.D. dissertation, Department of Sociology, Princeton University.

———. 1977. "Methodological difficulties encountered in using own-children data: illustrations fromthe United States." *East-West Population Institute Paper Series*. Honolulu: East-West Population Institute.

———. 1979. "Changes in the timing of fertility: implications for industrialized societies." Unpublished manuscript.

Rindfuss, R. R. and L. L. Bumpass. 1977. "Fertility during marital disruption." *Journal of Marriage and the Family* 39:517–28.

———. 1978. "Age and the sociology of fertility: How old is too old?" Karl Taeuber, Larry Bumpass and James Sweet (eds.), *Social Demography*. New York: Academic Press.

———. 1979. "The analysis of childspacing: illustrations from Korea and the Philippines." Presented at the annual meeting of the Population Association of America, Philadelphia, April.

Rindfuss, R. R., J. S. Reed and C. St. John. 1978. "A fertility reaction to a historical event: southern white birthrates and the 1954 desegregation ruling." *Science* 201:178–80.

Rindfuss, R. R. and C. St. John. 1979. "Social determinants of age at first birth." Manuscript.

Rindfuss, R. R. and J. A. Sweet. 1977. *Postwar Fertility Trends and Differentials in the United States*. New York: Academic Press.

Ross, S. 1978. *The Youth Values Project*. Washington: The Population Institute.

Ryder, N. B. and C. F. Westoff. 1969. "Relationships among intended, expected, desired and ideal family size: United States, 1965." *Center for Population Research Working Paper* (March). Washington, D.C.

Sewell, W. H. and R. M. Hauser. 1977. *Education, Occupation and Earnings*. New York: Academic Press.

Shapiro, S., H. S. Levine and M. Abramowicz. 1971. "Factors associated with early and late fetal loss." *Advances in Planned Parenthood* 6:45–58.

Smith-Lovin, L. and A. R. Tickamyer. 1978. "Nonrecursive models of labor force participation, fertility behavior and sex role attitudes." *American Sociological Review* 43:541–57.

Thornton, A. Forthcoming. "The difference of first generation fertility and economic status on second generation fertility." *Journal of Population: Behavioral, Social, and Environmental Issues*.

U.S. Bureau of the Census. 1972. *Census of the Population: 1970 Marital Status*. PC(2)–4C. Washington: U. S. Government Printing Office.

Vaughn, B., J. Trussell, J. Menken, and L. Jones. 1977. "Contraceptive failure among married women in the U.S., 1970–1973." *Family Planning Perspectives* 9:251–7.

Veevers, J. E. 1973. "Voluntary childless wives: an exploratory study." *Sociology and Social Research* 57:356–65.

6. Other nonwhites were not included.

7. Age at leaving school was computed by assuming a normal starting age, and assuming that education is obtained one year at a time.

8. To further explore this issue, and to explore whether a gating mechanism existed, we reran the two-stage least squares analysis for women who became mothers at a young age. Although caution is necessary in interpreting such an analysis because the variance of the endogenous variables has been reduced, age at first birth does not have a significant effect on education.

9. It should be noted, however, that it is possible that, for some women, short interbirth intervals prevent the return to school. Virtually nothing is known about returning to school after becoming a mother, although there has been some research on education after marriage. Approximately one in five women attend school after marriage; but the average addition to their educational attainment is relatively small: 1.0 years (Davis and Bumpass, 1976). Whether this schooling takes place before or after the start of childbearing is unknown. In order to minimize the possibility of education after the first birth being affected by the pace of fertility, we have primarily used education at marriage (rather than education at interview) for this analysis.

10. We follow the standard convention of indexing birth intervals by the order of the fertile pregnancy terminating the interval. Thus, the second birth interval is the interval terminated by the second fertile pregnancy.

11. The results in Table 3 are based on all birth intervals. Thus, both wanted or intended intervals and unwanted or unintended intervals are included. To make sure that the relationships shown in Table 3 were not the result of differences in fertility intentions, we calculated a set of life tables for "intended" intervals, excluding the following two types of intervals: (a) closed intervals that were closed by an unwanted birth, and (b) open intervals where the respondent indicates she does not intend to have another child. These results (not shown) are virtually identical to those shown in Table 3. Also, in order to see if the finding was sensitive to the particular measure of education used, we reran the analysis using respondent's education at interview, and then we reran it again using respondent's husband's education at respondent's first marriage. These alternative analyses lead to the same conclusions.

12. It should be noted that there is little variance in fertility preferences. Three-fourths of the sample gave a preference of 2, 3 or 4. This, of course, reduces the possibility of any variable significantly affecting fertility preferences.

Institutional Arrangements and the Creation of Social Capital: The Effects of Public School Choice

Mark Schneider, State University of New York at Stony Brook
Paul Teske, State University of New York at Stony Brook
Melissa Marschall, State University of New York at Stony Brook
Michael Mintrom, Michigan State University
Christine Roch, State University of New York at Stony Brook*

Mark Schneider, Paul Teske, Melissa Marschall, Michael Mintrom, and Christine Roch, 1997, Institutional Arrangements and the Creation of Social Capital: The Effects of Public School Choice, *American Political Science Review* 91 (1): 82–93. © American Political Science Association, published by Cambridge University Press, reproduced with permission.

* Mark Schneider is Professor of Political Science; Paul Teske is Associate Professor of Political Science; Melissa Marschall is a Ph.D. candidate, Department of Political Science; and Christine Roch is a graduate student, Department of Political Science, State University of New York at Stony Brook, Stony Brook, NY 11794-4392. Michael Mintrom is Assistant Professor, Department of Political Science, Michigan State University, East Lansing, MI 48824-1032. The research reported in this paper was supported by a grant from the National Science Foundation, Number SBR9408970. Paul Teske thanks the National Academy of Education's Spencer Foundation Post-Doctoral Fellowship for support on this project.

Abstract

While the possible decline in the level of social capital in the United States has received considerable attention by scholars such as Putnam and Fukuyama, less attention has been paid to the local activities of citizens that help define a nation's stock of social capital. Scholars have paid even less attention to how institutional arrangements affect levels of social capital. We argue that giving parents greater choice over the public schools their children attend creates incentives for parents as "citizen/consumers" to engage in activities that build social capital. Our empirical analysis employs a quasi-experimental approach comparing parental behavior in two pairs of demographically similar school districts that vary on the degree of parental choice over the schools their children attend. Our data show that, controlling for many other factors, parents who choose when given the opportunity are higher on all the indicators of social capital analyzed. Fukuyama has argued that it is easier for governments to decrease social capital than to increase it. We argue, however, that the design of government institutions can create incentives for individuals to engage in activities that increase social capital.

The delivery of services by local governments involves a complex relationship between the institutions that supply them and the citizens who use them. To improve the delivery of public services, many reformers argue that governments should imitate private markets by increasing the number of suppliers and by "empowering" citizens to shop across this expanded choice set. In this model, "citizen/consumers" become better consumers of public services by becoming more informed about their options and by more carefully selecting services that meet their preferences.

We suggest that the benefits of such market-like reforms can extend beyond the consumer behavior that has been the focus of previous analysis. Specifically, we argue that by expanding the options people have over public services, citizen/consumers can also become better *citizens*, and by so doing, increase the nation's stock of social capital. We test this hypothesis in the context of public school choice—a set of reforms that increases the control parents have over the selection of schools their children attend. These reforms are of long standing in some communities and are emerging in many others. In this research, we show that the design of public institutions charged with delivering education can affect the formation of social capital.

Social Capital and Local Citizenship

An intense scholarly debate recently has emerged concerning the role of social capital in economic and political development (e.g., Brehm and Rahn forthcoming; Fukuyama 1995; Granato, Inglehart and Leblang 1996a, 1996b; Inglehart 1990; Jackman and Miller 1996a, 1996b; Lipset 1995; Putnam 1993, 1995a, 1995b; Swank 1996; Tarrow 1996).[1] One theme in this debate is that social capital may be important to strong democracies for the same reasons that it is important for the functioning of strong economies: High levels of social capital engender norms of cooperation and trust, reduce transaction costs, and mitigate the intensity of conflicts.

While political scientists have only recently adopted the concept of social capital, the term has been used by sociologists for some time (see, e.g., Bourdieu 1980, Loury 1977). Coleman (1988, 1990) brought the term into wider circulation and argued (1988, S101) that social capital is generated as a byproduct of individuals engaging in forms of behavior that require sociability. In his study of 20 subnational governments in Italy, Putnam (1993) argued that the quality of governance is determined by the level of social capital within a region. Fukuyama concurs (1995, 356):

"The ability to cooperate socially is dependent on prior habits, traditions, and norms, which themselves serve to structure the market. Hence it is more likely that a successful market economy, rather than being the cause of stable democracy, is codetermined by the prior factor of social capital. If the latter is abundant, then both markets and democratic politics will thrive, and the market can in fact play a role as a school of sociability that reinforces democratic institutions."

While comparisons across nations and the identification of trends over time are obviously important, less scholarly work has focused on how government policies affect the stock of social capital. This is especially true for the analysis of the formation of social capital at the local level, where a small but growing body of work has developed addressing the link between government policies and social capital. Stone and his colleagues have been examining the role of "civic capacity," a concept similar to social capital, in local economic development and the politics of education (see, e.g., Stone 1996). Berry, Portney, and Thomson (1993) examined the importance of local community activity in the formation of social capital. And, in the context of education, Astone and McLanahan (1991), Coleman and Schneider (1993), and Lee (1993) have examined social capital as a function of the interactions among administrators, teachers, parents, and children.

We follow the approach of Berry, Portney, and Thomson, who emphasize the importance of communities where neighbors talk to each other about politics. In these face-to-face meetings, these authors argue that "democracy moves politics away from its adversarial norm, where interest groups square off in conflict and lobbyists speak for their constituents. Instead, the bonds of friendship and community are forged as neighbors look for common solutions to their problems" (1993, 3). (Also see Mansbridge 1980 on "unitary democracy" and Barber 1984 on "strong democracy.") Berry, Portney, and Thomson's emphasis on "face-to-face" interactions parallels Fukuyama's (1995) focus on "spontaneous sociability" and Putnam's (1993) emphasis on the role of networks and membership in voluntary and social organizations as supports for representative democracy (see also the review by Diamond 1992).

In this article, we go beyond documenting levels of social capital by identifying the effects of institutional arrangements governing the delivery of education, the most important public good local governments provide, on the formation of social capital. Whereas scholars have recognized the importance of schools in creating social capital for the next generation (see, e.g., Henig 1994, 201–3), for us, schools are also arenas in which social capital can be generated among today's parents.

We explore the relationship between schools and social capital by considering how school choice can influence parental behavior. Specifically, we examine how school choice may increase levels of voluntary parental involvement in the schools, face-to-face discussions between parents, and levels of parental trust in teachers—behaviors that have all been identified as components of social capital. We test these relationships empirically using a quasi-experimental design that allows us to isolate the link between school choice and citizen behavior. Fukuyama has argued that "social capital is like a ratchet that is more easily turned in one direction than another; it can be dissipated by the actions of governments much more readily than those governments can build it up again" (1995, 62). We show that institutional arrangements that increase parental control over the schools their children attend may be able to reverse that ratchet.

Some scholars are skeptical that government policies expanding choice can increase social capital For example, Anderson argues that expanded citizen choice, at best, will cultivate only a "passive understanding" of the demands of democratic participation and that this "consumer's skill" is not a sufficient basis for "competent citizenship" (1990, 197–8). Carnoy (1993, 187) and Henig (1994, 222) both argue that school choice will increase the social stratification between parents who are more involved and interested in their children's education and those who are not, fundamentally reducing the ability of communities to address collective problems. And Handler (1996, 185) notes that while choice plans require parents to choose, they cannot force parents to become actively engaged in school activities.

In contrast, other scholars argue that choice and related reforms will foster social capital. As Ravitch (1994, 9) notes: "The act of choosing seems to make parents feel more responsible and become more involved." And Berry, Portney, and Thomson (1993,294) cite the shift to parental control over local schools in Chicago in the late 1980s as a rare example of a successful attempt to get low-income parents more involved in local public affairs (also see Handler 1996).

In the analysis that follows, we show that reforms introducing choice can affect the level of social capital within communities. While our findings are limited to one particular aspect of local communities—schools—they provide important evidence that government or community-initiated policies can indeed ratchet up the preexisting levels of social capital and enhance the social fabric necessary for building and maintaining effective democracy. And, we demonstrate that this can be done both in suburban communities, where most Americans now live, and in inner-city neighborhoods, where the stock of social capital may be most depleted and where its absence may have the most deleterious effects (e.g., Berry, Portney, and Thomson 1993; Wilson 1987).

School Choice

School choice is perhaps the most widely discussed approach to addressing persistent problems in primary and secondary education in the United States. School choice advocates, liberals and conservatives alike, contend that changing the institutions governing school organization will improve student performance by changing the incentives faced by educators and by changing the behavior of students and parents (see Handler 1996, 9).[2]

It is possible to define school choice in such a way that it is already the norm. Many families already use residential location to choose the public schools their children attend. Even after the residential decision is made, many private alternatives to public education are available and about 10% of parents nationwide choose that option. School choice, however, is typically construed to involve policies that reduce the constraints that traditional public schooling arrangements place on schools and students. (For a discussion of distinctions among choice approaches, see Witte and Rigdon 1993.) Most important, school choice policies are designed to break the one-to-one relationship between residential location and the schools students attend.[3]

Responding to intense policy debates and the growing recognition of the problems of American schools, over the past two decades a growing number of local school districts have changed the institutional frameworks governing the provision of local education giving parents expanded choice over the schools their children attend. We take advantage of this diffusion of the innovation in school choice policy, employing a quasi-experimental approach comparing parental behavior in two pairs of school districts that are demographically similar but vary on institutional arrangements. We analyze the effects of choice on the formation of social capital in a matched pair of inner-city school districts, one with a long history of extensive choice and one without much choice. We then replicate this analysis in two suburban school districts. In each matched pair, the populations are similar demographically, but the institutional arrangements allowing parental choice over the schools their children attend differ.

Our analysis is based on interviews of approximately 300 parents of children in public school grades K–8 across four districts. (Appendix A describes the sample design.) Two of these are inner-city districts in New York City: District 1, which has only recently introduced limited choice, and District 4, which has offered programs of choice for 20 years. The other two are suburban communities in New Jersey: Morristown, which strictly maintains assignment to neighborhood schools, and Montclair, which has had a program of choice since the 1970s.

We begin with a discussion of the two New York school districts, describing in detail the evolution of choice in District 4. We then present an empirical analysis of effects of choice on social capital in the New York setting. Finally, we replicate the analysis using our New Jersey sample.

District 4: A School Choice Innovator

District 4 is located in East or "Spanish" Harlem, one of the poorest communities in New York City. The district serves roughly 12,000 students from pre-kindergarten through the ninth grade. In the early 1970s, the district's performance was ranked the lowest of 32 city public school districts in math and reading scores. Choice was part of a response to this poor performance.

Fliegel (1990) described the evolution of school choice in District 4 as resulting from "creative noncompliance" with New York City rules and regulations. The factors shaping the emergence of the District 4 can be traced back to the late 1960s when the administration of New York City's public school system was decentralized to allow for greater community control. Thirty-two separate community school districts were established, each of which was governed by an elected community school board and by the central Board of Education. High schools remained under the authority of the Board of Education. Decentralization was supposed to promote greater parental participation, but it has also led to problems with corruption, over-politicization, and poor performance (Cookson 1994, 50–1).

District 4 took full advantage of decentralization, in large part due to the entrepreneurial efforts of Anthony Alvarado, district superintendent from 1972 until 1982. As Boyer (1992, 41–2) notes, Alvarado bent rules, attracted outside grants, and won support from powerful teacher and principal unions. When Alvarado took over as superintendent, District 4 ran 22 schools in 22 buildings. In 1974, the first alternative school, Central Park East Elementary, was developed, followed by an alternative program for seventh and eighth graders with serious emotional and behavioral problems and by the East Harlem Performing Arts School, a program for fourth through ninth graders. These schools were open to parental choice and, as minischools, they were located within existing buildings where space was available. These schools were given greater flexibility over staffing, use of resources, organization of time, and forms of assessment.

The differences between the administration of these alternative schools and the traditional schools led to complaints of favoritism from some teachers and principals in the traditional schools. In response, new opportunities were offered to develop alternate schools using funding from the Magnet Schools Assistance Act (Wells 1993, 56). The district also exceeded its annual budget for many years as these alternative schools were being developed (Henig 1994, 164).

The focus on educational goals was shaped by Seymour Fliegel, appointed District 4's first director of alternative schools in 1976, who developed small schools designed to provide students, parents, and professional staff with flexibility and a sense of school "ownership" (Fliegel 1990, 209). Fliegel also used choice to encourage this sense of ownership. During the late 1970s and the 1980s more than 20 alternative schools were developed, many with distinctive curricular themes. As the number of schools increased, the differences between schools became more apparent. With many new schools and the potential for parents and students to make meaningful choices, Smith and Meier (1995, 94) suggest that it "became hopeless" to tell parents or teachers that their assignments would be determined bureaucratically. Thus, in 1982, the district decided to provide all parents with choice. Sixteen neighborhood elementary schools remained intact, with space reserved first for those living in the designated zones. While the emphasis was placed on providing choice at the junior high school level, the district also created a considerable number of alternative elementary schools, many of them bilingual (Smith and Meier 1995, 94).

In District 4, all students must make an explicit choice about the junior high school they will attend. Each sixth-grader receives a copy of a

Table 1. District 4 and District 1 Population and Sample Demographics

	District 4		District 1	
	Population	Sample	Population	Sample
Number of students	13,806	333	12,519	295
Number of schools	50	46	24	24
Hispanics	63%	68%	63%	71%
Blacks	33%	26%	12%	11%
Whites	1%	2%	10%	10%
Asian	NA	1%	13%	2%
Percentage in poverty	54%	67%	49%	NA
Income < $20,000 per year	NA	38%	NA	66%
Employed	35%	65%	48%	43%
High school degree or more	48%	90%	63%	65%
Single parent	NA	61%	NA	46%
Female	50%	90%	55%	87%

Source: For district information: *School District Data Book Profiles*, 1989–90.
NA: Since both districts are administrative units for the New York City school system rather than, e.g., census designated units, some demographic data are not available.

booklet describing the alternative junior high schools. Parents and students attend orientation sessions led by the directors of various alternative schools and are encouraged to visit the schools (Wells 1993, 55). Students and their parents rank and discuss their six choices of junior high schools. Sixty percent of the students in the district are accepted into their first-choice school, 30% into their second-choice school, and 5% into their third-choice school. The remaining 5% are placed in schools thought to be most appropriate for them (Boyer 1992, 52–3). To ensure that all students have viable choices, District 4 administrators monitor the popularity of the various alternative schools, closing or restructuring less popular schools (Wells 1993, 55).

District 1: Limited Choice

Our other New York City research site is District 1 on Manhattan's Lower East Side. Largely Hispanic and poor, the residents of District 1 share many characteristics with those of District 4. District 1 was created out of the Two Bridges School District, one of most active districts in New York City's fights over school decentralization in the 1960s. Despite this high initial level of community activism, the schools have foundered over the years. Following the success of District 4, District 1 began experimenting with school choice, and in 1992 created a small number of alternative schools.[4]

As a result of entrepreneurial efforts to develop choice, District 4 has developed a reputation in the city and in the nation as an innovative, successful district. A sense of mission is evident among parents, teachers, and administrators. While there is some dispute about how much of the success can be attributed to choice per se (see Henig 1994, 124–44), there is no question that performance in District 4 improved from its original low level as choice was implemented. In contrast, despite the high level of community activities during the push for decentralization, District 1 has faced considerable administrative turnover and turmoil for the last few years.

We report some comparative data on the districts in Table 1. Both districts are geographically compact, have large numbers of students from very poor families (more than eight of ten students are eligible for free lunches), and have a majority Hispanic student population.

The Survey Respondents

We contracted Polimetrics Laboratory for Political and Social Research, a survey research facility at Ohio State University, to interview 400 residents in each district in spring 1995, sampling parents (or the person in a household who "makes the decisions about the education of children"). To focus on the schools controlled by the districts, the sample frame was limited to parents with children in grades K–8.[5] To randomize, respondents were asked to answer school-specific questions based on the experience of their child in grades K–8 whose birthday came next in the calendar year.

As Table 1 illustrates, the sample of public school parents in each district is fairly representative of the student population on many key demographic variables. (We chose to interview parents of children who live in the districts but attend private schools as these parents are exercising a form of choice. However, they are not included in the analyses presented below. In District 1, 26% of the respondents sent their child to private school, compared to 17% in District 4.)[6]

Overwhelmingly, we sampled females, both because there are many single mothers in these districts and because we asked to speak with the person in the family who makes the decisions about school. More than 60% of the households were headed by a single parent in District 4, compared to 46% in District 1, and in both districts, more than 85% of the respondents were female.

Constructing the Models

With this background in place we now turn to our major goal: to assess the degree to which giving parents more control over the schools their children attend increases their level of social capital. In our analysis we use four measures of social capital, three of which are directly derived from Putnam (1993) and Fukuyama (1995) and the fourth a logical extension.

The first measure is whether the parent is a member of the PTA. Putnam uses declining participation in PTAs as one of his indicators of the erosion of social capital.[7] Second, we analyze a slightly broader measure of parental involvement in the schools, asking parents if in the past year they had engaged in any volunteer activities for their child's school. The third measure we investigate is the number of other parents our respondent talked with about school matters. We use this measure to reflect the "spontaneous sociability." Fukuyama emphasizes as underlying social capital and the importance of "face-to-face democracy" emphasized by Berry, Portney, and Thomson (1993). Our final measure reflects the level of trust parents have in their child's teacher to do the "right thing" for their child.[8] For Fukuyama the general level of trust in society is the critical dimension of social capital, since it lubricates economic, political and social transactions. In this research, we concentrate on a single domain-specific dimension of trust (trust in teachers). These activities not only are central to building social capital, they are also critical to building good schools (see, e.g., Anson et al. 1991).

In our selection of independent variables, we measure elements of motivation, resources, time constraints, and school policies that Kerbow and Bernhardt (1993, 116) argue are critical features of parental involvement in the schools. Thus we employ variables related to individual demographic characteristics as well as those related to the schools children are attending.

Three different types of institutional arrangements exist in the two central city districts in our study. The oldest and most traditional form of school organization is the neighborhood model, in which children are assigned to schools based on residential location. The second is universal choice, which characterizes the intermediate school system (grades 6–8) in District 4. Under this type of arrangement all parents must choose a school for their children (i.e., there is no "default" school). Finally, an "option demand" system of choice (see Elmore 1991), which exists in both districts but is much more developed in District 4, allows parents to select a school other than their neighborhood school. We refer to those parents who have decided to exercise choice as "active choosers." About 20% of our sample fall into the universal choice category (all in District 4), while about 9% of all of the sampled parents in New York are active choosers.

Active choosers present us with the same fundamental problem faced by any research on the behavior of parents in school choice settings—parents choosing alternative schools may not be a random selection of all parents in a school district. And, if parents who self-select alternative schools are also high on social capital then our results will be biased. While other studies have acknowledged this problem and made various efforts to control for selection bias (Chubb and Moe 1990; Coleman and Hoffer 1987; Coleman, Hoffer and Kilgore, 1982; Smith and Meier 1995), we correct for it by constructing a two-stage nonrandom assignment model, in which the first equation models the assignment process and the second equation the "outcome." The method, described in Appendix B and based on the work of Heckman (1978), Heckman, Hotz, and Dabos (1987) and Lord (1967, 1969), corrects for both the nonrandom selection process and other econometric problems associated with the use of dichotomous dependent variables (see Achen (1986) and Alvarez and Brehm (1994) for discussions of the applicability of this method in political science).[9]

By limiting the possibility that parents likely to make active choices are also likely to engage in other activities that we refer to as part of social capital, the use of this methodology is critical to our argument that making an active choice influences parental behavior.

As noted in detail in Appendix B, we begin with an explicit assignment equation:

$$Active\ choosers = a + B[Demographics] + B[Values] + B[Diversity] + error, \quad (1)$$

where Active choosers is a dichotomous variable indicating whether a parent has elected an alternative school or program for their child (1 = yes, 0 = no); Demographics is a vector consisting of a set of dummy variables for self-identified racial group membership (black, Hispanic, Asian—white is the excluded category), a continuous variable measuring years of schooling of the parent, a continuous variable reflecting the length of residence in the school district, and a 7-point scale measuring frequency of church attendance (1 = never, 7 = once per week). We also include two dichotomous variables reflecting the gender of the respondent (1 = female) and whether or not the respondent is employed (1 = yes). The racial, gender, and employment variables reflect the resources and demographic factors that may influence activities related to social capital. Parental education level may be particularly important—Putnam (1995b, 667) reports that it "is by far the strongest correlate... of civic engagement in all its forms." The length of residence variable reflects the argument advanced by Brehm and Rahn (forthcoming) and by Putnam, who both argue that mobility decreases social capital. In addition, Teske et al. (1993) found that length of residence affected knowledge of three measures of social capital we report these generalized two-stage least squares (G2SLS) results. Note that since the results are generalized linear probability estimates, the coefficients have a straightforward interpretation: They represent the change in the probability of finding an event given a unit change in the independent variable.

The Effects of Choice in the Central City

With these corrections in place, we are now able to estimate the effects of school choice on the behavior of parents controlling for the nonrandom "assignment" across alternative schools.[13] We present the results in Table 2. Turning first to PTA membership, reported in the first column, we find strong evidence that school choice affects this widely used measure of social capital: Ceteris paribus, participation in the PTA among active choosers is 13% higher than among nonchoosers ($p < .05$), the largest effect in our model, apart from gender.

The effects of some other variables are worth noting. First, note that as the length of residence increases, so does participation in the PTA ($p < .05$, using a one-tail test). Similarly, frequency of church attendance increases participation in the PTA. These findings confirm empirically the arguments presented by Putnam and Fukuyama, as well as findings by education researchers (Kerbow and Bernhardt 1993, Muller and Kerbow 1993). Note too that participation in the PTA increases with the level of parental education—individual human capital and social capital flow together.

In the second column of Table 2, we turn to more general patterns of participation in voluntary events. Here we find that active choosers are over 12% more likely to engage in such activities than are nonchoosers. Paralleling the results reported for PTA membership, church attendance and longer residence are associated with volunteering, as is more years of parental education.

We have shown that active participation in school choice increases levels of involvement with voluntary organizations. We turn next to a measure of "spontaneous sociability"—how many other parents do our respondents engage in discussions about schools? The same cluster of variables emerges as important: Ceteris paribus, active choosers talked with four more parents than nonchoosers (see the third column of Table 2). Again, longer term residents, more educated respondents, and frequent churchgoers talk with more parents than do other respondents.

Finally, we examine trust in teachers. As shown in the final column of Table 2, school factors dominate this model. Active choosers are almost 10% more likely to trust teachers all or most of the time and universal choosers are 9% more likely to do so. In contrast, parents who are dissatisfied with their school policies. Church attendance is a control variable representing an alternative form of interaction and involvement with the local community.

The *Values* and *Diversity* variables indicate whether a parent thought either particular values or diversity as school attributes were important in their choice of schools. In our survey parents were asked to name up to four attributes they thought were most important in a school. Two attributes in particular, the values espoused by the school and the diversity of the student body, were considered important by parents of children in alternative public schools but not by parents of children in neighborhood public schools.[10] We therefore include these variables in the assignment equation for theoretical reasons, as they are important predictors of active school choosers. We have no theoretical reason, however to expect these variables to affect social capital and, indeed, they are not empirically related to the activities we have measured. These are used as exclusions in our outcome equation and provide the necessary leverage for estimating the system of equations.[11]

Thus, as described in greater detail in Appendix B, we estimate this assignment equation and the predicted value of the active chooser variable is used in estimating the following outcome equation:

Social capital $= a + B[\text{"Predicted" active choosers}] + B[\text{School factors}] + B[\text{Demographics}] + error$, (2)

where *Demographics* are as noted in equation (1) and *Values* and *Diversity* are excluded. "Predicted" *active choosers* is the estimated values from equation (1), transformed into a linear functional form following Goldberger (1964; also see Achen 1986, Heckman 1978). *School factors* measure other aspects of the school environment. These factors include a variable measuring the enrollment in the school the child attends, as smaller schools are often considered to be better arenas for building social capital (Harrington and Cookson 1992); a dummy variable ($=1$) when the respondent had made a universal choice at the junior high level in District 4; and a measure of parental dissatisfaction with her child's school.[12] Previous research (e.g., Witte 1991) has demonstrated that parental dissatisfaction is negatively correlated with levels of parental involvement and participation in school activities.

When the dependent variable in the outcome equation is continuous, as in our analysis of the number of parents with whom a respondent has talked about schools, the two-stage estimation technique is fairly straightforward. When the dependent variable is a dichotomous variable, however, another round of corrections is necessary because the disturbances are heteroskedastic (see Appendix B; also see Achen 1986, 40–7). In our analysis of the other child's school and have considered moving the child to a different school are 24% less likely to trust their child's teachers. Of the demographic factors, only education is related to trust—but this relationship is negative.

Note also that while choosing significantly increases social capital on all four dimensions we measure, school size is not related to any of these measures. Harrington and Cookson (1992) have argued that the introduction of smaller schools in District 4 was the most important innovation accounting for the improvements found in the district. Our results differ—it is choice and not school size that matters.

Taking Advantage of the Quasi-Experimental Design: Replicating the New York Findings

Replication is one of the most powerful tools available for validating social scientific findings. In the next stage of our analysis, we take advantage of our quasi-experimental design to replicate the results of our New York study in another pair of school districts. This replication allows us to explore the robustness of our findings by testing their sensitivity to changes in the context of choice. In our next comparison, we explore the effects of community composition on our findings. In our first analysis, we demonstrated that school choice fosters behavior that builds social capital among parents in low-income central city school districts. Given the multitude of problems facing central cities, this is obviously an important finding. The next question is obvious: Does this relationship hold among suburban parents who now make up a larger share of the American population than do those in the central city?

Second, and more important for us, the institutional factors that define the extent of school choice varies across our two sets of communities. In our next "experiment," we compare patterns of activities in a traditional neighborhood school district (where no one can choose a school except by changing their residential location or by opting out of the public sector altogether) with those in a universal choice district (where there are no neighborhood schools). These institutional arrangements represent more extreme points on the policy continuum than do those in District 1 and District 4. Are the results we found in New York replicated under these different community and institutional conditions? Are the magnitude of the effects similar?

School Choice and Social Capital in Suburban Communities

To answer these questions we turn to our second paired set of communities, Montclair and Morristown, New Jersey, two suburban communities within commuting distance of New York City. Given the institutional arrangements

Table 2. The Effects of Choice on the Formation of Social Capital in Two New York Districts

	PTA Member	Voluntary Activities	Parents Talked to	Trust Teacher
Active chooser	.128* (.064)	.123* (.064)	4.053* (2.295)	.095* (.049)
Universal choice	−.035 (.066)	.025 (.062)	−.613 (.651)	.096* (.056)
Dissatisfaction	−.042 (.041)	−.003 (.040)	.234 (.404)	−.239*** (.039)
School size	−.000 (.000)	−.000 (.001)	−.000 (.001)	.000 (.000)
Black	.092 (.072)	.048 (.068)	−.401 (1.30)	−.057 (.044)
Hispanic	−.068 (.066)	−.021 (.062)	.419 (1.22)	−.066 (.036)
Asian	.041 (.187)	.149 (.157)	1.61 (2.47)	.059 (.097)
Length of residence	.005* (.003)	.005* (.003)	.085** (.030)	−.002 (.002)
Education	.015** (.005)	.020** (.006)	.148* (.063)	−.009** (.004)
Employed	−.046 (.044)	.031 (.042)	.038 (.427)	.033 (.029)
Female	.277*** (.056)	.110 (.067)	.370 (.708)	−.052 (.036)
Attend church	.041*** (.009)	.023*** (.009)	.242* (.108)	.010 (.006)
Constant	.336** (.129)	.327** (.135)	.739 (2.34)	1.05 (.090)
	N = 580, F = 66	N = 580, F = 107	N = 568, F = 4.4	N = 578, F = 4.3

Note: Numbers in parentheses are adjusted standard errors. We do not report R-squared statistics because in the adjustment process necessary to correct for the nonrandom assignment problem, this statistic becomes inappropriate (see Aldrich and Nelson 1994, 14–5).
* $p \leq .05$; ** $p \leq .01$; *** $p \leq .001$

Table 3. Montclair and Morristown Population and Sample Demographics

	Montclair		Morristown	
	Population	Sample	Population	Sample
Number of students	5850	356	5080	286
Number of schools	10	10	9	9
Hispanics	4%	3%	9%	7%
Blacks	36%	34%	17%	16%
Whites	56%	57%	70%	70%
Asian	3%	1%	4%	5%
Percentage in poverty	7%	NA	6%	NA
Income < $20,000 per year	16%	8%	21%	14%
Employed	59%	80%	58%	71%
High school degree or more	88%	98%	86%	94%
Single parent	11%	23%	23%	22%
Female	54%	78%	53%	76%

Source: For district information, *School District Data Book Profiles, 1989–90.*

governing the schools in these two districts, we can test the effects of universal choice directly, since everyone in Montclair's public schools chooses and no one in Morristown's can.

Montclair and Morristown, New Jersey

In both communities, court-ordered desegregation decisions in the 1970s led to fundamental changes in the school assignment mechanisms; however, very different responses were developed to achieve racial balance. Montclair adopted school choice, with parents given the right to choose schools from kindergarten through the eighth grade (there is only one high school), with choice constrained by racial balancing. In Morristown, residential zones were created for neighborhood schools. These zones are frequently adjusted so that each school in each zone has the same racial balance, but once set the zones are strictly enforced.

School choice has been operating in Montclair for about as long as in District 4. In 1969, the New Jersey Commissioner of Education ordered Montclair to desegregate or lose state funding. A forced busing plan was implemented in 1972, which caused conflict and considerable white flight. A limited choice program was implemented in 1975 to try to encourage voluntary racial balancing by establishing magnet schools. Several changes were made to the choice plan in Montclair, and in 1984 choice was introduced to the whole district by the symbolic act of turning all schools into magnets.

While choice was initially a solution to racial balancing, parents, teachers, and administrators used it to promote competition and better schools (Boyer 1992, 33). Parents in Montclair are provided with considerable information about the schools. In choosing schools, parents request two options and students are placed in their first choice if it matches the racial balancing goals. The schools are nearly uniformly good and about 95% of parents receive their first choice (Strobert 1991, 56–7). Between 60 and 80% of students are bused to their schools, but now such busing is voluntary.

Table 3 shows the demographics of the public school parents in these two New Jersey districts, overall and for our surveyed sample of 400 parents in each community.

Under the universal system of choice in Montclair, all parents are required to choose a school for their child. Therefore, it is not necessary to specify the selection process as we did for the analyses of our New York City parents—that is, no assignment equation is needed and the extensive corrections noted in Appendix B are not necessary. Thus, the results reported in Table 4 are the results of straightforward multivariate analyses. For comparability with the linear probabilities reported in our analysis of New York,

we report the percentage point change for a unit change in the independent variable (for the dummy variable, this is the effect of having the characteristic [1] versus not having it [0]). Since all Montclair parents *must* choose their children's school and no one in Morristown public schools can choose (except by moving), the coefficient of the dummy variable for Montclair represents the effects of universal choice, ceteris paribus.

The results in Table 4 show patterns consistent with those in our New York analysis. Choosers are significantly more likely to engage all measures of social capital—PTA membership, volunteering for a school activity, talking to people about schools, and trusting teachers—controlling for other important factors.[14]

School Choice Can Help Build Social Capital

At the heart of calls for the introduction of market-like reforms into the public sector lies the belief that giving people choices over public goods will increase efficiency. Research into the effects of reforming the "supply side" of the provision of public goods has established that such competitive mechanisms can in fact pressure the producers of public goods, see, e.g., Ostrom 1972, Schneider 1989, Schneider and Teske 1995, Tiebout 1956). Recently, scholars have begun to study the effects of reforms on the demand-side of the market, leading to debates about the level of information held by citizens

According to Putnam, societies can evolve two different equilibria as they solve collective action problems. One equilibrium is built on a "virtuous circle" that nurtures healthy norms of reciprocity, cooperation, and mutual trust. The other relies on coercion and creates an environment in which only kin can be trusted. Civic engagement is at the core of Putnam's concept of social capital because it breeds cooperation and facilitates coordination in governing. Public schools constitute a domain in which the virtuous circle is essential for improving the quality of education. Hillary Rodham Clinton (1996) has argued that "it takes a village" to raise a child. It may also take a "village" to educate a child: High quality education is dependent on parental involvement supported by high levels of community involvement. In turn, higher public education is associated with activities that build social capital—a virtuous circle is created.

Our research shows that the design of the institutions delivering local public goods can influence levels of social capital. No present statistical method can fully correct for problems in estimation introduced by the complex causal linkages that motivate our study. Our two-stage modeling, however, clearly addresses the biases introduced by the nonrandom "assignment" of parents as active choosers in New York. Our research shows that in both an urban and a suburban setting and under different institutional settings of choice, the act of school choice seems to stimulate parents to become more involved in a wide range of school-related activities that build social capital. Our results support arguments linking participation and urban democracy and, within the domain of schools that we studied, are directly congruent with Berry, Portney, and Thomson's (1993, 254) claim that "increased participation does lead to greater sense of community, increased governmental legitimacy, and enhanced status of governmental institutions."

Clearly, many factors affecting the formation of social capital are individual-level characteristics effectively beyond the control of government (e.g., social capital increases with church attendance and with length of residence in a community). This fundamentally limits the role that government can play in nurturing the formation of social capital. Despite this, we believe that governmental policies can and do affect the level of social capital. The careful design of governmental institutions may be able to reverse the ratchet that Fukuyama believes has only driven social capital down.

Appendix A: Survey Methodology

We contracted the Polimetrics Research and Survey Laboratory at Ohio State University to carry out the survey. To start, Polimetrics identified the zip

Table 4. The Effects of Choice on the Formation of Social Capital in Two New Jersey Districts

	PTA Member (standard error)	% Change	Voluntary Activity (standard error)	% Change	Parents Talked To (standard error)	% Change	Trust Teacher (standard error)	% Change
Universal choice	0.35** (.11)	13%	0.21* (.13)	6%	1.24** (.38)	13%	0.28** (.14)	6%
Black	-0.55** (.13)	-21%	-0.48** (.14)	-14%	-3.38** (.44)	-30%	-0.41** (.15)	-9%
Hispanic	-1.24** (.29)	-45%	-0.96** (.26)	-34%	-2.86** (.91)	-12%	0.34 (.38)	6%
Asian	-0.57 (.33)	-22%	0.15 (.39)	4%	-3.49** (1.17)	-11%	0.49 (.55)	8%
Length of residence	-0.01 (.01)	-0.07%	0.02** (.01)	0.6%	0.07*** (.03)	9%	0.01 (.01)	0.02%
Education	0.09** (.02)	3%	0.06** (.02)	2%	0.31*** (.08)	16%	0.03 (.03)	0.5%
Employed	-0.07 (.14)	-3%	-0.06 (.16)	-1%	-0.78* (.47)	-6%	-0.27 (.18)	-5%
Female	0.40** (.13)	15%	0.52** (.14)	16%	1.22** (.44)	10%	-0.02 (.16)	-0.5%
Attend church	0.09** (.03)	4%	0.06* (.03)	2%	0.24** (.08)	11%	-0.01 (.03)	-0.01%
Dissatisfaction	-1.76** (.42)	-8%	-0.01 (.14)	-0.1%	0.51 (.41)	6%	-0.73** (.14)	-18%
Constant	-0.92 (.41)		-0.45 (.44)		1.71 (1.4)		1.04 (.49)	
	$N = 629$		$N = 629$		$N = 626$		$N = 622$	
	$\chi^2 = 91$		$\chi^2 = 61$		$F = 14$		$\chi^2 = 43$	
	(.00)		(.00)		(.00)		(.00)	

Note: In the three probit equations the percentage point change figures indicate the effect of a change from 0 to 1 for the dummy variables and represent the effect of a unit change for the nondummy variables. For the regression equation (parents talked to) the percentage changes are calculated from the normalized beta coefficients.
* $p \le .05$; ** $p \le .01$; *** $p \le .001$

and the levels necessary for markets for public goods to work (e.g., Lowery, Lyons, and DeHoog 1995, Lyons, Lowry, and DeHoog 1992, Teske et al. 1993, 1995). This debate has focused on only a limited aspect of the behavior of the "citizen/consumer" in the market for public goods, revolving around the question of whether competition can enhance the behavior of citizens as consumers. We broaden the question by asking if government policies that enhance choice over public goods can increase the capacity of the citizen/consumer to act as a responsible, involved citizen. Our results show that in the domain we study, local public education, the answer is yes.

codes in each of the four school districts. All listed telephone numbers for each zip code were identified. From this, a list was developed using random generation of the last two digits of the appropriate telephone exchanges, so that unlisted numbers were included as well. All known business telephone numbers were removed as they were not eligible to be interviewed. Then, a random sample was taken of the remaining numbers.

To be eligible to be interviewed, respondents needed to live within the school district, have children between grades K–8, be the adult responsible for decisions affecting that child's education, and identify the school their child attended (which could be either a private school or a district public school).

The actual interviews were conducted from March through June 1995. The interviewers were given extensive training and some interviews were conducted in Spanish. Interviewers were monitored randomly and, to ensure validity, 15% of all completed interviews were verified with respondents by the supervisors.

The goal was to obtain 400 completed interviews in each of the four districts. The following table shows the call dispositions in each district.

Table A-1. Disposition of Survey Telephone Calls

	District 4	District 1	Montclair	Morristown
Completed	400	401	408	395
Refusals	113	522	109	174
No final disposition	225	1,642	281	343
Nonhousehold	5,237	17,883	5,268	12,913
Ineligible	5,722	13,469	3,935	5,918

Appendix B: Correcting for Nonrandom Assignment

As Achen (1986) demonstrates, ordinary regression fails to produce unbiased estimates of treatment effects in quasi-experiments when the "assignment" to different conditions is not random (see LaLonde and Maynard 1987; Lord 1967, 1969; Heckman 1978; Heckman, Hotz, and Dabos 1987). Consequently, in addition to specifying the behavioral outcome, we must explicitly model the assignment process. To deal with the dichotomous nature of three of our dependent variables, we apply Achen's generalized two-stage least squares estimator (G2SLS). The steps for this estimation procedure, as well as the standard 2SLS we employ to estimate our continuous outcome equation, are summarized below.

Table B-1. Assignment (First-Stage) Equation: Active Public School Choosers in New York

	Coefficient	Standard Error
Diversity	.090*	.038
Values	.115**	.037
Length of residence	.005*	.002
Years of schooling	.006	.004
Black	−.252***	.048
Hispanic	−.216***	.045
Asian	−.318**	.116
Employed	.079**	.028
Female	−.003	.043
Attend church	−.003	.006
Constant	.127	.114

$* p \leq .05;\ ** p \leq .01;\ *** p \leq .001$
$N = 584;\ F(10, 573) = 10.36;\ p = .000$

The first stage consists of estimating the assignment equation. This can be done in a straightforward manner by applying the linear probability model. Goldberger's (1964) two-step weighted estimator can be employed to correct for the problems of ordinary least squares (OLS) regression with a dichotomous dependent variable. Before calculating the weights, the predicted values outside the 0–1 interval from the OLS regression should be reset to the bounds. It should also be noted that in order for the system of equations to be estimated, at least one variable in the assignment equation must be excluded from the outcome equation. This variable provides the necessary statistical leverage to estimate the system, so its coefficient in the assignment equation must be nonzero. See Table B-1 for the results of the assignment equation.

For the second stage, the forecast values of the treatment variable (the dependent variable from the assignment equation) are inserted into the outcome equation. When the dependent variable in this equation is continuous (as in the case of our "spontaneous sociability" model) ordinary regression can be applied. The resulting coefficients are 2SLS estimates. The only remaining step in the continuous variable case consists of correcting the standard errors of the coefficients. To accomplish this we first denote the variance of the residuals from our OLS regression ω^2. Next we generate a new forecast value for the dependent variable by using the second-stage coefficients and the original variables. We then compute the variance of the new set of residuals, σ^2, by taking the difference between the two equations. The standard errors of the 2SLS coefficients are corrected by multiplying each standard error by the square root of σ^2/ω^2.

If the dependent variable in the outcome equation is dichotomous, as in our three other models, additional steps are necessary. Once again we insert the forecast values of the treatment variable into the outcome equation. After applying OLS to the outcome equation we compute a new forecast value for the dependent variable using the regression coefficients and the original variables. Once again, predicted values outside the 0–1 interval are reset to the bounds. Next we apply Goldberger's two-step weighted estimator to the outcome equation. The coefficients of the final estimation are the 2GSLS estimates, but again, the reported standard errors are wrong. To correct them we first denote the variance of the residuals from the final stage regression as ω^2. We then multiply each standard error by the square root of $1/\omega^2$. We report these corrected coefficients and standard errors in our tables. Note too that once these corrections are implemented the R^2 statistic is no longer meaningful and is not reported for any of our New York models.

References

Achen, Chris. 1986. *The Statistical Analysis of Quasi-Experiments*. Chicago: University of Chicago Press.

Aldrich, John, and Forrest Nelson. 1994. *Linear Probability, Logit and Probit Models*. Newbury Park, CA: Sage Publications.

Almond, Gabriel, and Sidney Verba. 1963. *The Civic Culture*. Princeton: Princeton University Press.

Alvarez, R. Michael, and John Brehm. 1994. "Two-Stage Estimation of Non-Recursive Choice Models." California Institute of Technology, Social Science Working Paper 905. Typescript.

Anderson, Charles. 1990. *Pragmatic Liberalism*. Chicago: University of Chicago Press.

Anson, Amy, Thomas Cook, Farah Habib, Michael Grady, Norris Haynes, and James Comer. 1991. "The Comer School Development Program: A Theoretical Analysis." *Urban Education* 26 (April):56–82.

Astone, Nan Marie, and Sara McLanahan. 1991. "Family Structure, Parental Practices, and High School Completion." *American Sociological Review* 56 (June):309–20.

Barber, Benjamin. 1984. *Strong Democracy: Participatory Politics for a New Age*. Berkeley: University of California Press.

Berry, Jeffrey, Kent Portney, and Ken Thomson. 1993. *The Rebirth of Urban Democracy*. Washington, DC: Brookings Institution.

Blank, Rolf K. 1990. "Educational Effects of Magnet High Schools." In *Choice and Control in American Education*. Vol. 2: *The Practice of Choice, Decentralization and School Restructuring*, ed. William H. Clune and John F. Witte. London: Falmer Press.

Bourdieu, Pierre. 1980. *Questions de Sociologie*. Paris: Minuit.

Boyer, Ernest. 1992. *School Choice*. Princeton, NJ: Carnegie Foundation.

Brehm, John, and Wendy Rahn. N.d. "Individual Level Evidence for the Causes and Consequences of Social Capital." *American Journal of Political Science*. Forthcoming.

Carnoy, Martin. 1993. "School Improvement: Is Privatization the Answer?" In *Decentralization and School Improvement*, ed. Jane Hannaway and Martin Carnoy. San Francisco: Jossey-Bass.

Chubb, John, and Terry Moe. 1990. *Politics, Markets and America's Schools*. Washington, DC: Brookings Institution.

Clinton, Hillary Rodham. 1996. *It Takes a Village: And Other Lessons Children Teach Us*. New York: Simon and Schuster.

Clune, William H., and John F. Witte, eds. 1990. *Choice and Control in American Education*. Vol. 2: *The Practice of Choice, Decentralization and School Restructuring*. London: Falmer Press.

Coleman, James. 1990. *Foundations of Social Theory*. Cambridge, MA: Harvard University Press.

Coleman, James, and Thomas Hoffer. 1987. *Public and Private High Schools Compared*. New York: Basic Books.

Coleman, James, Thomas Hoffer, and Sally Kilgore. 1982. *High School Achievement: Public, Catholic, and Private Schools Compared*. New York: Basic Books.

Coleman, James. 1988. "Social Capital in the Creation of Human Capital." *American Journal of Sociology* 94 (Supplement):S95–120.

Cookson, Peter W., Jr. 1994. *School Choice: The Struggle for the Soul of American Education*. New Haven, CT: Yale University Press.

Coons, John E., and Stephen D. Sugarman. 1978. *Education by Choice: The Case for Family Control*. Berkeley: University of California Press.

Diamond, Larry. 1992. "Economic Development and Democracy Reconsidered." In *Reexamining Democracy*, ed. Gary Marks and Larry Diamond. New York: Sage.

Elmore, Richard F. 1991. "Public School Choice as a Policy Issue." In *Privatization and Its Alternatives*, ed. William T. Gormley, Jr. Madison: University of Wisconsin Press.

Fantini, Mario D. 1973. *Public Schools of Choice*. New York: Simon and Schuster.

Fliegel, Seymour. 1990. "Creative Non-Compliance." In *Choice and Control in American Education*, Vol. 2: *The Practice of Choice, Decentralization and*

参 考 论 文

LaLonde, Robert, and Rebecca Maynard. 1987. "How Precise are Evaluations of Employment and Training Programs: Evidence from a Field Experiment." *Evaluation Review* 11 (August):428–51.

Lee, Dwight R. 1991. "Vouchers—The Key to Meaningful Reform." In *Privatization and Its Alternatives*, ed. William T. Gormley, Jr. Madison: University of Wisconsin Press.

Lee, Seh-Ahn. 1993. "Family Structure Effects on Student Outcomes." In *Parents, Their Children and Schools*, ed. Barbara Schneider and James S. Coleman. Boulder, CO: Westview Press.

Lipset, Seymour Martin. 1995. "Malaise and Resiliency in America." *Journal of Democracy* (January):2–16.

Lord, Frederic M. 1967. "A Paradox in the Interpretation of Group Comparisons." *Psychological Bulletin* 68 (November):304–5.

Lord, Frederic M. 1969. "Statistical Adjustments When Comparing Preexisting Groups." *Psychological Bulletin* 72 (November):336–7.

Loury, Glenn. 1977. "A Dynamic Theory of Racial Income Differences." In *Women, Minorities, and Employment Discrimination*, ed. P.A. Wallace and A. LeMund. Lexington, MA: Lexington Books.

Lyons, William, David Lowery, and Ruth Hoogland DeHoog. 1992. *The Politics of Dissatisfaction*. Armonk, NY: Sharpe.

Lowery, David, William Lyons, and Ruth Hoogland DeHoog. 1995. "The Empirical Evidence for Citizen Information and a Local Market for Public Goods." *American Political Science Review* 89 (September):705–9.

Mansbridge, Jane. 1980. *Beyond Adversary Democracy*. New York: Basic Books.

Muller, Chandra, and David Kerbow. 1993. "Parental Involvement in the Home, School and Community." In *Parents, Their Children and Schools*, ed. Barbara Schneider and James S. Coleman. Boulder, CO: Westview Press.

Ostrom, Elinor. 1972. "Metropolitan Reform: Propositions Derived from Two Traditions." *Social Science Quarterly* 53 (December): 474–93.

Putnam, Robert. 1993. *Making Democracy Work: Civic Traditions in Modern Italy*. Princeton: Princeton University Press.

Putnam, Robert. 1995a. "Bowling Alone: America's Declining Social Capital." *Journal of Democracy* 6 (January):65–78.

Putnam, Robert. 1995b. "Tuning in, Tuning out: The Strange Disappearance of Social Capital in America." *PS: Political Science and Politics*, 28 (December): 664–83.

Ravitch, Diane. 1994. "Somebody's Children: Expanding Educational Opportunities for All America's Children." *Brookings Review* (Fall)4–9.

Schneider, Barbara, and James Coleman, eds. 1993. *Parents, Their Children and Schools*. Boulder, CO: Westview Press.

Schneider, Mark. 1989. *The Competitive City*. Pittsburgh: University of Pittsburgh Press.

Schneider, Mark, and Paul Teske. 1995. *Public Entrepreneurs: Agents for Change in American Government*. Princeton: Princeton University Press.

School Restructuring, ed. William H. Clune and John F. Witte. New York: Falmer Press.

Friedman, Milton. 1955. "The role of government in education." In *Economics and the Public Interest*, ed. R. A. Solo. New Brunswick, NJ: Rutgers University Press.

Friedman, Milton. 1962. *Capitalism and Freedom*. Chicago: The University of Chicago.

Fukuyama, Francis. 1995. *Trust: Social Virtues and the Creation of Prosperity*. New York: Free Press.

Goldberger, Arnold. 1964. *Econometric Theory*. New York: John Wiley.

Granato, Jim, Ronald Inglehart, and David Leblang. 1996a. "The Effect of Cultural Values on Economic Development: Theory, Hypotheses, and Some Empirical Tests." *American Journal of Political Science* 40 (August):607–31.

Granato, Jim, Ronald Inglehart, and David Leblang. 1996b. "Cultural Values, Stable Democracy, and Economic Development: A Reply." *American Journal of Political Science* 40 (August):680–96.

Handler, Joel. 1996. *Down From Bureaucracy: The Ambiguity of Privatization and Empowerment*. Princeton: Princeton University Press.

Harrington, Diane, and Peter Cookson, Jr. 1992. "School Reform in East Harlem: Alternative Schools versus Schools of Choice." In *Empowering Teachers and Parents*, ed. G. Alfred Hess. Westport, CT: Bergin and Garvey.

Heckman, James. 1978. "Dummy Endogenous Variables in a Simultaneous Equation System." *Econometrica* 46 (July):931–59.

Heckman, James J., V. Joseph Hotz, and Marcelo Dabos. 1987. "Do We Need Experimental Data to Evaluate the Impact of Manpower Training on Earnings?" *Evaluation Review* 11 (August):395–427.

Henig, Jeffrey. 1994. *Rethinking School Choice: Limits of the Market Metaphor*. Princeton: Princeton University Press.

Inglehart, Ronald. 1990. *Culture Shift in Advanced Industrial Society*. Princeton: Princeton University Press.

Jackman, Robert, and Ross Miller. 1996a. "A Renaissance of Political Culture?" *American Journal of Political Science* 40 (August):632–57.

Jackman, Robert, and Ross Miller. 1996b. "The Poverty of Political Culture?" *American Journal of Political Science* 40 (August):697–716.

Jencks, Christopher. 1966. "Is the Public School Obsolete?" *The Public Interest* 2 (Winter):18–27.

Kerbow, David, and Annette Bernhardt. 1993. "Parental Intervention in the School: The Context of Minority Involvement." In *Parents, Their Children and School*, ed. Barbara Schneider and James S. Coleman. Boulder, CO: Westview Press.

Notes

1. The current debate in political science is focused on somewhat different issues than we address here. However, our research *is* directly relevant to one central theme of that debate—the role of government in creating social capital. In critiquing what he sees as a critical omission by Putnam (1993), Tarrow (1996, 395) asks: "Can we be satisfied interpreting civic capacity as a home-grown product in which the state has no role?" Similarly, Jackman and Miller (1996a, 655) argue that a political institutional approach that endogenizes civic culture can help explain differential political and economic development.

2. Classic theoretical treatments include: Chubb and Moe 1990; Coons and Sugarman 1978; Fantini 1973; Friedman 1955, 1962; Jencks 1966. For reviews of school choice in practice, see Cookson 1994; Clune and Witte 1990; and Wells 1993.

3. These policies include publicly provided vouchers that can be used in a variety of schools, both public and private (see, e.g., Lee 1991), the introduction of magnet schools (see, e.g., Blank 1990), the introduction of charter schools (see, e.g., Wohlstetter, Wenning, and Briggs 1995), and public school choice plans such as those we analyze here.

4. In 1993, the New York City Board of Education established a new policy of *interdistrict* choice. If space is available (usually it is not), students can go to schools outside of their district. The Board did not mandate choice programs within districts.

5. Recall that high schools in New York are run by the central Board of Education.

6. The table in Appendix A shows that telephone interviewers had greater difficulty completing interviews in District 1 than District 4; however, as evident in Table 1 our samples of public school parents are nonetheless representative of the population of the districts as a whole.

7. We recognize a limitation inherent in the cross-sectional nature of our research design. Ideally, research on changes in social capital would employ a longitudinal, interrupted time-series analysis, involving panel responses. In this ideal research design, data would be collected prior to institutional changes and, by interviewing the same subjects over time, researchers could isolate the specific effect of institutional changes. Unfortunately, few researchers had the foresight or the resources to conduct such a study; trade-offs must inevitably be made. For example, Putnam (1993) used aggregate level and (some would say) problematic measures of social capital (see, e.g., Jackman and Miller 1996a) and went beyond his data to explore historical differences in the development of Italian regions. The trade-off in our case is that while we can not gather detailed individual-level data on parents in these

School District Data Book v. 1.0 [CD-ROM]. 1995. U.S. Department of Education, National Center for Education Statistics and The MESA Group.

Smith, Kevin, and Kenneth Meier. 1995. *The Case against School Choice: Politics, Markets, and Fools*. Armonk, NY: M. E. Sharpe.

Stone, Clarence. 1996. "The Politics of Urban School Reform: Civic Capacity, Social Capital, and Intergroup Context." Presented at the annual meeting of the American Political Science Association, San Francisco, August 29–September 1.

Strobert, Barbara. 1991. *Factors Influencing Parental Choice in Selection of a Magnet School in the Montclair, New Jersey Public Schools*. Ed.D. diss. Columbia University Teachers College.

Swank, Duane. 1996. "Culture, Institutions, and Economic Growth: Theory, Recent Evidence, and the Role of Communitarian Polities." *American Journal of Political Science* 40 (August):660–79.

Tarrow, Sidney. 1996. "Making Social Science Work across Space and Time: A Critical Reflection on Robert Putnam's Making Democracy Work." *American Political Science Review* 90 (June):389–97.

Teske, Paul, Mark Schneider, Michael Mintrom, and Samuel Best. 1993. "Establishing the Micro Foundations of a Macro Theory: Information, Movers, and the Competitive Local Market for Public Goods." *American Political Science Review* 87 (September):702–13.

Teske, Paul, Mark Schneider, Michael Mintrom, and Samuel Best. 1995. "The Empirical Evidence for Citizen Information and a Local Market for Public Goods." *American Political Science Review* 89 (September):705–9.

Tiebout, Charles. 1956. "A Pure Theory of Local Expenditure." *Journal of Political Economy* 64 (October):416–24.

Verba, Sidney, Kay Lehman Schlozman, and Henry Brady. 1995. *Voice and Equality: Civic Voluntarism in American Politics*. Cambridge: Harvard University Press.

Wells, Amy Stuart. 1993. *Time to Choose: America at the Crossroads of School Choice Policy*. New York: Hill and Wang.

Wilson, William Julius. 1987. *The Truly Disadvantaged: The Inner City, the Underclass, and Public Policy*. Chicago: University of Chicago Press.

Witte, John F. 1991. "The Milwaukee Parental Choice Program." In *School Choice: Examining the Evidence*, ed. Edith Rasell and Richard Rothstein. Washington, DC: Economic Policy Institute.

Witte, John F., and Mark E. Rigdon. 1993. "Education Choice Reforms: Will They Change American Schools?" *Publius: The Journal of Federalism* 23 (Summer):95–114.

Wohlstetter, Priscilla, Richard Wenning, and Kerri L. Briggs. 1995. "Charter Schools in the United States: The Question of Autonomy." Working paper, University of Southern California's Center on Educational Governance. Typescript.

districts before they chose a school, we do have detailed individual measures today that our cross-sectional design allows us to test while controlling for individual-level demographic and socioeconomic factors. With replication across four different institutional settings, our quasi-experimental design provides a strong cross-sectional test of the causal relationships postulated in the existing social capital literature.

8. Participation in the PTA and in voluntary activities is a dichotomous variable, with 1 indicating membership in the PTA (52% report membership) or voluntary activity (66% report such activity). As Verba, Schlozman, and Brady (1995, 74–9) note and our data confirm, levels of voluntary activity in social organizations are considerably higher in America than is participation in electoral activities. The number of parents a respondent reported talking with is a continuous variable based on the midpoints of categories presented (mean = 4.5; s.d. = 4.6). Trust in teachers is operationalized as a dichotomous variable (1 = trusts teachers most of the time or always [77% report this level of trust]; 0 = never or only sometimes).

9. While it is also plausible that there could be a two-way or reciprocal relationship between social capital and school choice, the timing of our research design makes this unlikely: Parents made their school choice in spring 1994. They were not interviewed until spring 1995, during which time they answered questions about activities during the previous school year. Thus, they chose first and engaged in the activities we measured later.

10. Smith and Meier find that religion and race help explain why some parents choose private schools for their children (1995, 71–2). Our values and diversity variables for the public schools are closely related to these concepts. Alternative schools in New York tend to emphasize themes and pedagogical approaches that are based on particular social, educational, or civic values. Diversity has a somewhat different meaning in districts where two-thirds of the children are Hispanic.

11. To estimate two stage models there must be at least one exclusion in the assignment equation. In other words, we must find at least one variable that significantly influences assignment but not the outcome (Achen 1986, 38). We use these two variables, diversity and values, as exclusions.

12. Our specific measure, indicating whether or not the parent has often thought about moving her child to another school, is a dummy variable coded 1 = yes, the parent has thought about moving her child to a different school. We expect a negative relationship between this measure and our measures of involvement in the schools.

13. While the two-stage results are the technically correct ones, we should also note that these findings are robust with a simpler methodology. Using a one-stage model, the results are essentially the same.

14. We should also note that, for both urban and suburban districts, parents who chose to send their children to private schools are significantly more likely to engage in all of these social capital building activities than public school parents and more so than even active public choosers, with the exception of PTA involvement. This result is not surprising, and has been documented in the literature on private schools.

推荐阅读

时间序列分析及应用：R语言（原书第2版）
作者：Jonathan D. Cryer, Kung-Sik Chan ISBN: 978-7-111-32572-7 定价：48.00元

多元时间序列分析及金融应用：R语言
作者：Ruey S. Tsay ISBN: 978-7-111-54260-5 定价：79.00元

随机过程导论（原书第2版）
作者：Gregory F. Lawler ISBN: 978-7-111-31544-5 定价：36.00元

随机过程（原书第2版）
作者：Sheldon M. Ross ISBN: 978-7-111-43029-2 定价：79.00元

推荐阅读

数理统计与数据分析（原书第3版）
作者：John A. Rice ISBN：978-7-111-33646-4 定价：85.00元

数理统计学导论（原书第7版）
作者：Robert V. Hogg，Joseph W. McKean，Allen Craig
ISBN：978-7-111-47951-2 定价：99.00元

例解回归分析（原书第5版）
作者：Samprit Chatterjee；Ali S.Hadi ISBN：978-7-111-43156-5 定价：69.00元

线性回归分析导论（原书第5版）
作者：Douglas C.Montgomery ISBN：978-7-111-53282-8 定价：99.00元